极地法律制度研究丛书

主 编／贾 宇
副主编／密晨曦

Legal System of Svalbard

斯瓦尔巴地区法律制度研究

卢芳华 著

社会科学文献出版社
SOCIAL SCIENCES ACADEMIC PRESS (CHINA)

南北极环境综合考察与评估专项资助

前 言

17世纪，国际法之父格劳秀斯的《论海上自由》开启了海洋法权争夺的序幕，从此国际海洋法登上历史舞台，海洋权益和权利成为霸权国争夺和显示存在的重要载体，北极也不例外。1920年的《斯匹次卑尔根群岛条约》（以下简称《斯约》）貌似给白热化的斯瓦尔巴群岛（以下简称斯岛）主权争端盖棺定论，但实际上涉及斯岛主权、管辖权、非军事化、平等原则、矿产开发制度等问题的争议却从来没有停止过。1982年《联合国海洋法公约》（以下简称《公约》）的签订与生效再次冲击着北极国家和利益攸关方的神经，依据《公约》和《斯约》的公平原则，缔约国是否可以主张斯岛专属经济区和大陆架的相关权利？《斯约》缔约国是否可以平等享有开发斯岛大陆架甚至外大陆架的矿产资源的权利？挪威依据《斯约》在斯岛制定的《斯瓦尔巴采矿法典》《斯瓦尔巴环境保护法案》《挪威关于斯瓦尔巴群岛法案》等一系列规定和挪威适用于斯岛的国内法性质如何判定？缔约国是否有义务遵守这些看似挪威单方面制定的法律？随着北极冰融加速和缔约国在北极权益的争夺加剧，斯岛这个沉寂百年的北极岛屿也开始波澜不断。我国是《斯约》和《公约》的缔约国，也是北极利益攸关方，研析《斯约》适用范围以及规定的各项制度，分析中国依据《斯约》享有的权利和可获得的利益，跟踪各《斯约》缔约国的相关立法和举措，分析其他缔约国在斯瓦尔巴地区如何行使、已行使或拟行使各项权利，开展《斯约》与《公约》的冲突和协调问题研究，对我国北极权益的实现和拓展具有重要的理论意义和现实意义。

2011年以来，在国家海洋局海洋发展战略研究所课题"斯瓦尔巴地区法律制度研究"项目支持下，我开始关注《斯约》相关问题，并在此基础上申请了国家社科基金一般项目，两项研究相得益彰，本书正是2017年国家社科基金一般项目"《斯瓦尔巴条约》与中国北极权益拓展研究"（项目编号：17BFX140）和海洋发展战略研究所课题的前期研究成果。

　　本书以国际法尤其是国际海洋法理论为支撑，以挪威在斯岛科学考察、资源开发、环境保护等各项法律制度及面临的管辖权争议为研究对象，依据《联合国海洋法公约》领海、专属经济区、大陆架的法律规定，参照挪威针对斯岛的专门法，分析斯岛争议的理论问题，并在理论分析基础上，客观理性地评估和预判我国参与北极事务的机遇和挑战，明确《斯约》在我国北极战略中的定位以及我国对《斯约》争议问题的应有立场，以期在《斯约》争议解决过程中发挥作用，取得应有的权益，为我国北极权益拓展与维护打下坚实的法律基础。

　　该书写作过程中，国家海洋局海洋发展战略研究所贾宇书记、密晨曦副研究员、我的博士导师国际关系学院吴慧副院长、外交部苟海波参赞、赵文婷都给予我大量的帮助和指导，再次表示衷心感谢。

　　由于本人占有资料和知识水平有限，本书内容上不可避免存在疏漏和不足之处，敬请读者批评指正。希望本书出版能够起到抛砖引玉的作用，吸引更多的国内学者关注北极法律问题，为发展我国的海洋事业，构建战略新疆域贡献力量。

卢芳华

目 录
contents

绪　论 ……………………………………………………………… 001

第一章　斯瓦尔巴群岛与《斯匹次卑尔根群岛条约》概述 ……… 015
第一节　斯瓦尔巴群岛概述 ………………………………… 015
第二节　斯瓦尔巴群岛法律地位的变迁 …………………… 033
第三节　《斯约》的基本内容 ……………………………… 050

第二章　斯瓦尔巴群岛适用的法律制度 …………………………… 076
第一节　《联合国海洋法公约》在斯瓦尔巴群岛的适用 … 076
第二节　《斯约》在斯瓦尔巴群岛的适用 ………………… 101
第三节　挪威关于斯瓦尔巴群岛的专门法 ………………… 115

第三章　《斯约》与《公约》的冲突与协调 ……………………… 167
第一节　《斯约》与《公约》的适用冲突 ………………… 167
第二节　《斯约》与《公约》适用的解释 ………………… 181
第三节　《斯约》与《公约》争议的解决 ………………… 190

第四章　缔约国对《斯约》的态度主张 …………………………… 199
第一节　美国的《斯约》外交：政策变迁的考察 ………… 199
第二节　《斯约》与俄罗斯的北极战略 …………………… 218
第三节　丹麦与《斯约》：支持－中立－对抗 …………… 234
第四节　其他利益相关方的政策主张 ……………………… 244

第五章　我国在斯瓦尔巴群岛权益拓展面临的机遇与挑战 ……… 254
　第一节　我国在斯瓦尔巴地区已开展的活动及其评估 ……… 254
　第二节　我国在斯岛权益拓展面临的机遇与挑战 ……… 260
　第三节　我国对《斯约》立场及权利拓展对策建议 ……… 271

附　录 ……………………………………………………………………… 282
　附录1　斯匹次卑尔根群岛条约 ……………………………… 282
　附录2　《斯匹次卑尔根群岛条约》的缔约国及批准生效时间 …… 289
　附录3　斯瓦尔巴采矿法典 …………………………………… 292
　附录4　关于收取前往斯瓦尔巴游客环境费的条例 ………… 305
　附录5　斯瓦尔巴环境保护法案 ……………………………… 307
　附录6　挪威关于斯瓦尔巴群岛的法案 ……………………… 335

参考文献 ……………………………………………………………… 340

CONTENTS

Introduction ··· 001

1 Svalbard Islands and Spitsbergen Treaty ···························· 015
    1.1   Svalbard ··· 015
    1.2   Legal Status of Svalbard ··· 033
    1.3   Spitsbergen Treaty ··· 050

2 Legal System of Svalbard ·· 076
    2.1   the Application of UNCLOS in Svalbard ···················· 076
    2.2   the Application of Spitsbergen Treaty in
          Svalbard ··· 101
    2.3   Norwegian Svalbard Policy ······································· 115

3 Disputes and Coordination between UNCLOS and
Spitsbergen Treaty ·· 167
    3.1   the Disputes of Application between UNCLOS and
          Spitsbergen Treaty ··· 167
    3.2   the Interpretation of Disputes between UNCLOS and
          Spitsbergen Treaty ··· 181
    3.3   the Settlement of the Disputes between UNCLOS and
          Spitsbergen Treaty ··· 190

4 Parties's Claims and Attitude for the Treaty ······ 199
 4.1 U.S. Policies Toward the Svalbard Area ······ 199
 4.2 Spitsbergen Treaty and Arctic strategy in Russian ······ 218
 4.3 Denmark's Policies Toward the Svalbard Area ······ 234
 4.4 Claims and Attitude of other Parties for the Treaty ······ 244

5 Challenges and Opportunity: China in Svalbard ······ 254
 5.1 Participation and Assessment for Activities in Svalbard ······ 254
 5.2 Challenges and Opportunity for China in Svalbard ······ 260
 5.3 the Position and and Suggestions for Svalbard ······ 271

Appendix ······ 282
 1 Spitsbergen Treaty ······ 282
 2 Parties to Spitsbergen Treaty and the Time of Ratification, Acceptance or Accession ······ 289
 3 The Mining Code ······ 292
 4 Regulation relating to an environment fee for visitors to Svalbard ··· 305
 5 Svalbard Environmental Protection Act ······ 307
 6 Svalbard Act ······ 335

Refferences ······ 340

绪　论

《斯匹次卑尔根群岛条约》①（又称《斯瓦尔巴条约》，以下简称《斯约》）是北极国家与非北极国家就解决北极斯瓦尔巴群岛（以下简称斯岛，意为"寒冷海岸的岛屿"）的主权问题进行的多边合作。这一条约让斯瓦尔巴水域平静了将近100年。随着北极海权争议频发，缔约国围绕《斯约》对斯岛权利的争夺日益凸显。2011年10月，欧洲议会对斯岛"渔业保护区（FPA）"

---

① 1920年2月9日，美国、丹麦、法国、意大利、日本、荷兰、挪威、瑞典和英国等9国作为原始缔约国，在巴黎签署《有关斯匹次卑尔根群岛的地位和授予挪威主权的条约》（Treaty Concerning the Stat-us of Spitsbergen and Conferring the Sovereignty on Norway），即《斯匹次卑尔根群岛条约》，1925年8月14日，《斯匹次卑尔根群岛条约》生效，同年，挪威官方将斯匹次卑尔根群岛与熊岛等岛屿合称为斯瓦尔巴群岛（Svalbard），将条约名称改为《斯瓦尔巴条约》（The Svalbard Treaty）。中国大百科全书出版社的《世界地理名录》（1983），将Svalbard翻译为"斯尔瓦巴群岛"，我国政府部门和学者有的称其为《斯瓦尔巴条约》，有的称为《斯瓦尔巴德条约》，这主要是翻译不同造成的不同称呼，如2018年1月26日国务院新闻办公室发表的《中国的北极政策》白皮书将该条约称为《斯匹次卑尔根群岛条约》；外交部副部长张明在"第三届北极圈论坛大会"中国国别专题会议的主旨发言中将其称为《斯瓦尔巴德条约》（引自外交部网站 http://www.fmprc.gov.cn/web/wjbxw_673019/t1306852.shtml，2015 - 10 - 17）；"海洋局副局长出席《中华人民共和国国家海洋局和格陵兰教育、文化、研究和宗教部科学合作谅解备忘录》签字仪式和拜会丹麦外交部北极大使"的报道中称其为《斯瓦尔巴德条约》，将该岛称为斯瓦尔巴德群岛（引自国家海洋局官网 http://www.gov.cn/xinwen/2016 - 05/16/content_5073689.htm，2016 - 05 - 16），外交部网站新闻报道"驻挪威大使王民访问挪北极地区斯瓦尔巴群岛"将该条约称为《斯瓦尔巴条约》，将该岛称为斯瓦尔巴群岛（外交部网站：http://www.fmprc.gov.cn/web/zwbd_673032/nbhd_673044/t1397588.shtml，2016 - 09 - 10）。中国海洋大学刘惠荣教授是较早关注并研究斯岛问题的国内学者，其代表作《斯瓦尔巴群岛海域的法律适用问题研究——以〈联合国海洋法公约〉为视角》也将该条约称为《斯瓦尔巴条约》；此外，一些国际法和国际关系学者如柳思思（《"近北极机制"的提出与中国参与北极》，《社会科学》2012年第10期）、吴慧（《"北极争夺战"的国际法分析》，《国际关系学院学报》2007年第5期）、孙凯（《参与实践、话语互动与身份承认——理解中国参与北极事务的进程》，《世界经济与政治》2014年第7期）等将该岛称为斯瓦尔巴德群岛，将该条约称为《斯瓦尔巴德条约》。

捕捞配额发布内部研究报告指出，挪威在斯瓦尔巴群岛"渔业保护区"捕捞配额安排是对《斯约》"平等利用斯岛资源"根本原则的违背。① 无独有偶，2012年9月，美国国务卿希拉里在访问挪威时也被问及"美国对《斯约》适用范围是否包括大陆架"这一问题的看法。② 2015年5月，欧盟调整渔业政策，强调欧盟统一的渔业政策适用于斯瓦尔巴水域的非挪威船只。③《斯约》与斯岛在北极事务中的重要性日益凸显。

作为缔约国，《斯约》赋予我国在斯岛陆地及领海，甚至在渔业保护区、大陆架内（依英国、荷兰、丹麦、西班牙等缔约国主张）平等的科考权、资源开发权、捕鱼权、通信权等权利，这些权利是我国在北极开展各项活动重要的法律基础，如何充分利用这份宝贵的政治财富，有效维护和拓展我国在斯瓦尔巴群岛及北极地区的合法利益，提高我国在国际极地事务中的影响力，是我国在北极战略与外交政策方面面临的重大现实问题。为此，我们有必要对《斯约》中的各项法律制度进行深入研究和评估。

一 问题的提出和选题意义

在全球气候变暖的今天，蕴藏丰富资源的两极冰盖融化，在世界各地资源争夺日益紧张的大背景下，越来越多的国家已经将目光投向北极地区，北极重要的地缘价值、丰富的矿产资源、潜在的航运价值和巨大的科研价值使北极之争成为国际法和国际关系中的一大热点问题。《斯约》是第一个关于北极地区事务的政府间条约，到目前为止，虽然斯岛在挪威的完全主权之下，但近几年缔约国纷纷对挪威的主权、主权权利、管辖权等问题提出质疑，其中还涉及挪威外大陆架划界案及斯岛渔业保护区管辖权问题，可谓是北极冲突链条中不可忽视的一环。我国虽然是北极域外国家，但作为《斯约》缔约国，我国享有在斯岛陆地及领海的捕鱼权、狩猎权（第2条）、矿产开发权、航行权（第3条）、通讯权（第4条）和科考权（第5条）等

---

① Note Verbale No. 19/11, of 8 July 2011, from the EU Delegation to Norway to the Royal Ministry of Foreign Affairs of Norway.

② http://translations.state.gov/st/english/texttrans/2012/06/201206016654.html#ixzz2AnF7zsIj，访问时间：2013年6月20日。

③ 参见：http://ec.europa.eu/fisheries/cfp/control/conversion_factors/index_en.htm. 访问时间：2016年19月23日。

重要权利,这些权利对于我国北极权益的拓展具有重要的现实意义,但至今,我国在斯岛的活动仅以科考和零散的旅游活动为主,其他权利尚未得到有效利用。作为一个海洋大国、世界第二大经济体,我国应重视些权利,并以此为切入点,拓展在北极的合法权益。由此可见,详细分析《斯约》的适用范围、各项制度,明确我国依据《斯约》享有的权利和可获得的利益,跟踪各《斯约》缔约国的相关立法和举措,对《斯约》予以评价和定位,对我国北极权益拓展具有重要的理论意义和现实意义。本书以国际法尤其是国际海洋法理论为支撑,以挪威在斯岛科学考察、资源开发、环境保护等各项法律制度及面临的管辖权争议为研究对象,依据《联合国海洋法公约》关于领海、专属经济区、大陆架的法律规定,参照挪威针对斯岛的专门法,分析斯岛争议的理论问题,在理论分析的基础上,客观理性地评估和预判我国参与北极事务的机遇和挑战,明确《斯约》在我国北极战略中的定位,明确我国对《斯约》争议问题的应有立场,以期在《斯约》争议解决过程中发挥作用,取得应有的权益,为我国北极权益拓展与维护打下坚实的法律基础。

二　国内外研究现状

迄今为止,《斯约》仍是北极地区重要的政府间条约,也是平衡各方资源权属冲突的妥协方案,该条约对解决当前的北极争议具有一定的借鉴意义。《斯约》背后,既有错综复杂的政治和外交因素,也涉及诸多独特的国际法问题。

国外学者对《斯约》关涉的斯岛渔业保护区管辖权、大陆架、科考、矿产开发等问题的关注由来已久。国际关系和国际法是相关学者研究该问题的两个重要视角。从国际关系角度看,学者们较为关注环北极八国特别是与斯岛密切关联的俄罗斯、挪威、美国、丹麦等国对于《斯约》和斯岛的政策变迁,由于与斯岛渔业保护区管辖权问题的密切关系,欧盟作为国际组织对《斯约》的态度立场也成为近几年研究的新热点。从国际法角度展开的研究则更为关注斯岛的领土主权、斯岛渔业保护区管辖权、斯岛大陆架争议、《斯约》与《公约》的矛盾冲突等国际法律问题,这些研究成果具有一定的前瞻性和开拓性。

斯岛是挪威的领土,因此挪威对《斯约》的研究尤为重视。挪威奥斯陆大学教授盖尔·尤福斯顿（Geir Ulfstein）在1995年发表了专著《斯瓦尔巴条约：从无主地到挪威的主权》,① 此书对《斯约》的历史、主要内容、挪威对斯岛主权的行使、《斯约》原则在实践中的适用、《斯瓦尔巴采矿法典》等问题进行了深入的研究,是较全面地论述《斯约》问题的专著;盖尔·尤福斯顿（Geir Ulfstein）和罗宾·邱吉尔（Robin Churchill）合著的《争议区域的海洋管理：以巴伦支海为例》一书详细梳理了斯瓦尔巴群岛和巴伦支海域边界、渔业管理和油气开发等问题的发展历史、主要争议及现状。② 近几年,挪威特隆姆瑟大学的学者托尔比约恩·彼得森（Torbjørn Pedersen）成为《斯约》研究的一面旗帜,他的专著《斯瓦尔巴水域的冲突与规则》③ 以专题的形式对斯岛渔业保护区制度、大陆架制度、斯岛的法律地位、俄罗斯和美国对《斯约》的政策等问题进行论述分析,是目前对《斯约》研究较新且较为全面的一本专著。此外,学者们还从不同的角度对《斯约》加以深入研究,美国密西西比大学教授艾伦·C·辛格（Elen C. Singh）的专著《斯匹次卑尔根群岛问题：美国的外交政策（1907～1935）》④ 就是从历史学角度研究《斯约》的代表作,这部专著从历史发展的角度考察了美国在一战前对《斯约》的态度立场变迁以及在一战后对斯岛战略定位的变化,是一部比较有特色的研究《斯约》历史的参考书。此外,国外学者还发表了大量关于《斯约》的论文。总的来说,国外学者对于《斯约》的研究主要涉及以下几个领域。

（一）挪威对斯瓦尔巴群岛管辖权问题的研究

《斯约》规定,所有缔约国享有在群岛陆地及其领海内捕鱼、狩猎,开展海洋、工业、矿业、商业活动及科学考察的权利。随着《联合国海洋法

---

① Geir Ulfstein, *The Svalbard Treaty from Terra to Norwegian Sovereignty* (Oslo: Scandinavian University Press, 1995).
② Churchill, R. and G. Ulfstein, *Marine Management in Disputed Areas: the Case of the Barents Sea*, (London: Routledge, 1992).
③ Torbjørn Pedersen, *Conflict and order in Svalbard Waters* (Oslo: Universitetet I Tromsø, 2008). http://munin.uit.no/bitstream/handle/10037/2436/thesis?sequence=1. 访问时间：2015年9月16日。
④ Elen C. Singh, *The Spitsbergen (Svalbard) Question: United States Foreign Poliy, 1907–1935* (Oslo: Universitetsforlaget, 1980).

公约》(以下简称《公约》)的生效,海洋被划分成领海、毗连区、专属经济区、大陆架、公海、国际海底区域等具有不同法律地位的海域,《公约》规定,每个沿海国有权享有领海、专属经济区、大陆架、外大陆架的主权和管辖权。鉴此,作为《公约》的缔约国,挪威以《斯约》赋予其在斯岛的主权为基础,主张对200海里的渔业保护区、① 大陆架以及外大陆架,行使主权和管辖权。由于挪威对斯岛的主权并不属于现代国际法规定的任何一种传统领土主权的取得方式(如先占、征服、时效、添附、割让),② 所以挪威是否有权享有斯岛渔业保护区和大陆架的主权权利成为缔约国与挪威在斯岛权力分配问题上的争议焦点,也自然成为学者们关注的焦点。

针对缔约国之间不同的态度立场,英国邓迪大学的罗宾·邱吉尔(Robin Churchill)和挪威奥斯陆大学的盖尔·尤福斯顿(Geir Ulfstein)将缔约国的态度立场分为四类:第一类是支持缔约国的权利仅适用于斯岛陆地及领海,持这一立场的国家有挪威、加拿大和芬兰(过去支持,现持反对意见)。第二类是《公约》的规定适用于斯岛,斯岛有自己的专属经济区和大陆架,但挪威在这一区域并没有非歧视的管辖权,持这一立场的国家有英国、冰岛、西班牙等。第三类是挪威不享有斯岛领海外任何管辖权,苏联/俄罗斯持这一立场。第四类是公开保留依《斯约》享有的权利,法国、德国和美国等缔约国持这一立场。

对于斯岛渔业保护区的专属管辖权问题,挪威南森研究所教授盖尔(Geir Hønnelanda)在其论文《遵守斯岛渔业保护区制度》一文中指出:挪威建立渔业保护区,实行无歧视管辖权体现了《斯约》的平等原则,虽然其他缔约国反对其建立200海里的渔业保护区,但是30多年来其他缔约国在该区域的捕鱼活动一直是在遵守挪威法律的前提下进行的,这也从事实上表明

---

① 挪威依据国际习惯主张斯岛200海里渔业保护区管辖权。
② 传统国际法上国家领土取得方式有五种:先占,即国家发现无主地,并实行有效统治而取得领土主权。例如,中国取得钓鱼岛、南海诸岛等领土就是先占的结果。时效是基于一国对别国领土长期平稳行使管辖权而取得该领土主权。添附是由于自然或人为的原因使国家领土有了新增加。例如河流入海口形成三角洲或围海造田等都会使国家领土面积扩展。割让是国家通过条约将部分领土转移给别国,从而使受转国取得领土主权。征服是以武力对别国领土的兼并。这种方式是为现代国际法所禁止的,因为这是对国际法基本原则的破坏,是非法使用武力的结果。

其他缔约国接受了挪威在该区域的管理，是对挪威主权权利的承认。① 对此，其他缔约国的学者多持否定立场，2015年爱荷华大学法学院克里斯多夫·R. 罗西（Christopher R. Rossi）的论文《一个独特的国际问题：〈斯瓦尔巴条约〉——平等的权利和无主地：领土引发的教训》一文对斯瓦尔巴争议问题和发展现状加以梳理，从无主地、事实和历史发展、有效控制等角度对挪威主权提出质疑。

对于斯岛大陆架的专属管辖权问题，挪威学者托尔比约恩·彼得森（Torbjørn Pedersen）和亨里克森·托雷（Henriksen Tore）表示支持，两位学者在《斯瓦尔巴水域：法律不确定性的终结?》一文中指出：无论《斯约》是否规定这一水域，根据《公约》，挪威均有权在群岛周围设立管辖海域，②《斯约》仅适用于群岛及其领海海域，其他缔约国的自由进入、平等经营、捕鱼、狩猎等权利也仅限于陆地及领海，而《公约》适用于斯岛各类海域，特别是《斯约》未涉及的专属经济区和大陆架，挪威作为沿海国享有对这两个区域的主权权利，其他缔约国在此区域内不享有《斯约》赋予的权利，而是应当遵守挪威的国内法。③ 约尔根森（Arnfinn Jorgensen Dahla）教授对这一问题持不同意见，他在《苏联与挪威北极争议：法律与政治》一文中指出，依据《斯约》的平等原则，《斯约》缔约国在斯岛的专属经济区和大陆架应享有同等的权利，这是《斯约》宗旨的应有之义。④ 此外，意大利那不勒斯大学国际法教授艾达·卡拉乔洛（Ida Caracciolo）从国家领土取得角度入手考察斯岛专属经济区和大陆架的管辖权问题，指出挪威对斯岛的主权取得并不属于现代国际法中任何一种领土主权取得和变更的方式，挪威对于斯瓦尔巴地区的主权是由条约赋予的，这种赋权的同时也伴随着其他缔约国（苏联/俄罗斯、英国、荷兰等缔约国）领土主张的撤回，从而在群岛建立起"主权确定，共同利用"的法律原则，以维持群岛基于"无主地"

---

① Geir Hønnelanda, "Compliance in the fishery protection zone around Svalbard", *Ocean Development & International Law*, 29（1998）：339-360.
② Torbjørn Pedersen, Henriksen Tore, "Svalbard's Maritime Zones：The End of Legal Uncertainty?", *The International Journal of Marine and Coastal Law* 24（2009）：141-161.
③ Torbjørn Pedersen, "Norway's Rule on Svalbard：Tightening the Grip on the Arctic Islands", *Cambridge Journals* 45（2009）：147-152.
④ Arnfinn Jorgensen Dahl, "The Soviet-Norwegian Maritime Disputes in the Arctic：Law and Politics, *Ocean Development & International Law* 21（1990）：411-429.

而具有的自由特征，① 从这一点看，挪威在该地区是否具有主权看似一个具有争议性的问题，② 挪威以具有争议的主权为基础主张专属经济区和大陆架的主权权利是有争议的。此外，艾达·卡拉乔洛（Ida Caracciolo）教授肯定斯瓦尔巴群岛应拥有其独立的大陆架，③《斯约》所确立的公平原则应适用于群岛大陆架，挪威享有群岛大陆架主权权利的同时，缔约国有权勘探开发大陆架上的自然资源，挪威应在平等的基础上对缔约国开放群岛专属经济区和大陆架。④

总的看来，对斯岛专属经济区和大陆架管辖权争议的焦点在于对《斯约》平等原则适用的理解不同，挪威学者倾向于从严解释，将《斯约》适用范围固化于条约本身的约定；而多数缔约国的学者均主张按照《斯约》宗旨和原则从宽解释，赋予缔约国在斯岛专属经济区和大陆架相应的权利。

（二）对《公约》与《斯约》矛盾冲突问题的研究

根据《公约》的规定，挪威在斯岛的权利大于《斯约》缔约国的权利，而根据《斯约》规定，缔约国的权利远大于《公约》规定的非沿海国的权利。从这一逻辑上看，挪威既不能依《公约》的权利否定《斯约》缔约国的权利，《斯约》缔约国也不应将《斯约》的权利扩大到斯岛的陆地和领海外去行使。随着挪威依《公约》行使主权的范围扩大，《斯约》与《公约》适用的矛盾分歧日益深化，这一问题如何解决是学者们关注的另一个主题。

实际上，这一问题在国际法适用过程中是比较普遍的法律现象，由于国际法体系中缺乏统一的立法和司法机制，随着国际法调整领域的扩大，不同国际法规则之间难免出现不和谐，如何使这些规范之间相互协调一致，

---

① Ida Caracciolo, "Unresolved Controversy: the Legal Situation of the Svalbard Islands Maritime Areas: an Interpretation of the Paris Treaty in Light of UNCLOS 1982" International Boundaries Research Unit Conference 2009, 2April track2 session5.
② D. H. Andersona, "The Status Under International Law of the Maritime Areas Around Svalbard," *Ocean Development & International Law* 40 （2009）：373-384.
③ 挪威不认为斯岛有独立的大陆架，主张斯岛的大陆架是挪威大陆架的一部分。
④ Ida Caracciolo, "Unresolved Controversy: the Legal Situation of the Svalbard Islands Maritime Areas: an Interpretation of the Paris Treaty in Light of UNCLOS 1982", International Boundaries Research Unit Conference 2009, 2April track2 session5. http://www.dur.ac.uk/resources/ibru/conferences/sos/ida_caracciolo_paper.pdf. 访问时间：2015年12月3日。

条约的解释在实践中发挥着重要的作用。如何运用《维也纳条约法公约》对《斯约》和《公约》适用冲突加以解释是学者们研究的重点。挪威奥斯陆大学教授卡尔·奥古斯特·弗莱舍尔（Carl August Fleischer）在《国际海洋法与〈斯瓦尔巴条约〉》一文中对《斯约》的目的加以限制解释，他指出，《斯约》设立的目的与挪威是否有权设立斯岛专属经济区大陆架是否有相关性目前没有明确规定，对《斯约》的解释只是一种猜测，不能依此限制挪威在斯岛的主权和管辖权，将《斯约》缔约国的权利限定在斯岛的领海更为符合条约本意。① 意大利国际法学教授艾达·卡拉乔洛（Ida Caracciolo）认为应按照《斯约》订立的宗旨，对条约进行目的性解释。《斯约》订立的目的是在斯岛及其海域建立一种公平机制，这种公平机制既适用于其他缔约国之间，也适用于挪威和其他缔约国之间，挪威权利扩大，缔约国的权利也应平等地扩大。②

对于如何解决《公约》与《斯约》的矛盾冲突，学者们提出了不同观点，针对渔业保护区争议与大陆架争议在性质和权利内涵上的不同，学者们倾向于分别考量。对于斯岛渔业保护区争议的解决，A. H. 赫尔（A. H. Hoel）认为，即使将这一争议提交国际法院等司法机构，挪威在斯岛渔业保护区内根据沿岸国家历史活动情况规定捕捞配额的做法已被缔约国广泛认可，在国际法院有可能被认为是一种平等的适用，国际法院将判决缔约国严格遵守挪威在斯岛 200 海里渔业保护区的管辖，挪威有权保留在这一区域的管辖权，因此，为了避免更多的非缔约国或是没有历史捕捞份额的国家进入这一海域捕捞，主张不应将该争议提交国际司法机构解决。③ 而对于大陆架管辖权的争议则存在不同的看法，艾达·卡特琳·托马森（Ida Cathrine Thomassen）在《斯瓦尔巴群岛的大陆架：非生物资源开发过程中〈斯约〉的法律地位与法律适用》一文中指出与斯岛渔业保护区渔业资源争端相比，

---

① Carl August Fleischer, "The New International Law of the Sea and Svalbard", *The Norwegian Academy of Science and Letters 150th Anniversary Symposium January 25*, 2007, 2 – 15.

② Ida Caracciolo, "Unresolved Controversy: the Legal Situation of the Svalbard Islands Maritime Areas: an Interpretation of the Paris Treaty in Light of UNCLOS 1982", International Boundaries Research Unit Conference 2009, 2 April track 2 session 5.

③ G. Hønneland, Barentsbrytninger. Norsk nordomr adepolitikk etter den kalde krigen (*Kristiansand S: Høyskoleforlaget*, 2005), pp. 85 – 88.

斯岛近海石油资源管辖权问题则更为复杂，与斯岛渔业保护区问题的解决情况有所不同，支持维持斯岛的渔业制度现状的缔约国不希望在大陆架的资源开发权问题上保持相同的立场，目前缔约国在斯岛大陆架资源开发问题上都没有任何的获利，只有挪威有独占权，挪威不希望开放斯岛大陆架资源的开发权，因此，有较多的缔约国主张将这一争议提交国际法院等争端解决机构解决。①

罗宾·邱吉尔（Robin Churchill）教授和盖尔·尤福斯顿（Geir Ulfstein）教授在《斯瓦尔巴群岛的争议水域》一文中提出以下六个可能的解决方案：挪威接受《斯约》适用于领海以外海域、缔约国接受《斯约》并不适用与斯岛的专属经济区和大陆架、召开新的斯瓦尔巴群岛会议、通过国际争端解决机制强制解决、通过谈判等方式协商解释、维持现状，通过谈判协商方式解决争议是最为可行的方案。② 荷兰乌德勒兹大学的研究人员E.J.莫伦奈尔（E.J. Molenaar）的论文《斯瓦尔巴群岛的渔业制度》一文在考察欧盟、冰岛、西班牙和俄罗斯等缔约国对渔业保护区态度和立场，以及挪威相关立法和地区性的双边条约的规定后，对挪威在斯岛渔业保护区管辖权的合法性提出质疑，强调缔约国之间应就斯岛渔业保护区管辖权问题进行协商，以解决争议。③ 托尔比约恩·彼得森（Torbjørn Pedersen）在其论文《斯瓦尔巴群岛的大陆架争议：法律争端与政治竞争》一文中也认为，这一冲突无须采用司法途径解决，谈判协商是最可行的解决争端的途径，谈判的焦点问题在于三个关键问题：其一，《斯约》与《公约》冲突的法律基础；其二，《斯约》签订的政治背景和立法意图；其三，《斯约》"平等原

---

① Ida Cathrine Thomassen, "The Continental Shelf of Svalbard: Its Legal Status and the Legal Implications of the Application of the Svalbard Treaty Regarding Exploitation of Non-Living Resources", Small Master's Thesis Master of Law in the Law of the Sea UiT The Arctic University of Norway Faculty of Law Fall 2013.

② Robin Churchill and Geir Ulfstein, "The Disputed Maritime Zones Around Svalbard", Paper presented at the Conferenceon "Changes in the Artic Environment and the Law of the Sea", Martinus Nijhoff Publishers, 2010, http://ulfstein.net/wp-content/uploads/2012/08/ChurchillUlfstein20101.pdf., 访问时间：2015年3月13日。

③ E. J. Molenaar, "Fisheries Regulation in the Maritime Zones of Svalbard", *The International Journal of Marine and Coastal Law* 27 (2012): 3-58.

则"的解释与适用。① 蒂莫（Timo Koivurova）教授主张《斯约》缔约国可以重新建立一个类似于《南极条约》的国际法机制，冻结斯岛主权。②

对于解释《斯约》与《公约》适用争议的法律渊源，伊凡·V（Ivan V·Bunik）认为《公约》并不是国际海洋法领域唯一有效的法律渊源，与之并存的还有国际习惯法，当《公约》对一个问题没有规定或规定由普遍国际法管辖时，国际习惯法就要发挥作用，目前缔约国仅仅对挪威在斯岛渔业保护区和大陆架权利主张提出异议，缔约国和非缔约国都未对斯岛的主权提出任何形式的争议，依据不得反言原则，挪威对斯岛的主权已经依据国际习惯法被各国广泛认可。③

（三）缔约国对《斯约》的立场变迁

缔约国对《斯约》的态度立场及战略布局也是学者们关注的焦点。美国密西西比大学教授艾伦·C. 辛格（Elen C. Singh）的专著《斯匹次卑尔根群岛问题：美国的外交政策（1907～1935）》，从历史发展的角度考察了美国在一战前对斯岛的基本态度立场以及在一战后对斯岛的战略定位的变化。④ 美国对斯岛的政策主张与其在斯岛的战略利益密切相关，早期美国北极煤矿公司在斯岛的商业活动对美国政策决定发挥了重要作用。在私人企业主的推动下，美国国会开始关注私人企业在这一区域的活动，以及如何保护他们在这一地区的利益。美国认为，只要斯岛是无主地，美国就可以在斯岛开展相关的开发活动，这一立场是美国对斯岛主权的一贯主张。托尔比约恩·彼得森（Torbjørn Pedersen）的论文《国际法与美国政策的制定：美国与斯瓦尔巴群岛争议》⑤ 介绍了冷战至今美国对斯瓦尔巴问题的政策走向，认为美国对斯岛战略定位经历了从经济利益向战略利益的转变，冷战

---

① Torbjørn Pedersen, "The Svalbard Continental Shelf Controversy: Legal Disputes and Political Rivalries", *Ocean Development & International Law* 37 (2006): 339 – 358.
② Timo Koivurova, "Alternatives for an Arctic Treaty-Evaluation and a New Proposal", *Review of European Community & International Environmental Law* 17 (2008): 14 – 26.
③ Ivan V. Bunik, "Alternative Approaches to the Delimitation of The Arctic Continental Shelf," *International Energy Law Review* 4 (2008): 114 – 125.
④ Elen C. Singh, *The Spitsbergen (Svalbard) Question: United States Foreign Poliy, 1907 – 1935* (Oslo: Universitetsforlaget, 1980).
⑤ Torbjørn Pedersen, "International Law and Politics in U. S. Policymaking: The United States and the Svalbard Dispute", *Ocean Development & International Law* 42 (2011): 120 – 135.

后美国对挪威建立渔业保护区表示支持,利用《斯约》赋予缔约国在斯岛的捕鱼权,平衡俄罗斯、英国等在该地区有渔业利益的国家关系,另外大陆架的权利,是美国未来的关注点,对此美国一直持保留态度,总的看来,对于《斯约》美国最为关心的还是第9条关于禁止斯瓦尔巴群岛用于战争目的的规定,这也是美国在斯岛核心利益的集中体现。

与斯岛有着密切关系的俄罗斯也是学者们关注的重点。挪威国防研究院(FFI)教授克里斯蒂安(Kristian Åtland)和托尔比约恩·彼得森(Torbjørn Pedersen)的论文《俄罗斯在斯瓦尔巴群岛的安全政策:战胜恐慌或是再生》对苏联/俄罗斯的斯岛政策主张及态度立场的继承性和差异性等问题加以梳理,他们认为,俄罗斯一直以来都将斯岛争议看作是重要的战略安全问题,挪威在斯瓦尔巴群岛的管理是俄罗斯北极安全利益的威胁,在《斯约》的框架下解决在这一争议是可行的解决方案。

丹麦在斯岛渔业保护区有传统的渔业利益,因此,对丹麦立场变化的研究也是学者关注的焦点,托尔比约恩·彼得森(Torbjørn Pedersen)在《丹麦对斯瓦尔巴地区的政策》一文中对丹麦的政策进行了深入研究,认为丹麦比其他缔约方更坚定地认同《斯约》,但丹麦仍旧没有默许挪威对斯瓦尔巴群岛渔业保护区和大陆架享有专属管辖权。

欧盟的态度立场由于其成员国与挪威之间的渔业纠纷也浮出水面,安德里亚斯·特尼克(Andreas Raspotnik)梳理了1977年至今欧盟对挪威建立斯岛渔业保护区问题的态度立场,他认为欧盟一直以来都坚持主张挪威无权采取任何措施限制悬挂欧盟成员国国旗的船只在斯岛渔业保护区活动,即使这些船只有不当行为,也应在船旗国的法律体系下起诉,而非接受挪威国内司法的管辖。①

(四)《斯约》面临的新争议

随着海洋新兴能源的开发利用,挪威在斯岛渔业保护区或大陆架的专属管辖权问题面临新的挑战,这一问题不但是挪威政府面临的新的挑战,也是学者关注的问题。挪威科技大学的雷切尔·G.蒂勒(Rachel G. Tiller)

---

① RASPOTNIK A, OSTHAGEN A. From Seal Ban to Svalbard-The European parliament engages in Arctic matters, http://www.thearcticinstitute.org/2014/03/from-seal-ban-to-svalbard-european.html,访问时间:2016年4月5日。

就对斯岛渔业保护区内的浮游生物资源管辖权问题展开讨论。① 在斯岛渔业保护区内蕴藏着 2100 万~2800 万吨红饵（red feed）资源，红饵是一种浮游动物，是整个东北大西洋海域鲭鱼、鲱鱼、鳕鱼、毛鳞鱼等大多数商业鱼类种群的主要食物来源，一旦放开对这些浮游生物资源的捕捞，对斯岛渔业保护区内鱼类种群的繁衍是致命的打击。但斯岛的渔业保护区制度没有设定对浮游生物资源的管辖权，如何保护渔业区内的浮游生物资源是《斯约》缔约国面临的新问题，可以预见的是，随着各国对海洋资源的深度利用和开发，围绕斯岛渔业保护区和大陆架甚至外大陆架资源管辖权问题还将出现更多新的争议，这些争议不但是挪威外交面临的难题，也将成为学者们关注的焦点。

总的来看，目前学者们对《斯约》的研究呈现出多学科交叉研究的特点。由于北极问题的独特性，不存在单纯的政治、法律、经济或战略解决机制，该问题研究必将呈现各学科融合交叉的趋势。但目前已有的研究大多缺乏全球视野，多局限于研究者的本国视角，从本国利益出发来分析《斯约》面临的各种争议和问题，具有一定的局限性和主观性。

就我国而言，目前对于《斯约》专门的研究不多，学者及政府相关部门对这一政治财富的关注度不够。从学者研究成果看，虽然一些研究对《斯约》略有涉猎，但仅限于对《斯约》历史的简单介绍，对于斯岛适用的法律制度和缔约国对《斯约》的立场和战略布局深入研究的著述不多，目前国内对《斯约》研究的较早较全面的代表性研究著述是中国海洋大学刘惠荣教授的论文《斯瓦尔巴群岛海域的法律适用问题研究——以联合国海洋法公约为视角》，② 该文对《斯约》的内容、基本原则以及主要争议做了全面介绍，认为我国应以《联合国海洋法公约》为视角，遵循《斯约》的宗旨，对该条约作出目的性解释；四川大学何苗、李黎将《斯约》与我国南海争端作对比性研究，认为南沙群岛各方可以按该"斯瓦尔巴模式"签订一个类似的协定，理顺各方关系，调和各方冲突，在该地区形成和平、

---

① Rachel G. Tiller, "New Resources and Old Regimes: Will the Harvest of Zooplankton Bring Critical Changes to the Svalbard Fisheries Protection Zone?", *Ocean Development & International Law* 40 (2009): 309 – 318.
② 刘惠荣、张馨元：《斯瓦尔巴群岛海域的法律适用问题研究——以联合国海洋法公约为视角》，《中国海洋大学学报》2009 年第 6 期。

有序的环境，确保共同利益的最大化。① 这种历史研究和比较研究方法拓宽了学者的研究视野和领域。此外，一些学者也从不同的领域关注《斯约》赋予我国的各项权益。如西北政法大学王泽林副教授的专著《极地科考与海洋科学研究问题》对斯岛的科考制度进行了深入的研究和梳理，② 华东政法大学吴琼的博士论文《北极海域的国际法律问题研究》、③ 上海海洋大学邹磊磊的博士论文《南北极渔业管理机制的对比研究及中国极地渔业政策》对斯岛渔业保护区争议做了对比分析研究。④

总的来看，我国对《斯约》的研究存在以下问题：其一，目前对《斯约》的研究还仅限于对国外学者观点的介绍和翻译，缺少前瞻性和预见性的研究，缺少对争端如何解决等重点问题的深度探讨。其二，大多数的研究仅限于对现状的分析，没有建立路径和研究方法对《斯约》的历史、现状、未来趋势以及将产生的影响和各国可能的对策进行整体分析。其三，斯瓦尔巴周边水域应适用的法律制度和法律地位、中国依据《斯约》享有的权利和可获得的利益、《斯约》与《公约》的冲突和协调等问题研究仍是空白，而这些问题都是关乎我国北极战略的，亟待深入研究和规划的重要现实问题。

三 研究框架

本书以斯瓦尔巴地区法律问题国际法归类和我国北极权益有关法律问题这两条主线谋篇布局，整体形成了第一章概述、第二至第四章斯瓦尔巴地区法律问题以及第五章我国在斯岛的利益研究三大部分。其中，第二章和第三章从理论层面对斯瓦尔巴地区涉及的国际法、挪威国内法、国际争端解决机制等相关法律问题加以分析介绍。第四章对主要缔约国的立法、政策与实践做对比研究，最后一章以中国北极权益为落脚点，探讨我国对《斯约》应有的态度立场及对策建议。

---

① 何苗、李黎：《〈斯瓦尔巴条约〉及南沙问题对其的借鉴》，《苏州大学学报》2011年第4期。
② 王泽林：《极地科考与海洋科学研究问题》，上海交通大学出版社，2016。
③ 吴琼：《北极海域的国际法律问题研究》，2010年华东政法大学博士论文。
④ 邹磊磊：《南北极渔业管理机制的对比研究及中国极地渔业政策》，2014年上海海洋大学博士论文。

四　研究方法

本书以规范分析法、比较分析法、案例分析法为基本研究方法，运用国际法与国际海洋法基础理论研习斯瓦尔巴地区法律问题。

（一）规范分析方法

本书第二章与第三章运用《联合国海洋法公约》有关领海、专属经济区、大陆架制度对斯岛法律制度加以规范分析，认为以《联合国海洋法公约》为主的国际海洋法体系适用于斯瓦尔巴海域。

（二）比较分析方法

第二、四章运用国别比较方法对主要缔约国的政策主张及其相关的北极地区国内法管辖规范进行比较，在论述过程中对有关数据性的材料以图表方式进行了比较分析。

（三）案例分析方法

由于斯瓦尔巴法律制度涉及具体的案例和国家之间的争议，笔者将在论证过程中对有关案例予以引用分析。同时，斯岛问题是一个由"冷"趋"热"、在变动中不断发展的新兴热点问题，因此近几年来涉及缔约国与挪威之间有关斯岛争议的新闻报道逐渐增多，笔者必须结合缔约国对斯岛最新的政策主张和发展动态加以分析论述。

第一章 斯瓦尔巴群岛与《斯匹次卑尔根群岛条约》概述

从目前的地理格局看，北极的陆地部分是加拿大、丹麦、芬兰、冰岛、挪威、瑞典、美国和俄罗斯八国的领土，因此，北极地区在现行国际法上可以划分为上述八国的陆地领土、领海、专属经济区和大陆架以及未被上述区域所包括的公海和国际海底，唯一的例外是挪威所属的斯瓦尔巴群岛，这也是地球上最北的可供人居住的陆地之一。1920年签订的《斯约》一方面承认挪威对该地区充分和完全的主权，另一方面则确立了各缔约国国民自由进入、平等经营的权利，从而形成了一种独特的法律制度。我国是《斯约》的缔约国，研究《斯约》签订的历史背景、立法宗旨和签订后的历史演变对于维护和拓展我国在北极地区的合法权益具有重要的现实意义。

第一节 斯瓦尔巴群岛概述

斯瓦尔巴群岛位于北极圈之内的北冰洋上，巴伦支海和格陵兰海之间，斯岛特殊的地理位置、独特的地质地貌和丰富的自然资源吸引着众多的科考人员和探险者的目光，使其成为北极最重要的科考基地和天然实验室。

一 斯瓦尔巴群岛的地理范围

斯瓦尔巴群岛[①]属于挪威的特罗姆瑟（Tromso）地区，位于北极圈内的北

---

① 斯瓦尔巴群岛（又名斯匹次卑尔根群岛）意为"寒冷海岸的岛屿"，是挪威的属地，群岛中最大的是西斯匹次卑尔根岛，约占总面积的一半，1925年8月14日，《斯匹次卑尔根群岛条约》生效，同年，挪威官方将斯匹次卑尔根群岛与熊岛等岛屿合称为斯瓦尔巴群岛。

纬74°~81°，东经10°~35°，处于挪威和北极极点之间，北面距北极点1750公里，南面是斯堪的纳维亚半岛，距挪威北海岸657公里，东面是格陵兰岛，西面是俄罗斯（见图1-1）。斯瓦尔巴群岛长约450公里，宽约40~225公里，面积约62700平方公里，占挪威国土总面积的16%，面积等同于爱尔兰，由西斯匹次卑尔根岛、东北地岛、埃季岛、巴伦支岛等九个主岛和众多小岛组成，该群岛将近60%的土地为冰川所覆盖，永久冻土层厚达500米，夏季只有地表以下2~3米的土层解冻，每年有长达4个月的黑暗严冬，受流经群岛的北大西洋暖流的影响，该地区的气温比北极其他地区要温暖许多，群岛属苔原气候，多雾，年平均气温为零下4摄氏度，平均气温最高7摄氏度，最低零下22摄氏度，冬夏各有一百多天的极夜、极昼。岛上多崎岖山脉，最高点为海拔1713米的牛顿峰。煤、磷灰石等矿藏储量丰富。植被主要是岩高兰和云莓。其中西斯匹次卑尔根岛是群岛中最大的岛屿，面积39044平方公里，首府朗伊尔城（挪威语"城市"的意思）在该岛的西岸，南距挪威北海岸657公里，是最接近北极的可居住陆地之一，现有居民约3000人。

二　斯瓦尔巴群岛的地质地貌

地貌又称地形，指地表起伏的形态。斯瓦尔巴群岛有冰蚀地貌、冰碛地貌和冰水堆积地貌三种地貌类型。冰蚀地貌是由冰川侵蚀作用形成的地貌形态。冰碛地貌是碛物堆积的各种地形的总称，主要由相对高度数十米到数百米的冰碛丘陵、侧碛堤、终碛堤、鼓丘等构成。冰水堆积地貌是冰融水将原来冰川搬运堆积的物质经过再搬运堆积而成，多分布于山脚下或海岸边低洼处，冰水沿冰水河道下泻，夹带大量沙砾入海，从而形成外冲平原、冰水河谷和冰砾阜阶地等。

从地质构造上看，斯瓦尔巴群岛作为欧洲北部的大陆岛，具有典型的平顶山和V型谷地貌特征，基底是十几亿年前的元古代到约4亿年前的古生代志留纪经过长期构造变动形成的变质岩系；随后从泥盆纪到早第三纪接受了广阔的海相沉积和少量陆相沉积，各时期地层中含有丰富的动植物化石，包括公元前2.1亿年到公元前1.4亿年期间侏罗纪生存恐龙和公元前7000万年到公元前2500万年之间早第三纪形成的煤，这一时期形成的沉积

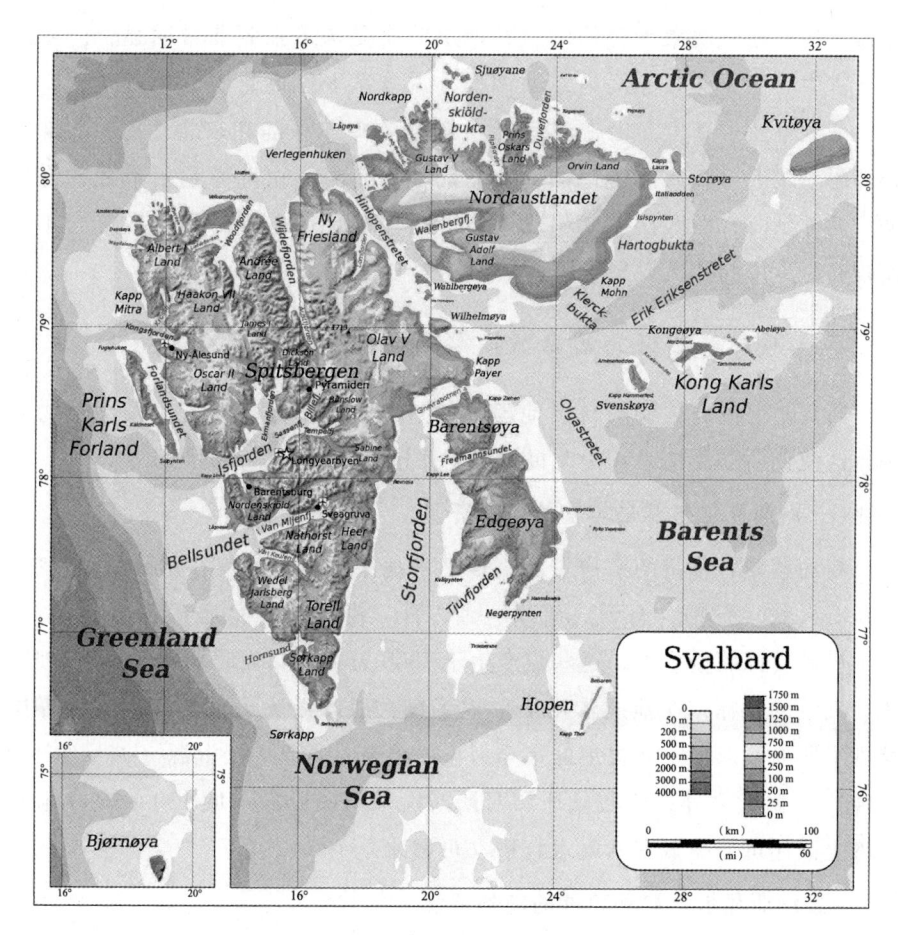

图 1-1 斯瓦尔巴群岛

资料来源：参见中国科学院网站，http://www.lzb.cas.cn/kyjz/201012/t20101214_3044554.html，访问时间：2015 年 3 月 16 日。

岩层至今基本上仍保持水平状态，那些桌状、金字塔状的平顶山大都由这些沉积岩组成。第四纪形成的冰川、湖泊、河流、海洋沉积物多呈分散状态，尚未固结为岩石，还有活火山活动发生。[1] 西斯匹次卑尔根群岛地层发育礁圈，几乎所有的地质时代的底层均有出露。虽然，由于冰雪掩盖其多次构造破坏痕迹，露头也有限，但在陡坡峭壁处，因没有冰雪和植被浮土

---

[1] 刘嘉麒：《北极的宝地——斯匹茨卑尔根群岛》，中国科学院网，http://www.cas.cn/html/dir/2001/12/24/6464.htm，访问时间：2016 年 3 月 4 日。

覆盖，各种地质现象十分清晰。其地层分布受构造控制非常明显，前寒武系下古生界主要分布在岛的东西两侧，泥盆系老红砂岩限于中部地区，石质、二叠系及中新生界出露于南部。① 斯匹次卑尔根岛和东北地岛的西部和北部海岸线上有深入陆地的海湾。东北地岛东海岸由陆冰前沿形成，许多冰河延伸到海，斯匹次卑尔根岛上有些大块的无冰谷地，别处还有当年海面较高时生成的广大海岸平原。

三 斯瓦尔巴群岛的自然资源

斯瓦尔巴群岛独特的自然地理条件孕育了宝贵的矿产资源及动植物资源，这使得斯岛无论是作为北极科考基地还是旅游地都充满吸引力。

（一）斯瓦尔巴群岛丰富的矿产资源

斯岛蕴藏着丰富的矿产资源，现已发现储量丰富的煤、石油、天然气、磷灰石、铁、石棉、石膏、硫磺、金、锌、铅、铜和大理石等多种矿产，其中煤矿资源储量丰富，这些煤产生于 7000 万年前，当时那里的气候温暖，积存大量的森林，在地质作用下形成了煤，地球板块运动的作用又使煤层移到了斯岛，形成了北极地区迄今为止最重要的商业矿产资源（储量约 110 亿吨）。② 除此之外，熊岛盆地和西斯匹次卑尔根群岛水域 130~2000 米永久冻土区还可能蕴藏天然气水合物（可燃冰）。③

（二）斯瓦尔巴群岛珍稀的动物资源

相比同纬度的北极其他地区和南极地区，斯瓦尔巴群岛孕育了丰富的动物资源，但这些动物主要分布在内陆和沿岸，生活在斯瓦尔巴地区的动物都拥有能够适应北极极端严酷寒冷环境、食物营养周期性缺乏和漫长极夜的生理结构和生活方式。群岛陆地及周边海域是北极熊、斯瓦尔巴驯鹿（1925 年被列入保护动物，现有约 10000 头）、麋鹿、麝香鹿（1930 年在群岛放养，1985 年全部消亡）、旅鼠、野鹅、北极野兔、北极狐、海象、海豹、鲸等珍稀动物的活动场所，北极熊的种群数量在 5000 头左右（1973 年

---

① 吴瑞棠：《北极斯匹茨卑尔根群岛地址状况》，《中国地质》1987 年第 2 期。
② 周萍：《斯匹次卑尔根群岛与巴伦支海油气资源》，《国土资源情报》2005 年第 4 期。
③ 王平康等：《极地天然气水合物勘探开发现状及对中国的启示》，《极地研究》2014 年第 4 期。

以来北极熊受到保护），① 研究表明，生活在斯瓦尔巴群岛的北极熊源自活跃在北极地区的一支较大种群，它们从东格陵兰岛向东经过斯瓦尔巴群岛到达俄罗斯所属的岛屿。

斯瓦尔巴海域常见的鲸鱼是白鲸，1611 年鲸贸易开始之前，斯瓦尔巴海域有大约 25000 头北极露脊鲸，荷兰、英国最先开始在该岛附近海域捕鲸，随后法国、丹麦、俄国等国家也相继加入捕鲸争夺战，现在北极露脊鲸已经非常少见了。

海象曾是斯瓦尔巴地区最大的动物种群，但在 1952 年实施保护之前，人类为了获取油脂和皮革，大量掠杀海象，使其种群数量下降到几百只。近年来，海象种群数量迅速恢复，达到几千只。

海豹是斯瓦尔巴地区最常见的海洋哺乳动物（1952 年实行全面保护），春季时常在海湾地区的海冰上活动，髯海豹是斯瓦尔巴地区除鲸鱼以外最大的哺乳动物，这种懒惰的动物在浅水区常见，但不如环海豹普遍。

此外，在斯瓦尔巴地区有 300 万～500 万只的海鸟，鸥鸟、矶鹬、雪地颊白鸟、棉凫、松鸡（学名斯瓦尔巴岩雷鸟）、三趾鸥（栖息在群岛北部 Liefdefjord 岛内冰山顶）等 160 多种鸟类在岛上繁衍生息，其中只有 20～30 种在此长期栖息。斯匹次卑尔根的西海岸稀疏的植物和裸露的土壤，是海雀（Allealle，Cepphus grille，Urialomvia）、三趾鸥（Rissatridactyla）、北极燕鸥（Sterna paradises）等大量海鸟的聚居区，是世界最大的迁栖鸟类聚集地之一，海岸的山崖上可见大量的鸟巢，在斯岛栖息的鸟类大多数在冬季到来之前从斯瓦尔巴地区飞向南方，在此越冬的鸟类只有松鸡。

斯岛渔业保护区孕育了丰富的渔业资源，斯岛所在的巴伦支海更是挪威乃至世界范围内最重要的渔业产区之一，主要鱼类有黑线鳕鱼（Melanogrammus aeglefinus）、北极鳕鱼（Gadus morhua）、挪威鲱鱼（Clupea harengus）、鲑鱼（Salmon）、北极嘉鱼（Arctic charr）、格陵兰比目鱼（Flounder），具有重要经济价值。其中，大西洋东北部 70%～75% 的北极鳕鱼和鲱鱼春季在这一海域产卵繁殖，春季熊岛周围也蕴藏着丰富的鳕鱼（Cod fishery）资源。由于群岛渔业保护区海水温度常年较低，其中一些鱼类仅生活在淡水

---

① 陈丹晨：《全球农业"诺亚方舟"计划启动》，《生态经济》2006 年第 10 期。

中，另一些在海洋和淡水之间迁移，北极嘉鱼（生活在世界最北端的大麻哈鱼）是斯瓦尔巴地区唯一的淡水鱼种，北极鳕鱼是该地区最重要的鱼类（见表1-1）。

表1-1 斯瓦尔巴地区特色生物资源

主类	特色类型
陆地动物	北极熊、北极狐、驯鹿
两栖动物	海象、海豹
海洋动物	北极鲸鱼
鸟类	鸥鸟、矶鹬、雪地颊白鸟、棉凫、松鸡
鱼类	鳕鱼、鲑鱼、北极嘉鱼、比目鱼、鲱鱼
植物	草地、低灌丛、地衣、苔藓、藻类

（三）斯瓦尔巴群岛特有的植物资源

在寒冷的斯瓦尔巴地区还生长着特殊的植物资源。由于该地区属苔原气候，多年生苔藓类和极地沙漠植物区系成为优势植物，地表覆盖苔藓厚度超过10厘米。除此之外，这里还生长着168种管状本土植物、373种苔藓类植物、606种地衣、705种真菌和超过1100种陆地淡水和海水藻类植物。① 岩高兰、云莓、虎耳草属植物、斯瓦尔巴罂粟、山地水杨梅属植物（呈钟形八瓣大白花、木质茎和根系）是斯瓦尔巴最常见的植被，但多年生维管植物较少，仅有的树木是小极地柳和矮桦木，没有大型的灌木存活，植被稀疏。这里的植物为了抵御严寒气候、短暂的夏季以及缺乏授粉昆虫等生存的障碍，进化繁衍出独特的物种形态，正因如此，斯瓦尔巴群岛建有世界闻名的种子银行"末日粮仓",② 存储着来自世界各地的数以亿计的种子。

四 斯瓦尔巴群岛的人口和居民

在漫长的历史时期内，整个斯瓦尔巴群岛几乎没有原住民，相比人

---

① 袁林喜等：《北极新奥尔松古海鸟粪土层的识别》，《极地研究》2007年第3期。
② 挪威建造的"末日粮仓"种子冷藏库于2008年2月6日正式竣工并启用。"末日粮仓"选择建造在斯瓦尔巴群岛一座山的山体内，比海平面高出130米。由于位于北极圈地下60米的冻土层中，即使意外停电，种子库也能常年保持低温，室温要在200年后才能缓慢升至零摄氏度。这里保存着全球已知的75万种农作物种子，目的是在地球遭遇核战争、自然灾害或气候变化等灾难时，劫后余生的人类还能重新播种，保证世界农作物的多样性。

类、北极熊、麋鹿、海象、飞鸟更属于这片土地。但由于北大西洋暖流经过，地处高纬的斯瓦尔巴仍然适合人类居住。截至 2012 年，斯岛大约有居民 2642 人，① 其中 439 人为俄罗斯人和乌克兰人，10 人为波兰人，其他长住居民来自泰国、瑞典、丹麦、伊朗、德国等缔约国，② 形成巴伦支堡（Barentsburg）、希望岛（Hopen）、朗伊尔城（Longyearbyen）、新奥尔松（Ny-Alesund）、Isbjørnhamna、斯维格鲁瓦（Sveagruva）六大居住区。这些居民大部分是矿工以及在斯瓦尔巴大学从事极地研究的师生与科研人员，早期，苏联矿工在岛上建了巴伦支堡矿区，曾有近 500 人在那里开采煤矿。目前，朗伊尔城（Longyearbyen）是斯瓦尔巴群岛最大的居民区，也是挪威在斯瓦尔巴群岛的管理中心，每天有从挪威本土到朗伊尔城的航班穿梭两地。

五　斯瓦尔巴群岛行政管理制度及其首府

斯岛的最高行政长官是斯瓦尔巴总督，集地方行政长官、警察局长和公证人的职能于一身。总督向司法部长负责，负责本地的救援工作。与斯瓦尔巴群岛有关的事务通常由中央政府的各个部门负责办理。司法部牵头组成了跨部门委员会，负责协调与群岛有关的行政管理事务。此外，斯岛还设有咨询机构——"斯瓦尔巴群岛理事会"。

斯瓦尔巴群岛的首府朗伊尔城位于朗伊尔山谷和 Adventfjorden 海岸之间，斯匹次卑尔根群岛西岸，距北极点仅 1300 千米，是世界最北端的有较多人口的城市之一（截至 2015 年 12 月有居民约 2144 人，大约有 1000 多名永久居民，当中挪威人居多，俄罗斯人次之），基于其极端的地理位置，亦以多项世界之最列入世界纪录。

早在 1906 年，美国人约翰·芒罗·朗伊尔（John Munro Longyear）在这里成立北极煤炭公司，开采煤炭资源，这一城市因此得名。1916 年挪威的 Store Norske Spitsbergen Kulkompani（SNSK）公司接管了北极煤炭公司，直到今天仍然从事采矿业。1943 年 8 月 8 日，该岛被德国纳粹完全摧毁，直到第二次世界大战后重建。一直以来，朗伊尔城都是采煤公司的生活区，

---

① "Population in the Settlements Svalbard"，*Statistics Norway*，22 October 2009.
② "Non-Norwegian population in Longyearbyen, by nationality, Number of persons"，*Statistics Norway*，Per 1 January. 2004 and 2005.

但 20 世纪 90 年代以来，大多数采矿作业搬到斯维格鲁瓦（Sveagruva），这里成为北极旅游和科学研究中心。自 2002 年以来，朗伊尔城社区委员会开始行使公共事务、教育、文化、消防、公路和港口等诸多的管辖责任。建有斯瓦尔巴酒店，[①] 斯瓦尔巴餐馆、斯瓦尔巴商店、斯瓦尔巴医院、朗伊尔和斯瓦尔巴群岛教堂、斯瓦尔巴机场、斯瓦尔巴博物馆、斯瓦尔巴大学（最大的研究机构）、斯瓦尔巴报纸、斯瓦尔巴全球种子库、斯瓦尔巴群岛卫星电台、无线电通信基地。1984 年斯瓦尔巴群岛开始第一次接收挪威本土电视节目。[②]

六 斯瓦尔巴群岛主要人类活动

由于斯瓦尔巴群岛特殊的地理位置，群岛在北极地区有着特殊的地位，一直是人们探索北极的前沿阵地，人们在这里的探险、科考、矿产开发、捕鱼、狩猎等活动从来没有停止过。

（一）科考活动

斯瓦尔巴群岛是世界上保持原生自然状态的最后几个岛屿之一，整个群岛被大峡湾、冰川、冰碛岩、冰川河流、山和典型的苔原生态系统所包围，其地形地貌、地层系统、生态环境的复杂多样性为海洋、大气、冰川与海冰、生物生态、地质、大地测量等学科的研究提供了天然场所。此外，由于气候的特殊性，斯岛孕育了特有的适合于极地生活的特殊的植物群和动物群，少雪少冰的地理环境适合冰河学、地质学和气象学研究，是北极天然实验室，也是世界各国北极科考的基地，在北极科考活动中发挥着重要的作用。挪威研究理事会（The Research Council of Norway）主持的"斯瓦尔巴群岛科学论坛"（Svalbard Science Forum）是各国斯岛科考活动重要的国际协调机构。

自 1596 年荷兰探险家威廉·巴伦支（Willem Barents）发现斯岛以来，一些简陋的海图中便记录了斯瓦尔巴地区的地形、水、航道和资源等情况。1827 年挪威的探险队在这里开展活动，19 世纪和 20 世纪，研究与考察活动的重要

[①] 每年可以满足 2 万名左右游客的夜宿要求。
[②] 参见 https://en.wikipedia.org/wiki/Longyearbyen，访问时间：2016 年 4 月 4 日。

性逐渐增加，人们逐渐对这个区域的海流、地质历史、动植物区系、北极光、气候、冰川和地貌等情况有所了解，更多国家陆续在斯岛开展科考活动。1871年佩耶（Payer）和魏普雷希特（Weyprecht）带领一支探险队到达斯瓦尔巴群岛，随后在1872～1874年组织了名为"奥匈帝国北极探险队"的探险队，虽然被困在船上，但是探险队对冰的永久存在问题进行了研究，指出没有永久的冰存在，同时指出那里是千年前并无人类生存。[①] 1882～1883年的第一次国际极年期间，从事国际纬度测量考察的瑞典科学家在伊斯峡湾（Isfjor）越冬，1899～1901年确定了地球的精确形状。在1896～1928年间，不少于9个考察队从斯瓦尔巴出发开始了寻找北极点的竞赛。其中以所罗门·安德烈（Salomon Andre）科考队最为著名，该科考队于1897年7月11日乘大气球从Virgohamn（斯岛一个小港口）出发，目的地是北极点，气球在高空飞行了几天。1928年，斯瓦尔巴群岛和极地海洋调查研究所成立，在斯岛开展科考活动已经成为国际惯例，1948年这一机构改名为挪威极地研究所。[②] 挪威极地研究所在北极冰川和生物的研究领域一直处在世界领先地位。2009年3月，研究所专门成立了"冰、气候和生态系统研究中心"（Centre for Ice, Climate and Ecosystems），简称ICE，该中心主要研究北极海冰的变化过程，同时关注北极冰盖及其与海洋间的相互作用。目前，我国正与挪威极地研究所在这一领域展开深入合作。近几年来，斯岛的科考活动无论在科考次数、科学家数量还是参与国数量上都大大增加，随着北极科考活动的发展，斯岛已经成为北极一个突出的、普遍的科学、研究和教育中心，成为世界各地观测北极的窗口。

目前，新奥尔松是斯岛科考活动的主要场所。新奥尔松距北极点1231公里，离斯瓦尔巴群岛首府朗伊尔仅107公里，位于斯瓦尔巴群岛的最大岛屿斯匹次卑尔根岛西海岸，是一个由大峡湾、冰川、冰碛岩、冰川河流构

[①] 唐述林等：《极地海冰的研究及其在气候变化中的作用》，《冰川冻土》2006年第1期。
[②] 挪威极地研究所的成立可以追溯到1906年至1907年对斯瓦尔巴地区的科研探险，1928年，挪威极地研究所在尼阿桑得古老的采煤小镇设立，该站位于北纬79度55分。是世界上位置最北的永久性陆地考察站之一，既是一个观测站、实验室，又可作为科研机构实地考察活动的基地。1998年科考站从奥斯陆迁往特罗姆瑟。研究所隶属于挪威环境部，主要负责北极地区的环境监测、实地考察和数据收集工作，并就北极地区的相关问题向挪威当局提出建议。

成的典型的苔原生态系统，其地形地貌、地层系统、生态环境的复杂和多样性为海洋、大气、冰川与海冰、生物生态、地质、大地测量等学科的研究提供了天然的场所。不仅如此，新奥尔松由于受北大西洋暖流的影响，属极地海洋性气候，常年温暖湿润，最冷的 2 月份平均气温约零下 14 摄氏度，最暖的 7 月份平均气温约 5 摄氏度，年平均气温约零下 5.8 摄氏度，比同纬度的东格陵兰高出 6 摄氏度，温暖湿润的气候更适宜人类活动，这些优越的自然条件使新奥尔松成为斯岛科考活动中心。

新奥尔松曾经是煤矿，1962 年发生事故后煤矿关闭，1964 年，欧洲空间研究机构在此建设了卫星遥感监测站，用来观测北极极光现象，同时搜集、研究并提供太阳能在北极活动的数据，由此拉开北极科考的序幕。1964 年以来，挪威、[1] 俄罗斯、德国、[2] 英国、[3] 意大利、日本、[4] 法国、荷兰、中国、波兰、[5] 印度、[6] 韩国[7]等国家都在新奥尔松建立了永久性的野外观测考察站，其他一些国家的研究机构通过租借、合作的方式来这里开展研究，多达 120 名科学家长期或短期在岛上进行大规模气象学、地质学、海洋学、冰河学等领域的科研活动。[8] 因此，挪威政府将新奥尔松定位为北极科学研究和环境监测的国际中心，新奥尔松地区的国王湾被选为欧洲海洋生物多样性监测的基准站点。

---

[1] 因地理上接近的关系，挪威很早就开始在斯岛进行科学考察，1906 年实施对斯瓦尔巴群岛的测绘，在朗伊尔建有北极研究分所，主要从事北极生物、地质、大气、环境、地球物理等方面的研究，每年和世界各国科学家合作的项目有 60 多个。此外，挪威还在新奥尔松设有一个永久性考察站，既是观测站、实验室，又是科学机构进行野外考察的基地。

[2] 德国拥有在斯瓦尔巴群岛（与法国合作建立）和萨莫伊洛夫（与俄罗斯合作建立）的两个科考站，以及六艘科考船，包括德国科考破冰船"极地斯特恩号"（RV Polar Stern）和五架固定翼民用科研飞机。

[3] 英国于 1991 年在新奥尔松建立了北极科考站，目前英国自然环境研究委员会（NERC）拥有两艘具备破冰能力的极地科考船。

[4] 日本于 1990 年在新奥尔松设立了考察站。

[5] 1957 年，波兰科学院（Polish Academy of Sciences）在挪威斯瓦尔巴群岛的红孙岛建立了临时性北极科考站，1978 年波兰将其建成永久性的全天候科考站。波兰北极科考站被公认为欧洲海洋生物多样性研究的旗舰站。其与法德联合北极科考站并称为欧盟两大永久性北极科考站，此外，波兰还拥有 4 个季节性北极科考站。

[6] 2009 年，印度在新奥尔松组建北极科考站，成为第 9 个在该地区建站的国家。

[7] 韩国于 2001 年在新奥尔松设立了考察站——茶山站。

[8] 姜珊：《过去 3000 年南北极典型地区生态环境变化的沉积记录及对比》，中国科学技术大学 2012 年博士论文，第 36 页。

总的看来，挪威十分重视与缔约国在斯岛展开多领域、多层面、多形式的科考活动合作，挪威也乐于将科考活动发展成挪威与《斯约》缔约方发展外交关系的重要平台，为其整体外交政策服务。近年来，全球气候变化问题受到越来越多的重视，斯岛在全球环境与气候研究方面的价值也显得越来越重要。挪威政府也希望以此为契机，进一步加强与主要国家的交流与合作。

（二）大学教育

为了促进斯岛科考活动的发展，同时更好地利用各地科考信息资源，挪威在斯岛组建了斯瓦尔巴大学，发展北极特色教育。1993 年，四家挪威大学及私人基金会在斯岛首府朗伊尔城协作组建斯瓦尔巴大学（University Centre in Svalbard，UNIS），斯瓦尔巴大学为挪威政府直属大学，也是世界上最北的大学，该大学占地 3200 平方米，从 1993 年 8 月开始招生，当时有 23 名学生在此进修北极地质学和地球物理学方面的课程。1994 年学校正式成立，目前有北极地球物理、北极地质、北极生物及北极工程科技 4 个系，现有 14 名教授和副教授，开设 37 门课程，全部用英文授课，每年还从全球各地邀请 180 多名客座教授和讲师前来授课，为大约 300 名学生提供学士、硕士、博士等学位教育。[①] 斯瓦尔巴大学已经成为世界北极研究的重要机构，挪威科学研究评估委员会对大学的教学和科研力量有很高的评价。中国科学探险协会[②]也于 2001 年 10 月与斯瓦尔巴大学部签署合作协议，根据协议，中国科学探险协会和斯瓦尔巴大学部在北极高空大气物理、地质、生物和冰川学领域开展联合研究，双方将互换科学家和留学生，并进行中国和斯瓦尔巴群岛相关地区的科学考察数据的对比研究。

（三）旅游活动

斯瓦尔巴群岛及其周边海域是人们最容易接触高纬度北极区的地方，

[①] Jacek Machowski, "Scientific activities on Spitsbergen in the light of the international legal status of the archipelago", *Polish Polar Research* 16 (1995): 33.

[②] 中国科学探险协会成立于 1989 年 1 月 21 日，是由从事和热爱科学探险事业的科技工作者、科学探险爱好者及关心、支持科学探险事业的有关人士自愿组成的全国性、学术性、非营利性社会组织。接受业务主管单位中国科学技术协会和社团登记管理机关中华人民共和国民政部的业务指导和监督管理。

其独特的地理位置和气候环境使其成为极具吸引力的北极旅游地。

从19世纪中期起，就开始有观光游客来到斯岛。1975年，朗伊尔城机场的开通为旅游业的发展注入了新的动力。斯堪的纳维亚航空公司（SAS）和布拉森斯航空公司开通了特罗姆瑟至朗伊尔城的航线，冬天每周5次航班，夏天每周6～7次。航班开通后，斯岛旅游业快速升温。以新奥尔松为例，2004年夏季，一周仅有一艘旅游船到访，到2008年夏季旅游人数不断增多，① 多的时候一天有1～3艘游船光临；仅科斯塔号邮轮（Costa Atlantica）载入的游客与船员就多达4000人。而今，每年大约有25艘这类游船来群岛进行40～50次的游览活动，带来1.5万到2万名游客。俄罗斯人居住点——尼阿桑得也是重要的游船挂靠港。

目前，朗伊尔城是斯岛旅游活动的中心，该地得天独厚的气候条件和便利的设施使它成为旅游首选地。从气候特点看，由于挪威海暖流从群岛西岸流过，带来的热量大大提高了朗伊尔城周围的气温，因此比同纬度的地区温暖，全年平均气温零下7℃，最低气温零下40℃至零下50℃，一年中有一百多天极昼，是人们游玩的好去处。大多数游客会在春、夏两季抵达朗伊尔城，春季更受欢迎，二月至十一月，多家旅行社提供了各式各样的旅游行程。除了得天独厚的地理位置和气候环境，较为便利的交通运输系统也为朗伊尔城旅游活动提供了保证，挪威的特罗姆瑟及奥斯陆（Oslo）两地有定期航班，当地的斯瓦尔巴机场，仅在2004年就接纳了9万名旅客。岛上还备有直升飞机和轻型飞机在空闲的时候出租给游客，冬天人们还可以租用滑雪车或狗拉雪橇，群岛是挪威少数许可驾驶雪橇的地方之一，夏天，可以进行数小时或数天的带向导的徒步旅行。

为配合旅游业的发展，目前挪威已在朗伊尔城建成世界上最北的邮局、② 斯瓦尔巴博物馆、③ 极光观测雷达站，为避免游客对斯岛脆弱的生态环境的破坏，挪威制定了专门在斯岛适用的《关于在斯瓦尔巴群岛旅游及

---

① 6月到8月是斯岛的夏季。
② 在邮政系统普遍衰落的今天，这个邮局平均每天寄出几百张明信片，可谓世界上生意最红火的邮局。
③ 斯瓦尔巴博物馆是世界最北的博物馆，面积与一个网球场相当，馆内每一件展品——海豹、驯鹿、野鸭、矿灯和测距仪等讲述着斯瓦尔巴的历史和文化。

其他旅行的规定》等法律法规，针对游客规定了生态保护的各项禁令。①

（四）采矿活动

斯岛是挪威唯一的产煤区，也被称为世界最北的煤都。早在 19 世纪，挪威、美国、沙俄等国就陆续开发岛上的煤矿资源，1920 年前后中断。虽然煤炭工业规模不大，但煤炭产业是斯岛的传统产业，也是人类在该岛建立的第一个产业，对斯瓦尔巴群岛有着不同寻常的意义。

1. 斯瓦尔巴群岛矿产开发活动的重要意义

在挪威的能源分布图中，斯瓦尔巴群岛是一个重要的产煤区。煤炭工业在挪威并不是一个重要的产业，只占能源总产量的 0.07%，煤炭消费量占能源总消费的 1.75%，规模不大的煤炭生产只在远离大陆的斯瓦尔巴群岛上进行，岛上也只有一家煤炭发电厂，因此煤炭利用在挪威只占据着很小的一块份额。虽然挪威煤炭工业规模不大，但如上文所述，它对斯瓦尔巴群岛有着不同寻常的意义，《斯约》的产生也是缔约国对斯岛煤炭资源争夺的结果。

2. 缔约国在斯岛的矿产开发活动

早在 1800 年，岛上的煤矿资源陆续即被发现和开发，1900 年以来，基于工业化及欧洲市场优惠的价格，采矿业蓬勃发展，美国、英国、荷兰、瑞典等都曾在群岛采矿，投资者投入大量资金购买设备，雇用工人，建立厂房，② 采矿活动持续了 100 多年。各国的无政府活动刺激了《斯约》的最终缔结，以解决日益混乱的采矿业无序的发展问题。《斯约》将斯岛的矿产开发权平等地赋予所有缔约国，此后，英国、俄罗斯、挪威仍在斯岛开展矿产开发活动，二战期间还曾在斯瓦尔巴群岛发生冲突。英国于 1941 年撤走了它的采矿人员。随后，该岛被德军占领，随后他们又被英国和挪威的军队赶走。德国的战舰于 1943 年炮轰采矿区，将矿区摧毁。

目前，岛上主要的矿产开发区位于朗伊尔城（Longyearbyen）、斯维格鲁瓦（Sveagruva，矿业居住地，斯岛第三大居住地）、巴伦支堡（Barents-

---

① 如不准乱丢垃圾、不准捕杀或惊动鸟兽、不准迁植树木、不准采花、不准破坏文物。
② 如在斯瓦尔离首府朗伊尔城（Longyearbyen）约 10 千米的 Bjeirndalen 处就留存着一个废弃的矿区，这个矿区从 1969 年到 1996 年被开采，是冻土区的地下矿，现在还留着一个高约 20 米的煤矸石堆。

burg）和新奥尔松，现在只有俄罗斯和挪威仍在该群岛从事采矿活动。

采矿业是俄罗斯在斯岛的传统产业，俄罗斯主要在皮拉米登（Pyramiden）[①] 和巴伦支堡（Barentsburg）采煤，矿区总面积为251平方公里，当前正在运营的是巴伦支堡矿井。巴伦支堡在朗伊尔城西南40公里处，是斯瓦尔巴群岛地区第二大居民区，本身就是一座煤城，是因煤炭生产形成的永久居民区，该区隶属于俄罗斯Trust Arktikugo采矿公司，俄国人自20世纪30年代起便在巴伦支堡开矿，年开采量为30～40万吨（1920～1930年，当时挪威在朗伊尔城的煤矿产量为40万吨），二战期间曾一度撤离，战后苏联的煤矿工人仍在这里从事矿产开发活动，如今仍是座名副其实的俄罗斯城，但近年来，俄罗斯的采矿人员和采矿量都有所下降。

3. 挪威在斯岛的矿产开发活动

1916年，挪威斯托诺斯克斯匹兹伯根煤矿收购了1906年由美国人成立的朗伊尔煤矿，该公司由总公司Store Norske Spitsbergen Kulkompani（SNSK）和其两个子公司Store Norske Spitsbergen Grubekompani（SNSG）和Store Norske Boliger公司组成，在朗伊尔城从事煤炭勘探、生产、销售及煤矿社区房屋建设等商业活动。目前年产70万吨，[②] 该集团99%股份为国家所有，年利润达1000多万挪威克朗，由于矿井采掘及运输均采用机械化，仅有100多名矿工，但人口几乎占了全镇人口的三分之一。

集团自成立至今的90年中，先后开采过8个矿，分别是位于首府朗伊尔城的1到7号矿和位于另一块聚居地斯韦亚（Svea）的斯韦亚·诺德矿（Svea Nord）。其中，1到6号矿现已先后开采完毕，一些还被开辟成了旅游参观地，目前仍在生产的是7号矿和斯韦亚·诺德矿。7号矿现年产约7万吨，斯韦亚·诺德矿（Svea Nord）年产约280万吨，是挪威煤炭工业的未来，其出产的煤炭主要供应给挪威唯一的火电厂——朗伊尔城火电厂，为朗伊尔城居民供给电和热。该集团除在朗伊尔城从事煤炭生产外，还负责对该地区进行社区建设，如建立配套的医院、学校、商店和各种公共设施，20世纪80年代至90年代初，该集团逐渐将医疗保健等社会服务和商业活

[①] 1998年，皮拉米登的煤矿关闭。
[②] 张筱青：《论挪威国家安全政策的转变（1945—1949）》，广西师范大学硕士研究生学位论文，第13页。

动管理权交给挪威政府，2002 年斯瓦尔巴群岛自治，这些权力又被转交给新成立的自治政府——朗伊尔城社区委员会，可以说该集团的发展史便是朗伊尔城的发展史，其对朗伊尔城的意义已远远超过了一个单纯的煤炭生产公司，该公司对朗伊尔城的稳定和发展发挥了重要作用。

（五）渔业活动

渔业活动是目前缔约国在斯岛的主要经济活动。就商业捕捞的海洋鱼类而言，北极鳕鱼是最常见的捕捞鱼种，随着鳕鱼活动区域的移动，西班牙、葡萄牙、冰岛、俄罗斯、波兰等国家大量的拖网渔船有规律地沿挪威海岸、俄罗斯巴伦支海专属经济区北部、斯岛渔业保护区一带作业，因挪威距这一海域较远，仅有极少的挪威本国渔船在这一海域捕捞，但对于俄罗斯渔民来说，斯岛渔业资源的经济回报是实质性的，俄罗斯渔民几乎整年都在斯岛东南部海域开展捕鱼活动，仅鳕鱼就有超过一个季度的捕捞季。俄罗斯在这一海域捕获的鳕鱼比在俄罗斯东部专属经济区的鳕鱼更大，肉质更为鲜美，由此引发的缔约国针对保护区管辖权、渔业捕捞配额、渔具使用、网孔大小等的争议从来没有停止过。

七 斯瓦尔巴群岛的战略价值

斯岛靠近地球的北极，不但是理想的北极气候研究实验室、北极搜救活动训练基地和卫星服务的重要区域，更是大国战略博弈焦点，有着极为重要的地缘政治价值。

（一）斯岛丰富的自然资源对缔约国具有相当的吸引力

斯瓦尔巴群岛拥有十分丰富的生物资源和非生物资源。斯瓦尔巴群岛渔业保护区是世界上渔业资源最丰富的渔场之一，[1] 这一水域面积为 130 万平方公里，拥有丰富的浮游生物资源、底栖鱼类和远洋物种，北极鳕鱼是该地区最重要的鱼类。此外，已在斯岛发现煤、磷灰石、铁等多种矿产资源，其中煤矿资源蕴藏丰富，北极地区迄今最重要的商业矿产资源就是斯

---

[1] 北极渔业主要与以下几大区域紧密关联：东北大西洋海域，包括巴伦支海、挪威海东部和南部、冰岛及东格陵兰周边水域；西北大西洋海域，包括加拿大东北水域、纽芬兰和拉布拉多周边水域；西北太平洋海域，包括俄罗斯与加拿大、美国之间的西南陆地界限沿岸水域；东北太平洋海域，主要指白令海水域。

瓦尔巴的煤矿资源。斯岛海域与丹麦格陵兰东侧陆架区、法罗群岛陆架、挪威海以及巴伦支海等区域一样都是北欧北极地区的油气资源主要分布区域。① 随着全球气候变暖以及冰川逐渐消融，斯岛资源的开采成为可能，围绕着斯岛资源的争夺必将快速升温。在新的气候和技术条件下，美国、俄罗斯、加拿大、瑞典、丹麦等《斯约》缔约国纷纷调整、推出各自的北极战略，力争未来在斯岛的资源之争中占据优势地位，斯岛的资源之争、利益之争近在咫尺。

（二）斯岛在大国战略格局中地位非常重要

资源是地缘政治理论演绎的逻辑起点，地缘政治与资源政治的统一，是现代地缘政治的本质特征。斯瓦尔巴水域与科拉半岛（Kola Peninsula，见图1-2）隔巴伦支海相望，与北极公海相连，由于重要的地理位置和丰富的资源储备而成为大国地缘政治博弈的中心。

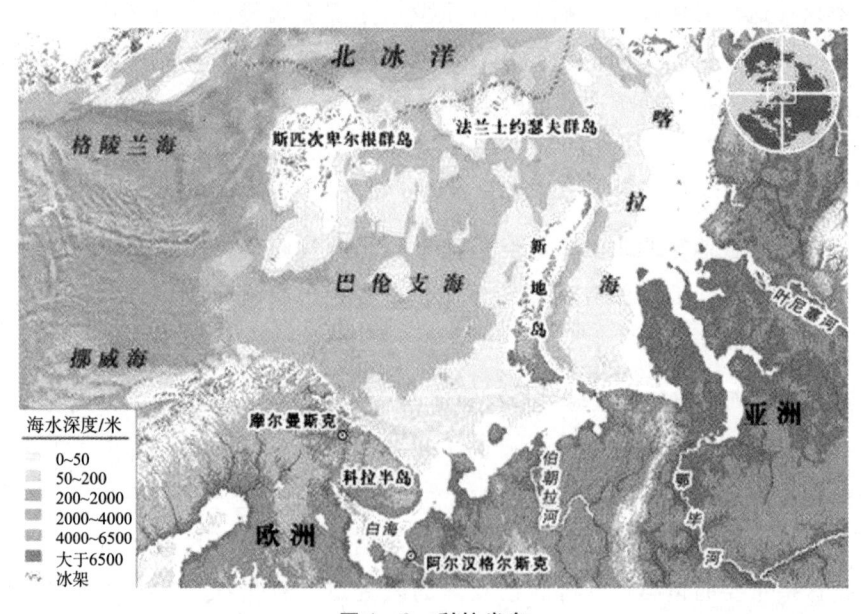

图1-2 科拉半岛

斯瓦尔巴水域与俄罗斯科拉半岛隔海相望，由于科拉湾及科拉半岛在

---

① 张侠、屠景芳、郭培清、孙凯、凌晓良：《北极航线的海运经济潜力评估及其对我国经济发展的战略意义》，《中国软科学》2009年S2期。

俄罗斯战略格局中的重要地位，俄罗斯十分关注斯岛水域的航行及战略安全。科拉半岛是俄罗斯摩尔曼斯克州内的一个半岛，北面是巴伦支海，东南面是白海，近邻芬兰，虽地处北纬，位于北极圈内，但冬季科拉湾海水不结冰，是俄罗斯少有的不冻港。船舰出入该港不经过别国控制的峡湾，交通战略位置极为重要，为全俄最大的军港和北冰洋沿岸最大的商港，俄罗斯船只由此通往世界各地 170 个港口，年吞吐量 800 万 ~ 1000 万吨，现在仍是俄罗斯北方舰队的总部，俄罗斯 196 艘核潜艇[1]大部分都停靠在科拉半岛、斯瓦尔巴群岛东南部，靠近挪威边境。从战略布局角度看，俄罗斯的四个海军基地（北冰洋、波罗的海、黑海和太平洋）中，俄罗斯与波罗的海、黑海和太平洋海域的沿海国均处于紧张状态，这些水域的沿海国不仅能够密切监视俄罗斯的海军舰队，而且还很有可能随时切断俄罗斯海军舰队驶往公海的通道。因此，俄罗斯的海军舰队要到达公海，很大程度上要依赖允许自由穿行的各种海峡和海域，科拉湾恰好有其独特的优势，是四大基地中最难遭到封锁的一个，战略地位极为重要。俄罗斯一直以来将斯瓦尔巴群岛和挪威大陆之间的水道看作"海峡"，以科拉半岛大片的冰和陆地作为战略潜艇基地，通过这个水道从巴伦支海到达西半球，俄罗斯的潜艇也可以直接从北冰洋发动进攻，那里的北极冰帽咆哮的冰和频繁的海风会影响天气温度，干扰声呐的探测，使监测数据不准确，从而阻碍反潜艇攻击。因此，该国历来重视这一水域重要的战略地位。[2]

斯岛所在的北冰洋和巴伦支海海域在美国军事战略规划格局中的地位也非常重要。斯岛靠近北美，是北美大陆前沿防御和与欧洲通信联络的枢纽。在 20 世纪的"美苏争霸"中，上述地区一旦被苏联控制，将对美国的全球防御体系造成重大伤害，因此，美国必须设法控制这些地区。[3] 早期美国的雷达预警装置可以横跨阿拉斯加、加拿大和格陵兰岛，如果苏联从美国北部发

---

[1] T. Nilsen, I. Kudrik, and A. Nikitin, *The Russian Northern Fleet*: *Sources of Radioactive Contamination*, in Bellona Report (Oslo: Bellona, 1996), available at http://www.bellona.org/reports/the Russian Northern Fleet report chapters/1175892548.15.

[2] S. Sontag and C. Drew, Blind Man's Bluff, *The Untold Story of American Submarine Espionage* (New York: Harper Paperbacks, 1998).

[3] Jussi M. Hanhimaki, *Scandinavia and the United states*: *An Insecure Friendship* (NewYork: Twayne, 1997).

起攻击，美国借助斯岛水域或巴伦支海的雷达预警装置探测到相关信号，将有足够的时间组织反击，阻止来自苏联的进攻，斯瓦尔巴水域雷达信号为美国等西方国家的情报搜集提供便利。如 20 世纪 70 年代，美国就借助这一水域的信号发现苏联核潜艇在巴伦支海水域数量大幅度增长，① 这些潜艇可以顺着巴伦支海到达西半球，对此，挪威和美国作为北大西洋公约组织的成员国，曾联合对苏联北方舰队在这一区域日益增加的活动提出严厉的警告。② 作为回应，北约要求海上作战强调反潜操作的重要性，纵深防御，抓住海上主动权，美国和挪威建立起更为紧密的伙伴关系，开展更大范围的情报搜集合作。③ 由此可见，斯岛俨然成为美苏争霸过程中最有战略价值的区域之一。④

（三）斯瓦尔巴群岛是北极科学考察的窗口

斯岛作为世界上最北的陆地之一，由于其重要的地理位置和地理条件可同时用作天文台、实验室和野外作业基地，是北极科考活动的中心。随着北极的地理大发现，一些国家陆续在斯岛进行零星的海洋学、地质学、冰川学、测绘与制图学、气象学、生物学等领域的科研考察活动。1962 年以来，挪威、苏联、波兰、法国、德国、英国、意大利、日本、荷兰、中国、印度、韩国等国家都在这里建立了永久性的野外观测考察站，⑤ 大量的科学家长期或短期在岛上进行大规模气象学、地质学、海洋学、冰河学等领域的科研活动。20 世纪 80 年代后期，随着人类科学活动进入大科学时代，斯岛的科考活动出现了真正的国际化趋势，人类迈入了科考的北极时

---

① R. Tamnes, *The United States and the Cold War in the High North* (Oslo: Ad Notam Forlag, 1991), p. 228.

② E. P. Holmes, The Soviet Presence in the Atlantic, NATO Letter, September, XVIII/9, Special Naval Issue (1970); O. G. Skagestad, "Nasjonale utfordringer i nordområdene-sikkerhetspolitiske perspektiver", *Norsk Militært Tidsskrift* 2 (2004): 20 – 23. 转引自：Torbjørn Pedersen, "International Law and Politics in U. S. Policymaking: The United States and the Svalbard Dispute", *Ocean Development & International Law* 42 (2011): 121.

③ R. Tamnes, *The United States and the Cold War in the High North* (Oslo: Ad Notam Forlag, 1991), p. 213.

④ P. Crickmore, *Lockheed Blackbird-Beyond the Secret Missions* (Oxford: Osprey Publishing, 2004), p. 266.

⑤ 顾燕：《踏足世界最北人居区　扬子记者探访中国北极科考站》，2013 年 10 月 27 日《扬子晚报》。

代。斯岛作为北极科考的根据地，其重要的战略地位不言而喻。

第二节　斯瓦尔巴群岛法律地位的变迁

斯岛领土主权归属经过"无主地－斯匹次卑尔根委员会－挪威主权"三个阶段的早期争夺，早已尘埃落定。《斯约》确认了挪威对斯岛的领土主权，从而解决了斯岛的主权归属争议，并保证其在较长时期内的稳定性。

一　斯岛的发现：早期资本主义探险活动

斯瓦尔巴群岛的发现与早期资本主义探险活动密切相关。19世纪欧洲科学家开始关注斯匹次卑尔根岛，并多次组织远征探险，研究斯岛动植物群、地理状况与地质结构。

据冰岛史载，斯匹次卑尔根群岛在12世纪由斯堪的纳维亚人发现，1194年北欧海盗就发现了该群岛，但将其误认为是格陵兰岛的一部分。直到1596年，荷兰航海家威廉·巴伦支率领一支3艘船的船队从阿姆斯特丹出发，一路向北探寻通往东方的贸易捷径，1594年6月的第一次探险和1595年的第二次探险都收获不大，但最后一次航行却取得重大进展，发现了该岛，[①]并将其命名为"斯匹次卑尔根"，意即"冰原上的尖峰"，另外，他们还到达了北纬79°39′，进入了北极圈，创造了人类北进的新纪录。可惜的是，巴伦支的船被浮冰撞毁，他和水手们被困在新地岛，被迫成为第一批在北极越冬的欧洲人，巴伦支和水手们在岛上搭建木屋子，靠猎杀北极熊和海象来充饥，一直熬到1597年6月13日，成功修复两艘救生小船后逃命。但是，此时巴伦支已病重，1597年6月20日，在海上去世，年仅37岁。同行的十几名幸存者通过了一段冰海，在新地岛南端遇到了俄罗斯人，幸运地获救。在巴伦支遗留下来的航海日志里，没有说明他是否曾经"以国王陛下的名义宣布对该群岛的领土所有权"。这样荷兰就不符合先占原则的必要条件。[②]

[①] T. B. Arlov, *Svalbards Historie*（Trondheim：Tapir Akademisk Forlag, 2003），pp. 50–53. 转引自：Torbjørn Pedersen："The Svalbard Continental Shelf Controversy：Legal Disputes and Political Rivalries"，*Ocean Development & International Law* 37（2006）：341.

[②] 田德文：《列国志·挪威》，社会科学文献出版社，2007年。

17世纪早期丰富的鲸鱼与海象等生物资源的发现唤起了英国与荷兰的兴趣，英国探险家亨利·哈德逊乘坐一艘80吨4桅帆船"好望"号到达斯匹次卑尔根岛群岛的北端，并在那里发现了成群的鲸和海象。在哈德逊向英国政府报告这里蕴藏丰富鲸鱼资源后，英国、德国、丹麦、法国、荷兰、挪威等国家的捕鲸船纷至沓来，斯匹次卑尔根岛群岛成为国际捕鲸活动最主要的区域。① 当时欧洲市场对鲸油的需求很大，这促使英国和荷兰两国在斯岛展开了鲸鱼资源与北极立足点的争夺，17世纪末，仅荷兰捕鲸船就达到150~250艘，年捕鲸量在750~1250头。1623年，双方达成捕鲸协议，结束了相互间的竞争，这一协议一直延续到19世纪下半叶。但由于自然条件恶劣，该岛一直无人定居，只是各国捕鲸船的一个停靠地。从法律上讲，这就意味着没有一个国家对群岛有排他性的主权，因此所有国家均可利用群岛上的资源，这就造成了过度捕猎的危险，结果北极弓头鲸与海象几乎濒临灭绝，② 北极露脊鲸作为这个海域最多的鲸类，由于大量捕杀几乎绝迹。随着欧洲"汉莎同盟"③ 商贸经济的发展，欧洲经济发达起来，来捕鲸的人逐渐减少。18世纪俄国人来此捕鲸。18世纪到19世纪早期，来自俄国西北地区的彭泊思人（Pompors）为获取象牙，开始在斯岛捕猎海象、鲸、熊，他们用鲸须做紧身内衣、家具和货车，食用鲸肉，④ 此后，俄国人逐渐向岛上移民，介入该岛事务。19世纪20年代，俄国人的捕鲸活动逐渐被挪威人取代。斯岛捕鲸业衰退后，美国人在岛上发现了欧美工业发展急需的煤，煤炭资源的开采替代捕鲸业成为岛上主要的经济活动，大国由对群岛周围鲸鱼资源的争夺转变为对岛上矿产资源的开发。

　　随着斯岛矿产资源的发现，一批又一批勇敢的欧洲人开发了斯匹次卑尔根群岛丰富的矿产资源，挪威人和俄国人尤盛。早在1827年，挪威海船就从

---

① 史密伦堡（Smeerenburg）位于斯岛西北海岸，是最著名的捕鲸集聚站，建造了16栋房子，可供200多捕鲸人居住，有8个巨大的鲸脂提炼站，高峰期有300多艘捕鲸船同时在各岛间穿梭。现在仍遗留有大约50个捕鲸站，留有捕鲸人居住的房屋、鲸脂提炼站和大量鲸鱼、海象的骨架，成为历史遗迹景观。
② Dag Avango, Louwrens Hacquebord, Ypie Aalders, Hidde De Haas, Ulf Gustafsson, and Frigga Kruse, "Between Markets and Geo-Politics: Natural Resource Exploitation on Spitsbergen from 1600 to the Present Day", *Polar Record* 47 (2011): 47.
③ 汉莎同盟指历史上德意志北部城市之间形成的商业、政治联盟。
④ T. B. Arlov, *Svalbards Historie*, (Trondheim: Tapir Akademisk Forlag, 2003), pp. 62–63.

斯匹次卑尔根群岛向挪威本土哈墨菲斯特运送煤炭。1858年，芬兰籍的瑞典探险家登肖尔德先后5次率探险队去斯匹次卑尔根群岛探险考察，并在那里发现了大量煤矿及其他矿产。1906年，美国人约翰·霍尔（John Hall）来到斯匹次卑尔根海湾的山坡建煤矿。20世纪初开始，俄国人陆续在斯匹次卑尔根群岛开采煤炭资源，后来渐渐转向开采磷灰石、石棉、石膏等矿产资源。这些国家的私人企业主圈地为矿、划地为私，由此对该岛的主权归属问题产生了纠纷。一战后由于经济低迷，煤炭市场价格回落，许多煤炭公司宣告破产，斯岛矿产资源开发的高峰期就此结束。[①]

这些早期的探险和资源掠夺活动逐步构建了斯匹次卑尔根群岛的社会、文化和政治系统，但直到20世纪初，群岛还是无主地，不隶属任何国家主权管辖之下。

二 无主地：欧洲大国的主权争夺战

国际法上的无主地（terra nullius）指尚无任何国家占领，或无人居住，或土著居民尚未形成部落的地方。国际法院1974年在"关于西撒哈拉法律地位"的咨询意见中指出："国家实践表明：住有土著部落或具有一定社会或政治组织的人群的地方就不能被认为是无主地"，如今除南极不属于任何国家的领土，并且有专门的国际条约规定以外，地球上几乎已经没有无主土地。国际法上承认通过先占取得无主地的主权，[②] 先占是一个国家有意识地取得当时不在任何其他国家主权之下的土地主权的一种领土主权取得方式。按照传统的国际惯例，若想以先占宣称对一片土地的领土主权，应当具备两个要件，即"首先发现"与"有效的行政管辖"。

虽然，早在1596年，荷兰航海家威廉·巴伦支就发现了该岛，[③] 但他并未留下证据表明"以荷兰国王的名义宣布对该群岛的领土所有权"，也没有对该岛实行有效的行政管理，因此，荷兰不符合先占原则的必要条件。[④]

[①] Dag Avango, Louwrens Hacquebord, Ypie Aalders, Hidde De Haas, Ulf Gustafsson, and Frigga Kruse, "Between Markets and Geo-Politics: Natural Resource Exploitation on Spitsbergen from 1600 to the Present Day", *Polar Record* 47 (2011): 30－32.

[②] 领土取得和变更的传统方式主要有先占、添附、时效、割让和征服5种形式。

[③] T. B. Arlov, Svalbards historie, Trondheim: Tapir Akademisk Forlag, 2003, 62－63.

[④] 田德文：《列国志·挪威》，北京：社会科学文献出版社2007年版。

此后，17～18世纪挪威也曾经宣称对这一地区拥有主权，并派船只到岛上活动，这一主权主张的理由是斯匹次卑尔根群岛与格陵兰岛相连，格陵兰岛主权归挪威所有，所以挪威对位于格陵兰北部水域的斯匹次卑尔根群岛也拥有主权，但挪威对斯匹次卑尔根群岛的主权一经主张便遭到英国的反对。也不符合取得领土主权的要件。

1871到1872年间，斯匹次卑尔根群岛主权争夺开始明朗化，俄国、瑞典以及在其控制下的挪威逐渐成为斯岛上最大的三支势力，三国都把斯匹次卑尔根群岛作为法律上的"无主地"来看待，要求对该群岛行使主权，形成实际上的三国共管的态势。但从人口数量及实际行政管辖的角度来看，在当时的开发活动中，挪威和俄国所占的分量似乎更重一些。

19世纪下半叶，瑞典北极探险家、学者阿道夫·埃里克·诺尔坚舍利德（АдольфЭрикНорденшельд）提出斯匹次卑尔根群岛应该由挪威殖民化，将这一地区用于科学研究，一些国家也支持挪威对该岛拥有主权。但有的国家明确提出反对意见，如俄国主张斯匹次卑尔根群岛是"无主地"，这一地区应向所有的国家自由开放，任何想独占斯匹次卑尔根群岛的想法都应该放弃。[①]最后，因为担心行政管理成本过高，挪威政府迟迟未提出对斯岛的主权主张。1892年，挪威的外交大臣库努夫（Konow）再次提议挪威政府应提出斯匹次卑尔根群岛主权主张，但外交部对这一主张反应消极。[②] 1901年，挪威的公司开始在西斯匹次卑尔根群岛购买土地开展煤炭开发活动，1905年瑞典-挪威联盟解体，挪威政府为了将其影响向北方扩展，于1907年发布通告指出：斯匹次卑尔根群岛现存的法律制度并不令人满意，呼吁在群岛建立一种全新的制度安排，根据挪威的建议，挪威、瑞典和俄国开始协商斯匹次卑尔根群岛的治理方式，虽然取得了一定进展，但因第一次世界大战的爆发无果而终。

德国也想占有斯匹次卑尔根群岛。1899年，德国欲占领熊岛（Bøjrnyaø）向斯匹次卑尔根群岛主权发起挑战，俄国随即派"斯维特拉娜"号（Svetla-

---

① Torbjørn Pedersen: "The Svalbard Continental Shelf Controversy: Legal Disputes and Political Rivalries", *Ocean Development & International Law* 37 (2006): 342.
② T. Mathisen, *Svalbard i internasjonal politikk 1871–1925* (Oslo: Aschehoug, 1951), p.39. 转引自：Arnfinn Jorgensen-Dahl: "The Soviet-Norwegian Maritime Disputes in the Arctic: Law and Politics", *Ocean Development & International Law*, 21 (1990): 419.

na）军舰到达上述海域，并提出抗议，德国声称占领熊岛行动失败。对此，时任挪威外交官 Qvam 提出召开国际会议解决争端的建议，但这一建议并未被挪威外交部门采纳。

老牌资本主义国家荷兰没有宣称对斯匹次卑尔根群岛拥有主权，但与法国、西班牙一道主张在群岛拥有捕鲸的权利，理由是该群岛是无主地，群岛附近水域属于公海，拥有捕鱼自由权。

英国在 19 世纪下半叶也曾宣称对斯匹次卑尔根群岛拥有主权，理由是斯岛是由英国人 Hugh Willougby 发现的，英国的狩猎者最先在岛上开展狩猎活动，基于国际法领土取得的先占原则，英国拥有对斯岛的主权，但这些主张与要求都未得到国际社会的认可。迄今为止，英国官方仍将《斯约》称为《巴黎协定》，并未跟随挪威官方口径将斯匹次卑尔根群岛改称为"斯瓦尔巴群岛"，以此表现对挪威主权及管辖权的质疑。

美国在 1907~1916 年间开始关注斯匹次卑尔根群岛的主权和管辖权问题。20 世纪初期，美国"北极煤矿公司"在西斯匹次卑尔根群岛的煤炭开发活动关涉斯匹次卑尔根群岛的地位和政策问题。这一公司由来自波斯顿和马萨诸塞州的资本家弗雷德里克·艾尔（Frederick Ayer）和朗伊尔（John M. Longyear）于 1903 年创立，经勘探，斯匹次卑尔根群岛的煤炭资源属于焦煤，约翰·M·朗伊尔（John M. Longyear）计划在岛上开办冶炼厂，① 朗伊尔认为由于铁路和蒸汽船舶的广泛使用，北欧需要大量的煤炭，开发有利可图。由于资源开发的需要，在私人企业主的推动下，美国国会开始关注私人企业在这一区域的活动，以及如何保护他们在这一地区利益的问题，美国认为只要那块土地是"无主地"，美国就可以在此开展相关的开发活动。对这一问题，美国的立场与俄国、挪威、瑞典基本一致，即保持斯岛无主地的法律地位，不把主权赋予某一个国家，将斯匹次卑尔根群岛的资源向所有国家开放。

直到 20 世纪初期，没有任何一个国家有能力宣称对斯匹次卑尔根群岛行使排他性管辖权，因此，各国都没有主张斯匹次卑尔根群岛主权的法律基础，所以《斯约》签署前，斯匹次卑尔根群岛仍是个"无主地"。此外，

---

① 张继民：《北极有煤海》，《中国测绘》2005 年第 1 期。

斯岛也不是国际法意义上的"公共财产",公共财产如公海、外层空间、国际海底区域,都不能被任何国家独占,法律上的授权除外。因此,从早期斯岛的开发历史看,斯岛只是一块无主地。

三 斯匹次卑尔根委员会:三国共管模式

20世纪初,美国、英国、挪威、瑞典、荷兰及俄国的公司与个人纷纷开始勘测斯匹次卑尔根群岛的矿产藏量,并要求取得矿产所有权,斯岛煤炭资源的开发使得群岛主权问题再次浮出水面。利益攸关方要求在这一地区建立起一种法律体系以解决纠纷,这时出现了两种选择:一是将斯匹次卑尔根群岛置于一国主权之下;二是在群岛建立一种国际管理机制。

1909年,挪威呼吁召开一次多方会议,欧洲各个对斯匹次卑尔根群岛问题感兴趣的国家均能参与。挪威希望借此举扩大在北部的影响。其他国家也都同意在这个时候召开国际会议,商讨斯匹次卑尔根群岛问题。俄国则在瑞典的支持下,坚持在多方会议之前,先召开由挪威、俄国、瑞典三个对斯匹次卑尔根群岛有主权要求的国家参加的预备会议。[①] 1910年,俄国、瑞典、挪威三个国家先在奥斯陆召开关于斯岛问题的预备会议,会上挪威并没有宣布对群岛拥有主权,只是建议建立新的法律制度确定群岛的无主地的地位,以改善岛内无序开发的现状。会议的结果是继续维持斯岛"无主地"的法律地位,建立由三个国家组成的"斯匹次卑尔根委员会",由签署条约的国家轮流任命管理者,任期6年。三国还提议在群岛建立国际警察部队,签约国的公民有平等权利开采群岛自然资源,并根据各自的国内立法在群岛获得公民权利待遇,但野生生物与自然环境事宜应根据群岛专门规定进行管理。[②] 由此,在该岛建立多国共管的法律模式。

德国和美国随即反对这一安排。1912年,三国再次召开会议,在这次会议上拟定了《斯约》的草案,其中包括一些重要条款的草拟,如斯岛保持无主地的法律地位;斯岛应向所有的缔约国开放;战争期间群岛应保持

[①] Oran Young, Gail Osherenko, *Creating International Environmental Regimes* (New York: Cornell University Press, 1993), pp. 56 – 58.
[②] Wråkberg, Urban, "Nature Conservationism and the Arctic Commons of Spitsbergen 1900 – 1920", *Acta Borealia* 23 (2006): 7 – 8.

中立；建立一个斯岛管理委员会，负责群岛的开发与管理；委员会的代表应该由瑞典、俄国、挪威任命；提出建立国际警察部队，建立审判制度，由国际法官行使审判权，尤其指出设立刑事管辖权。这一系列制度安排与《南极条约》和关于公海的规定较为相似。但1910～1914年间，三国多次会谈均未取得任何实质性的成果。究其原因，除了三国为了本国利益寸土必争、针锋相对之外，欧洲各国也起到一定的阻碍作用。为了阻止俄国的势力向欧洲北部的扩张，欧洲各国积极与挪威政府接触，并帮助它与俄国周旋。俄国当时正处于革命与内战时期，无暇西顾，这对于不愿意放弃斯岛利益的欧美列强来说无疑是最好的历史时机。有鉴于此，斯匹次卑尔根群岛的主权问题未能得到根本解决。随后，由于一战爆发，三国协议宣告失败。①

1914年，各方共同参加了新一轮的斯匹次卑尔根群岛问题讨论会。会上，德国和美国分歧较为严重，他们要求加入斯匹次卑尔根委员会，俄国提出反对。这一问题在美国国内也引发热议，美国国际法学者罗伯特·兰辛（Robert Lansing）于1914年在《美国国际法学报》上发表文章指出，斯匹次卑尔根群岛的管理必须立足于领土主权基础上，这种三国共管的态势是对国际法主权原则的违背。随后兰辛在1915年被任命为美国国务卿，兰辛一直担心俄国凭借实力形成对斯匹次卑尔根群岛的独占，随即在巴黎和会上提出斯匹次卑尔根群岛的主权应赋予中立的挪威。这也直接导致巴黎和会再次讨论斯匹次卑尔根群岛问题。② 美俄在斯匹次卑尔根群岛问题上的分歧一方面反映出双方在管理斯匹次卑尔根群岛的理念不同，另一方面也折射出欧洲两大阵营的政治对抗。

1915年，关于斯匹次卑尔根群岛主权问题的国际会议再次召开。各国代表再次对条约草案第7条建立"斯匹次卑尔根群岛委员会"以管理群岛事务的规定提出异议，③ 这一问题最终没有得到解决。值得一提的是，斯匹次卑尔根群岛没有参与一战，但有媒体报道，一战期间，斯匹次卑尔根群

---

① Torbjørn Pedersen: "The Svalbard Continental Shelf Controversy: Legal Disputes and Political Rivalries", *Ocean Development & International Law* 37（2006）: 342.
② Finn Sollie, *The Soviet Challenge in Northern Waters-Implications for Resources and Security Coorperation in an Emerging International Region*（Boulder & London: Westview Press, 1988）, pp. 91 - 99.
③ 建立斯岛委员会管理群岛事务，委员会的代表应该由瑞典、俄国、挪威任命。

岛曾用做德国潜艇基地,但至今没有证据证明这一事实。此间,由于德国和俄国在斯匹次卑尔根群岛争议中具有相同的地位,两国签订了《布列斯特条约》,主张共同促使群岛国际机制的建立,敦促挪威尽快安排会议讨论斯匹次卑尔根群岛问题。

1918年1月,挪威继续坚持在1914年斯匹次卑尔根群岛会议中对群岛法律地位进行认定,考虑到很难就"无主地"的法律地位达成一致,挪威政府在国内掀起了新闻宣传活动,建议挪威在群岛建立政府。在1918年11月16日召开的挪威议会非公开会议上,挪威议会外交事务委员会提出,挪威应尝试获取斯匹次卑尔根群岛的主权,理由是从前几次的谈判看,挪威已经强有力地证明挪威控制群岛是解决这一问题最好的办法。

在多方力量的推动下,斯匹次卑尔根群岛问题成为一战后巴黎和会讨论的主题之一。1919年4月11日的巴黎和会上成立了斯匹次卑尔根委员会,挪威要求将斯岛法律地位问题交由和会审查,认为挪威应被授予主权。经过"讨价还价",斯匹次卑尔根委员会同意将斯匹次卑尔根群岛的主权赋予挪威,并在此基础上草拟《斯约》。

为了起草《斯约》,挪威煤炭公司组建由弗雷德里克(Fredrik)教授作为主席的委员会起草条约,条约草案规定,挪威拥有斯匹次卑尔根群岛的主权(第1条);挪威应该尊重在批准条约前在群岛确立的任何私有权(第3条),应确保群岛的完整(第4条);其他缔约国在群岛上应有平等的开采权、狩猎权、渔业权等权利(第5条);权利争端应提交国际仲裁(第6条)。同时,挪威的外交大臣帕里斯·F. 韦德尔亚尔斯贝格(Paris. F. Wedel Jarlsberg)支持挪威在《斯约》基础上拟订附件以弥补战争中挪威的损失,宣布挪威在非洲的殖民地,调整挪威的北部边界。1919年5月8日,挪威议会非公开会议再次讨论斯匹次卑尔根群岛问题,挪威担心这一主张会使得其他国家认为挪威行使群岛的控制权会给他们获取经济利益带来不利的影响,但挪威还是坚持这一主张。

四 《斯匹次卑尔根群岛条约》:妥协的产物

1919年6月的巴黎和会上,斯匹次卑尔根群岛问题被再次写入议程。1919年7月7日,巴黎和会决定成立斯匹次卑尔根群岛问题分会,分会由美、英、法、意、日五国代表参加，由法国代表主持，从1919年7月18日～10月29日，委员会共召开17次会议，1919年7月21日，委员会应挪威的请求开始起草条约，挪威外交大臣亚尔斯贝格向法国外交办公室提交了条约草案，以供参考，条约草案成为委员会最初的讨论稿。①

经过激烈的讨论，委员会同意将群岛的主权授予挪威，同时保留其他国家继续在岛上从事捕鱼、狩猎和采矿等经济活动的权利，并将活动范围扩展到斯岛及其4海里领海，这一内容与煤炭公司起草条约的第1条基本相同，草案第4条、第5条的内容也完全相同；草案第6条规定挪威应制定《斯匹次卑尔根群岛采矿法规》，所有缔约国都应遵守该《法规》规定，该《法规》应由每一个国家派一个代表投票通过；草案第8条第2款是对修改《法规》的程序做出规定；条约第7条禁止挪威在斯岛建立任何拟用于战争目的的军事基地和防御设施。

斯匹次卑尔根群岛问题委员会邀请相关国家参加委员会，对建立群岛法律制度提出自己的观点，瑞典和荷兰表示不同意将群岛的主权赋予挪威，他们提出斯匹次卑尔根群岛应由国联建立托管制度，由挪威负责托管。丹麦支持挪威对斯匹次卑尔根群岛拥有主权，丹麦之所以在群岛主权问题上做出让步，原因在于，此前，挪威做出承诺，不再就格陵兰岛的主权问题与丹麦发生争执，②作为回报，丹麦没有反对挪威在群岛的主权。德国由于是一战的战败国，未能派代表参加巴黎和会，但挪威将《斯约》的情况及时通知了德国，德国对条约的内容未提出任何反对意见，1920年春天，德国要求加入《斯约》，挪威规定，只要《斯匹次卑尔根群岛采矿法规》生效，德国即可根据《斯约》附件规定在指定的时间内加入《斯约》，德国接受这一安排。③ 俄罗斯没有参与讨论，原则上同意赋予挪威主权。美国国务卿兰辛也对挪威的主张表示支持，兰辛在其1918年的外交备忘录上指出，支持将群岛的主权赋予挪威是美国和法国基于挪威安全做出的决定，为了牵制德国，避免英国在战争中获得更多的利益，应支持挪威的主权主张；

---

① G. Ulfstein, *The Svalbard Treaty: From terra nullius to Norwegian sovereignty* (Cambridge: Harvard University Press, 1998) p. 42.
② 挪威一直主张斯岛与格陵兰岛相连，格陵兰岛主权归挪威所有，所以挪威对位于格陵兰北部水域的斯岛也拥有主权。
③ T. Mathisen, *Svalbard i internasjonal politikk 1871–1925* (Oslo: Aschehoug, 1951), p. 39.

英国也表示支持挪威在群岛享有主权，这一外交妥协并不基于英国在群岛的经济利益，而是基于英国的外交政策需要做出的决定。

最后，委员会宣布斯岛作为"并不十分重要"的领土，由挪威获得主权，主要的理由是地理上靠近挪威，挪威在斯岛有众多利益，并特别强调这一决定并没有参考安全因素，该条约的目的是为了确保和平利用斯岛，为此，规定禁止在岛上建立海军基地和防御工事，或将群岛用于战争目的。

1920年2月9日，美国、丹麦、法国、意大利、日本、荷兰、挪威、瑞典和英国（包括其海外领地爱尔兰、加拿大、澳大利亚、南非和新西兰）9国作为原始缔约国，在巴黎签署了《有关斯匹次卑尔根群岛的地位和授予挪威主权的条约》(Treaty Concerning the Status of Spitsbergen and Conferring the Sovereignty on Norway)，并在五年内生效。从条约名称看，可以反映出条约达成的两个重要共识：一是明确斯匹次卑尔根岛的新地位；二是强调挪威对该岛的主权地位是被各国所赋予的。

1920年10月21日，该条约在国际联盟备案，1924年，苏联签署此条约，承认了挪威对斯匹次卑尔根群岛的主权。1925年，德国和中国也加入了此条约体系。1925年8月2日，原始缔约国日本最后批准该条约，1925年8月14日，条约生效。随后，芬兰、西班牙等33个国家也参加了该条约，2016年3月，朝鲜加入后，《斯约》缔约国达到47个，[①] 这也是迄今为止北极地区唯一的政府间国际条约。

纵观《斯约》的缔结过程，解决斯岛资源可持续的开发和利用是促使条约缔结的重要原因。条约签署之前的情况发展表明，斯匹次卑尔根群岛亟须建立新的管理体制来保护群岛的自然资源和因过度捕猎而濒临灭绝的动物。由于没有政府机构对群岛捕鲸活动进行管理，一度出现了过度捕猎，一战后，经济的复兴使各国开始关注岛上丰富的煤炭资源，资源的开发要求出台新规则以应对新问题，如在解决矿工和业主之间的纠纷中需确定土地的所有权和管辖权，需要明确相应的立法和司法体系解决采矿公司之间的利益纷争。如何可持续的开发和利用群岛资源是当时亟待解决的重要问题，正如瑞典教授兰克·伯格（Wråkberg）所指出的那样，国家利益是最

---

① 中国南北极数据中心网站，http://www.chinare.org.cn/caa/gb_article.php?modid=04005，访问时间：2016年6月7日。

突出的战略选择。①

斯岛虽然一直以来是世界政治的边缘问题,但这一法律制度的确立仍具有重要的意义。它以"互利、互惠、共同开发"的方式来处理国家间在北极地区的矛盾,为后来建立北极地区政治管理模式提供了很好的借鉴。

五 《斯约》签订后的历史演变:大国博弈争夺的战场

《斯约》签订后,挪威依据《斯约》赋予的权利对斯岛加以管辖,斯岛独特的战略地位使其成为美苏等大国博弈争夺的战场。

(一) 1925~1950:《斯瓦尔巴采矿法典》颁布

19世纪二三十年代以来,挪威等国在斯岛陆续发现和开发煤、磷灰石、铁等多种矿产资源。其中对煤矿资源的争夺最为激烈,为此,挪威在《斯约》生效后不久便制订了《斯瓦尔巴采矿法典》。

《斯瓦尔巴采矿法典》于1925年8月经挪威国王批准生效。该法规规定,凡《斯约》缔约国,均有权在该群岛上进行矿产开发,同时法规对矿产勘探和开发权的申请、矿产生产和经营、矿主同土地所有者的关系以及矿主对矿工的保护等问题加以规定,这也是挪威依据《斯约》最早行使主权的表现。这一时期,荷兰的绿港公司、苏联的Braganzavagen公司、英国和苏联Grunantbyen联合公司都参与了斯岛矿产开发的活动,20世纪30年代中期,仅剩两个非挪威的采矿公司继续运作,一个是苏联的Soviet Arktikugol公司,规模比较小,另一个是苏格兰斯匹次卑尔根辛迪加公司(Scottish Spitsbergen Syndicate)。② 后来这些公司陆续停业清理,1952年后,这些煤矿的所有权陆续被挪威买断,仅有挪威和苏联公司在岛上运作。

(二) 二战期间斯岛战略地位提升

第二次世界大战之前,国际社会不太关注斯瓦尔巴群岛的战略地位。二战期间,该群岛被用作盟军对轴心国战争的筹码,其战略地位日益提升。

---

① Wrackberg, "Urban Nature Conservationism and the Arctic Commons of Spitsbergen 1900 – 1920", *Acta Borealia* 23 (2006): 1 – 23.

② Mathiesen, T., *Svalbard in the Changing Arctic* (Oslo: Gyldendal, 1954), pp. 243 – 244.

1942 年初，德军占领斯岛，条约非军事化原则被打破。[①] 在德国与同盟国之间的战争中，挪威和苏联的人口被逐渐疏散，两个国家在斯岛都安排了较少的军事力量，他们之间相互观察并相互提供天气信息。

1944 年 11 月，苏联红军进入挪威北部地区，流亡英国的挪威政府派外交大臣特里格夫赖伊率外交代表团访问莫斯科，苏联外交部长莫洛托夫向他提出建议，希望修订《斯约》，苏联政府在条约签署时国内政治和军事力量薄弱，无暇顾及条约谈判，致使条约内容并不符合苏联的利益。莫洛托夫希望删除条约中明确禁止在斯瓦尔巴群岛部署军事设施和军队的条款，并要求挪威允许苏联在该群岛建立军事基地，由苏联接管熊岛（Bøjrnyaø），斯瓦尔巴地区由挪威和苏联共管。他以二战的现实经历为苏方要求的正当性做辩护，指出如果苏联军舰被封锁在达达尼尔海峡，在厄勒海峡苏联也是被封锁的，只有北方是开放的。但依据《斯约》，苏联的北方供应线也是被切断或将遭遇干涉，此外，他还提出条约签署国中包含日本和意大利这样的纳粹德国的同伙，是不合适的。当时战争仍在激烈进行，挪威流亡政府也没有立即拒绝这些要求，双方只是初步就该问题进行讨论，挪方同意流亡政府回到国内，挪威国会再次运作时，会就此事做出决定。此后，苏联的军事力量开始向挪威的最北部转移。1945 年 4 月 9 日，挪威就共管草案与苏联达成协议，挪威愿意与苏联就斯岛经济问题与共管问题展开对话。

1945 年 7 月，美国驻挪威大使奥斯本得知了苏联对斯瓦尔巴群岛的意图，并通知了美国国务院，美国意识到，苏联迫切希望获得斯瓦尔巴群岛军事基地，这是战争时期重视保护通向摩尔曼斯克通道的经验所得，美国评估后认为美国在斯瓦尔巴群岛没有重要的军事利益，且此时，美国正忙于谋求在冰岛建立军事基地事宜，所以对苏联与挪威之间的协议保持低调。美军参谋长联席会议对这一事件的态度是，如果不能阻止苏联的主权主张，必须让苏联做出以下承诺：其一，苏联不能反对美国在冰岛获得军事基地权利；其二，苏联需从挪威北部撤出所有军队，宣布放弃军事控制；其三，不能出售扬马延岛；其四，同意保留挪威在斯瓦尔巴群岛的采煤权和经济权利。这些态度立场表明，美国此时没有兴趣在斯瓦尔巴群岛问题上与苏

[①] William E. Westermeyer and Kurt M. Schusterich, *United States Arctic Interests* (NewYork: Springer, 1984), pp. 271 – 274.

联发生冲突，如果苏联坚持对斯岛的共管主张，美国不会反对，只要苏联同意美国取得在冰岛的军事基地作为交换。

1946年8月，苏联和挪威在巴黎进行对德法西斯仆从国的五国和约谈判，莫洛托夫旧事重提，并进一步要求与挪威共享斯瓦尔巴群岛的主权。苏联的要求包括：取消条约中有关斯瓦尔巴群岛非军事化的条款，在斯瓦尔巴群岛上建立苏挪联合防御设施，新条约必须置于联合国宪章框架下。这些目标一旦实现，苏联将在北部占得极大的军事优势。此外，在政治上，如果苏联在挪威获得这些利益，会严重打击西方盟国的士气，并在整个欧洲扩大苏联的影响力。此时，特里格夫赖伊当选联合国首任秘书长，哈尔瓦得·兰格接任挪威外交大臣。他为了维护本国的利益，拒绝在未经挪威议会批准和提交《斯约》其他缔约国讨论的情况下采取任何具体措施。1946年11月，兰格赴美国纽约参加联合国会议，同年12月11日与莫洛托夫会谈。① 挪威坚持在不激怒苏联的情况下维护《斯约》，拒绝苏联的提议。兰格提出："挪威有责任和义务维护条约，在未经与签字各国磋商的情况下，挪威不能开展有关废约的谈判，任何有关共同防御的协定必须经过联合国安理会的同意，而且整个过程必须在联合国宪章框架下进行。"这事实上是拒绝了苏联的要求。1947年1月14日，苏联政府通过塔斯社发布的新闻通讯反击挪威的立场：《斯约》用激进的手段来改变斯匹次卑尔根群岛的地位，而熊岛也被纳入斯匹次卑尔根群岛，而该岛实际上是俄国的岛屿。签署的时候苏联并不知道，也没有参加。而且与盟国作战的国家也在条约的签署国之列，这一条约已经不能维持原先的合法性。1947年2月15日，挪威召开秘密会议，以压倒性多数票赞成政府的态度，即该问题只能由《斯约》所有缔约国共同处理，不能被看作是苏联与挪威之间的事务。② 兰格将政府和国会的意见传达给苏联，苏联也没有对挪威的意见给出明确的答复，而双方的会谈也并未有任何实质性的进展，此事最终不了了之。

而此时的美国政府对《斯约》的态度也发生了根本变化。二战结束后，美国军事战略谋划者们开始考虑在世界各地建立以美国为中心的军事基地，

---

① 扈大为：《战后初期北欧国家安全政策的调整——试论北欧平衡的形成》，《欧洲》2001年第2期。

② Mathiesen, T., *Svalbard in the Changing Arctic* (Oslo: Gyldendal, 1954), pp. 58–59.

以防止并反击未来可能发生的对北美大陆的攻击。在北大西洋方向，美国军方以苏联为假想敌，北极圈附近的北欧国家处在苏联攻击北美大陆最近的海、空通道上，尤其是冰岛、格陵兰岛和斯瓦尔巴群岛等地靠近北美，是北美大陆前沿防御和与欧洲通信联络的枢纽。上述地区一旦被苏联控制，将对美国的全球防御体系造成重大伤害，因此美国必须设法控制这些地区。为此，1946年，美国对苏联与挪威关于斯瓦尔巴群岛的争端明确表态：苏联与挪威不能自行改变《斯约》。1947年初，美国国务院和军方对此事重新研究，美国参谋长联席会议指出："斯瓦尔巴群岛距美国最大城市纽约的距离比别的军事基地更近，苏联要求获得斯岛权利对美国来说是一个潜在威胁"。如果苏联飞机从斯瓦尔巴群岛起飞，其飞抵纽约的航程比从任何其他苏联机场起飞都近500英里，新一代远程轰炸机即将投入使用，这对美国来说是一个现实威胁。1947年2月4日，美国陆军部长帕特森和海军部长福莱斯特致信国务卿乔治·马歇尔，坦言美国如果同意苏联有关熊岛和斯匹次卑尔根群岛主权或共管的要求，将会严重威胁美国的安全利益，建议美国反对苏联的任何主张和建议。1947年2月18日，国务卿马歇尔给海军部长福莱斯特的回信中表示："没有美国和所有《斯约》的非敌国签字国的同意，《斯约》法律地位不能改变"。美国对苏联与挪威之间的斯瓦尔巴群岛争端的态度表明，美国从自身的战略利益出发，无法再对苏联的企图保持低调。

不仅如此，美国的这一态度也得到了英国的支持。1947年2月19日，英国驻奥斯陆大使得到政府指令告知挪威政府，英国政府在此问题上的态度同美国一样，没有《斯约》全体成员国的同意，斯岛的法律地位不能做出任何改变。这表明，作为传统的海上强国，英国对斯岛的战略地位也十分关注，不能容忍斯岛落入苏联手中。虽然苏联这次的图谋没有成功，但经此事件，挪威明显感受到斯岛在大国战略博弈中的重要性。

（三）冷战期间斯岛成为美苏博弈的战场

美苏冷战思维反映的是一种对抗性的零和博弈思维，国家在设计政策或战略时，首先考虑相关政策或战略能否达到在强化自身的同时削弱对方的目的。在两个超级大国紧张的军事对峙下，斯岛成为美苏大国博弈的战场。冷战期间，为了寻求本国领土的国防安全，欧洲各国不得不寻找"庇护伞"。挪威在1974年的国家安全报告中指出：苏联和挪威北部是潜在的战争"导火索"。于是，挪威选择像加拿大、丹麦、冰岛等其他北极国家一样加入"北大西洋公约组织"这一国际军事政治集团，1951年，在挪威加入北约后，斯岛被纳入了"北约"军事指挥框架。此后，"北约"试图借助《斯约》"插手"斯岛事务，对苏联而言，北约插手斯岛无疑是个巨大的"忧患"，因为如果北约借挪威"之手"在斯岛上设立军事基地，很容易对科拉湾形成控制，而科拉湾在苏联的海军活动中非常关键。为此，苏联不断强调《斯约》的重要性，表明苏联不接受任何对斯匹次卑尔根群岛事务的改变。

有鉴于此，苏联加强在群岛的军事存在，一方面，苏联继续在斯岛建立采矿基地，强调苏联在斯岛的存在和利益；另一方面，苏联在斯岛的机构和活动表现出高度的"自治"。在挪威"非挑衅防卫政策"① 下，挪威对苏联在斯岛活动的管辖尽量"低调"，苏联也尽可能阻扰挪威的"干涉"。通过这些"努力"，挪威对斯岛的管辖都"需要"苏联的"参与"。② 例如，挪威如果要改善岛上的民用措施，挪威管理机构要"邀请"苏联的专家亲临现场，确保这些修建的设施不得用于任何军事目的。苏联除了通过其军事基地密切关注岛上的活动以外，还经常组织科学考察活动，定期"造访"缔约国的科考队，检查他们的设备，探寻他们来访的目的。苏联对挪威及其他缔约国在斯岛活动的干涉的法律依据出自于《斯约》第9条"非军事化的需要"，以此抵制北约推动斯岛军事化。

随后，美国发现苏联核潜艇在这一区域的数量大幅度增长，巴伦支海成为美国战略担心的焦点，③ 为此，美国和挪威建立了更为紧密的伙伴关系，开展更大范围内的情报收集合作。④ 正如美国海军秘书长约翰·雷曼（John Lehman）在1981年指出的那样："美国海军将在规模和能力上有长足

---

① Willy Østreng, *National Security and International Environmental Cooperation in the Arctic the Case of the Northern Sea Route* (London: Kluwer Academic Publishers, 1999), pp. 139 – 143.
② Willy Østreng, *Politics in High Latitude, The Svalbard Archipelago* (Montreal: Gill-Queen University Press, 1978), pp. 26 – 100.
③ R. Tamnes, The United States and the Cold War in the High North (Oslo: Ad Notam Forlag, 1991), p. 228.
④ R. Tamnes, The United States and the Cold War in the High North (Oslo: Ad Notam Forlag, 1991), p. 213.

的发展,美国海军的前期战略部署重点是要做好在'高风险区域'打赢一场海战的准备。① 而科拉半岛是地球上最有战略价值的一块区域"。② 显然,冷战期间,斯瓦尔巴群岛和科拉半岛之间的区域已经俨然成为一个明显的"高风险区域"。③

(四) 冷战后斯岛经济价值日益凸显

冷战期间,出于对北约盟国的支持,美国始终将《斯约》第9条关于禁止斯瓦尔巴群岛用于战争目的的规定看作美国在斯岛核心利益的集中体现。经过多次对《斯约》法律及政治的全面评估,美国总体认为美国在该地区的利益主要是战略利益,而非实际的经济利益,④ 美国没有必要对这个问题下结论。

冷战后,北约阵营失去了共同的敌人,斯岛的战略地位下降,其渔业保护区的渔业资源管辖权和大陆架油气资源开发权等经济问题引发了缔约国的广泛关注,缔约国以此为依据形成了新的利益联盟。俄罗斯、西班牙和冰岛等在斯岛渔业保护区具有传统的捕鱼权的国家多次抗议挪威通过立法建立 200 海里渔业保护区⑤的单方行为,⑥ 英国⑦、丹麦⑧、意大利⑨和荷兰⑩还声称,《斯约》赋予所有缔约国公民和挪威国民具有同等在斯瓦尔巴群岛大陆架和 200 海里渔业保护区开发自然资源的经济权利。由于美国在这一区域没有渔业利益,所以暂时对斯岛渔业保护区的利益纷争没有明确表

---

① J. F. Lehman, "Rebirth of a U. S. Naval Strategy", *Strategic Review* 9 (1981): 13.
② P. Crickmore, *Lockheed Blackbird Beyond the Secret Missions* (Oxford: Osprey Publishing, 2004), p. 266.
③ R. Tamnes, The United States and the Cold War in the High North (Oslo: Ad Notam Forlag, 1991), p. 283.
④ U. S. Secretary of State, US/Norwegian Consultations, cable to U. S. Embassies in Bonn, London, Paris, and Oslo, 4 November 1977 [STATE 264644].
⑤ Norway, Royal Decree of 3 June 1977 Relating to a Fisheries Protection Zone Around Svalbard.
⑥ T. Pedersen, "The Svalbard Continental Shelf Controversy: Legal Disputes and Political Rivalries", *Ocean Development and International Law* 37 (2006): 345.
⑦ United Kingdom, House of Lords Debates, Vol. 477, 2 July 1986.
⑧ T. Pedersen, "Denmark Policies Toward the Svalbard Area", *Ocean Development and International Law* 40 (2009): 319 – 332.
⑨ Italian Legal Interpretation of Svalbard Treaty, Diplomatic Note enclosed with Department of State, Italian Note on the Spitsbergen Treaty, Emorandum, 2 July 1975 [U. S. National Archives].
⑩ Netherlands Diplomatic Note No. 2238 to Norway, 3 August 1977.

态。这也是挪威对美国的重要诉求，挪威极力希望维持美国在这一问题上的立场不要发生动摇，2012年6月，美国国务卿希拉里访问挪威，被问及美国是否支持挪威制定保护斯岛渔业资源的政策时，希拉里做出了肯定的回答，对此，挪威政府十分满意。但对于斯岛大陆架矿产资源的管辖权问题，美国持保留的态度，这意味着，斯岛的大陆架问题还是美挪之间一个具有潜在争议的问题，挪威设想的由挪威政府给其他缔约颁发斯岛大陆架勘探许可证的情形恐难成为现实。①

2005年，挪威出台"高北战略（Norway's High North）"，② 这一战略引发了美俄等大国对斯岛经济利益的关注。作为"高北战略"的一部分，挪威希望国际社会给予北极更多的关注，从中赢得国际社会更多的接受和认同，至少使挪威的北约盟国能更多地理解挪威在巴伦支海域的法律主张。对此，美国驻挪威大使本森·惠特尼（Benson Whitney）呼吁美国政府要关注挪威的"高北战略"③ 并指出，美国应考虑放弃其不介入斯瓦尔巴问题的政策，直接参与斯瓦尔巴群岛争议的解决。④

"高北战略"也引发了俄罗斯的关注。为了推行"高北战略"，⑤ 挪威开始收紧斯岛的管辖权，加大在斯瓦尔巴群岛渔业保护区的执法力度，并通过一系列的法律限制俄罗斯人在岛上的权利，如规定俄方直升机在群岛上空的飞行应仅限于协助矿产开采活动目的，不许用于商业、旅游和科研目的。对于挪威的管辖，俄罗斯表示将坚持在斯岛的存在，俄罗斯在斯岛有传统捕鱼权，在斯岛渔业保护区活动将不受挪威管辖。2008年，俄罗斯时任国家杜马副主席、极地探险家奇林加罗夫（Chilingarov）宣布，俄罗斯将在斯匹次卑尔根群岛（俄罗斯仍然将斯瓦尔巴群岛称为"斯匹次卑尔根群岛"）建设新的科学考察站。2009年5月19日，挪威时任首相斯

---

① U. S. Embassy in Oslo, "Official-Informal", cable to U. S. Secretary of State, 29 August 1989 [Oslo 06316].
② Report No. 30 (2004 – 2005) to the Storting Concerning Opportunities and Challenges in the High North.
③ U. S. Embassy in Oslo, "Intensifying Our Focus on Norway's High North", cable to U. S. Secretary of State, 10 February 2006 [Oslo 000142].
④ U. S. Embassy in Oslo, "Norway Unveils High North Strategy", cable to U. S. Secretary of State, 13 December 2006 [Oslo 001498].
⑤ 2005年挪威发起与北约盟国就北部地区问题的双边对话。

托尔滕贝格（Stoltenberg）在莫斯科和俄罗斯时任总统梅德韦杰夫（Medvedev）、时任总理普京（Putin）举行会谈，除了协商两国在巴伦支海的争议问题外，再次提到了俄罗斯在斯岛的特殊利益。俄方表示俄罗斯拥有在斯岛海域继续从事经济和科学活动的权利，俄罗斯人不仅不准备离开斯岛，相反还会加大在岛上的投资。目前，俄罗斯的煤炭公司在斯岛从事采矿经营活动，俄罗斯还在旅游、科学考察、服务业等经济活动中占有相当大的份额。岛上现有居民数千人，其中俄罗斯人和乌克兰人占 62%，挪威人只占 38%。

《斯约》作为北极地区唯一的国际性政府间条约，生效后较好地平衡了各方在经济、战略、资源权属方面的冲突与争议，维持了斯岛的和平稳定，但这一制度安排与后来的《联合国海洋法公约》之间的分歧与争议也为日后的斯岛管辖权之争埋下隐患。

第三节 《斯约》的基本内容

斯瓦尔巴群岛地处北极圈内，是北极地区的重要岛屿。《斯约》在该岛建立起一种独特的法律制度，即在赋予挪威主权的同时，又赋予缔约国国民自由进入，平等从事海洋、工业、矿业和商业等活动的权利。《斯约》确立的宗旨是在群岛地区建立公平制度，以保证对该地区的开发与和平利用。

一 《斯约》的法律效力

条约的效力，即条约的约束力。其内容通常包括三个方面：条约对缔约主体的效力、条约的时间效力和条约的空间效力。

（一）《斯约》的时间效力

从《斯约》的时间效力看，条约签署于 1920 年，五年后即 1925 年生效。根据国际惯例，条约原则上没有追溯力，即不得适用于该约生效之前已完成的事实，除非缔约国有特别的规定或用其他方法确定该条约有追溯力，也就是说在此之前各缔约国在岛上的一些活动应予以认可和保留，不受《斯约》的约束。这部分活动涉及俄罗斯、丹麦、格陵兰等国家和地区在这一地区的采矿和捕鱼等相关活动。

(二)《斯约》的空间效力

从《斯约》的空间效力看,《斯约》第 1 条规定:"缔约国保证根据本条约的规定承认挪威对斯匹次卑尔根群岛[①]和熊岛拥有充分和完全的主权,其中包括位于东经 10 度至 35 度之间、北纬 74 度至 81 度之间的所有岛屿,特别是西斯匹次卑尔根群岛、东北地岛、巴伦支岛、埃季岛、希望岛和查理王岛以及所有附属的大小岛屿和暗礁。"[②]

这一范围包括"条约第 1 条所确定的陆地范围"及"其领海",又被称为"斯瓦尔巴方框"(Svalbard box),该区域内所有领土,或未来新生岛礁,无论多小,都应属条约管辖范围,或受到该法律制度的管制。这种用经线和纬线围成岛屿的外部连接线来确定管辖区域的办法在当时是一种标准的做法,特别在殖民统治期间非常普遍。依据《斯约》,框架周围没有创建任何管辖边界。在亚洲和太平洋地区曾经出现过以这种"框架"要求更多的海洋主权和海域管辖权的案例,但这种诉求没有得到其他国家的承认和接受。

依据"陆地统领海洋"这一国际海洋法最基本的原则,[③] 沿海国基于对陆地的主权产生对周围海域的主权权利和管辖权。[④] 但确定《斯约》框架的边界和确立挪威在这一海域的管辖权边界是两个不同的问题,斯岛的领海基线是确定挪威管辖范围的起始线,[⑤] "斯瓦尔巴方框"不能取代这一水域海岸的领海基线,因此《斯约》第 1 条可以理解为这一制度适用于群岛的内水及领海,但《斯约》并没有明确"领海"水域的范围。1920 年,挪威宣称以沿岸各岛屿和海湾的低潮线为起点拥有 4 海里领海,这条领海基线以内的水域为内水,因此,《斯约》应适用于挪威的内水和领海,换句话说,适用于 1920 年国际法公认的全部的海洋区域。2004 年 1 月 1 日,挪威将其

---

① 《斯约》生效后,挪威将该群岛改称斯瓦尔巴群岛。
② Ole Kristian Fauchald, Bård Sverre Tuseth, *Global and European Treaties* (Oslo: Department of Public and International Law, University of Oslo, 2007).
③ Fisheries Case (United Kingdom v. Norway), [1951] I. C. J. Reports 116, at 133.
④ 1909 年,格里斯巴丹那仲裁案(Grisbadarna Case)强调:海洋领土从属于陆地领土。陆地主权延伸到领海,才使得沿海国享有这部分主权。
⑤ 参见国际法院 1982 年突尼斯—利比亚大陆架案裁决:一国的领土的海岸线是一国相邻水域海底区域主权权利确定的决定因素。

领海从 4 海里扩展到了 12 海里。① 对于挪威依据国际海洋法扩大领海宽度的做法,各缔约国基本上没有什么异议。斯瓦尔巴群岛的领海因此也有"流动的领海"之称。

(三)《斯约》的主体效力

从《斯约》缔约主体范围看,缔约国家和地区已达 47 个,② 其中原始缔约国有美国、丹麦、法国、意大利、日本、荷兰、挪威、瑞典和英国(包括其海外领地爱尔兰、加拿大、澳大利亚、南非和新西兰)9 国。截至 2016 年 12 月,《斯约》缔约国已达到 47 个,朝鲜于 2016 年 3 月 16 日加入《斯约》,是最后一个加入公约的国家(见附件 2)。③

二 《斯约》的立法宗旨

立法宗旨又称立法目的,是立法者对法律关系客体态度的真实反映,表明立法者通过立法想要达到的目标,无论是国内法还是国际法都有其特定的立法目的。④《斯约》制定的主要目标宗旨是"希望在承认挪威对斯岛(包括熊岛)拥有主权的同时,在该地区建立一种公平制度,以保证对该地区的开发与和平利用",⑤ 避免公共地悲剧和对斯岛主权及资源权属的无序争夺。

从条约签署背景看,由于在斯岛发现丰富的煤炭资源,引发了大国对矿产资源及领土主权的争夺,如何和平利用斯岛渔业资源和煤炭资源是英、美、法、意、日等国家和利益相关方如挪威、丹麦、俄国等国家争夺的焦点。为平衡各方利益,条约设立承认主权、和平中立、共同开发的独特制度,其目的就是保证这些资源的和平利用,保证各国在斯岛陆地及领海的商业和生产活动不受干预,保证该区域的和平与中立的法律地位,可见"和平、中立、自由"三大原则是《斯约》三大核心价值和宗旨原则。

---

① 刘惠荣、张馨元:《斯瓦尔巴群岛海域的法律适用问题研究——以〈联合国海洋法公约〉为视角》,《中国海洋大学学报(社科版)》2009 年第 6 期。
② http://www.minbuza.nl/en/key-topics/treaties/search-the-treaty-database/1920/2/004293.html,登录时间:2016 年 9 月 24 日。
③ http://www.chinare.org.cn/caa/gb_article.php?modid=04005,访问时间:2012 年 10 月 1 日。
④ 〔美〕罗斯科·庞德:《法理学》(第 1 卷),余履雪译,法律出版社,2007,第 296~297 页。
⑤ 参见《斯约》序言。

三 《斯约》的基本原则

法律分析实证主义认为，法的基本原则是从该实在法的全部具体规则和具体原则中以逻辑归纳的方法得出的体现立法者根本的利益主张，并承载着对该法具有普适意义的根本价值的法律原则。[①] 法的基本原则的普适性要求其效力应该及于该法的全部范围。

平等原则、非军事化原则、保护环境原则、挪威主权原则是《斯约》的基本原则。[②] 虽然这一条约在 90 多年前签署确立，但从今天国际法发展趋势看，条约的保护环境原则、平等原则、非军事化原则都包含着非常现代的治理理念。《斯约》通过这些原则性的规定，确保各国在斯岛陆地及领海的商业和生产活动不受干预，保护该区域的生态环境，保证缔约国和平利用斯岛的权利。

（一）斯岛主权归属挪威

斯匹次卑尔根委员会做出声明指出将斯岛主权以条约的形式赋予挪威，主要是基于挪威在群岛的重大利益、地理邻近性和寻求最终解决方案的需要，也避免了对斯岛利用过程中出现"公共地悲剧"。

1. 《斯约》对斯岛主权的规定

《斯约》第 1 条规定，签约各国承认挪威对群岛的主权，这一承认已近百年，国际社会对挪威主权已经形成了广泛认可。但这种承认是受条约规定约束的，在这里主权是"完全的""绝对的"，但同时又受到条约第 2 条至第 9 条的制约，缔约国享有与挪威同等的在斯岛陆地及领海自由航行权、捕鱼权、狩猎权、资源开发权等权利，而这些权利原本只专属于主权所属国。由此可见，与一般意义上的国际法主权相比，挪威对群岛的主权高度受限，非常独特。[③] 此外，挪威对斯岛主权的独特性还表现在，对于条约缔

---

① 陈翊：《论世贸组织法的基本原则》，湘潭大学 2003 年硕士论文，第 6 页。
② 苟海波、李虎：《〈斯匹次卑尔根群岛条约〉初探》，国际海洋法问题研究，海洋出版社，2011，第 81 页。
③ D. H. Anderson, "The Status Under International Law of the Maritime Areas Around Svalbard", Ocean Development & International Law 40 (2009): 373 – 384.

约方而言，挪威的主权来自条约规定，① 因此，挪威无权单方面将主权让渡给另一国家或国际组织，也不能单方面退出条约而放弃主权。

从条约谈判的背景看，这一规定基本符合当时各方的利益诉求，是各方协商一致的结果。当时的苏联仍未被国际社会所承认，作为战败国的德国也未能出席巴黎和会，美国、法国、英国等国出于制约德国的考虑，支持将群岛主权赋予一个地理邻近的中立小国，但就此也放弃对斯岛主权的潜在要求，相应地，他们获得了与挪威同等的除主权外所有的权利与利益，当时，沿海国的管辖权主要表现为在群岛陆地及领海的通行权、捕鱼权、狩猎权、科考权和从事商业活动的权利，《斯约》赋予缔约国的权利也正是这部分权利。这一权利交换不但与英国当时的政策取向一致，而且与挪威作为主权国家的新角色要求也是一致的，1920 年，英国对斯岛陆地及领海的政策底线就是要在世界范围内维持尽可能多的无主地或是取得更多的管辖权利。

2. 国际法的主权理论

挪威依据《斯约》主张对斯岛"完全的"和"绝对的"主权。何为"完全的""绝对的"主权？从国际法对国家主权的定义看，国家主权的含义主要有如下几种学说。②

第一，权力说。权力说认为，"权力"是每一个国家主权定义中必不可少的内容。主权"在国际法上指国家独立自主地处理对内对外事务的权力……"。③ "主权是国家的根本属性，主权在国内是指最高权力，在国际上是指不依赖他国，不受任何国家摆布的权利。"④

第二，身份地位说。这一观点主张主权是国家的身份象征，表示了一个国家在国际法上的基本地位。⑤ 作为国家身份象征，主权具有以下两个重要的法律规则：在一国之内，主权超越任何其他社会成员的意志；在国际

---

① 刘惠荣、张馨元：《斯瓦尔巴群岛海域的法律适用问题研究——以〈联合国海洋法公约〉为视角》，《中国海洋大学学报（社科版）》2009 年第 6 期。
② 赵一蔚：《论国家主权的让渡问题——从国家主权让渡之争说起》，湘潭大学 2005 年硕士论文，第 14 页。
③ 中国大百科全书总编辑委员会：《中国大百科全书·法学》，中国大百科全书出版社，1992，第 814 页。
④ 王铁崖主编《国际法》，法律出版社，1995，第 66 页。
⑤ 日本国际法学会编《国际法辞典》，世界知识出版社，1985，第 125～216 页。

社会，主权表明一国无论大小在国际社会中具有与其他国家平等的身份参与国际事务的能力，在国内社会，主权代表最高的权力，是不受约束的权力。

第三，权威说。这一学说认为主权是最高权威，在《奥本海国际法》中，主权被定义为"国家的最高权威，这种权威在国际层面上意味着在法律上不隶属于地球上任何其他权威的法律权威"①具有全面独立的意思，在国际上指国家主权，有时也指民族主权。国家主权是指国家独立自主地处理其内外事务的最高权力。主权是"构成最高仲裁者属性的权力或权威，这种仲裁者对做出决策以及解决政治体系内的争端具有某种程度的最终权力，能够进行这种决策意味着对外部力量的独立性和对于内部团体享有最高权威或支配权"。②

第四，利益说。这一学说认为主权是现代民族国家对内最高统治权力和对外独立的权利。从这点看，主权是消极意义上的国家利益，它不仅仅是政治利益的核心，也包含于安全利益、经济利益、文化利益中。对内主权指针对特定的领土和人口实施最高决策和执行权的权威；对外主权指确定最高的国际权威以及国家的独立权。③

从国家主权的定义看，"完全的""绝对的"国家主权是主权身份、主权权威、主权意志、主权利益、主权权力等多种要素的复合体，是一国完全自主的实施对内最高、对外独立的权利的集中体现。

3. 斯岛主权辨析——以国际法的主权理论为视角

挪威对斯岛的主权是否是"完全的""绝对的"主权？从国家主权的概念和基本特征看，挪威对斯岛的主权具有一定的局限性，并非传统国际法意义上的完全的、排他性的权利和权力。

从主权对内最高属性看，挪威对斯岛对内事务的主权并不是绝对排他的。对一个国家来说，主权是其最根本的动力，国家的其他权力均源于主权，在一个国家内部，只能存在一个最高管辖权，只能有一个主权，在主权之外没有任何更高权威，主权是一种终极性权力，如果不具有终极性，

---

① 〔英〕詹宁斯·瓦茨修订《奥本海国际法》（第一卷第一分册），王铁崖等译，中国大百科全书出版社，1995，第95页。
② 程晓：《全球化与国家主权——比较分析》，清华大学出版社，2003，第21页。
③ 卢凌宇：《国家利益与国家主权》，《世界经济与政治》2003年第8期，第32页。

也就不是国家主权了，判断一个国家是否具有主权，就应以是否具有终极性权威为标准衡量。这种终极性和最高性体现在对内的最高立法权、司法权和行政权。挪威对斯岛的主权受《斯约》的限制，对于斯岛，挪威的立法权、司法权、行政权都受到《斯约》制约，从立法权看，《斯约》仅赋予挪威依据《斯约》的基本原则制定关于环境保护（第2条）、科考（第5条）、采矿（第8条）等相关内容的法律。挪威并没有其他领域的立法权。

从主权对外独立性来看，挪威对斯岛外部事物的管辖不是完全独立的，受到诸多质疑和制约。主权的对外独立性指一国的主权对外是独立的，不受另外一种权力的支配与限制。独立于任何其他国家的权力之外，不受干涉的决定对外事务。而对于挪威来说，斯岛的渔业保护区和挪威外大陆架申请（涉及斯岛）均受到《斯约》缔约国的质疑和反对。从《斯约》规定看，挪威没有完全的自主权决定斯岛的对外事务，挪威需要和缔约国协商处理原本属于国家主权范围内的商业、矿产开发、渔业资源开发等事项。

从主权的权能看，挪威对斯岛占有权、使用权、收益权和处分权四项权能是受到《斯约》限制的。所谓权能指的是行使权利的各种可能性或者所有人为利用所有物实现其所有物的独占利益，在法律规定的范围内可以采取的各种措施与手段。主权"所有权"具有一般所有权的特征即具有占有、使用、收益、处分之权能，从《斯约》内容看，挪威对斯岛的占有权并不是绝对的、完整的占有，挪威各项基于主权的权利被缔约国分割，挪威无法实现对斯岛完全的占有、使用、收益和处分。

（二）平等原则

平等且无歧视的利用斯岛资源是《斯约》的基本原则。《斯约》的十个条款中有五条明确规定了缔约国国民的平等待遇，主要内容包括以下四条。

第2条　缔约国的船舶和国民应平等地享有在第一条所指的地域及其领水内捕鱼和狩猎的权利。挪威应自由地维护、采取或颁布适当措施，以便确保保护并于必要时重新恢复该地域及其领水内的动植物；并应明确此种措施均应平等地适用于各缔约国的国民，不应直接或间接地使任何一国的国民享有任何豁免、特权和优惠。

第3条　缔约国国民，不论出于什么原因或目的，均应享有平等自由进出第一条所指地域的水域、峡湾和港口的权利；在遵守当地法律和规章的情况下，他们可毫无阻碍、完全平等地在此类水域、峡湾和港口从事一切海洋、工业、矿业和商业活动。缔约国国民应在相同平等的条件下允许在陆上和领水内开展和从事一切海洋、工业、矿业或商业活动，但不得以任何理由或出于任何计划而建立垄断。

第4条　在第一条所指的地域内由挪威政府建立或将要建立或得到其允许建立的一切公共无线电报台应根据1912年7月5日《无线电报公约》或此后为替代该公约而可能缔结的国际公约的规定，永远在完全平等的基础上对悬挂各国国旗的船舶和各缔约国国民的通讯开放使用。

第7条　关于在第一条所指的地域的财产所有权，包括矿产权的获得、享有和行使方式，挪威保证赋予缔约国的所有国民完全平等并符合本条约规定的待遇。

可以说，平等原则是贯穿整个条约的基本原则，也是缔约国各项权利享有的基础性原则。对于这一原则的理解需要注意以下几点。

其一，平等原则是对除挪威以外缔约国权利的一种保证，并不是出于挪威本身的利益协商。从条约的约文看，这一原则适用于斯岛的陆地及领海，而非明示其他水域，但从历史发展进程看，当时这两个区域是主权国家主权和管辖权的全部区域，也代表着对缔约国权利的一种完整的认可。

其二，平等原则并非适用于所有缔约国在斯岛的所有活动。如条约未明确规定缔约国在群岛陆地进行科学研究活动的平等权利，而是规定应缔结关于在条约地区开展科学考察的专约，可见，《斯约》的平等原则建立了最低程度的实质权利，更接近广义的平等。①

其三，平等原则更多适用于对缔约国经济主权的实现。如捕鱼、狩猎、矿产开发、通讯等基本的经济生活领域，并不涉及主权范畴。

其四，平等权利是否适用于斯岛陆地与领海以外的区域是一个潜在的争议问题，条约本身没有明确规定。随着挪威主张斯岛的渔业保护区和大陆架的管辖权，引发了《斯约》平等原则是否适用于斯岛渔业保护区和大

---

① Geir Ulfstein, *The Svalbard Treaty：from Terra Nullius to Norwegian Sovereignty*（Oslo：Scandinavian University Press, 1995）.

陆架的讨论，对此，英国政府主张《斯约》非歧视性原则必须加以应用。①早在1986年7月2日，英国上议院就提出斯瓦尔巴群岛拥有自己的大陆架，《斯约》的管理体制也适用于大陆架，只是大陆架的范围还有待进一步确定。西班牙政府认为，签约国有权对12海里以外的海洋区域拥有平等的权利，《斯约》是确认挪威对群岛享有主权的法律依据，然而条约同时也使挪威承担相应的义务，挪威必须允许其他签约国自由进入群岛获取生物与矿产资源，依照条约第2、3、7、8条的规定采取非歧视性政策。西班牙重申自由进入斯岛原则与非歧视原则同样适用于任何根据《斯约》界定的海域，包括从群岛领海宽度量起200海里以内和以外的大陆架。对于挪威于2006年提出的群岛北部南森盆地区块和东部卢坡霍尔区块大陆架延伸的申请，西班牙主张《斯约》的条款也适用于这两个区块，并且保留对海域内大陆架资源开采的权利。④

其五，这一原则已经成为挪威"扩权"的"借口"。如挪威在斯岛设立了超过其陆地领土面积一半的自然资源保护区，实行严苛的环境保护制度，对此缔约国颇为不满，强调挪威的行为是对缔约国权利的侵蚀，"合法"地缩小了缔约国在斯岛的活动范围。对此，挪威多次做出回应认为，《斯约》赋予缔约国的是经济上的平等权利，挪威颁布的法令和规定均"平等"适用于各缔约国，并不违反《斯约》。在斯岛的渔业保护问题上，挪威也多次声称，挪威的渔业制度已经"平等"地适用于所有的缔约国，并不违反《斯约》。

（三）非军事化原则

《斯约》的宗旨是保证对群岛地区的开发与和平利用。为此，《斯约》第9条为斯岛设定非军事化的基本原则。

1. "非军事化原则"的含义

何为非军事化，《斯约》没有明确的规定，但非军事化并非《斯约》独有，在南极、外层空间均有非军事化的规定，但国际社会至今没有对"非军事化"形成一个明确的概念。北京理工大学李寿平教授认为，"军事化利

---

① Torbjørn Pedersen, "The Svalbard Continental Shelf Controversy: Legal Disputesand Political Rivalries", *Ocean Development & International Law* 37（2006）: 339 - 358.

用"是指以军事为目的或具有军事服务性质的各种利用或穿越指定区域或直接在指定区域发展和部署武器的活动。① 在外层空间领域,我国和俄罗斯将非军事化解读为"和平目的",即在规定区域禁止从事一切军事活动,不论是进攻性还是防御性的。以美国为代表的西方空间强国则认为,和平目的仅限于排除侵略性的军事化利用外空,并不排除非侵略性的军事目的的利用外空的情形。② 由于《外空条约》规定各国在进行探索和利用外空的各种活动时,应遵守《联合国宪章》,由于《联合国宪章》也没有绝对禁止一切军事活动,因此,他们主张将外空军事活动分为可允许的和不允许的两类,非侵略性的军事化利用外空属于可允许的,但何为非侵略性的军事化利用无明确的判定标准,也无专业的机构核定。

实际上,深入分析《斯约》非军事化条款可知,斯岛的非军事化原则在当时具有一定的局限性。其一,它并不是完全限制战争,而仅对军事设施的建设进行了约束。其二,这种限制是有条件的,即不得损害挪威在国际联盟的权利与义务。这意味着挪威为了履行在国际联盟(和联合国)的义务,可以建立海军基地和防御工事,可以允许其他国家或国际组织建立海军基地。其三,不得将群岛地区用于战争目的,但并不排除非战争的军事行动。因此,有学者指出,条约使得群岛地区中立化,但并未使之彻底非军事化。③ 一些北极国家,特别是俄罗斯和美国成立了专门的极地研究所和实验室,出于军事目的调查这一地区。为了在北极地区开展军事行动,这些研究机构还开展了专门的研究项目以满足在陆地、海洋、冰、空气空间、外层空间发动不同规模和强度战争的需要。

从《斯约》立法目的看,非军事化的目的是为了缔约国更好地利用斯岛的资源。鉴此,我们不难理解斯岛"非军事化"原则不仅排除侵略性的利用斯岛,也排除任何为军事目的利用斯岛。该原则可拓展为以下要义:其一,斯岛及其领海不能用于军事目的。其二,斯岛不能用于侵略目的。其三,在斯岛及其领海不能使用武力或以武力相威胁的任何活动。其四,禁止在

---

① 李寿平:《外层空间的军事化利用及其法律规制》,《法商研究》2007年第3期。
② 〔美〕布里奇,《国际法和外空军事活动》,《阿克朗法律评论》1980年第4期。
③ D. H. Anderson, "The Status Under International Law of the Maritime Areas Around Svalbard", O-cean Development & International Law, 40 (2009): 373-384.

斯岛及其领海建立军事基地、军事设施及防御工事,禁止试验任何类型的武器及举行军事演习,禁止以科研形式掩盖军事目的的任何活动。这一理解更符合《斯约》的立法宗旨与立法目的的要求。

2. 斯岛"非军事化"原则面临的挑战

(1)斯岛特殊的地理环境和气候条件使得斯岛的各项活动都具有非常重要的军事价值。二战以来,斯岛的战略价值被日益发现,该群岛起初成为盟军对轴心国战争的筹码。1942年初,德军占领斯瓦尔巴群岛,条约规定的非军事化被打破。① 战后,挪威加入北约,彻底改变了斯岛非军事化的法律地位。1950年12月,挪威违反斯岛中立的传统政策,将扬马延岛和斯岛划为欧洲盟军司令部(北大西洋公约组织军事委员会下设的三个司令部之一)的防务范围。② 斯瓦尔巴群岛的战略形势发生了根本变化,这一措施遭到了苏联强烈的外交抗议,苏联外交照会(12.X.1951)指出挪威的行为直接违背了斯岛非军事化约定,对此,挪威政府答复(30.X.1951)中指出,挪威政府不会允许任何国家在斯瓦尔巴群岛建立军事要塞或军事基地。显然这一保证没有满足苏联的要求,但双方的外交沟通也没有继续,1958年,挪威计划在斯岛建设全年使用的飞机场,由于担心美国的军事渗透,苏联对挪威的计划表示抗议,但这一工事还是于1975年秋在新奥尔松完成。

(2)《斯约》的科考权等相关权利对斯岛"非军事化"的威胁。尽管《斯约》规定斯岛禁止一切形式的军事行动,但同时赋予缔约国在斯岛从事科考活动权、通讯权等权利,由于斯岛独特的地理条件,缔约国在岛上的科考活动、通讯活动,甚至航行也有关涉军事领域的可能,而披着"科考站"外衣的军事基地的存在威胁着《斯岛》非军事化基本原则的实现。1964年,挪威政府授权欧洲空间研究组织(European Space Research Organization,ESRO)在斯瓦尔巴群岛孔斯峡湾(Kongsfjord)构建一个遥感站(3.IX.1964)。③ 该

---

① William E. Westermeyer and Kurt M. Schusterich, *United States Arctic Interests: Background for policy, The 1980s and 1990s* (New York: Springer, 1984), pp. 271 – 274.
② 欧洲盟军司令部是北约最主要的军事指挥机构,它于1950年9月成立,总部设在比利时的蒙斯附近,防务范围从土耳其东部的阿纳多卢到大西洋,从意大利南端到挪威北部,东部边界在铁幕沿线,也负责除英国、法国、葡萄牙以外的北约欧洲成员国的防务以及英国的防空。
③ Kristian Åtland & Torbjørn Pedersen, "The Svalbard Archipelago in Russian Security Policy: Overcoming the Legacy of Fear or Reproducing It?", *European Security* 17 (2008): 236.

站由挪威科学与工业研究理事会运作,首要任务是接收由 ESRO 放置的围绕地球的轨道卫星发射的遥感信号,挪威与欧洲空间研究组织均声称这些信息纯粹"民用"。1965~1969 年,苏联政府对这一提议表示担心,并提出外交抗议,指出这些设施有可能会用于军事目的,定期监控苏联军事专家活动,监听苏联境内的军事情报。苏联方面还提出,如果挪威方面要建立这一机构,必须授予苏联和其他国家的科学家定期检查的权限,以确保这些设施的民用性质,苏联的反对迫使欧洲空间研究组织于 1974 年春终止这一计划。实践中,挪威适用这一原则多次阻止或限制多个国家在斯岛科考活动,如 2014 年 9 月,挪威就阻止中国在斯岛建设一个用于研究极地大气和太阳风的新型大型雷达天线,理由是担心这一设施用于间谍活动。

(3)《斯约》对"军事化"模糊的规定也会引发对斯岛军事化的威胁。尽管《斯约》规定斯岛禁止一切形式的军事行动,但对何为军事活动,如何界定军事人员、军事设施等都没有明确的界定。因此,挪威的军事人员是否有权登岛?如挪威海岸警备队是斯岛领海、渔业保护区和大陆架违法活动重要的执法力量,有军事职能的海岸警卫队的执法活动是否涉及军事意义?是否允许缔约国军人身份的科学家参加斯岛的科考活动?如何对缔约国的科考活动、通讯活动、航行活动中涉及军事因素的活动加以监管?这些问题是《斯约》非军事化原则面临的现实和潜在的挑战。2004 年、2017 年北约议会①在斯岛召开两次会议,2016 年俄罗斯车臣特种部队过境斯瓦尔巴群岛参加北极军事演习,这些是否属于军事活动并不明确。

3. 北极资源争夺战给斯岛"非军事化"带来更加严峻的挑战

全球气候变暖,北极首当其冲,其变暖速度是全球其他地区的两倍,据美国国家海洋和大气管理局预测,到 21 世纪中叶,北冰洋将彻底无冰。随着气候变暖,北极冰层融解,北极在资源开发、航运、旅游等诸多领域的战略价值日益凸显,各国对北极战略性动作呈现出日益军事化的特点,斯岛非军事化原则成为北极非军事化重要的法律规制。2009 年 3 月中旬,

---

① 北约议会是北约 26 个成员国及 17 个联系国的议会间组织,议员由各国议会指定,名额按国家人口比例分配。议会宗旨是鼓励各国议会间的合作,密切各国议会与北约机构的联系,推动实现北大西洋公约的目标。议会每年召开两次全会。北约议会声称该组织与北约官方的联系会消除对其和平目的的疑虑。

加拿大宣布派科考队至北极点附近开展外大陆架的勘测，宣布将在近年内建成一支庞大的"北极陆军兵团"（Arctic Land Force Legion）。① 几乎在同一时间，挪威军队在北极海域进行了军事演习，而演习假设场景正是北极海域资源争夺的冲突化。丹麦在格陵兰岛布置了特种部队并设立了指挥部。俄罗斯在北极部署了一支专门部队——"北极独立部队集群"（Arctic Dedicated Military Force），同时加快俄边防部队的军事现代化进程，建立边防部队对北极的有效监视和反应机制，其卫星、空军、海军（北方舰队，Northern Fleet）也将更为密集地巡逻北极海域，以维护俄罗斯在北极地区的利益，保持在该地区的"领先优势"。这些斯岛周边国家在战略定位上已不仅仅将斯岛定位为一个科考中心，而且将斯岛看作是北极一个综合性的政治、经济、环境、文化、军事战略的集合体。目前，斯岛还是非军事化区域，挪威（或其他国家）不能在群岛上或者岛屿周边建立军事基地，唯一类似军事活动的行为是挪威允许海岸警卫队进行巡逻，但近几年，斯岛空气空间的军事活动成为斯岛非军事化面临的一大挑战。2007年10月和2008年7月，美国"地球资源探测七号卫星"遭到长达12分钟的干扰，② 2008年6月美国航天局TerraAM-1地球观测卫星遭到持续2分钟的干扰，美国声称遭到攻击的两颗卫星都使用了斯岛的商用卫星站，群岛上的一个卫星接收站违反了条约中不用于"战争目的"的条款。批评者指出，间谍卫星接收到的数据可能用于伊拉克和阿富汗的军事行动。关于这个说法，Bård Wormdal在他2012年的著作《卫星战争》中写道，"如果斯瓦尔巴的卫星被在阿富汗的挪威部队利用，挪威的行为就显然违反了《斯约》"。③ 虽然《斯约》适用范围未囊括斯岛领空及公空，但基于"非军事化原则"的宗旨和原则，任何能被用于军事目的的活动都应是禁止的。

《斯约》平等利用、主权归属挪威、非军事化原则对斯岛主权问题、生态环境保护、和平利用等问题解决功不可没。作为解决北极地区岛屿权益争端的成功典范，它昭示着解决北极问题的新思路，有助于各方通过类似

---

① 张建松：《北极：从"科考时代"步入"纷争时代"》，2009年4月10日《经济参考报》。
② 《美媒体称中国黑客曾攻击美卫星令数颗短暂失控》，2011年10月28日《环球时报》第8版。
③ John Robles, "Militarization of the Arctic: We Have to Rethink How War is Fought", *Global Research*, January 31, 2013.

的合作方式来妥善处理北极问题。

(四) 保护环境原则

1920年《斯约》起草前,绿色和环保就已经成为全球政治和国际法的主要焦点之一,但由于斯瓦尔巴地区的采煤等经济活动开始得较早,[①] 在条约签前,已经造成当地重金属元素污染,从该地区重金属的分布图看,煤矿开采等人类活动对当地已经造成了一定程度的重金属污染,其污染水平在整个北极地区也是最为严重的。在这种情况下,《斯约》注意到了环境保护的问题,并在其第2条做了以下规定。

"缔约国的船舶和国民应平等地享有在第一条所指的地域及其领水内捕鱼和狩猎的权利。挪威应自由地维护、采取或颁布适当措施,以便确保保护并于必要时重新恢复该地域及其领水内的动植物;并应明确此种措施均应平等地适用于各缔约国的国民,不应直接或间接地使任何一国的国民享有任何豁免、特权和优惠。"

《斯约》赋予挪威保护斯岛环境的权利贯穿条约的始终。基于此,挪威颁布实施了《斯瓦尔巴环境保护法案》,随着挪威基于斯岛环境保护立法的实施,这一原则也成为各缔约国争论的焦点。

1.《斯瓦尔巴环境保护法案》的适用是否缩小了缔约国依《斯约》享有的权利。挪威依据这一原则制定了《斯瓦尔巴环境保护法案》(The Protection Of The Environment In Svalbard),[②] 除此以外,在挪威制定的其他适用于斯岛的专门法律法规中也有对环境保护的义务性规定,挪威依据这些规定一方面缩小缔约国在斯岛活动的地理范围,一方面限制各国在斯岛活动的具体内容。[③] 以《斯瓦尔巴环境保护法案》为例,为实现保护斯岛资源与环境的承诺,挪威将群岛的大部分土地划分为保护区。目前,挪威已经建立了七个国家公园、六个自然保护区以及十五个鸟类禁猎区。据统计,斯岛已有一半以上的区域被划定为自然保护区或国家公园。在保护区内,缔约国的许多商业活动,包括正常的科考活动被禁止或是需要经过挪威驻岛

---

① 缔约国在斯瓦尔巴地区的采煤等经济活动早在20世纪初就已经开始了。
② *Report No.*26 (1982–1983) *to the Storting on Environmental Protection.*
③ 如《斯瓦尔巴环境保护法案》对缔约国在斯岛的科考活动做出诸多限定,不允许缔约国科学家在保护区内从事科考活动。

行政长官的许可方可实施，这一规定在客观效果上单方面修改了《斯约》，损害了缔约国在群岛从事商业活动的实质权利，特别是对俄罗斯和丹麦来说，这一规定直接限制了他们在群岛历史上长期从事的采矿业和渔业活动的进行。实践中，俄罗斯的国有矿业公司不得不在 2003 年从挪威政府建议的斯岛科尔斯湾保护区撤离，① 对此，俄罗斯通过外交渠道正式表示，将根据国际法优于国内法的原则，保留在法令与《斯约》冲突时优先适用《斯约》的权利，平等地行使科考权、捕鱼权和矿产开发权。对此，挪威辩称《斯约》赋予缔约国的是经济上的平等权利，挪威颁布的法令和规定均平等适用于各缔约国，并不违反《斯约》。

2. 随着缔约国在北极活动的增加，环境保护的原则逐渐成为缔约国参与北极事务的重要依据。当前北极领土、大陆架和专属经济区管辖权问题日益敏感，缔约国难以介入斯岛渔业保护区或大陆架的矿产资源开发，选择从科学考察、环境保护等这类"低敏感"活动，积极参与斯岛和北极事务已经成为各国的共识。《斯约》的环境保护的原则为缔约国参与斯岛事务，甚至北极事务提供了重要的法律依据。缔约国普遍赞同这一原则，并愿意从基础性工作做起，加强与挪威在生态保护、可持续发展等方面的合作，倡导和谐北极，逐渐增加在北极地区的影响力，争取在未来的国际政治新秩序中赢得更高的国际地位和良好的国际声誉。

3. 这一原则已经成为挪威扩展斯岛管辖权的重要砝码。挪威环境大臣伯厄·布伦德在谈到斯瓦尔巴生态环境保护区时说："这些地区非常脆弱，但对海鸟、北极熊和海象等海洋动物具有重要意义"。② 挪威借助这一原则采取的一切措施看似都是"合情合理的"，挪威已经陆续将这一原则扩展适用于斯岛的渔业保护区甚至大陆架。

但毋庸置疑，无论挪威采取何种措施，应明确此种措施均应平等地适用于各缔约国的国民，不应直接或间接地使任何一国的国民享有任何豁免、特权和优惠。当地的土地所有者也要遵守这些规定。③

---

① Kristian Åtland & Torbjørn Pedersen, "The Svalbard Archipelago in Russian Security Policy: Overcoming the Legacy of Fear or Reproducing It," *European Security* 17 (2008): 240.
② 宗禾：《世界各国环保万花筒》，《决策与信息》2009 年第 12 期，第 75 页。
③ Provisional Regulations for Regulating Encroachment on the Countryside in Svalbard and Jan Mayen of 28. V. 1971.

四 《斯约》缔约国的权利和义务

《斯约》是第一个，也是唯一的，世界范围内关于北极领土主权问题的政府间国际条约，这一条约赋予缔约国公民和公司在斯岛的自由航行权、科考权、狩猎权、捕鱼权、资源开发权等与挪威一样的主权权利。同时也为缔约国设定了非军事化、遵守挪威制定的斯岛法律法规等义务。

（一）《斯约》缔约国的基本权利

根据《斯约》第2条和第3条，缔约各国的船舶和国民有在此地区及其领水内捕鱼和打猎的权利（第2条）。缔约国的一切国民有平等的自由进入、停留的权利，在遵守当地法律规章的条件下，在完全平等的基础上缔约国有从事一切海洋、工业、矿业和商业活动的权利（第3条）。在一定条件下开展科学考察的权利（第5条），采矿的权利（第8条）等。第9条规定在第1条所指的地域内不应建立任何海军基地，并保证不在该地域建立任何防御工事。其中第2、3、5、8条规定了缔约国在斯瓦尔巴地区享有的主要权利，第9条是《斯约》缔约国据条约应承担的义务。这些权利大致可概括为以下五类。

1. 自由通行权

船舶航行权，即船舶在海洋上航行的权利。在《斯约》签署的年代，沿海国的主权和管辖权范围仅限于陆地及其领海，因此《斯约》第3条做了以下规定。

"第三条 缔约国国民，不论出于什么原因或目的，均应享有平等自由进出第一条所指地域的水域、峡湾和港口的权利"。

这一权利对于缔约国来说是绝对的、平等的、无须附带任何限制性条件即可享有的权利。这里的"缔约国国民"可以理解为拥有缔约国国籍的所有国民。其中"不论出于什么原因或目的"主要涉及海洋、工业、矿业和商业交往等目的，依据条约第9条规定军事目的除外。

但是，是不是所有的缔约国国民都有在斯岛自由进出的权利？这在实践中也是一个富有争议的问题。如1995年，斯岛最高管理机构——总督府通过《驱逐或拒绝进入斯瓦尔巴的规定》称，总督府有权拒绝无足够经济来源的人进入斯岛，这一规定是对缔约国自由通行权的限制，这一规定与

《斯约》赋予缔约国国民自由活动的权利相违背。再如，特殊政治身份的人是否可以自由进出斯岛，也是一个有争议性的问题。2015 年 4 月，俄罗斯主管军工事务的副总理迪米特里·罗戈津（Dimitry Rogozin）登上斯瓦尔巴群岛，为俄北极考察站"北极－2015"漂流站揭幕，并看望了俄罗斯科学家。[①] 挪威及一些西方国家立即对俄罗斯的行为提出抗议，指出罗戈津曾经卷入俄罗斯吞并克里米亚行动，被列入欧盟禁止入境的"黑名单"。[②] 挪威虽不是欧盟成员国，但也实施了欧盟对俄罗斯实施的一揽子制裁措施，包括禁止参与吞并克里米亚行动的俄公民入境的制裁措施，鉴此，挪威应禁止罗戈津进入斯岛，俄罗斯对此做出回应，俄罗斯是《斯约》签署国，基于条约规定，俄罗斯公民有自由在岛上活动的权利，挪威不能将边境移民禁令用于斯岛。俄罗斯官方表示，如果挪威禁止罗戈津进入斯岛，将违反条约平等的基本原则。而挪威坚持其移民法规适用斯岛，因为它是挪威的一部分。这一事件也是对《斯约》适用主体解释不同带来的争议。

斯岛自由通行的范围为《斯约》第 1 条所辖的所有陆地和领海，包括水域内的峡湾和港口。[③] 其中，峡湾是为海侵后被淹没的冰川槽谷，一般来说，在高纬度地区，大陆冰川和岛状冰盖能深入海洋，冰川进入海面以下，继续深掘，拓宽冰床，冰期后海面上升，下面被海水入侵淹没，受海水影响，形成了两侧岸壁平直、陡峭、谷底宽、深度大的海湾（bays），即为峡湾。由此可见，峡湾非《公约》术语，而是一个地理概念，多指北极地区冰川槽谷这种特殊的地理形态。

港口（ports）是指海岸线或河流上具有天然条件或人工设备，用于船舶停泊和上下客货的地方。[④] 按照《公约》规定，港口属于港口国内水部分，受国家主权的管辖。港口制度由港口国以国内法加以规定，一般包括关于进出港口和航行、港口秩序、防止水域污染、对港内船舶的司法管辖权等方面的内容。

---

① 纪双城、柳玉鹏：《俄为副总理北极登岛辩解 挪威考虑强化入境限制》，2015 年 4 月 21 日《环球时报》。
② http://www.polaroceanportal.com/article/489，访问时间：2016 年 5 月 27 日。
③ Ole Kristian Fauchald, Bård Sverre Tuseth, *Global and European Treaties*, Department of Public and International Law, University of Oslo, 2007.
④ 邵津：《国际海洋法》，北京大学出版社，2000 年，第 125 页。

2. 资源开发权

资源开发权即缔约国的船舶和国民在遵守当地法律规章的条件下，在完全平等的基础上有从事一切海洋、工业、矿业和商业活动的权利（第2、3条）。对于生物资源，缔约国的国民和船只有在此地区及其领水内捕鱼和打猎的权利（第2条）。对于非生物资源，缔约国的船舶和国民在遵守当地法律规章的条件下，在完全平等的基础上有从事一切海洋、工业、矿业和商业活动的权利（第3条）。

"第2条 缔约国的船舶和国民应平等地享有在第一条所指的地域及其领水内捕鱼和狩猎的权利。

第3条 缔约国国民，不论出于什么原因或目的，均应享有平等自由进出第一条所指地域的水域、峡湾和港口的权利；在遵守当地法律和规章的情况下，他们可毫无阻碍、完全平等地在此类水域、峡湾和港口从事一切海洋、工业、矿业和商业活动。"

狩猎权产生于土地水资源所有权和野生动物资源所有权，其客体是特定的狩猎场所和生活于其中的可猎捕野生动物，由狩猎场所的使用权、实施狩猎行为的权利和取得猎获物所有权的权利共同构成。[①] 对于缔约国在斯岛陆地及领海的狩猎权，《斯约》对狩猎场所做出例外规定，如果土地占有者根据第6条和第7条规定，对土地的所有权得到承认，将获得在所有土地上狩猎的专属权利。

"第6条 在不违反本条规定的情况下，缔约国国民已获取的权利应得到承认。在本条约签署前因取得或占有土地而产生的权利主张应依照与本条约具有同等效力的附件予以处理。

第7条 关于在第一条所指的地域的财产所有权，包括矿产权的获得、享有和行使方式，挪威保证赋予缔约国的所有国民完全平等并符合本条约规定的待遇。此种权利不得剥夺，除非出于公益理由并支付适当赔偿金额。"

这类土地分为以下四类：一是在条约签署前缔约国国民已经取得的土地所有权。二是依照当地《警察条例》的规定为发展其产业而建造的住所、房屋、店铺、工厂及设施所在地的邻近地区。三是经营或工作场所总部所在

[①] 戴孟勇：《狩猎权的法律构造》，《清华法学》2010年第6期，第116页。

地周围 10 公里范围内地区。四是斯岛国家公园、自然保护区以及鸟类禁猎区。

对于缔约国的采矿活动，《斯约》规定，挪威制定的《斯瓦尔巴采矿法典》（1925 年）不得给予包括挪威在内的任何缔约国或其国民特权、垄断或优惠，特别是在进口、各种税收或费用以及普通或特殊的劳工条件方面，并应保证各种雇佣工人得到报酬及其身心方面所必需的保护。关于矿产品的出口，挪威政府应有权征收出口税。出口矿产品如在 10 万吨以下，所征税率不得超过其最大价值的 1%。如超过 10 万吨，所征税率应按比例递减。矿产品的价值应在通航期结束时通过计算所得到的平均船上交货价予以确定。

3. 科学考察权

《斯约》并未明确规定缔约国在斯岛具有科考权，但规定缔约国的船舶和国民在遵守当地法律规章的条件下，在完全平等的基础上有从事一切海洋、工业、矿业和商业活动的权利，科考活动与海洋、工业、矿产和商业活动密不可分，同时这一权利也是一些缔约国在斯岛历史上存在的权利。[①] 此外，《斯约》第 5 条规定，在一定条件下缔约国可以开展科学考察，挪威还应缔结公约，规定在第 1 条所指的地域可以开展科学调查活动的条件。这一规定也默认了科考权是缔约国在斯岛的主要权利之一，缔约国有权在斯岛陆地及领海建设科考站或是停靠科考船参与相关科考活动，缔约国有权探测和搜集斯岛水域海道情况、海水流量、海洋水质、海域气候特征、海洋生物和海底矿产资源等数据，不论这些数据用于何种领域，包括军事用途在内，实质上仍然属于《斯约》规定的"科学考察"。值得注意的是，《斯约》并未明确规定，缔约国在斯瓦尔巴方框内享有平等的科考权。这是否意味着，在不违反国际习惯和一般法律原则的前提下，挪威有权对缔约国的科考活动、科考权、科考范围做出不同的规定。

4. 停泊权

《斯约》第 3 条赋予缔约国来往斯岛领海的船舶在挪威各港内停泊的权利，这主要是为了方便前往斯岛的旅客或货物上下、装载。

条文规定，缔约国的国民、船舶和货物在各方面，特别是在出口、进口和过境运输方面，均不得承担在挪威享有最惠国待遇的国民、船舶或货

---

① 参见王泽林《极地科考与海洋科学研究问题》，上海交通大学出版社，2016。

物不负担的任何费用，也不得受到任何附加的限制；为此目的，挪威国民、船舶或货物与其他缔约国的国民、船舶或货物应同样办理，不得在任何方面享有更优惠的待遇。

条文还规定，对出口到任何缔约国领土的任何货物所征收的费用或附加的限制条件不得不同于或超过对出口到任何其他缔约国（包括挪威）领土或者任何其他目的地的相同货物所征收的费用或附加的限制条件。

斯岛位于北极航道上，① 目前，北冰洋已开辟从摩尔曼斯克港至俄国远东港口的季节性海上航线，以及从摩尔曼斯克直达斯瓦尔巴群岛、冰岛的雷克雅未克和伦敦等地的航线。② 斯岛停泊权可以使缔约国将斯岛作为北极航道上重要的物资补给港，对于北极航道的利用具有重要意义。

5. 使用无线电通信设备权

根据《斯约》第 4 条规定，在第 1 条所指的地域内由挪威政府建立或将要建立或得到其允许建立的一切公共无线电报台应永远在完全平等的基础上对悬挂各国国旗的船舶和各缔约国国民的通讯开放使用。在不违背战争状态所产生的国际义务的情况下，地产所有者应永远享有为私人目的设立和使用无线电设备的权利，此类设备以及固定或流动无线台，包括船舶和飞机上的无线台，应自由地就私人事务进行联系。这些规定赋予缔约国在斯岛自由使用无线电通讯的权利。

1979 年，挪威开通了群岛无线通信卫星与挪威本土的直接电话通讯，位于朗伊尔城的无线电通信设施是群岛进行无线电通讯的主要基地。目前岛上主要的通信设备包括希望岛无线电台、伊斯峡湾（Isfjord）无线电台、峡湾（Kongsfjord）遥控站和卫星转播台、斯岛无线电台和海底电缆，其中，KSAT 公司是斯岛卫星站（SvalSat）的运营商，欧洲太空局设在群岛上的地面站也参与卫星数据接收。③ 这一权利对于科考站接通互联网、电话通讯、

---

① 挪威独立研究机构海洋未来（Ocean Futures）提出 3 条北极航线：东北航道、西北航道和穿越极地的运输航道，其中东北航道因能够在活动冰块中提供空间而成为迄今为止 3 条航道中最具吸引力的一条。
② 骆巧云等：《北极东北航道液化天然气（LNG）运输经济性与前景分析》，《大连海事大学学报》2016 年第 3 期，第 50 页。
③ 2011 年 6 月，华为还助力挪威电信公司（Telenor）在群岛开通 LTE 站点，100M 无线上网服务，惠及当地居民。

科考数据实时传输、野外救护、野外科考试验以及无线电监测十分重要。

综上所述，《斯约》明确规定了缔约国依《斯约》可享有的各项权利，这些权利是各缔约国享有的，在特定经济活动中的非歧视权利。

（二）《斯约》缔约国的基本义务

《斯约》对于缔约国设定了三项义务，一是在《斯约》规定的范围内不应建立任何海军基地，并保证不在该地域建立任何防御工事。二是缔约国在《斯约》范围内从事的上述活动必须遵守挪威国内的法律法规。三是在斯岛纳税的义务。

1. 《斯约》第9条规定在第1条所指的地域内不应建立任何海军基地，并保证不在该地域建立任何防御工事。这是对斯岛非军事化的规定，这一规定已经发展成为国际习惯。即所有的国家包括非《斯约》缔约国也应坚持这一规定，保证斯岛非军事化的法律地位。这一义务对《斯约》所有的缔约国都是一致的、非歧视的。这一规定使斯岛成为北极地区第一个，也是唯一的一个法律意义上的非军事区。

2. 《斯约》缔约国从事的科学考察、资源开发、狩猎、捕鱼等活动必须遵守挪威依据《斯约》制定的专门适用于斯岛的法律法规。这些法律法规和措施均应平等地适用于各缔约国的国民、企业和船只，不应直接或间接地使任何一国的国民享有任何豁免、特权和优惠（第2条）。

究竟挪威制定了哪些法律适用于斯岛？从条约生效起，挪威就致力于对斯岛的立法管理，早在1925年7月17日，挪威就颁布了《斯瓦尔巴法案》，对斯岛的基本法律制度作出以下规定。"除了专门制定的适用于斯岛的法律外，挪威民法和刑法以及挪威关于司法行政的立法适用于斯岛，其他法律规定不适用于斯岛，除非有专门规定。关于公共官员、付款、钱币、度量衡、邮政电信服务、劳动保护和劳动纠纷等有关的法令都将在国王考虑到当地情况进行修订后适用于斯岛。国王可以颁布有关教堂、学校和济贫服务、公共秩序、驱逐、医疗健康服务、建筑和消防服务、易燃物品、航运、航空和其交通方式、专利、采矿、狩猎、捕捞、渔业及其他产业、保护动物、植物、自然构造、土地、文物的一般规定"。

目前为止，挪威依据《斯约》赋予的立法权，已经制定了《斯瓦尔巴采矿法典》（1925）、《斯瓦尔巴法案》（1925）、《斯瓦尔巴环境保护法案》

(2001)、《关于收取前往斯瓦尔巴游客环境费的条例》(2007) 等特别法律法规。为了限制缔约国依《斯约》获得的权利，挪威借用其制定的矿藏开采、环境保护、税收等法律法规限制缔约国在群岛的活动。值得注意的是，《斯约》只明确赋予挪威制定保护环境、矿产开发、科考的法律法规，挪威制定的法律法规远远超过这三大领域。

3. 《斯约》赋予缔约国在斯岛的矿产开发权，但缔约国矿产品出口，应向挪威政府缴纳出口税，出口矿产品如在 10 万吨以下，税率不超过其最大价值的 1%；如超过 10 万吨，税率应按比例递减。矿产品的价值应在通航期结束时通过计算所得到的平均船上交货价予以确定。①

(三)《斯约》赋予挪威的权利和义务

《斯约》在赋予挪威斯岛主权的同时还对挪威的主权权利做出一定的限制，并要求挪威履行条约赋予的义务。

1. 《斯约》赋予挪威的权利

《斯约》赋予挪威全面和绝对的主权，主要表现为制定政策法规的权利、财产所有权、征税权。但这些权利在一定程度上是《斯约》框架下的一种有限主权，限于《斯约》明文规定，不能增减，如果挪威违反了《斯约》限制条款，理论上，条约的缔约方就不会继续授予这种主权。

(1)《斯约》赋予挪威对斯岛"全面和绝对的"主权

根据第 1 条，缔约国承认挪威对群岛充分和完全的领土主权。挪威将"全面和绝对的"(pleine et entière) 主权解释为国际法意义上的完全主权，认为这一主权与其在本土的主权完全一致，② 主张《斯约》的根本基础是将斯岛"国家化"(nationalization)，但实际上，缔约国使用"全面和绝对的"一词是有意将挪威对斯岛的管理与国际联盟框架下的委任统治权相区分。

毫无疑问，挪威依《斯约》赋予的对群岛的主权已得到所有缔约国的承认。非《斯约》缔约国也应尊重挪威这一主权，这主要是因为自从 1920 年以来，挪威就依《斯约》对群岛持续有效占领并行使主权，对此没有任何国家提出异议，可见挪威对斯岛的主权已经获得国际社会明示或默示的

---

① 参见《斯约》第 8 条。
② T. Pedersen, "The Svalbard Continental Shelf Controversy: Legal Disputes and Political Rivalries", *Ocean Development and International Law* 37 (2006): 342.

认可，成为国际习惯。对此，非缔约国无法主张《斯约》中的权利，但可以随时加入批准此条约，进而享有条约中规定的所有非歧视权利，在该群岛进行相应的经济活动。一旦加入条约，则不得对斯岛的主权归属问题提出异议。

（2）挪威依《斯约》享有主权的主要内容

①领土主权

缔约国保证根据本条约的规定承认挪威对斯匹次卑尔根群岛和熊岛拥有充分和完全的主权，其中包括位于东经10度至35度之间、北纬74度至81度之间的所有岛屿，特别是西斯匹次卑尔根群岛、东北地岛、巴伦支岛、埃季岛、希望岛和查理王岛以及所有附属的大小岛屿和暗礁。对于未来可能在这一区块内出现的任何新生的岛礁的主权也应属于挪威。

②制定政策、法规的权利

《斯约》在以下三处明确提出挪威具有制定政策、法规的权利：第一，挪威有自由地维护、采取或颁布适当措施，以便确保保护并于必要时重新恢复该地域及其领水内的动植物的权利（第2条）。第二，《斯约》还规定缔约国还应缔结专门适用于斯岛科考的法律法规（第5条）。第三，挪威保证为第1条所指的地域制定《斯瓦尔巴采矿法典》（第8条）。基于这一权利，挪威制定了《斯瓦尔巴环境保护法案》《斯瓦尔巴采矿法典》等专门适用于斯岛的法律法规，对斯岛行使管辖权。《斯瓦尔巴采矿法典》是挪威依据《斯约》制定的较早的专门适用于斯岛的法律法规，法规对缔约国在斯岛矿产勘探和开发权的申请、矿产生产和经营、矿主同土地所有者的关系以及矿主对矿工的保护等问题做出明确规定。《斯瓦尔巴群岛环境保护法令案》作为保护斯岛环境重要的法律，从动植物、野生资源、土地等各个方面对缔约国在斯岛的活动作出限定，以保护群岛的生态不受破坏。迄今为止，缔约国未就科考事宜颁布任何法律法规，但挪威的气候与环境部已就立法问题做出过讨论和计划。

③征税权

斯岛上允许征税。但是税收额度只需能够支撑斯岛政府的运作即可。这就使得斯岛税收比挪威大陆低很多。同时，斯岛的财政和预算都与挪威大陆分开。关于矿产品的出口，挪威政府应有权征收出口税，出口矿产品如在 10 万吨以下，所征税率不得超过其最大价值的 1%；如超过 10 万吨，所征税率应按比例递减。矿产品的价值应在通航期结束时通过计算所得到的平均船上交货价予以确定。

（3）挪威主权性质辨析

实际上，缔约国在条约中使用"全面和绝对的"的表述在当时有其特殊的历史背景，是有意将挪威对斯岛的管理与国际联盟框架下的委任统治权相区分。委任统治制度确立于第一次世界大战之后，它规定战胜国以国际联盟的名义对德国殖民地和奥斯曼帝国属地进行重新分割，并由指定的"先进国"进行统治和管理。依据《国际联盟盟约》第 22 条中规定：凡殖民地及领土，在战后不再从属于原宗主国，而对那些尚不便于实行自治的地区则实行委任统治的原则，委任统治制度的目的是要保证将居住在该地区内人民之福利及发展视作文明之神圣任务。国联按各先进国的能力、意愿来授予他们统治的资格，受任国此后承担管理的任务。按照委任统治地区的社会发展、领土范围、经济状况来规定受任国对当地管理的程度。①

委任统治地分为三种类型：对政治经济比较发达的地区，受任国的任务只是提供行政上的指导和帮助；对政治经济比较落后的地区，受任国根据规定的条件负行政统治的责任；对土地贫瘠、人烟稀少的地区，受任国遵照规定条件，将它们作为自己领土的一部分进行统治。由此可见，委任统治中的先进国并未完全获得委任统治地的主权，就算对于土地贫瘠、人烟稀少的地区的统治也需要接受国际联盟下设的常设委员会监督，为保证公平和公正，常设委员会由法、英、比、荷、西、葡、日等国各派一人组成，实际上，先进国对委任统治地只是进行了有限的管理，具有很大的局限性，只是拥有一定的管辖权。

而《斯约》将群岛的主权赋予挪威，这一制度规定与委任统治制度在性质上有本质的不同。挪威对斯岛的主权体现在独立的立法权、司法权和行政权三个方面。首先，挪威有权制定适用于斯岛的专门的法律法规，对此挪威政府没有与其他国家商议或向其他国家咨询的义务，就像其他国家管理其自有领土一样。但值得注意的是，《斯约》仅赋予挪威制定关于环境

---

① Henri Grimal, *Decolonization: The British, French, Dutch, and Belgian Empires 1919 – 1963*, (Colorado: Westview Press, 1978), p.16.

保护（第2条）、采矿（第3条）、科考（第5条）等相关内容的法律，挪威并没有其他领域的立法权，从这一规定看，挪威对斯岛的主权是受限制的。其次，挪威享有在斯岛的司法权。挪威民法和刑法以及挪威关于司法行政的立法适用于斯岛。再次，挪威在斯岛享有独立的行政权。有权任命斯岛总督，收税，采取财政管理、环境保护、行政管理等活动。最后，挪威还有权制定有关该岛的外交政策，处理相关外交事务，缔结有关该群岛事务的协议并负责其防务。因此，挪威政府所签署的国际条约、协议将在群岛适用，除非此条约或协议中明确将其排除，或者挪威对此做出特别的声明和保留。

此外，从挪威对斯岛主权的来源上看，挪威对斯岛的主权取得并非传统合法领土主权取得方式中的任何一种，它的合法性从这一点上看是存在瑕疵的。在国际法理论和实践上，国家领土的取得一般是指陆地领土即领陆的取得，是指一国在其固有领土之外，取得额外的陆地以及相应内水，并将之作为该国的领土行使主权的行为。所谓固有领土，通常是指一国因其建国或者被承认为具有国际法律人格地位之时就拥有的领土。在二战结束期间以及之前的传统国际法上，一个国家取得领土的方式主要有发现（discovery）、先占（occupation）、添附（accretion）、时效（prescription）、割让（cession）和征服（conquest）。①

依据《斯约》，挪威对斯岛的主权来自于条约的规定，缔约国的合意，并不属于任何一种传统的国家法领土主权取得方式，也不是现代意义上领土取得方式（民族自决和全民公投）。依据条约，挪威的主权面临以下两方面的限制：其一，挪威在行使主权的同时要"容忍"条约将类似主权的权利如狩猎权、捕鱼权、通讯权、科考权、矿产开发权等权利同时赋予所有缔约国。其二，从约文内容看，《斯约》仅仅明确地赋予挪威一些有限的主权，如颁布斯岛专门的环境保护、矿产开发、科学考察的法律规定，针对矿产开发的征税权等权利。严格来讲，挪威的权利仅限于《斯约》的明文规定，不能增减，如果挪威违反了《斯约》限制条款，条约的缔约方就不会继续授予这种主权，正是基于这种限制，缔约国才放弃自己潜在的主权，

---

① 胡德胜：《驳菲律宾对黄岩岛的主权主张——领土取得的国际法视角》，《河北法学》2014年第5期。

放弃该领土是无主地的地位，放弃该群岛水域是公海可以自由利用的权利。作为回报，挪威给予缔约国在当时相当于主权的权利，鉴于当时沿海国仅有领海这一管辖海域，缔约国的权利也仅限于斯岛的陆地及领海，可以想象，如果当时沿海国的权利已经扩展到毗连区、专属经济区、大陆架，缔约国的权利应该不会止于领海。从这个意义上看，挪威的主权与一般意义上的国际法上的绝对性、排他性主权在权利义务属性上并不完全相同，将其理解为《斯约》框架下的一种"有限主权"更为贴切。[①]

2.《斯约》规定的挪威的义务

尽管挪威有权制定和实施任何有关沿海贸易的法规，但《斯约》也规定了以下的一些例外情况，遵守这些规定也是挪威的义务。

第一，驶往或驶离第1条所指地域的缔约国船舶在去程或返程中均有权停靠挪威港口，以便送往前往或离开该地区的旅客或货物或者办理其他事宜（第3条）。

第二，缔约国的国民、船舶和货物在各方面，特别是在出口、进口和过境运输方面，均不得承担或受到在挪威享有最惠国待遇的国民、船舶或货物不负担的任何费用或不附加的任何限制；为此目的，挪威国民、船舶或货物与其他缔约国的国民、船舶或货物应同样办理，不得在任何方面享有更优惠的待遇（第3条）。

第三，对出口到任何缔约国领土的任何货物所征收的费用或附加的限制条件不得不同于或超过对出口到任何其他缔约国（包括挪威）领土或者任何其他目的地的相同货物所征收的费用或附加的限制条件（第3条）。上述规定充分体现了《斯约》对所有缔约国国民的平等或不歧视待遇和原则。

第四，在不违反本条规定的情况下，缔约国国民已获取的权利应得到承认（第6条）。

从以上有关条约的简要概述可以看出，挪威与其他缔约国之间权利与义务的分配是不同的，这些规定在斯岛逐渐建立一种"明确主权、权益共享"的模式，但由于条约的妥协性质，条约实施过程中对非军事化原则、平等原则的适用范围等问题仍存在广泛争议。

[①] 卢芳华：《挪威对斯瓦尔巴群岛管辖权的性质辨析——以〈斯匹次卑尔根群岛条约〉为视角》，《中国海洋大学学报（社会科学版）》2014年第6期。

第二章 斯瓦尔巴群岛适用的法律制度

《斯约》在斯岛建立了"明确主权、权益共享"的模式,① 即在赋予挪威主权的同时,又明确缔约国国民有自由进入斯岛的领土和领海,并有在这一区域平等从事海洋、工业、矿业和商业等活动的权利。在斯岛及其周边水域主要适用三个层次的国际法,一是国际公约,主要有《联合国海洋法公约》和专门适用于该群岛的《斯约》,一些挪威签订的环境、野生动物保护的相关法规也同样适用。二是挪威针对斯岛制定的专门法,而非挪威所有的国内法。三是国际习惯或一般法律原则适用于所有在斯瓦尔巴地区活动的自然人和法人。作为《斯约》缔约国,深入研究斯岛适用的各项法律制度对于明确我国依《斯约》享有的海洋权益具有重要的现实意义。

第一节 《联合国海洋法公约》在斯瓦尔巴群岛的适用

依《斯约》规定,斯岛周边水域可分为领海和公海两部分。1982年的《公约》将沿海国的管辖范围扩展至毗连区、专属经济区和大陆架,那么在斯岛附近水域应该如何划分不同的功能区?斯岛周边水域应适用哪些法律制度?这些问题关涉缔约国在斯岛航行、资源开发、海洋科学研究、环境生态保护等权利义务的实现,是与缔约国权利行使息息相关的重要问题。

---

① 刘惠荣、杨凡:《国际法视野下的北极环境法律问题研究》,《中国海洋大学学报(社会科学版)》2009年第3期。

一　斯岛的领海制度：适用与限制

领海（Territorial Sea）历史上曾被称为沿岸水、沿岸海、海水带和领水，是沿海国主权管辖下与其海岸或内水相邻的一定宽度的海域，随着国际海洋法的发展，领海制度也经历着深刻的变革，这就引发了《公约》与《斯约》在领海制度上适用的冲突。

（一）《公约》的领海制度

领海是国家领土的组成部分。1958 年《领海与毗连区公约》（Convention on the Territorial Sea and Contiguous Zone）将领海定义为"国家主权扩展于陆地领土以及内水以外邻接其海岸的一带领域"，"沿海国的主权扩展于领海以上的空间以及海床和底土"。《公约》沿用了这个定义，规定领海是"沿海国主权及于陆地领土以及内水以外邻接其海岸的一带领域"，但《公约》补充了群岛国的情况，即"在群岛国的情形下则及于群岛水域以外邻接的一带海域"。① 领海如同一国的陆地领土，国家享有领海主权。领海的上空、海床和底土，均属沿海国主权管辖。除国际法所做的限制之外，沿海国对其领海内的一切人和物均行使属地管辖权，可以制定并执行有关法律和规章，每个国家均有权确定其领海的宽度。

领海的无害通过制度（Innocent Passage）是公认的有关领海通过的国际规则。领海无害通过制度赋予外国船舶经由一国领海的无害通过权，即在不损害沿海国的安宁和平及正常秩序的条件下，可以在不事先通知或征得沿海国同意的情况下连续不间断地通过其领海的航行权利。"无害"要求外国船只在通过时排除以下活动：对沿海国的主权、领土完整或政治独立进行任何武力威胁或使用武力，或以任何其他违反《联合国宪章》所体现的国际法原则的方式进行武力威胁或使用武力；以任何种类的武器进行任何操练或演习；任何目的在于搜集情报使沿海国的防务或安全受损害的行为；任何目的在于影响沿海国防务或安全的宣传行为；在船上起落或接载任何飞机；在船上发射、降落或接载任何军事装置；违反沿海国海关、财政、移民或卫生的法律和规章，上下任何商品、货币或人员；违反《领海与毗

---

① 高健军著《中国与海洋法》，海洋出版社，2004，第 31 页。

连区公约》规定的任何故意和严重的污染行为；任何捕鱼活动；进行研究或测量活动；任何目的在于干扰沿海国任何通信系统或任何其他设施或设备的行为；与通过没有直接关系的任何其他活动。

（二）斯岛的领海制度

从《公约》的领海制度可知，要明确斯岛周边水域应适用的法律制度，首先要确定挪威的领海基线（Baseline），基线的位置决定了《斯约》的适用范围。基线有两种，即正常基线和直线基线。如果海岸比较平直，领海可以从沿岸若干海潮水平线中的任何一条起算，但通常选择低潮线（Low Water Mark），因为它可以把领海的外部界限尽可能推到远离海岸的地方。退潮时海水退到离岸最远处所形成的这条线即被称为正常基线（Normal Mark）或低潮线。如果海岸十分曲折或者沿岸岛屿密布，则低潮线难以确定。在这种情况下，沿海国可以采用直线基线（Straight Baseline）的方法来确定领海基线。直线基线是指在沿岸各突出点和沿海岛屿的外缘选定一系列的基点，然后用直线将相邻的基点连接起来所形成的一条折线。除此之外，《联合国海洋法公约》还规定了"群岛国"制度，群岛国可划定连接群岛最外缘各岛和各干礁的最外缘各点的直线群岛基线。

1920年，挪威宣称以沿岸各岛屿和海湾的低潮线为起点拥有4海里领海，这条领海基线以内的水域为内水。1935年的英挪渔业案中，挪威主张直线基线和4海里领海，并得到国际法院的认可，这一案件也确立了划定直线基线的国际习惯法规则。挪威的直线基线从俄罗斯边境到韦斯特峡湾之间，用直线基线把挪威本土和岛屿或岩礁上选定的48个基点，用47条线段连接起来。其中39条线段的长度在24海里以内，有8条超过24海里，最长的达44海里。斯岛也采取直线基线的划定方法。1970年9月25日，挪威公布斯瓦尔巴群岛的领海基点坐标，当时共计83个基点，斯瓦尔巴群岛南部和西部地区适用直线基线，其中较远的熊岛和希望岛单独适用直线基线，第1号至第17号基点围绕熊岛，第18号至第25号基点围绕希望岛，其余的基点则位于群岛的剩余部分。[①] 1976年，为了缓和与其他国家的争议，挪威宣布建立斯瓦尔巴群岛200海里的非歧视性"渔业保护

---

① 周江：《论洋中群岛的领海基线划定》，《法商研究》2015年第4期，第160页。

区",而此渔业区范围同样是沿着该岛的直线基线起算的。此后,2001 年 6 月 1 日《关于斯瓦尔巴群岛周围挪威领海界限的条例》(Regulations Relating to The Limit of the Norwegian Territorial Sea around Svalbard,挪威第 556 号皇家法令)确定了整个斯瓦尔巴群岛均适用直线基线制度,距离稍远的熊岛、希望岛、白岛和卡尔王岛单独适用直线基线,但未规定基线内水域性质。2001 年,挪威颁布《关于外国在其内水、领海、专属经济区和大陆架进行科研活动的规则的附件》,强调将直线基线应用于斯瓦尔巴群岛,还对相关基点作了重大调整,其中最为显著的变化是基点数目大幅增加至 196 个,基线系统也由过去的 3 组增至 5 组。① 2003 年 6 月 27 日,挪威通过第 57 号法案即新的《挪威领海与毗连区法案》,法案规定挪威(包括斯岛在内)领海延长至 12 海里,在未公布基线的地方适用低潮线,依据《挪威领海与毗连区法案》第 4~5 部分,挪威有权建立斯岛毗连区,但这个区域目前还没有明确提出。2003 年 12 月 3 日,挪威还根据《公约》第 16 条第 2 款向联合国秘书长交存了群岛领海外部界限坐标及海图,详细了挪威在群岛海域采用直线基线的测量方法,展示了群岛的领海范围,明确界定了斯瓦尔巴群岛海域领海的界限。2004 年 1 月 1 日,挪威正式将其领海从 4 海里扩展到了 12 海里。② 虽然挪威的做法在一定程度上扩大了《斯约》的适用范围及挪威管辖范围,客观上造成公海和国际海底范围的减少,但对此做法各缔约国基本上没有异议。2010 年 9 月 15 日,挪威与俄罗斯签订的《俄罗斯联邦与挪威王国就巴伦支海和北极地区划界及合作条约》还明确承认挪威在斯瓦尔巴群岛采用直线基线。

显而易见,《公约》赋予缔约国在斯岛领海的无害通过权比《斯约》赋予的缔约国在斯岛的权利要小,《斯约》缔约国享有在斯岛捕鱼、狩猎、自由航行、通讯、科考、采矿等权利,享有毫无障碍地从事一切海事、工业、采矿和商业活动的权利(《斯约》第 3 条)。而无害通过仅限于在不损害沿岸国和平、安全与良好秩序的情况下,无须事先通知或征得许可而继续不

---

① See "Division for Ocean Affairs and the Law of the Sea Office of Legal Affairs", *Law of the Sea Bulletin* No. 46, 2001, pp. 72 – 80.
② 洪农、李建伟、陈平平、陈晓霜、赵菊芬:《群岛国概念和南(中国)海——〈联合国海洋法公约〉国家实践及其启示》,《中国海洋法学评论》2013 年卷第 1 期。

停地迅速地穿过领海或为驶入内水或自内水驶往公海而通过领海的航行。相比之下，《斯约》赋予缔约国在斯岛领海的权利大于《公约》的无害通过权。

（三）《斯约》对《公约》赋予权限的限制

挪威是《公约》缔约国，但依据《斯约》，挪威在斯岛领海的权利受到一定的限制。

1. 《斯约》对挪威领海资源利用权的限制

依据《公约》，缔约国在领海享有完全主权。这一完全主权在范围上涉及领海的上空、海床和底土，在内容上包括对领海内的一切人和物的属地管辖权，可以制定并执行有关法律和规章，独占对领海生物资源和非生物资源开发利用的权利。由于挪威对斯岛的主权来自于《斯约》，而并非传统意义上的领土取得，所以依据《斯约》，挪威将与缔约国共享斯岛领海内资源的勘探、开发、利用的权利。也就是说，与其他《公约》缔约国不同的是，挪威在斯岛领海的主权并不是独占的。

2. 《斯约》对挪威领海采取国防安全措施的限制

依据《公约》，缔约国享有在领海内采取国防安全措施，如建造防御工事、划定禁航区或水上防卫区、监督无线电使用等基本权利，这一权利对缔约国来说是完全的主权，但依据《斯约》第9条斯岛非军事化的规定，在斯岛的陆地及领海内不应建设任何海军基地，并保证不在该地域建立任何防御工事。这一规定无疑对挪威在斯岛享有的主权作出了限制。也就是说，即使挪威决定在斯岛领海建立保护国防安全的防御工事或是划定水上防卫区，也必须排除这些设施用于军事目的或具有军事服务性质，挪威有义务向《斯约》缔约国说明任何防御工事的使用情况。

3. 《斯约》对挪威立法权的限制

依《斯约》规定，挪威有自由地维护、采取或颁布适当措施，以便确保保护并于必要时重新恢复该地域及其领水内的动植物的权利（第2条）。也就是说，挪威有权立法或采取措施保护斯岛领海的动植物、野生资源、土地等资源。但挪威这一立法不能限制《斯约》缔约国在斯岛领海内的矿产开发权、捕猎权、自由航行权的行使。

对于征税权，《斯约》也作出明确的限定，允许在斯岛征税。但是税收额度只要能够支撑斯岛政府的运作即可。这就使得斯岛的税收比挪威大陆低很多。对于矿产品的出口，《斯约》明确规定，出口矿产品如在10万吨以下，所征税率不得超过其最大价值的1%；如超过10万吨，所征税率应按比例递减。① 矿产品的价值应在通航期结束时通过计算所得到的平均船上交货价予以确定。缔约国的国民、船舶和货物在各方面，特别是在出口、进口和过境运输方面，均不得承担或受到在挪威享有最惠国待遇的国民、船舶或货物不负担的任何费用或不附加的任何限制；为此目的，挪威国民、船舶或货物与其他缔约国的国民、船舶或货物应同样办理，不得在任何方面享有更优惠的待遇。对出口到任何缔约国领土的任何货物所征收的费用或附加的限制条件不得不同于或超过对出口到任何其他缔约国（包括挪威）领土或者任何其他目的地的相同货物所征收的费用或附加的限制条件。也就是说，即使挪威依据《公约》具有征税权，挪威的税收仍不能超越《斯约》的上述规定，无权单方面设定斯岛陆地及领海的关税。这也是对《公约》赋予主权的一种限制。

对于无线电通信设施的建设，挪威有权在斯岛领海建立公共无线电报台，但这些设施应永远在完全平等的基础上对悬挂《斯约》缔约国国旗的船舶和各缔约国国民的通信开放使用。这也是对《公约》赋予主权的一种限制。

此外，依照《公约》规定，科考国科考船在斯岛领海享有无害通过权，但科考活动受缔约国法律管辖。而依据《斯约》，缔约国可以在这一水域进行海洋科学研究活动，挪威应缔结公约，规定在这一水域开展科学调查活动的条件，这非挪威一国国内立法权限范畴。

二 斯瓦尔巴渔业保护区适用的法律制度

随着国际海洋法的发展，《大陆架公约》《联合国海洋法公约》等国际法相继提出一系列与海洋权益相关的新概念，如毗连区、专属经济区、大陆架。这些新概念与《斯约》的相关规定存在冲突，引发了对斯岛周边海域管辖权和经济权益归属权的争议，争议的焦点在于挪威是否对斯岛以外

---

① 参见《斯约》第8条。

12 海里至 200~350 海里的区域拥有专属管辖权;缔约国的管辖权是否可以扩展到斯岛专属经济区和大陆架;对这一区域应当怎样实施管理,由挪威单独管理,还是各方协商管理。

(一)《公约》的专属经济区制度

《公约》第 55 条规定,专属经济区是领海以外并邻接领海的一个区域,其理论宽度为自领海基线起算 200 海里。专属经济区沿海国主张专属经济区的目的,是为了在《公约》规定的特定法律制度限制下保障专属经济区的自然资源置于沿海国主权管辖之下。沿海国对于专属经济区的权利主要体现为以下三个方面。(1)开发海床上覆水域和海床及其底土的生物和非生物资源,行使勘探和开发、养护和管理等主权活动及利用海流、海水和风能生产等活动。(2)通过颁布法律法规,设置管理机构进行执法检查等手段,对自然资源(包括生物资源和非生物资源)和海洋环境进行综合利用和养护,保持海洋可持续发展。(3)对区域内的人工岛屿、设施和科学研究及海洋环境保护的管辖权利。专属经济区权利的范围是海床上覆水体、海床、海洋底土,不包括水体上空,不影响其他国家的船舶无害通过、飞行器的连续通过以及在海底铺设光缆电缆的权利。[①]

(二)渔业保护区制度及其特殊性

渔业保护区并非《公约》用语,是一国政府为保护渔业资源而设置的特定水域,一般通过限制渔业资源开发以达到保护渔业资源的目的。这一制度在 20 世纪 60 年代在国家实践的基础上发展成为国际法。[②]

从产生的时间看,渔业保护区的概念早于专属经济区概念的提出。专属经济区的概念就是从"渔区"或"渔业保护区"发展而来的。在《公约》尚未出现之前,有的沿海国设立渔业保护区以保护相关海域的渔业资源,如美国不是《公约》缔约国,所以美国在领海基线 200 海里以外设立了专属渔业保护区,禁止他国渔船进行捕捞活动。美国也是最早提出建立渔业保护区制度的国家。早在 1945 年,美国总统杜鲁门就发表了对毗邻其海岸的公

[①] 史春林:《20 世纪 90 年代以来关于海权概念与内涵研究述评》,《中国海洋大学学报(社会科学版)》2007 年第 2 期。

[②] UK and Germany against Iceland,[1974] I. C. J. Reports 3, at para. 52.

海区域建立"渔业保护区"的公告,据此不断单方面颁布建立专属渔业区的法令。1966 年,美国宣布其领海以外 9 海里宽的海域为其专属渔业区,此时,美国政府仍允许外国渔船在其允许下从事传统捕鱼活动。1968 年以后颁布的法令则直接禁止外国渔船在其专属渔业区的捕鱼活动。1977 年,美国《渔业养护与管理法》正式确立了 200 海里"专属渔业区"。[①] 与此同时,智利、阿根廷等拉丁美洲国家,以及阿尔及利亚、中非等非洲国家纷纷发表声明宣布 200 海里"专属渔业区"或者"专属经济区",挪威也在这个时候宣布建立 200 海里渔业保护区。到 1978 年,已有 69 个国家主张 200 海里国家管理海域,但名目各不相同。但从国际法的发展规律看,虽然众多国家已经单方面宣布了其"渔业保护区",但此时该概念并未被国际社会正式认可,只是美国和若干国家发布的单方面政策,在一定程度上有海洋"圈地"的嫌疑,且违背了国际法关于海洋划界的规定。

对此,英国率先提出反对意见,认为这是损害别国权益、瓜分海洋的行动。于是,在冰岛宣布其"专属渔业区"时,英国将其告上国际法院,而国际法院则指出冰岛有在其领海外一定区域内捕鱼的权利。苏联等国也极力反对 200 海里专属经济区,但迫于大势所趋不得不接受这个概念。

值得注意的是,1982 年《公约》出台以后,美国等宣布建立"专属渔业保护区"的国家陆续调整政策,将"专属渔业保护区"改为"专属经济区"。由于《公约》中有大量关于海洋生物资源养护的篇幅,所以美国还特地修改了《渔业养护与管理法》,将海洋生物资源养护等囊括其中,但《美国专属经济区宣言》中明确指出,宣言并不改变美国现有有关海洋渔业的各项政策,但挪威作为《公约》缔约国,并未更改斯岛渔业保护区的称呼。截至 1995 年,世界上共有 112 个沿海国确定了 200 海里渔业区和专属经济区,其中专属经济区 80 余个。[②]

除了在产生的时间上略早于专属经济区外,渔业保护区制度与专属经济区制度在功能上也存在细微的区别。沿海国在其专属经济区的主权权利有三类,一是对人工岛屿、设施和结构的建造和使用,海洋科研,海洋环境保护保全享有专属管辖权。二是对区内各种活动,包括卫生、移民、海

[①] 苏文萍:《海洋生物资源保护法律机制研究》,西南政法大学 2011 年硕士论文,第 16 页。
[②] 王逸舟:《〈联合国海洋法公约〉生效后的国际关系》,《百科知识》1996 年第 6 期。

关、财政、安全等活动享有专属行政管辖权、民事管辖和刑事管辖权。三是生物与非生物资源勘探开发、养护和管理的资源权。相比之下，沿海国在渔业保护区的权利一般限于对辖区内渔业资源的开发与管理，管辖事项相对较少。

（三）斯岛渔业保护区制度的建立

20世纪70年代初，在专属经济区概念兴起初期，为了避免直接宣布斯岛拥有专属经济区管辖权会造成《斯约》缔约国过分关注和质疑，[①] 挪威巧妙地依据国际习惯在1976年12月17日颁布《经济区法令》（*Act Relating to the Economic Zone of Norway*），设立了3个专属经济区，分别是：挪威内陆建立的200海里专属经济区、斯瓦尔巴群岛周围200海里的渔业保护区、扬马延岛周围的渔业区（见表2-1）。[②] 其中，斯瓦尔巴群岛200海里渔业保护区为130万平方公里，挪威希望通过专门的法律规范斯岛周边的渔业活动，以此行使《公约》赋予的专属经济区的主权权利，强化对斯岛的主权和管辖权。[③] 正如挪威外交大臣弗吕登伦（Frydenlund）指出的那样，"我们之所以选择建立渔业区，而不是在斯岛建立一个完整的专属经济区，就是希望避免和其他缔约国产生争议……把事态推向极端"。[④]

表2-1 挪威渔业保护区

成立时间	名称	面积	法律依据
1977年1月1日	挪威大陆专属经济区	210万平方公里	《公约》专属经济区制度
1977年6月15日	斯岛渔业保护区	130万平方公里	《斯约》、国际习惯法
1980年5月29日	扬马延渔业保护区	暂无	《公约》专属经济区制度

---

① 西班牙、冰岛就曾质疑挪威是否有权在群岛周边水域行使管辖权，并声称要诉诸国际法院。俄国也曾明确宣布，如果挪威主张200海里专属经济区，俄方也将采取同样的措施来保护其在群岛的利益。

② "The Norwegian Exclusive Economic Zone"，http://www.fisheries.no/resource_management/Area_management/economic_zone，访问时间：2013年12月12日。

③ Norway, Royal Decree of 3 June 1977 Relating to a Fisheries Protection Zone Around Svalbard.

④ K. Frydenlund, *Lille land-hva nåRefleksjoner om Norges utenrikspolitiske situasjon*, (Oslo: Universitetsforlaget, 1982), at 56. 转引自：Torbjørn Pedersen, "International Law and Politics in U.S. Policymaking: The United States and the Svalbard Dispute", *Ocean Development & International Law* 42 (2011): 127.

斯岛的渔业保护区制度与挪威大陆的专属经济区①制度有所不同，兼有渔业区和限制性经济区的特点，② 是一种独一无二的有限制的管辖权。③

值得注意的是，挪威对斯岛渔业保护区的管辖事项比专属经济区的管辖事项少，对渔业保护区内除渔业资源以外的其他资源，如浮游生物资源，渔业保护区制度没有设定管辖权。斯岛渔业保护区内蕴藏着2100万~2800万吨红饵（red feed）资源，这是一种浮游动物，是整个东北大西洋海域鲭鱼、鲱鱼、鳕鱼、毛鳞鱼等多种商业鱼类种群的主要食物来源，放开对这些浮游生物资源的捕捞对斯岛渔业保护区内鱼类种群的繁衍会造成致命的打击。对此，斯岛的渔业保护区制度没有设定管辖权，但如果是专属经济区，缔约国将可以出台相应的法律法规或采取有效的措施加以保护。因此，挪威暂时决定由挪威渔业管理委员会出面对红饵捕捞的风险进行评估，并于2006年3月出台决定，禁止对保护区内红饵资源的商业捕捞。④

（四）斯岛渔业保护区在俄挪巴伦支海划界中的地位及作用

随着缔约国对200海里专属经济区权利主张的普及，挪威和俄罗斯在巴伦支海专属经济区重叠产生的争议浮出水面。早在苏联时期，苏联便与挪威在巴伦支海专属经济区划界及大陆架归属权问题上发生过争执。苏联坚持用"扇形线原则"划分巴伦支海海域，挪威则坚持"中间线原则"划出一条单一界限，这样就产生大约17.5万平方公里的争议海域，大约接近挪威陆地面积的一半。争议区域共有以下三个区域，第一个区域是从瓦朗厄尔峡湾出口和俄罗斯与挪威所在大陆延伸200海里。第二个区域是距离陆地超过200海里的巴伦支海中间海域"圈洞"（Loop hole），边界位于挪威本土和斯瓦尔巴群岛与俄罗斯本土和新地群岛这一海岸相向之间的区域。第三个区域位于巴伦支海北部，俄罗斯专属经济区和斯瓦尔巴渔业保护区以外的斯瓦尔巴群岛和法兰士约瑟夫地（Franz Josef Land）与新地群岛（No-

---

① 挪威的专属经济区延伸至200海里，直到熊岛（斯匹次卑尔根群岛最南面的小岛）北角。
② The U. K. Note to the Norwegian Government, dated 11 March 2006.
③ D. H. Anderson, "Iceland-Norway (Jan Mayen)", *International Maritime Boundaries*, Vol. 2, ed. J. I. Charney and L. M. Alexander (Martinus Nijhoff, 1996), 1755.
④ Rachel G. Tiller, "New Resources and Old Regimes: Will the Harvest of Zooplankton Bring Critical Changes to the Svalbard Fisheries Protection Zone", *Ocean Development &International Law* 40 (2009): 312.

vaya Zemlya）之间的外大陆架边界。

挪威的立场是"在两国声明主权的重叠区域不存在特殊地理环境，因此边界应该依循中间线原则"，具体位置在两国海岸以及斯瓦尔巴群岛和法兰士约瑟夫地和新地群岛之间。苏联（俄罗斯）则主张该地区存在特殊地理环境，边界应该遵循"从瓦朗厄尔峡湾一直到北极点的扇形原则，仅在斯瓦尔巴地区向东调整，以避免侵犯《斯约》第 1 条所界定的区域"。[1] 苏联的扇形原则来源于 1926 年的一项立法，其中声明"位于两条苏联与其他国家的国界线之间直至北极点的一切土地应当属于邻接这些土地的国家"，所以苏联陆地领土东西边界所在经线直至北极点都是苏联的领土范围。

俄罗斯还声称，斯瓦尔巴群岛的特殊地位不应该对海洋划界产生影响，斯瓦尔巴群岛的特殊地位限制了其在海洋划界中的作用。[2] 这与挪威竭力坚持斯瓦尔巴群岛应该在海洋划界中发挥作用的观点完全背离。由于目前有关海洋划界的国际法规定比较模糊，但从法条规定无法精确地判定俄挪专属经济区乃至大陆架重叠区域的边界应该如何划定。[3]

1978 年俄挪双方同意在巴伦支海的特定区域达成《灰色区域协议》（Grey Zone Agreement），制定临时的渔业和执法安排，[4] 另外，双方承诺该协议不会影响到未来双方在争议区块谈判协商时的立场，这一协议范围覆盖了巴伦支海南端，涉及斯瓦尔巴渔业保护区的南部水域。这一水域蕴藏着丰富的渔业资源（见本书第一章第一节）和油气资源，根据美国地质调查局（USGS）的报告，北极蕴藏着世界上尚未被发现的 13% 的石油、30% 未被发现的天然气及 20% 的可燃冰，而这一争议海域就在其中。[5] 对俄罗斯和挪威这样以

---

[1] Z Henriksen, Tore and Ulfstein, Geir, "Maritime Delimitation in the Arctic: The Barents Sea Treaty", *Ocean Development & International Law* 42 (2011): 2.
[2] Z Henriksen, Tore and Ulfstein, Geir, "Maritime Delimitation in the Arctic: The Barents Sea Treaty", *Ocean Development & International Law* 42 (2011): 1 – 10.
[3] Robin Churchill and Geir Ulfstein, *Marine Management in Disputed Areas: The Case of the Barents Sea* (London: Routledge, 1992), p. 77.
[4] 1978《灰色区域协议》中，灰色区域面积为 67500 平方公里，其中 41500 平方公里有争议，灰色区域将争议区域向西延展，以满足俄罗斯扇形原则的要求。
[5] 李绍哲：《俄罗斯在北极的多战略措施及中国应对策略》，http://www.chinaru.info/News/zhongetegao 1615. shtml，访问时间：2013 年 10 月 16 日。

资源出口为经济基础的国家来说，这些资源的归属尤为重要。

《灰色区域协议》和斯瓦尔巴渔业保护区使得双方分享了小范围合作的"红利"，直到 2010 年双方正式达成了《俄罗斯联邦与挪威王国关于在巴伦支海和北冰洋的海域划界与合作条约》，解决了渔业保护区与大陆架的划界争议。双方的主要协商活动如下表所示（表 2-2）。

表 2-2　20 世纪 70 年代以来俄挪针对争议区域谈判协商的主要活动

时间	事件
1975	设立挪威海岸防卫队（Norwegian Coast Guard）
1975~1976	与苏联签订双边渔业合作框架协定，包括成立渔业合作委员会（Norwegian-Soviet Joint Fisheries Commission）
1977	斯瓦尔巴群岛设立 200 海里渔业保护区，设立这一区域的核心目的是推动该地区生物资源的管理和保护，保护含有大量渔业资源的渔场
1978	签订《灰色区域协议》，协商确定巴伦支海特定区域临时渔业控制措施和执法安排
2004	领海从 4 海里扩展到 12 海里，将渔业保护区范围扩大了 4.1 万平方公里
2007	俄挪修订 1957 年《瓦朗厄尔峡湾协议》和 1978 年《灰色区域协议》，确定了瓦朗厄尔峡湾领海、专属经济区和大陆架的界限，修订后的区域覆盖面积延伸到了巴伦支海的南部区域
2010	俄挪达成《俄罗斯联邦与挪威王国关于在巴伦支海和北冰洋的海域划界与合作条约》，解决了渔业保护区与大陆架的划界争议

那么《俄罗斯联邦与挪威王国关于在巴伦支海和北冰洋的海域划界与合作条约》对斯瓦尔巴群岛以外的海洋区域状态有哪些影响呢？从《俄罗斯联邦与挪威王国关于在巴伦支海和北冰洋的海域划界与合作条约》和《俄挪联合声明》的内容来看，均未提及斯瓦尔巴群岛或其他任何岛屿的作用。仅在《俄罗斯联邦与挪威王国关于在巴伦支海和北冰洋的海域划界与合作条约》中对于斯瓦尔巴渔业保护区和俄罗斯专属经济区之间划分了一条界线，在巴伦支海的中段和北段确立了两国大陆架界限（参见图 2-1）。然而，双方确定的专属经济区最后界限在俄罗斯以前主张的扇形线东部，俄罗斯将大片原本的海洋区域权利主张撤回，由此可见，基本上认同了斯瓦尔巴群岛在划界中的地位，这些原本属于斯岛享有的专属经济区并未因《斯约》而丧失应有的法律地位。在大陆架划界中，挪威的大陆架部分也基于斯瓦尔巴群岛获得，由此可见，从目前已有的条约体系看，基本上支持

斯瓦尔巴群岛有自己独立的专属经济区和大陆架,斯岛在海域划界中可以自己的海岸线主张权利。

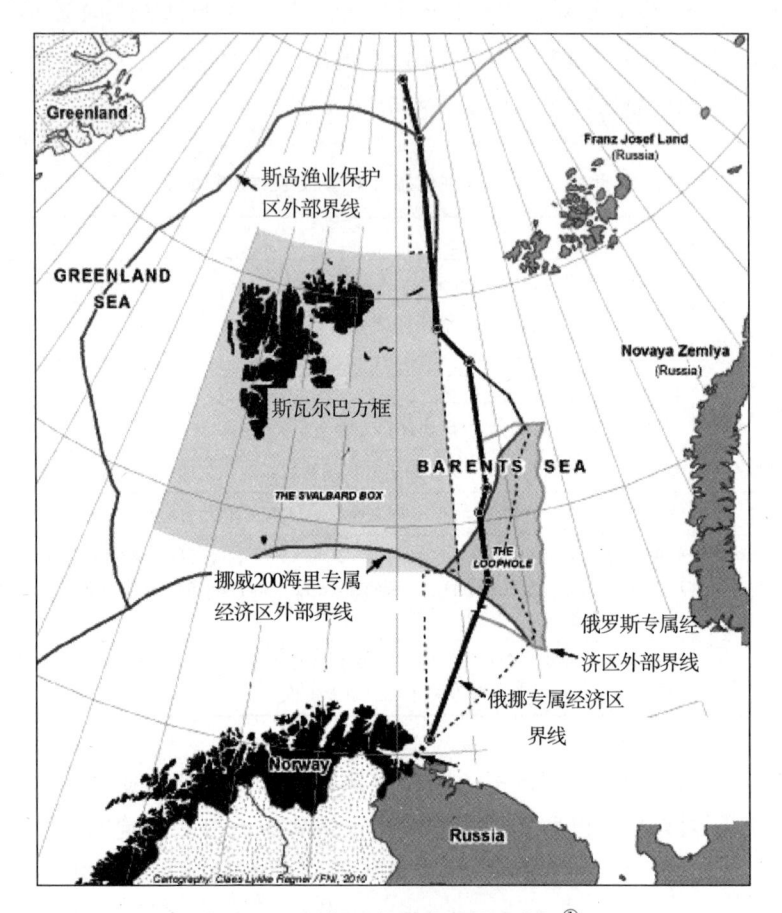

图 2-1 俄挪巴伦支海划界示意图①

三 斯岛的大陆架制度

大陆架原是地质地理学上的概念,通常是指从大陆海岸向外自然延伸,直至大陆坡的坡度平缓的海底区域。作为《公约》缔约国,挪威享有在斯岛大陆架的主权权利。

---

① Jensen, "The Barents Sea", *The International Journal of Marine and Costal Law* 26 (2011): 54.

(一)《公约》对大陆架制度的规定

1. 大陆架的地理含义

大陆架的概念起源于地质学、地理学和海洋学。按照地质结构的分类，整个地球分为大陆地壳和大洋地壳两种，两者之间有一个过渡带叫做大陆边，一般包括大陆架、大陆坡和大陆基，是由陆地沿岸缓慢向深海倾斜，逐渐加深到某一点，然后其倾斜度显著增大，最后成为海洋主体的部分。地质地理学上的大陆架是指邻接和围绕大陆领土、坡度比较平缓的浅海地带，它是陆地的自然延伸且被海水覆盖的部分。

2. 大陆架的法律概念

《联合国海洋法公约》第76条对大陆架的法律概念做出规定，沿海国的大陆架包括其领海以外依其陆地领土的自然延伸，扩展到大陆边外缘的海底区域的海床和底土，如果从测算领海宽度的基线量起到大陆边外缘的距离不到200海里，则扩展到200海里的距离……沿海国应以下列两种方式之一，划定大陆边的外缘：（i）按照第7款，以最外各定点为准划定界线，每一定点上沉积岩厚度至少为从该点至大陆坡脚最短距离的百分之一；（ii）按照第7款，以离大陆坡脚的距离不超过六十海里的各定点为准划定界线。……不应超过从测算领海宽度的基线量起三百五十海里，或不应该超过2500米等深线外100海里。第76条第9款规定，"沿海国应将永久标明其外部界限的海图和有关情报，包括大陆基点，交存于联合国秘书长。秘书长应将这些情报妥为公布"。因此，一国外大陆架的宽度并不是一国自行测算好对外公布即可，而是要向联合国大陆划界委员会提出申请，这就意味着沿海国如果要获得外大陆架，必须向大陆架界限委员会提出申请，并附上有关外大陆架的相关水文、地质、海底地形、岛礁、生物及非生物资源分布等资料，证明自己的权利主张。如果大陆界限委员会的建议不能被沿海国接受，该国必须再次提交划界案。

3. 沿海国对大陆架的主权权利

根据《公约》关于大陆架的规定，沿海国为勘探大陆架和开发其自然资源的目的，对大陆架享有主权权利。这一权利是专属的，即如果沿海国不勘探大陆架或开发其自然资源，任何人未经沿海国明示同意，均不得从事这种活动；而且沿海国对大陆架的权利也不取决于有效或象征性的占领或任何明文公告。①

（二）挪威斯岛大陆架主权主张

挪威主张拥有斯岛大陆架的主权权利。依据《公约》第 121 条岛屿制度的规定，岛屿与陆地一样可以拥有专属经济区和大陆架，但不能维持人类居住的或经济生活的岩礁不能主张独立的专属经济区和大陆架。因此，斯岛是否属于《公约》第 121 条规定的岛屿就成为挪威主张权利首先需解决的法律问题。

1. 斯岛的法律属性辨析

从地理特征看，斯瓦尔巴群岛由西斯匹次卑尔根岛、东北地岛、埃季岛、巴伦支岛等九个主岛和众多小岛组成。其中西斯匹次卑尔根岛最大，西斯匹次卑尔根岛长约450公里，面积39044平方公里，整个群岛陆地面积约62700平方公里，占挪威国土总面积的16%，面积等同于爱尔兰，岛上生长着168种管状本土植物、373种苔藓类植物、606种地衣、705种真菌和超过1100种陆地淡水和海水藻类植物，② 有淡水资源，群岛陆地及周边海域是北极熊、斯瓦尔巴驯鹿、麋鹿、麝香鹿、旅鼠、野鹅、北极野兔、北极狐、海象、海豹、鲸等珍稀动物的活动场所，具有人类居住的地理条件。

从社会属性看，截至 2012 年，斯岛大约有 2642 名居民，③ 其中 439 人为俄罗斯人和乌克兰人，10 人为波兰人，其他长住居民来自其余的缔约国（泰国、瑞典、丹麦、伊朗、德等），④ 形成郎伊尔城（Longyearbye）、巴伦支堡（Barentsburg）、斯维格鲁瓦（Sveagruva，西斯匹次卑尔根群岛中南）、希望岛（Hopen Radio）、新奥尔松（Ny-Alesund，西斯匹次卑尔根群岛西面）、Isbjørnhamna 六大居住区。

郎伊尔城是斯瓦尔巴最大的定居点，是挪威在斯瓦尔巴群岛的管理中心，截至 2015 年 12 月有居民 2144 人，设有医院、中小学、大学、运动中

---

① 王铁崖主编《国际法》，法律出版社，2004，第198页。参见《公约》第77条第1~3款。
② 袁林喜：《北极新奥尔松古海鸟粪土层的识别》，《极地研究》2007年第3期。
③ "Population in the Settlements Svalbard", Statistics Norway 22 October 2009.
④ "Non-Norwegian Population in Longyearbyen, by Nationality. Per 1 January. 2004 and 2005. Number of Persons", Statistics Norway 24 March 2010.

心、游泳馆、图书馆、文化中心、电影院、汽车站、旅馆、银行、博物馆等设施，有从挪威本土到朗伊尔城的航班。巴伦支堡是斯瓦尔巴群岛第二大居住点，大约有 500 名居民（2007 年统计），其中大多数居民为俄罗斯和乌克兰人。斯维格鲁瓦是矿工居民点，是斯岛第三大居民点，但目前岛上无人长久居住，但每天大约有 300 个工人从朗伊尔城出发到岛上从事采矿业。希望岛区是位于希望岛（Hopen）沿岸的无线电站，在 Kollerfjellet（希望岛山脉）和 Werenskioldfjellet（希望岛山脉）之间，二战期间曾是德国西西里岛计划（Operation Zitronella）的一部分，战后挪威在岛上建成了挪威气象研究所，有四名常驻工作人员。新奥尔松基于科学研究形成了永久的居民区，但此前这里也是一个煤矿，目前仍然有挪威的国有公司，这里还有大量的旅行者，挪威政府限制旅游者的数量以避免对科学研究工作造成影响，新奥尔松冬季人口在 35 人左右，夏季人口增至 180 人左右。从斯岛地理属性和社会属性看，斯岛根据《公约》第 121 条岛屿制度的规定应该有自己独立的专属经济区和大陆架。

此外，挪威最高法院在冰岛非法捕鱼案中也讨论过群岛的属性问题，法院认定亚伯岛（Abel，位于斯岛东北部最外缘的岛屿）不是《公约》121（3）规定的不能维持人类居住的岩礁。这个岛的面积为 13.2 平方公里。① 除此以外，需要讨论性质的还有距离群岛较远的熊岛和希望岛，熊岛面积为 178 平方千米，挪威气象研究所在这里有 10 名常驻研究人员，希望岛设有研究基地，有 4 名常驻工作人员，即使有的学者认为他们没有资格被认为是永久居住的人口，② 但从广义上看，熊岛也不能被看作是岩礁，同样，希望岛也不能被看作是岩礁，希望岛面积为 46 平方千米，与亚伯岛一样，可以用于狩猎，有一定的经济活动。

2. 挪威对斯岛大陆架权利主张的变迁

作为《公约》缔约国，挪威主张享有斯岛大陆架甚至外大陆架的主权

---

① Public Prosecutor v. Haraldson et al., Rt. 1996 p. 624. 参见 R. Churchill, "Norway: Supreme Court Judgment on Law of the Sea Issues," *International Journal of Marine and Coastal Law* 11 (1996): 576. 值得注意的是这个案件里的被告是冰岛在斯岛渔业保护区非法捕鱼的渔民，被告并没有对挪威在这一水域的主权权利提出质疑。

② Jon M. Van Dyke, "Legal Status of Islands-With Reference to Article 121 (3) of the UN Convention on the Law of the Sea", http://www.hawai.iedu/law/faculty/publications/KoreanPaper-Islands 12999.htm, 访问时间：2010 年 12 月 6 日。

和管辖权,对于这一权利主张,挪威的态度经历了从无到有的变化。大陆架制度提出以来,为了避免直接提出对斯岛大陆架的主权权利会遭到缔约国的质疑,挪威称斯岛没有独立的大陆架,斯岛在挪威大陆架的自然延伸区块上,① 这一立场在挪威的国内法中也有所体现,如 1974 年,挪威在《斯瓦尔巴群岛问题白皮书》中宣布斯瓦尔巴群岛的法律地位,极力主张其在大西洋东北部区域开采石油资源的专属权利,斯瓦尔巴群岛并没有自己的大陆架,挪威开发石油资源的这部分区域是挪威大陆到北极海域的大陆架的自然延伸。② 2001 年挪威颁布的《石油法令》就明确将斯岛及其领海排除在适用范围外,其主要目的是表明并不存在独立的"斯瓦尔巴群岛大陆架"。正如挪威首相延斯·斯托尔滕贝格 2006 年 6 月在斯瓦尔巴群岛最大的城市——朗伊尔城举行的新闻会上所说的那样,"挪威大陆架从挪威向北延伸,斯瓦尔巴群岛是大陆架的一部分"。③

但作为一个资源出口国,④ 挪威经济对石油资源相当依赖,其油气出口占挪威出口额的 60% 以上,⑤ 油气资源收入是挪威经济崛起的根源,也是社会福利开支的重要资金支柱,早在 1940 年挪威就在斯瓦尔巴群岛勘探,⑥ 目前挪威在北海地区的油气产量下降,挪威已将油气生产向北转移,斯瓦尔巴群岛及其大陆架的潜在油气资源对挪威来说意义重大。挪威政府必须确保对巴伦支海能源和渔业资源的独享权,基于这一战略考虑,挪威逐渐放弃了"斯岛没有自己独立的大陆架"的主张,转而声称按《公约》规定,每个国家有权确定其大陆架,行使主权权利。《斯约》赋予缔约国的资源开发权止于海岸线 12 海里,200 海里渔业保护区及大陆架不适用《斯约》。这一政策主张在多个外交文件和条约中都有所体现。如 2006 年挪威向联合国大陆架界限委员会提交 200 海里以外大陆架申请时,还针对斯岛北部没有争

---

① "Svalbard and the Surrounding Maritime Areas", http://www.regjeringen.no/en/dep/ud/select-ed-topics/civil-rights/spesiell-folk-erett/folkerettslige-sporsmal-i-tilknytning-ti.html? id = 537481/ 2009 - 8 - 15, 访问时间:2010 年 5 月 17 日。
② Norwegian Ministry of Foreign Affairs, "Svalbard-kontinentalsokkelen", Memorandum, 9May 196. 但这一主张在挪威 2006 年外大陆架划界申请中被推翻。
③ 《混战中的各国》,《海洋世界》2007 年第 9 期,第 23 页。
④ 截至 2016 年 7 月,挪威是世界第五大石油出口国和第二大天然气出口国
⑤ 《跨踏北极发展路》,《航运交易公报》2016 年 7 月 27 日。
⑥ 黄潇涛:《北极石油资源可持续开发研究》,山东师范大学 2015 年硕士论文,第 16 页。

议的区域提交外大陆架划界申请，斯瓦尔巴群岛大陆架也是从斯岛群岛基线量起并加以计算的。对此，委员会于 2009 年给出建议，挪威接受了委员会的建议，由此可以确定，斯岛北部大陆架界限已经确定。挪威成为北极国家中第一个划定外大陆架的国家。斯岛西部和东部的大陆架分别在丹麦与俄罗斯之间单独确定。

2006 年 2 月 20 日，挪威与丹麦达成了大陆架和渔业区边界协议。从这个协议来看，斯瓦尔巴群岛西面向格陵兰岛的最外缘选择了与格陵兰岛最近的基点，再依据"等距离线原则"平分 150000 平方公里重叠区，边界线长度 800 千米，[①] 这一界限是对斯瓦尔巴群岛可以有独立的大陆架和专属经济区的印证。

2010 年 9 月 15 日，俄挪达成《俄罗斯联邦与挪威王国关于在巴伦支海和北冰洋的海域划界与合作条约》，对于俄罗斯弗朗茨约瑟夫岛（Franz Josef）与新地岛（Novaya Zemlya）大陆架的争议，挪威主张中间线，斯岛有独立的大陆架权利，俄罗斯主张扇形原则，但在最东边做出修改避免进入斯岛区域。挪威的主张可以印证其对斯岛大陆架的主张。

3. 挪威的权利主张

值得注意的是，与专属经济区不同，沿海国在大陆架内的权利具有专属性和固有性。关于专属性，沿海国对勘探大陆架和开发其自然资源拥有专属的主权权利，即如果沿海国不勘探大陆架或开发其自然资源，任何人未经沿海国明示同意，均不得从事这种活动。换言之，它排除了任何其他国家和个人未经有关沿海国的同意，勘探大陆架或开发其自然资源的可能性。关于固有性，即沿海国对勘探大陆架和开发其自然资源的权利是固有的，不取决于有效或象征性地占领或任何明文公告，也不取决于颁布法律或命令一类的单方面宣告，换言之，沿海国对其大陆架拥有的权利已被国际法确认。

这些主权权利，包括大陆架的全部自然资源主权权利主要包括沿海国拥有以授权和管理为一切目的在大陆架上进行钻探的专属权利；沿海国对

---

① D. H. Anderson, "The Status under International Law of the Maritime Areas around Svalbard", Paper read at the "Symposium on Politics and Law Energy and Environment in the Far North", *Norwegian Academy of Science and Letters* 2007.

勘探大陆架和开发其自然资源拥有主权权利；沿海国有在大陆架上建造和使用人工岛屿、设施和结构的专属权以及开凿隧道以开发底土的权利；沿海国对大陆架的权利不影响大陆架上覆水域或水域上空作为专属经济区或公海或公空的法律地位；沿海国对大陆架权利的行使，决不得对航行和本公约规定的其他国家的其他权利和自由有所侵害，或造成不当的干扰。也就是说无论挪威是否主张，如果斯岛符合《公约》规定，就应该有自己的独立的大陆架甚至外大陆架。

（三）斯岛在挪威外大陆架划界案中的地位和作用

2006年11月27日，挪威履行《公约》第76条和《公约》附件二第4条所规定的义务，向联合国大陆架界限委员会提交有关北冰洋、巴伦支海和挪威海地区的外大陆架划界案，挪威划界案包括三部分，约23.5万平方公里，包括巴伦支海的圈洞（Loop Hole）、北冰洋的西南森海盆（West Nansen Basin）和挪威海的香蕉洞（Banana Hole），涉及与丹麦（法罗群岛和格陵兰岛）、冰岛和俄罗斯的海洋划界问题，① 其中涉及斯瓦尔巴群岛的区块有三个（见图2-2）。

1. 北冰洋的西南森海盆区块

斯岛北部没有太多划界争议，因此挪威向委员会提出西南森海盆区块的划界申请，这一区块以斯岛群岛基线量起，或直接以斯岛作为划界基点，地理上包括斯瓦尔巴群岛和俄罗斯联邦大陆坡的一部分，挪威特别主张将斯瓦尔巴群岛在西南森海盆的大陆架延伸部分与挪威本土大陆架视为同一个大陆边缘，都作为欧亚大陆边缘的组成部分，其背后的用意也是规避《斯约》可能带来的争议。对于争议区域，俄罗斯和挪威达成一致：两国都向委员会提交申请，等待委员会的划界建议，"在委员会建议的基础上确定挪威外大陆架最东边界限以及相连接的俄罗斯最西边的大陆架界限"。②

2. 巴伦支海的圈洞

这一区块由毗邻挪威本土和斯瓦尔巴群岛的大陆边组成，南起北海，

---

① 吴军、吴雷钊：《中国北极海域权益分析——以国际海洋法为基点的考量》，《武汉大学学报（哲学社会科学版）》2014年第3期。
② Brian Spielman, "An Evaluation of Russia's Impending Claim for Continental Shelf Expansion: Why Rule 5 Will Shelve Russia's Submission", *Emory International Law Review*, 23 (2009): 14.

经过挪威海和格陵兰海，北至北冰洋欧亚海盆，以斯瓦尔巴群岛基线为界。值得注意的是，这一区块西南部与冰岛的诉求重叠，还有一部分同 2001 年

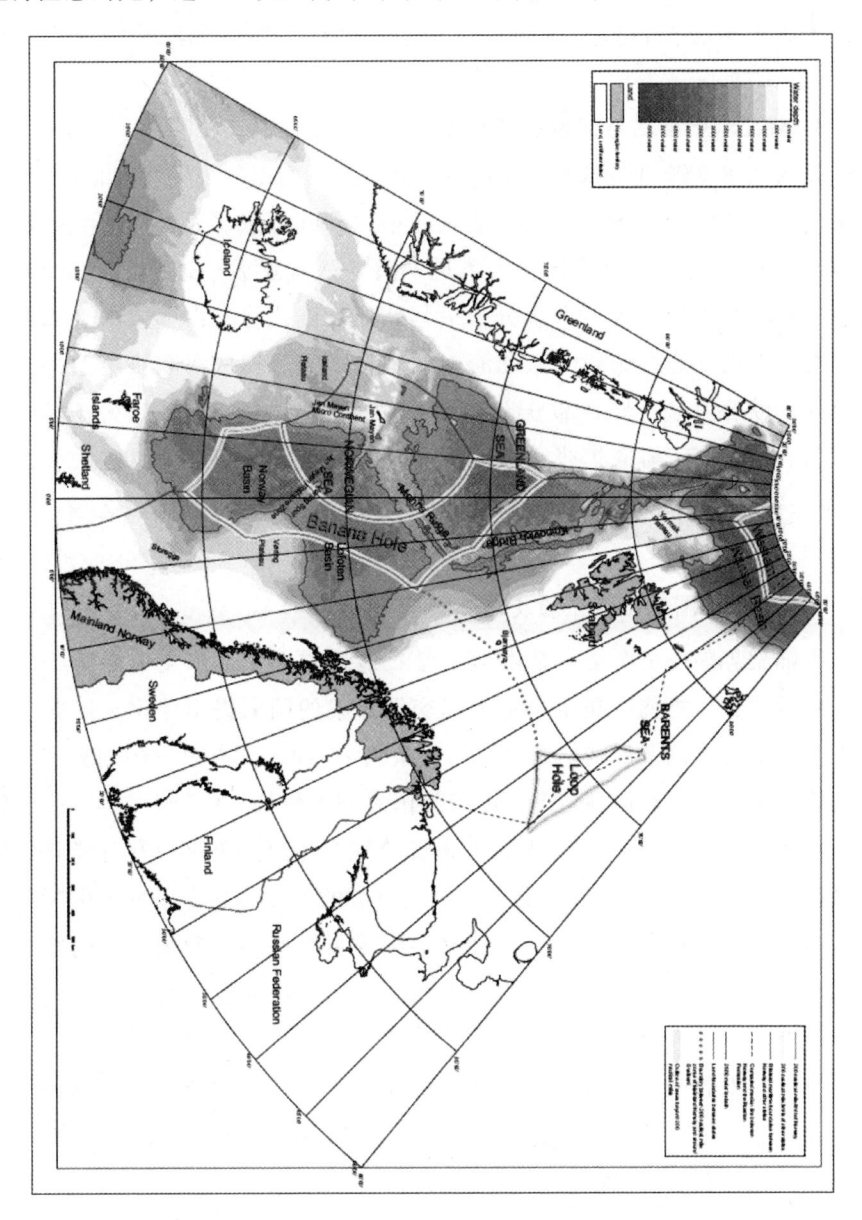

图 2-2 北冰洋、巴伦支海和挪威海 200 海里以外的三个海域概览

资料来源：2009 年挪威外大陆架划界案执行摘要，http://www.un.org/Depts/los/clcs_new/submissions_files/nor06/nor_exec_sum.pdf.

俄罗斯申请的罗蒙诺索夫洋脊（Lomonosov Ridg）大陆架主张重叠。联合国大陆架界限委员会建议，在处理任何关于巴伦支海的圈洞的申请之前，挪威和俄罗斯应当协商解决争议区域划界问题，然后把协商结果提交委员会。

3. 斯瓦尔巴群岛与格陵兰岛间区块

该区域即2006年挪威和丹麦格陵兰划界案所商定的划界线以北和（或）以南外大陆架区域。根据地质和地貌证据，挪威将东北大西洋的大陆边缘和北冰洋的欧亚海盆视为同一个大陆边缘——欧亚大陆边缘的组成部分，并将上述三个区域分为两个部分，一是欧亚大陆边缘，由挪威本土和斯瓦尔巴群岛的大陆边缘组成，从北海向北延伸，穿过挪威海和格陵兰海直至北冰洋的欧亚海盆；另一部分为扬马延岛的大陆边缘。挪威认为扬马延岛属于微大陆，由于海底扩张而同美洲大陆和欧亚大陆分离，具有大陆的地质地貌特征，其大陆边缘发育陆架、陆坡和陆隆，北部和东部这些要素明显易识别。

（四）相关国家态度立场及外交照会

大陆架界限委员会是一个由地质学、地球物理学、水文学专家组成的专门机构，这一机构以技术标准为提交划界案的国家提出建议。依据《大陆架界限委员会议事规则》附件一第5条（a）项，凡有争议的划界案，委员会不予审议。到底何种情况构成缔约国之间的争议，《公约》没有明确阐述，但在《联合国宪章》中有关于争议的概念指出，争议指有可能导致国际摩擦或引起争议的情势，[①] 这一争端或情势的继续存在足以危及国际和平与安全，从《公约》规定看，大陆架界限委员会并不能确定斯岛问题是否构成海洋争端，挪威也未向委员会声称这个问题是关涉挪威外大陆架划界问题的海上争议。挪威外交部法律事务部主任罗尔夫·艾纳·法伊夫（Rolf Einar Fife）在接受《斯瓦尔巴邮报》采访时指出，"斯岛外大陆架划界不构成争议，它只是一项技术工作，与《斯约》无关。《斯约》与《公约》也没有相关性。《斯约》是独立的，我们的工作很明确，就是确定具体的技术

---

① U. N. Charter, Artide 34.

标准在斯岛如何适用"。①

对于挪威的划界申请案，丹麦、西班牙、冰岛、俄罗斯做出了不同的反应。丹麦和冰岛②不反对挪威的申请案。但挪威划界案中对圈洞南部海域的外大陆架的主张与丹麦法罗群岛和冰岛的 200 海里外大陆架主张存在重叠区域，圈洞北部海域的外大陆架主张与丹麦的格陵兰岛之间可能存在重叠区域，这些国家之所以不提出异议主要是因为 2006 年 2 月 20 日通过的《挪威、丹麦（格陵兰）就格陵兰岛与斯瓦尔巴群岛间海域内大陆架和渔区划界协定》在序言中表示，每一个国家在就相关区域提交大陆架划界案时，其他国家将按照委员会议事规则通知联合国秘书长，不反对委员会审议该国的划界案并提出建议。这种建议不妨碍这些国家提交划界案，也不影响这些国家双边大陆架划界。最后的划界须通过双边协定，在委员会审议划界案并提出建议的基础上确定。③

俄罗斯也表示，不反对委员会在不妨碍今后任何划界工作的情况下审议挪威划界案的相关部分并提出建议，并且保留发表进一步声明的权利。④俄罗斯和挪威之间的争议海域包含巴伦支海的圈洞和北冰洋西南森海盆内的 200 海里以外大陆架。两国一直在进行协商，以确定两国大陆架界限。早在 2001 年俄罗斯向大陆架界限委员会提交划界案时，委员会就对俄罗斯划界案建议中对这部分的争议海域提出过建议，建议挪威和俄罗斯的海域边界一旦达成协议就将界限的海图和坐标提交给委员会。俄罗斯联邦政府已向挪威表示，它不反对委员会在不妨碍今后任何划界工作的情况下审议划界案的这一部分并提出建议。两国的这部分海域争议最终于 2010 年签订协

---

① T. Pedersen, "Vil kreve sokkelen under Nordpol-isen" in Svalbardposten 09/2003 and Statement by the Chairman of the Commission on the Limits of the Continental Shelf (CLCS) on the Progress of Work in the Commission on 30 April 2004, available at www.un.org/Depts/los/clcs new/clcs/home.html. 转引自 T. Pedersen, "The Svalbard Continental Shelf Controversy: Legal Disputes and Political Rivalries," Ocean Development & International Law 37 (2006): 352.

② United Nations, Reaction of lceland to the Submission made by Norway. United Nations, New York, 2007, http://www.un.org/Depts/los/clcs_new/submissions_files/nor06/is107_0223.pdf, 访问时间：2016 年 4 月 13 日。

③ United Nations, Reaction of Denmark to the Submission made by Norway. United Nations, New York 2007, http://www.un.org/Depts/los/clcs_new/submission_files/nor06/dnk07_00218.pdf, 访问时间：2016 年 4 月 13 日。

④ United Nations, Reaction of the Russian Federation to the Submission made by Norway. United Nations, New York, 2007, http://www.un.Org/Depts/los/clcs_new/submissions_files/nor06/rus_07_00325.pdf, 访问时间：2017 年 4 月 13 日。

定解决。对于斯岛适用大陆架制度问题,俄罗斯表示,俄罗斯的照会不会改变对斯瓦尔巴群岛及其大陆架的立场,并强调委员会对挪威大陆架划界案的审议建议应不妨害 1920 年《斯约》对斯岛周边海域的规定。

西班牙表示不反对委员会审议挪威划界案,但作为《斯约》缔约国,关切《斯约》是否继续有效,保留在斯岛大陆架甚至外大陆架矿产开发权,[①] 也就是说没有国家反对挪威对斯岛大陆架的权利主张,这也意味着挪威主张斯岛大陆架甚至外大陆架已经得到国际社会的普遍认可。实践中,俄罗斯和西班牙等缔约国认为,斯瓦尔巴群岛大陆架的矿产资源开发不仅受到《公约》的约束,也受到《斯约》的约束。挪威对斯瓦尔巴群岛的主权是有限制条件的,因此对于建立在领土主权基础上的大陆架问题,《斯约》缔约国理应享有斯瓦尔巴群岛大陆架及其矿产资源的平等权利。虽然斯岛大陆架争议一直存在,挪威提交的大陆架划界案中对斯瓦尔巴群岛大陆架有所涉及,但这并不属于领土主权争议,委员会也没有认定其属于争议不予以审议,且审议工作已经完成,委员会基本上通过了挪威划界案,这无疑会为挪威的主张增添一个重要依据。但值得探讨的是,挪威对于斯岛的主权是《斯约》赋予的,虽然没有非《斯约》缔约国的质疑,但以这种形式取得主权的岛屿声称外大陆架是否符合公平原则是有争议的。

(五) 委员会的审议建议

巴伦支海至西南森海盆海域是挪威和俄罗斯两国大陆架相连的区域,挪威提交划界案时,两国未对该地区达成最终协定。对于南森海盆地区,挪威在划界案中所主张的 200 海里以外大陆架位于俄罗斯和挪威主张重叠区以西,不存在争议,因此委员会对该部分海域予以审议。2009 年 4 月,挪威大陆架划界案基本上通过了委员会的审议,委员会支持挪威的所有主张。[②]

---

① United Nations, Reaction of Spain to the Submission made by Norway. United Nations, New York, 2007, http://www.un.org/Depts/los/clcs_new/submissions_files/nor06/es_700348.pdf, 访问时间:2016 年 4 月 13 日。

② United Nations_Summary of the Recommendations of the Commission on the Limits of the Cotinental Shelf in Regard to the Submission made by Norway In Respect of Areas in the Arctic Ocean, the Barents Sea and the Norwegian Sea on 27 November 2006. United Nations, New York, 2009, http://www.un.org/Depts/los/clcs-new/submissions_files/nor06/nor_rec_summ.pdf, 访问时间:2016 年 4 月 13 日。参见朱瑛《北极地区大陆架划界的科学与法律问题研究》,2012 年中国海洋大学博士论文,第 31 页。

1. 西南森海盆区块

委员会认为西南森海盆大陆架是挪威大陆架延伸的一部分，这部分穿过斯瓦尔巴群岛。委员会在审议挪威2006年划界申请后认为，其部分大陆坡脚的确定缺乏足够的地质和地球物理资料支持。挪威随后通过新的高分辨率浅地层剖面调查对大陆坡脚 FOS ARCTIC1 作了修正，委员会最终认可了挪威调查结果。① 在此基础上，挪威交叉使用"海登堡公式"② 和"爱尔兰公式"③ 确定 A095 - A003、A002、A001 点，使用不超过60海里的直线，将 A094 至 A001 连接作为西南森海盆地区大陆架外部界限（见图 2 - 3）。修改后的点仅在斯瓦尔巴群岛东北侧有细微变化。委员会认可斯瓦尔巴群岛位于挪威本土陆地大陆架之上，是巴伦支海大陆架的组成部分，同时与叶尔马克高地（Yermak）相连，是其大陆架自然组成部分，至于 A001 以东大陆架外部界限在2010年9月已由俄挪两国协定确定。④

2. 巴伦支海圈洞区

巴伦支海圈洞区块位于挪威和俄罗斯北部的浅水陆架区，两国主张在巴伦支海地区大陆架可以延伸至200海里以外，委员会建议俄挪双方谈判协商解决争议。2010年挪威与俄罗斯达成划界协议后，挪威只拥有西部一小部分。对于《斯约》在解释上的争议没有做出任何评论或建议。⑤ 但这些争议已经导致俄罗斯和挪威之间的紧张气氛，2015年春，俄罗斯指责挪威在巴伦支海探油违反了《斯约》,⑥ 并提出就斯瓦尔巴的经济活动与挪威展开协商谈判，但挪威外交部长布伦德（Børge Brende）就此事接受《挪威人报》采

---

① Summary of the Recommendations of the Commission on the Limits of the Continental Shelf in Regard to the Submission made by Norway in Respect of Areas in the Arctic Ocean, the Barents Sea and the Norwegian Sea on 27 November 2006, http://www.un.org/Depts/los/clcs new/submissions files/nor06/nor rec summ. pdf, 访问时间：2016年4月28日。
② 海登堡公式是指根据《公约》第76条第7款，以距离大陆坡脚不超过60海里的各定点为基准，连接各定点长度各不超过60海里的若干直线划定界限。
③ 爱尔兰公式是指根据《公约》第76条第7款，以连接最外各定点长度各不超过60海里的若干直线为准划定界限，每一定点上沉积岩厚度至少为该点至大陆坡脚最短距离的1%。
④ 朱瑛：《北极地区大陆架划界的科学与法律问题研究》，2012年中国海洋大学博士论文，第26页。
⑤ 朱瑛：《北极地区大陆架划界的科学与法律问题研究》，2012年中国海洋大学博士论文，第31页。
⑥ Norway Submission, Executive Summary at 12; see also Note Verbale from Denmark to the Secretary-General (Mar. 28, 2007); Note from the Permanent Mission of Russia to U. N., supra note 81.

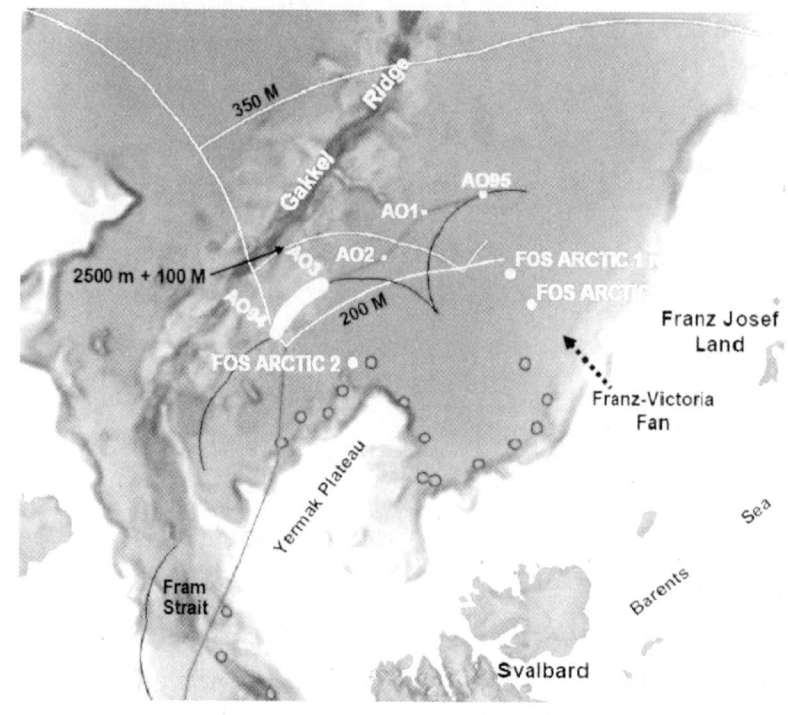

图 2-3　西南森海盆斯瓦尔巴群岛外大陆架界限划定①

访时指出,挪威大陆架(包括斯岛大陆架)资源开发的问题是挪威自己的事情。②

3. 挪威海香蕉洞区块

委员会认可熊岛沉积扇(Bjornoya)、弗罗顿海盆(Lofoten)、Voring 坡尖和 Voring 高地是挪威大陆架的自然组成部分,但认为 Mohns Knipovich 海岭为活动的扩张洋中脊,不属于挪威大陆架的自然延伸,因此大陆坡脚应位于 Mohns Knipovich 海岭向陆一侧。③

---

① Summary of the Recommendations of the Commission on the Limits of the Continental Shelf in Regard to the Submission made by Norway in Respect of Areas in the Arctic Ocean, the Barents Sea and the Norwegian Sea on 27 November 2006, http://www.un.org/Depts/los/clcs_new/submissions_files/nor06/nor_rec_summ.pdf, 访问时间:2016 年 3 月 2 日。
② "油价低是北极钻探步履蹒跚的真正原因",http://www.polaroceanportal.com/article/527,访问时间:2016 年 3 月 5 日。
③ 朱瑛:《北极地区大陆架划界的科学与法律问题研究》,2012 年中国海洋大学博士论文,第 27 页。

从委员会建议性质看，根据《公约》第76条（8）的规定，委员会应就有关划定大陆架外部界限的事项向沿海国提出建议，沿海国在这些建议的基础上划定的大陆架界限应有确定性和拘束力。如果不考虑《斯约》确立挪威在斯岛大陆架的管辖权对缔约国来说是不公平的，依据大陆架界限委员会给出的划界建议来确定外大陆架地理范围大小合乎现代海洋法规定。从这一点看，大陆架界限委员会的建议在一定程度上会稳固挪威在斯岛的单一管辖权，为《斯约》在斯瓦尔巴群岛大陆架主权权利归属问题的解决增加了不确定性。

第二节 《斯约》在斯瓦尔巴群岛的适用

挪威依据《斯约》在斯岛建立了独特的渔业制度、资源开发制度、科学考察制度和环境保护制度。这些制度一方面为缔约国依据《斯约》拓展北极权益提供了政策工具，另一方面也给缔约国权利行使设置了诸多的限制和要求。但不可否认的是，斯岛的法律体系本身就是一个多维的国际法规制，涉及渔业、环境、资源、科研等诸多不同的国际法领域，国际海洋法、国际环境法、斯瓦尔巴特殊制度交叉纵横，都在发挥作用。本节将以《斯约》为主，结合《公约》及国际习惯法、一般法律原则，探讨斯岛相关水域的航行制度、资源开发法律制度、科考法律制度、环境保护法律制度等具体的法律事务制度规定。

一 海域航行制度

自由通行权是缔约国在斯岛的其他权利得以行使的前提和基础。《斯约》第3条规定，缔约国国民，不论出于什么原因或目的，均应享有平等自由进出第1条所指地域的水域、峡湾和港口的权利。缔约国驶往或驶离第1条所指地域的缔约国船舶在去程或返程中均有权停靠挪威港口，以便前往或离开该地区的旅客或货物或者办理其他事宜。这一权利对于缔约国来说是"绝对的"权利，无须附带任何限制性条件即可享有，同时这些权利在缔约国之间是平等、非歧视性享有的权利。基于这一规定，在斯岛的不同水域，缔约国的航行权有所不同。

（一）《斯约》的缔约国均可在斯岛的领海航行，这一权利与《公约》赋予缔约国的无害通过权相同，无须挪威同意，但这一权利不能用于军事目的，同时不应破坏斯岛的生态环境。

（二）在斯岛的专属经济区如何行使航行权的问题，《斯约》并未规定，依据《公约》，缔约国享有航行自由权，但须遵守《公约》和其他相关国际法规则。

（三）如果按照英国、冰岛、西班牙等《斯约》缔约国的主张，将挪威的主权限于斯岛的领海，那么除斯岛陆地及其领海外，均可视为公海。所有《公约》缔约国的船舶均享有航行自由，但须遵守《公约》和有关的国际法规则。①

二 资源开发的法律制度

依《斯约》规定，缔约国在斯岛陆地及其领海享有对生物资源和非生物资源开发利用的权利。

（一）《斯约》对生物资源开发权的规定

1. 缔约各国的船舶和国民享有在斯岛各地区及其领水内捕鱼和狩猎的权利。

2. 按照《斯约》第6条和第7条规定，承认其权利的土地占有人在其领土上享有排他性的狩猎权。按照当地警察规则所规定的条件，在住所、房屋、仓库、厂房、为开垦土地而建立的设施附近，在企业周围10公里范围内按照挪威法律规定可以具有排他性的狩猎权。

3. 一切缔约国国民，无论原因和目的均有同等自由进入、停留斯岛地区的水域、海湾和海港的权利。

4. 在遵守当地法律规章的条件下，一切缔约国国民均可以同样平等的条件，在陆地或领水内，行使和经营一切海洋、工业、矿业和商业企业。但在任何方面，不论任何企业，均不得建立任何垄断。

5. 挪威关于沿海国航行的规章现行有效，缔约各国往来斯岛陆地及领海的船舶，不论往返，均有权在挪威各港内停泊，以便来自或前往上述地

---

① 卢芳华：《北极公海渔业管理制度与中国权益维护——以斯瓦尔巴的特殊性为例》，《南京政治学院学报》2016年第5期。

区的旅客或货物上下装卸，或者办理其他事宜。

6. 经同意在一切方面，特别是在关于输出、输入和过境的一切方面，对在挪威享有最惠国待遇的国民或货物所不负担的任何费用或限制不得加于一切缔约国的国民、他们的船舶和货物，挪威国民、他们的船舶或货物，如同其他缔约国国民，不得在任何方面享有更优惠的待遇。

7. 运往任何缔约国领土的一切货物的输出不得课以异于或更重于运往另一缔约国（包括挪威）或任何国家领土的同类货物的输出所承受的负担和限制。

8. 除应遵守《斯约》规定外，缔约国各国民既得的权利应予以确认为合法。

9. 在本条签字以前所取得的占有权或因占领而产生的权利的要求应按照《斯约》附件的规定予以解决，附件与《斯约》具有同等的效力。

10. 除为公益的理由并给予公正的赔偿外，不被征收。

以上这些权利都是有所限制的，一是在适用范围上，限定在斯岛及其领海，二是在法律制度上，要受到挪威对斯岛颁布的国内法的限制。

（二）缔约国在斯岛陆地及其领海非生物资源开发利用的权利

1. 关于在斯岛陆地及领海的财产所有权，包括矿产权的获得、享有和行使方式，挪威保证赋予缔约国的所有国民完全平等并符合《斯约》规定的待遇。此种权利不得剥夺，除非出于公益理由并支付适当赔偿金额。

2. 挪威保证为第 1 条所指的地域制定《斯瓦尔巴采矿法典》。《斯瓦尔巴采矿法典》不得给予包括挪威在内的任何缔约国或其国民特权、垄断或优惠，特别是在进口、各种税收或费用以及普通或特殊的劳工条件方面，并应保证各种雇佣工人得到报酬及其身心方面所必需的保护。

3. 在不违反《斯约》第 6 条规定的情况下，缔约国国民已获取的权利应得到承认。在《斯约》签署前因取得或占有土地而产生的权利主张应依照与《斯约》具有同等效力的附件予以处理。

4. 关于矿产品的出口，挪威政府应有权征收出口税。出口矿产品如在 10 万吨以下，所征税率不得超过其最大价值的 1%；如超过 10 万吨，所征税率应按比例递减。① 矿产品的价值应在通航期结束时通过计算所得到的平

---

① 参见《斯约》第 8 条。

均船上交货价予以确定。所征赋税应只用于《斯约》第1条所指的地域且不得超过目的所需的数额。

依据以上规定可知,《斯约》缔约国在斯岛的矿产开发权是有限制的开发权,这些限制总结起来有以下三个方面,其一,缔约国享有的开发权范围仅限定在斯岛及其领海,缔约国国民已获取的权利区域除外。出于公益理由剥夺在该区域的矿产开发权应支付适当赔偿金额。二是缔约国的开发活动要受到挪威对斯岛颁布的国内法的限制,特别是《斯瓦尔巴采矿法典》的限制。三是基于平等原则,所有的缔约国平等享有矿产资源开发权,任何国家均不得垄断。

三 海洋科学研究的法律制度

根据《斯约》第3条,所有缔约国的国民,不论因何原因、因何目的,都可以在《斯约》陆地及领海,包括海湾和海港,自由进入和停留,从事一切海洋科考、工业、矿业和商业活动。《斯约》第5条还明示赋予挪威制定科考活动规定的权利。斯岛是北极科考的中心,深入研析斯岛科考制度对有效地维护和拓展我国在北极地区的国家利益,提高我国在国际极地事务中的影响力,获得更大的话语权具有重要的理论意义和现实意义。

(一) 斯岛科考活动的法律基础

目前尚无专门的科考国际公约对斯瓦尔巴群岛科考活动予以规范,但挪威的国内法、《斯约》、《联合国海洋法公约》共同构成了一套独特的法律框架,这一法律框架由三个层面的法律规范构成。

第一,挪威制定的关于斯岛的专门法对斯岛科考活动的限制。依据《斯瓦尔巴法案》(1925) 第2条规定,挪威所有的法律法规均适用于斯岛,除非法律本身规定不适用斯岛的除外。① 据此,挪威制定的《斯瓦尔巴采矿法典》(1925)、《斯瓦尔巴法案》(1925)、《斯瓦尔巴环境保护法案》(2001)、《关

---

① 《斯瓦尔巴环境保护法案》第3条:与公共官员、为公共行为的付款、钱币、度量衡、邮政电信服务、劳动保护和劳动纠纷等有关的法令都将在国王考虑到当地情况进行修订后适用于斯瓦尔巴群岛;第4条:国王可以颁布有关教堂、学校和济贫服务,有关公共秩序,有关驱逐,有关医疗健康服务,有关建筑和消防服务,有关易燃物品,有关航运、航空和其他交通方式,有关专利等,有关采矿、狩猎、捕捞、渔业及其他产业,有关保护动物、植物、自然构造、土地、文物以及有关向中央统计局进行报告的一般规定。

于收取前往斯瓦尔巴游客环境费的条例》（2007）等特别法适用于斯岛，此外《自然资源保护法》（1970）、《产品控制法案》（1970）、《未开垦土地和水道上的汽车运输法案》（1977）、《文化遗产法案》（1978）、《污染控制法案》（1981）、《基因技术法案》（1993）、① 《环境信息法案》（2003）、《温室气体排放交易法案》（2004）、《自然多样性法案》（2009）等法律法规既适用于挪威本土也适用于斯岛，这些法律法规中有对斯岛科考活动的限制。

第二，依《斯约》第5条规定，缔约国还应缔结专门公约，规定在斯岛陆地及领海开展科学调查活动的条件。对此，挪威司法部称，早在20世纪80年代初，挪威曾就制定统一的科考条例问题展开非正式讨论，但最终并未制定专门的法律法规，这主要是因为从当时的情况看，斯岛的科考活动规模相对有限，制定专门的法律法规还没有提上议事日程。但近几年，随着《斯约》缔约国在斯岛科考活动日益增多，制定专门的科考细则，规定缔约国科考人员或船舶进入斯岛的申请程序、建立科考站、组织极地科考活动的相关规定就显得尤为必要。但目前为止，缔约国还没有制定专门的针对斯岛科考的国际公约。

第三，从国际法层面看，《公约》和北极科考的国际合作组织——国际北极科学委员会的相关规定，也是斯岛科考活动的重要的法律依据。1990年，国际北极科学委员会成立，该组织在"和平、科学、合作"的基础上针对一些重大的科学问题达成了国际合作计划，这些规定多是非强制性的"软法"规范，旨在推动北极科考国际合作，② 挪威是国际北极科学委员会的创始国，国际北极科学委员会的相关决议和计划纲要也是约束斯岛科考活动的软法。《公约》第13部分"海洋科学研究的基本原则"已经日益成为世界范围内科考活动的国际惯例，对于斯岛的科考活动也具有普遍约束力，《公约》对于领海、专属经济区和大陆架的科考活动规定也都适用于斯岛。③

---

① 1993年挪威《基因技术法案》经国王批准适用于斯岛的商业、开发、科考等活动，法令规定，预防原则可以在评估对动物和人类健康以及环境的可能风险和损害时进行使用。转基因生物如果满足有关标签和包装的要求，可不需获得事先批准而"运输和进口"。但是，对健康和环境具有风险的某些生物仍然需要获得批准。所有由转基因生物构成或含转基因生物的产品必须加贴标签。标签要求不适用于食品和饲料。
② 卢芳华：《北极科学考察法律制度探析》，《极地研究》2016年第4期，第524页。
③ 参见《公约》第240~245条。

(二) 斯岛科考法律制度的基本原则

目前适用于斯岛科考活动的规范主要有两个层面，一是《公约》和北极条约体系中涉及科学考察活动的相关规定。《公约》作为世界海洋法大纲，在第 13 部分对海洋科学考察活动关涉的航行权、科考许可程序、行为规范以及环境保护等问题做出原则性规定，是目前规范北极科考活动的强制性海洋法律制度，所有《公约》缔约国在北极水域的科考活动都应遵守这些基本要求。二是基于《斯约》建立的特有的法律制度，这一法律框架由挪威的国内法和《斯约》建构而成。

1. 《公约》对斯岛科考活动的原则性规定

《公约》在海洋科学研究的"一般性规定"中强调，各国在所规定的权利和义务的限制下，均有进行海洋科学研究的权利，各国和各国际组织应按照《公约》，促进科考活动的进行。各国的科考活动应遵守以下基本原则：其一，在北极的科考活动应限于和平目的。其二，北极的科考活动采用的方法和适用的工具或设施应符合《公约》规定。其三，北极的科考活动不应对其他正当海洋活动造成不当干扰。其四，北极的科考活动应遵守《公约》制定的一切规章，特别是海洋环境保护相关规定，以确保海洋生态和资源不被破坏。

2. 《斯约》对斯岛科考活动的原则性规定

虽然从目前的法律框架看，斯岛的科考活动还缺少一个独立和统一的法律体系，但这并不意味着斯岛的科考活动面临法律真空，《斯约》的平等原则（第 2、3、4、7、8 条）、主权原则（第 2 条）、非军事化原则（第 9 条）都对斯岛的科考活动有重要的影响。

(1) 挪威主权原则对斯岛科考活动的影响

《斯约》将斯岛的主权赋予挪威，这是《斯约》的基本原则，《斯约》缔约国的一个重要的义务就是承认并尊重挪威在斯岛的主权。① 挪威的主权原则对缔约国在斯岛的活动构成两个层面的约束，一是缔约国在斯岛陆地及领海的科考活动应遵守挪威依据《斯约》制定的适用于斯岛的专门法，

---

① D. H. Anderson, "The Status Under International Law of the Maritime Areas Around Svalbard", *Ocean Development & International Law*, 40 (2009): 373 – 384.

目前这类的规定主要集中在环境保护、矿产开发、渔业活动等领域，如《斯瓦尔巴环境保护法案》《斯瓦尔巴采矿法典》《斯瓦尔巴旅游条例》《挪威经济区法令》等，这些专门法中都有关于科考的一些零散的规定。其二，依据《斯约》，挪威应缔结在斯岛陆地及领海开展科学考察的专约，这是条约直接赋予挪威的权利。

（2）平等原则对斯岛科考活动的影响

《斯约》的 10 个条款中有 5 条明确规定了缔约国在斯岛享有平等自由进出群岛水域、峡湾和港口的权利，平等在群岛及其领水内捕鱼和狩猎的权利，平等地在斯岛陆地及其领海从事矿业、工业和海洋商业活动的权利，在平等的基础上使用群岛区域内建立的公共无线电报台的权利，平等的财产所有权以及获得、享有和行使矿产权的权利，但平等待遇并非适用于所有种类的活动，条约未明确规定缔约国在群岛陆地进行科学研究活动的平等权利，而是规定应缔结关于在条约地区开展科学考察专约，平等原则是否适用于缔约国在斯岛的科考活动还是一个争议性问题。①

（3）非军事化原则对斯岛科考活动的影响

《斯约》的宗旨是保证对群岛地区的开发与和平利用。为此，《斯约》第 10 条为斯岛设定非军事化的基本原则。《斯约》的非军事化条款，只是防止在斯岛组建任何海军基地和防御工事，但是，它不能阻止为科学考察站提供后勤保障的海军舰艇和军用飞机在条约规定的范围短暂的停留或访问，或是在条约范围内经营。这种做法与南极非军事化不同。②

科学研究活动是目前缔约国在斯岛进行的主要活动，但这些科考活动不排除军事化的研究内容的存在。一些北极国家，特别是俄罗斯和美国，成立了专门的极地研究所和实验室为了军事目的调查这一地区，开展专门研究项目以满足在陆地、海洋、冰、空气空间、外层空间发动不同规模和强度战争的需要。冷战期间，苏联担心斯岛的科研活动可能被用于军事目的，这些担心在苏联和挪威的外交照会和信函中都有清楚地反映。苏联认

---

① Geir Ulfstein, *The Svalbard Treaty: from Terra Nullius to Norwegian Sovereignty* (Oslo: Scandinavian University Press, 1995).

② Machowski J, "The right to freedom of research under the Antarctic Treaty System", *Polish Polar Research* 11 (1990): 419 – 434.

为这些设施是被用作监控其北部海域和领土的重要基地,认为挪威行为违背了《斯约》第9条非军事化的规定。

北极军事领域的科学研究有利有弊。一方面,北极军事领域的科学研究使得大量的资金、人员、技术投入极地科考活动。但是,另一方面,军事研究的保密性导致大量的研究区域封闭起来,不与外界交流,大大限制了斯岛科考活动的自由交流。此外,科学研究军事化要求长时间保守军事秘密,也阻碍了北极科研的进展。

(4)《斯约》环保原则对科考活动的限制

自1991年以来,南极已经建立了一个统一的、综合的国际环境法律制度。[①] 但北极的环保和自然保护的国内法和国际法制度是分裂的、矛盾的,大大削弱了环境保护的效性。这一情况也对斯岛的科考活动带来严重的影响。[②] 一方面,这些法规对保护具有科学价值的区域具有一定的意义,但是,这些制度如限制进入新成立的国家公园、自然保护区和鸟类保护区,限制了科考人员的自由活动,极大地限制了北极的自由科学考察。[③] 挪威政府指出,日益增多的科考活动对岛上的生态系统造成一定的压力,特别是夏天,新生的动植物最为脆弱,挪威政府对此深表不安。[④] 制定了严格的交通和污染规定,这些规定适用于斯瓦尔巴群岛上的所有活动,包括科学调查。1978年的挪威皇家法令 11. IX. 进一步限制科学研究自由,科学研究活动必须保证不影响在斯岛和扬马延岛生存的野生动植物的生活环境,科考活动还要确保斯岛的历史环境和文物保护、古迹不受破坏。

(三) 科考国在不同水域的科考权及许可程序

缔约国在斯岛的科考活动按照区域划分,可分为陆地科考和水域科考两部分,以陆地科考为主,对于陆地科考规则更多集中在挪威依照《斯约》

[①] Machowski J., "The Antarctic Environmental Legal Regime", *Polish Polar Research* 13 (1992): 183–214.

[②] Machowski J., "IASC as Legal Framework of International Scientific Cooperation in the Arctic", *Polish Polar Research* 14 (1993): 177–207.

[③] Wong F. and Newman F., "Restrictions to Freedom of Scientific Research through Environmental Protection", In Wolfrum R. eds., *Antarctic Challenge II* (Berlin, 1986), pp. 103–109.

[④] Jacek Machowski, "Scientific Activities on Spitsbergen in the Light of the International Legal Status of the Archipelago", *Polish Polar Research*, 16 (1995): 29.

制定的专门法中,这部分内容会在本章第三节中进行介绍,这一部分主要结合《公约》和《斯约》探讨斯岛水域科考的基本制度。

1. 《公约》赋予科考国在斯岛的科考权利及许可程序

在斯岛不同的水域,《斯约》缔约国的权限也有所不同。在斯岛领海范围内,缔约国的科考船均享有自由进行海洋科学研究的权利。在斯岛的专属经济区和大陆架范围内,有两种情况需要考虑,如果承认挪威在斯岛渔业保护区的主权与管辖权,承认斯岛专属经济区的存在,则在斯岛专属经济区或是大陆架范围内进行科考活动需遵守《公约》及挪威国内法的规定;如果不承认挪威对斯岛专属经济区或大陆架的管辖权,则这一范围为公海和国际海底,缔约国有自由科考权。针对第一种情况,在程序上,科考国应至少提前6个月通过官方渠道向沿海国提供科考计划,详细说明科考活动区域、目的、主持机构、时间、实施的方法、采用的工具及沿海国的参与情况,经沿海国同意后方可在沿海国专属经济区和大陆架进行科考。正常情形下,沿海国应同意科考国符合科考基本原则规定的科考计划。但如科考国的计划关涉沿海国自然资源勘探和开发、大陆架钻探、人工岛屿、设施的建造或使用、科考活动中炸药的使用,有可能危及海洋环境,沿海国可以拒绝该计划。如果科考国或国际组织发出通报4个月后,沿海国未明示拒绝计划,也未要求科考国补充材料,且科考计划未对沿海国预设义务,则科考国或国际组织可依上报的计划开展相关的科考活动。对于第二种情况,"区域"和公海范围内,无须任何国家允许,所有国家和国际组织均有权进行科考。

2. 《斯约》赋予缔约国在斯岛的科考权

(1) 科学考察权

《斯约》第5条赋予缔约国在斯岛及其领海自由从事科考活动的权利。具体说来,缔约国有权通过科考测量船或飞行器上的各种仪器对斯岛及其领海的海道情况、海水流量、海洋水质、海域气候特征、海洋生物和海底矿产资源等开展探测和数据搜集活动,内容涉及海洋学、海洋地质学、物理学、化学、生物学以及声学等领域,探测设备包括测深仪、扫描声呐、海底抓斗、水流仪等。

(2) 自由通行权

允许缔约国科考人员在斯岛自由进入、停留是各国科考人员开展北极科考活动的前提和基础。依《斯约》第3条,缔约国国民享有自由进出斯岛及其领海的权利。显然，科考属于允许自由进入的范畴。这一权利对缔约国来说是绝对的权利，无须附带任何限制性条件即可享有，同时这些权利在缔约国之间是平等、非歧视性享有的权利。但在实践中，非《斯约》缔约国的科考人员也在斯岛及其领海开展科考活动，挪威政府也并未完全限制非《斯约》缔约国科考人员的科考活动，挪威政府正在研究是否赋予非《斯约》缔约国科学家进入斯岛开展相关的科考活动权利。[1]

（3）使用无线电通信设备的权利

通信是科考人员在岛上从事科考活动遇到的诸多难题之一。挪威政府宣称对所有缔约国的科学考察站无线电通信实施行政控制，[2] 这也是缔约国对挪威和《斯约》的尊重。《斯约》第 4 条规定，在第一条所指的地域内由挪威政府建立或将要建立，或得到其允许建立的一切公共无线电报台，应根据 1912 年 7 月 5 日《无线电报公约》或此后为替代该公约而可能缔结的国际公约的规定（1965 年《国际电信公约》），永远在完全平等的基础上对悬挂各国国旗的船舶和各缔约国国民的通信开放使用。在不违背战争状态所产生的国际义务的情况下，地产所有者应永远享有为私人目的设立和使用无线电设备的权利，此类设备以及固定或流动无线台，包括船舶和飞机上的无线台，应自由地就私人事务进行联系。但实际上《斯约》中并没有明确规定挪威政府有对科考队或探险队的无线电报台有专属管理权。20 世纪 60 年代末，挪威政府发现苏联科学考察站不当使用无线电发射机后，提出通过外交途径解决这一争端，但苏联政府无论如何不愿意接受挪威的管理，两国之间的问题一直没有解决。同一时间，挪威政府宣称对除苏联外其他缔约国科学考察站无线电通信实施行政控制。[3]

（4）运输权

缔约国来往斯岛地区的船舶有在挪威各港内停泊的权利，这主要是为了方便前往斯岛的旅客或货物上下、装载。但交通和补给问题仍是目前各国北极科考面临的主要障碍之一。

与南极科考不同，北极科考活动的后勤保障工作是很不充分的碎片化

---

[1] White Paper Report No. 40 to the Norwegian Storting (1985–1986).
[2] Willy Østreng, Politics in High Latitudes: The Svalbard Archipelago (Montreal: McGill-Queen's University Press, 1978).
[3] White Paper No. 39 (1974–1975) Relating to Svalbard [C], 1975.

服务，有时候需要科考研究人员自己来安排。1934年以前，运煤船是唯一的将斯岛和挪威内陆连接起来的工具，随后的客轮林根号（Lyngen）开始了有规律的夏季游客运输服务，实现5~8个航次的客运，但冬季则切断所有的外界联系。1949年，斯岛有了航空邮件，1959年才有挪威至斯岛的全年邮件、货运和客运服务。目前斯岛已建成巴伦支堡直升机场（Barentsburg）、新奥尔松机场（Ny-Alesund）和斯瓦尔巴群岛机场。斯岛的铁路是为当地居民生活铺设的，也有小型蒸汽船、轻型飞机往来于斯岛和挪威内陆。冬季，滑雪板车是最普遍的交通工具。[①]

（5）资源权

根据《斯约》规定，缔约国的船舶和国民对于斯岛及其领水内的生物资源和非生物资源具有占有、使用、收益、处分的资源权，但私人占有者的土地除外。《斯约》同时规定，虽然缔约国国民应在相同平等的条件下允许在陆上和领水内开展和从事一切海洋、工业、矿业或商业活动，但不得以任何理由或出于任何计划而建立垄断（第3条）。科考需要对矿物、动物、植物等资源加以采集和勘探，没有对实物的采集就谈不到科考，从这点看，资源权是科考权得以实现的前提和基础。

（四）科考人员的基本义务

1.《公约》对斯岛科考人员应负义务的规定

如果缔约国承认挪威在斯岛大陆架和专属经济区（挪威称之为渔业保护区）从事科考活动的专属管辖权，缔约国在上述区域从事科考活动应遵守《公约》对海洋科学研究的"一般义务性规定"。

（1）海洋科学研究国际合作之义务

科考国应按照尊重主权和管辖权的国际法基本原则，在互利的基础上，通过双边和多边协定，为以和平为目的的国际科考合作创造有利条件，以促进科考成果、资料和情报的公布和传播，特别是向发展中国家的流通和转让。

（2）海洋环境保护之义务

科学考察过程中，科考国负有保护和保全海洋环境的义务，并应按照

---

① Report No 26 (1982 – 1983) to the Storting on Environmental Protection, Surveying and Research in Arctic Areas, P18.

国际法承担相应的国家责任。各国如有合理根据认为科考国的科考活动可能对海洋环境造成重大污染或带来重大的、有害的变化，应提前就这种活动对海洋环境的影响做出评价。如果这种影响或破坏已经发生，科考国或国际组织应立即通知沿海国，并依据防止环境污染和海洋生物资源养护的相关规定承担相应的国家责任。

（3）遵守某些条件之义务

经沿海国要求，可派科考人员参加科考，且无须分担费用。科考国应有义务尽快向沿海国提供科考活动初步报告，并及时将科考活动取得的可供复制的资料和可以分开而不致有损其科学价值的样品交予沿海国。此外，科考国有义务协助沿海国对这些资料加以评价、分析或解释。如研究方案有任何重大改变，应及时通知沿海国。除非另有协议外，科考活动结束后，科考国应立即拆除科学研究设施或装备。

此外，挪威参加的涉及北极科考活动的国际条约也应适用，除非挪威做出排除适用的声明。北极最主要的科考组织——国际北极科学委员会（IASC）[①]和北极理事会（AC）也是约束北极科考的重要的国际组织，此外，还有以巴伦支海欧洲北极理事会[②]为代表的次区域合作机制，挪威是这些组织的创始国，这些组织的相关决议和计划纲要也是约束各缔约国在斯岛科考活动的软法。以国际北极科学委员会为例，该机构通过提供科学建议和基金的方式鼓励和支持北极科研，委员会积极协调并指导各国的北极考察活动，针对一些重大科学问题组织庞大的国际合作计划，并且以"公约""议定措施""现行决议"等方式对北极的生物资源、矿产资源、能源及环境实施及时有效的保护，这些规定不可避免会对缔约国的科考活动做出一定限制。

---

① 经过4年多的艰苦谈判之后，8个北极国家的代表在加拿大的雷字柳特湾市最后签署了国际北极科学委员会（IASC）章程条款，成立了第一个也是目前最重要的国际北极科学组织。委员会是一个非政府机构，基本目标是协调各国在北极的科学研究活动，为此，它的章程明确规定，委员会成员应覆盖所有北极研究的国家科学组织，国家科学组织应为委员会和北极科学团体之间的接触提供方便。也就是说，只有国家级别的科学机构的代表，才有资格代表其所属国家参加该委员会。

② 1993年1月11日，俄罗斯、丹麦、冰岛、芬兰、挪威、瑞典外交部代表及欧洲委员会代表在希尔克内斯召开会议，会上宣布成立巴伦支海欧洲－北极理事会。

2.《斯约》对科考人员基本义务的规定

(1) 科考活动的批准和登记

各缔约国一般通过外交途径将欲进行的科考活动提前告知挪威政府相关部门。但从目前的条约体系看，并没有明确规定缔约国有将在斯岛及其领海开展的科考活动提前告知挪威政府的义务，俄罗斯就一直没有将其开展的科考活动向挪威相关部门登记备案，但如不在挪威当局登记，就意味着一旦发生事故，俄罗斯的科考人员应由俄罗斯本国组织救援，挪威的救援人员不负有救援俄罗斯遇难科考人员的义务，挪威政府仅对登记在案的遇难科考人员负有救援义务。俄罗斯这样做的一个重要原因是，展示和强调俄罗斯在这一地区独立活动的权利和能力，在国际社会形成挪威在这一地区"难以实行有效管理"的国际形象。而其他成员国从自身活动便利和利益考虑，就会自愿接受挪威的管理。

(2) 保护斯岛生态环境

《斯约》第 2 条规定，挪威有权采取或颁布适当措施，以保护斯岛及其领水内的动植物资源，这些措施应平等地适用于各缔约国的国民。这一条款为缔约国在斯岛的科考活动设定了保护斯岛生态环境的基本义务。

依这一规定，挪威政府于 1978 年颁布了《挪威皇家法令》，明确规定斯岛的科考活动必须保证不影响和破坏斯岛和扬马延岛生存的野生动植物的生活环境，为缔约国在斯岛的科考活动设定了保护斯岛野生动植物的义务。随着岛上科考活动日益增多，斯岛脆弱的生态系统面临着更为严峻的压力和挑战，为此，2001 年，挪威环境部又制定了《斯瓦尔巴环境保护法案》，在区域管理方面，法令建立了国家公园、自然保护区、受保护生物小区及地理小区、文化环境保护区等几种保护区，限制缔约国科考人员进入新成立的国家公园、自然保护区和鸟类保护区，除此之外，法令还制订了严格的交通和防止污染的相关规定，规定缔约国有义务确保各自的科考活动，包括交通运输活动不污染斯岛的动植物资源，限制可能损害岛上生态环境的各种科考活动。[①]

(3) 确保斯岛的历史环境及文物不受破坏

缔约国在斯岛科考活动还要确保斯岛的历史环境、文物和古迹不受破坏。

---

① White Paper Report No. 40 to the Norwegian Storting (1985 – 1986) 18. 如果因其他特殊目的，环保部门可以批准撤销保护决定，前提是此举与保护决定目标并无冲突，而且不会对保护区的保护价值产生显著影响，应由环保部门就撤销决定进行评估并做出决定。

保护斯岛文化遗产、建筑和遗址的历史可追溯自 1926 年，现在专门保护斯岛文物的法案是挪威环保部《1974 年有关斯岛和扬马延岛文物保护的法案》(21. V. 1974)。此外，1983 年，挪威环保部向议会提交了有关北极环保的调查报告（Report No. 26 1982 – 1983）。该报告第四章指出，1945 年或更早的文物都应予以保护，由特罗姆瑟博物馆为斯岛地方政府提供专家技术支持。该报告还强调需要延长挪威政府和在斯岛从事考古工作的专家的合作。挪威的这些规定在一定程度上缩小了斯岛的科考活动范围，限制了科考活动的内容。

四 环境保护制度

环境保护制度是《斯约》一个核心制度，是《斯约》立法初衷所在，但《斯约》本身并没有保护斯岛环境的具体规定，只是明确将这一权利赋予挪威，由挪威自由地维护、采取或颁布适当措施，以便保护并于必要时重新恢复该地域及其领水内的动植物。挪威也制定了专门的法律法规保护斯岛的环境。（这一内容在第三节中详细论述）依据《公约》规定，挪威对斯岛海洋环境保护还具有通知、评价、保全的义务。

其一，通知义务。当挪威获知斯岛周边海洋环境即将有遭受污染损害的危险或已遭受污染损害，应立即通知其认为可能受这种损害影响的其他国家以及各主管国际组织。

其二，环境影响评价义务。挪威如有合理根据认为《斯约》缔约国在斯岛计划开展的活动可能对海洋环境造成重大污染或重大和有害的影响，应在实际可行的范围内就这种活动对海洋环境的可能影响做出评价。

其三，责任与赔偿。所有的《斯约》缔约国有责任履行对斯岛海洋环境的保护和保全义务。如果缔约国自然人或法人在活动中对斯岛的海洋环境造成污染，挪威可以提起申诉或采取其他救济方式以获得迅速和适当的补偿。

为防止倾倒造成的污染，挪威有权制订法律和规章，以防止、减少和控制缔约国对斯岛倾倒造成的海洋环境的污染。非经挪威事前明示核准，不应在斯岛领海和专属经济区内或在大陆架上进行倾倒。①

---

① McConnell, M., Gold E., "The Modern Law of the Sea: Framework for the Protection and Preservation of the Marine Environment", *CWRJIL* 23 (1991): 83.

第三节 挪威关于斯瓦尔巴群岛的专门法

自《斯约》给予挪威对斯岛的主权之后,挪威针对斯岛制定了矿藏开采、环境保护、渔业保护等一系列法律法规。如《斯瓦尔巴环境保护法案》《斯瓦尔巴采矿法典》《斯瓦尔巴旅游条例》《挪威经济区法令》等(见表2-3)。这些法规平等适用于各缔约国在斯岛及其领海的活动。

一 斯岛基本法律制度

1925年7月17日,挪威颁布了《斯瓦尔巴法案》,对斯岛的基本法律制度作出规定,法案明确斯岛在法律地位上是挪威主权不可分割的一部分,并对斯岛法律制度的适用做出明确规定。

(一) 斯岛法律适用规定

挪威民法和刑法以及挪威关于司法行政的立法适用于斯岛,其他法律规定不适用于斯岛,除非有专门规定。

与公共官员、为公共行为的付款、钱币、度量衡、邮政电信服务、劳动保护和劳动纠纷等有关的法令,都将在国王考虑到当地情况进行修订后适用于斯岛。国王可以颁布有关教堂、学校和济贫服务,公共秩序,驱逐,医疗健康服务,建筑和消防服务,易燃物品,航运、航空和其他交通方式,专利,采矿,狩猎,捕捞,渔业及其他产业,保护动物、植物、自然构造、土地、文物以及向中央统计局进行报告的一般规定。

表2-3 挪威颁布的仅适用于斯岛的法律法规(截至2016年10月30日)

时间	性质	名称
1925.8.7	法律	《斯瓦尔巴采矿法典》(1925年8月7日由皇家法令制定,1975年6月11日由皇家法令修订)
1925.7.17	法律	《斯瓦尔巴法案》
1971.5.21	法律	《斯瓦尔巴易燃物品法》
1974.6.14	法律	《斯瓦尔巴爆炸物品法》
2001.6.15	法律	《斯瓦尔巴环境保护法案》
2002.6.24	法规	《斯瓦尔巴汽车交通条例》

续表

时间	性质	名称
2002.6.24	法规	《斯瓦尔巴废水、废物、有毒物处理费规定》
2002.6.24	法规	《斯瓦尔巴动物皮毛采集规定》
2002.6.27	法规	《斯瓦尔巴露营规定》
2002.6.28	法规	《要求斯瓦尔巴狗栓链规定》
2002.6.28	法规	《关于斯瓦尔巴环境影响评估和土地利用规划的规定》
2006.12.22	法规	《关于收取前往斯瓦尔巴游客环境费的条例》
2007.4.30	法规	《设立斯瓦尔巴环境保护基金规定》①
2014.4.4	法规	《斯瓦尔巴自然保护区鸟类保护区》

资料来源：参见挪威外交部网站，https://www.regjeringen.no/en/find-document/acts-and-regulations/id438754/?isfilteropen=True&term=svalbard，访问时间：2016年5月4日。

表2-4 国王考虑到当地情况进行修订后适用的挪威国内法

时间	部门	法律名称
1935.6.7	公共安全和司法部门	《土地登记法案》
1976.6.11	气候与环境法律部门	《产品控制法》②
1977.6.10	气候与环境法律部门	《未开垦土地和水道上的汽车运输法案》
1981.3.13	气候与环境法律部门	《污染控制法案》③
1993.4.2	气候与环境法律部门	《基因技术法案》（直接适用）④
2001.5.31	儿童与平等法律部门	《收养法》
2001.11.20	儿童与平等法律部门	《儿童福利法》⑤
2003.5.9	气候与环境法律部门	《环境信息法案》

---

① 在挪威环境部下设斯瓦尔巴环保基金会。
② 依据《产品控制法》，各种商业活动都需取得允许排放、生产、建筑的各类许可证。
③ 《污染控制法案》是一部防止污染和废弃物的法律，于1983年施行。该法案的宗旨在于保护室外环境，防止污染、减轻已经存在的污染，减少废弃物的排放量，以避免污染和废弃物对人类健康造成伤害，对社会福利造成负面影响，促进对废弃物的有效管理。
④ 《挪威基因技术法案》经国王批准适用于斯岛的商业、开发、科考等活动，法令规定，预防原则可以在评估对动物和人类健康以及环境的可能风险和损害时进行使用。
⑤ 《儿童福利法》主要针对处于特殊境遇的儿童，诸如因父母生病、残疾无法得到父母照料的儿童，或在家中受到虐待的儿童，或有严重行为问题的儿童，这类儿童通常被安置在家庭式的福利机构，但按照规定，在儿童到达18岁之前，儿童福利服务部门应与儿童一起考虑是否继续原来的安置或在儿童到达18岁后接受其他方式的帮助。

续表

时间	部门	法律名称
2004.12.17	气候与环境法律部门	《温室气体排放贸易法案》①
2005.6.17	现代化与当地政府法律部门	《土地信息国家登记法案》
2005.9.5	文化部	《广播法》（直接适用）
2005.9.26	劳动和社会事务部	《反歧视法案》（直接适用）②
2007.4.20	儿童与平等法律部门	《性别平等法案》（直接适用）③
2008.6.27	现代化与当地政府法律部门	《规划与建筑法》
2009.6.19	气候与环境法律部门	《生物多样性法案》④
2009.7.10	农业与食品法律部门	《动物福利法》⑤
2009.8.27	儿童与平等法律部门	《禁止宗族歧视法案》（直接适用）
2010.9.30	现代化与当地政府法律部门	《地理信息和基础设施法案》
2013.12.31	现代化和当地政府法律部门	《住房合作社法》

对于这些国内法在斯岛如何适用，依据一般国际法原则规定需要注意以下几个问题。首先，从效力等级看，《斯约》具有较高的法律效力，挪威依据《斯约》规定制定的涉及渔业、采矿、环境保护的法律规定优先于挪威一般国内法（适用于斯岛）。依据特别法优于一般法原则（Lex generalis non derogat legi speciali），把国际条约视为"特别法"，国际条约优于国内法，也就是说，如国内法或是适用于斯岛的专门法与《斯约》发生冲突时，

---

① 依据《温室气体排放交易法案》，挪威自1991年开始征收二氧化碳税，2003年开始征收氢氟类税、全氟化合物税，以此来减少行业温室气体的排放。
② 根据这一法案，挪威公民认为受到了歧视时，可以向法院直接提起诉讼。
③ 《性别平等法案》规定，在公众机构中，男性和女性的比例都不得低于40%，女性董事要占董事会成员的40%。
④ 该法案用立法的手段保护了挪威八个新的国家公园和奥斯陆周边林区。针对垂钓、狩猎、捕鲸等日常活动方面均有明文规定。
⑤ 挪威《动物福利法》第1条规定，该法适用于有生命的哺乳动物、鸟、蟾蜍、青蛙、蝾螈、爬行动物、鱼和甲壳纲动物。对动物的居住环境、医疗和宰杀等进行了一般性规定，并对驯鹿、鱼和甲壳纲动物、动物寄宿、买卖和出租动物、教学和研究中使用动物的福利进行了特别规定，还规定了成立动物福利委员会进行监督及相应的惩罚。如：第2条："如何对待动物的一般规定，动物应该被善待，动物的本性习惯和自然需要应予以考虑，以避免对它们造成不必要痛苦的风险"。第9章第31条的规定："对本法或依本法颁布之法规的违反，无论蓄意或是疏忽，均可被施以罚款或处以至多6个月的监禁，如果某人以前已有违反情况，处罚可以是罚款或至少1年的监禁"。

《斯约》优先使用。① 如 1995 年，斯瓦尔巴最高管理机构总督府，依据《驱逐或拒绝进入斯瓦尔巴规定》有权拒绝无足够经济来源的人进入斯岛，这一规定是对缔约国自由通行权的限制。如何认定这些与《斯约》规定不一致的斯岛的专门法效力？根据国际条约优于国内法的一般国际法原则，《斯约》应优先适用。其次，依据后法优于前法原则（Lex posterior derogat priori），把国际条约和国内法同样看待，当《斯约》就斯岛事项与挪威适用于斯岛的规定冲突时，按时间先后决定效力。最后，这些规定应平等、无歧视地适用于所有的缔约国。

（二）政府和司法行政规定

在斯岛，应有一位由国王委任的总督。总督拥有斯岛行政权力，同时兼任警察总长以及初审法院的公证人和最高司法长官，任期三年，可延长两年。斯岛的陪审法官是由国王决定的巡回审判的陪审法官。初审法院、遗嘱检验法庭法官和司法记录员的职责应由国王决定的初审法院来决定。作为助理法官的总督负有以下四类职责。

1. 在涉及本法案的刑事案件中，与司法程序有关的案件或者涉及其他法令的已经委派初审法院审理的案件。

2. 初审法院的法官认为在斯岛最能找到解释的渊源案件。

3. 涉及私人服务或其他私人雇佣关系的案件。

4. 其他标的价值不超过 2000 挪威克朗或者当事双方要求判决而且总督愿意审理的资本所有权案件。总督还可以进行取证和登记。②

如果当事双方愿意调停，法院应先进行调停。法院规定开庭的日期和地点，并通知当事方和证人。关于法院休庭的法律条款不适用于斯岛。在传唤时，如果法庭距离证人和专家的住所或逗留处超过 10 公里，他们就无须一定到庭，除非法庭专门命令他们出庭。交通和食宿的补贴应由国王颁布细则加以规定。对剥夺财产所有权案件的评估，应由 3 名检察官做出决定。当事方对评估结果不服上诉时，应由 5 名检察官参加听证，并由总督担任主席。如果案件特别重要，应当事一方请求，国王可以决定由总督和 2 名

---

① 唐颖侠：《国际法与国内法的关系及国际条约在中国国内法中的适用》，《社会科学战线》2003 年第 1 期，第 178 页。

② 1 挪威克朗 = 0.8354 元人民币。

检察官完成评估。在这种情况下，对于评估结果的上诉，应由 5 名检察官参加听证，并由国王任命 1 名鉴定法官担任主席。在斯岛，总督应指定法庭证人、检察官和陪审法官。他们必须是挪威国民，符合年龄规定，并且在公共事务中未被判决剥夺选举权等刑罚。被指定的人必须接受此项任务，交通和食宿补贴参照国王制定的规定执行，程序员应由总督指定。

（三）关于个人法律关系的特别规定

未成年人或被宣布为丧失自理能力的人的监护人应由总督指定，总督应尽快地发出指定监护通知，并发布关于被监护人资产状况的声明。就如何管理被监护人的财产和如何对监护人进行监督的问题，国王应制定更具体的规定。当一个人因精神疾病而不能自理时，在出示有关疾病的医学证明后，可以临时由总督宣布监护人。

市政式婚礼和基督教式婚礼具有同等的法律效力，无须发布结婚预告。在履行婚约时，主持婚礼的人要在婚约上署名，并署上签字日期，如果在一年内登记，自婚礼举行之日起，婚约对第三方也生效。根据挪威《婚姻法》，配偶之间的调解工作可由总督或主持他们婚礼的人执行。总督还应按照规定就离婚后父母和孩子的赡养费事宜承担执行工作。儿童福利委员会应由总督及其任命的 2 名成员组成，其中至少有 1 名为妇女。关于自主地产所有权和长子继承权的法令不适用于斯瓦尔巴群岛。

（四）关于财产的特别规定

根据《斯瓦尔巴法案》的规定，所有未分配给个人作为其财产的土地均为国有土地，并受国家所有权的支配。任何人不得获有国有土地的时效权或使用国有土地，国家对已出售的国有土地所有权不得因时效权而丧失。

根据《斯瓦尔巴法案》规定，已经分配给私人业主的土地，不需要特别的许可证即可获得所有权和使用权。这一规定同样适用于合法组成的、董事会设在这些国家的公司。抵押登记的保管人可以向本国有关部门要求出示证明，以确认某外国人或外国公司满足这些条件。如果斯岛的不动产业主或使用者不是挪威或斯岛的居民或没有永久住所，他必须委托一位挪威王国居民作为其代理人，代表他处理与此财产有关的各项事务。当业主或使用者为董事会设在外国的公司时，这一规定同样适用。代理委托书连同代理人的姓名和身份必须登记在案。如果没有提交代理委托书或没有登记在案,初审法院的法官可根据任一有关方的要求委任一名代理人。委任应登记在案,在所有者或使用者本人登记代理委托书之前,这一委任都有效。当分割不动产时,总督应委任两人起草分割证明,在分割证明出具之前,所有权契据不得登记。

此外,对于挪威签订的国际条约,除了特别说明的以外,应适用于斯岛。如挪威作为欧洲自由贸易联盟的成员,① 注定要受到相关贸易法规的约束,但挪威在加入欧洲自由贸易联盟时做出排除声明,斯岛由于其特殊的地位被排除在外。

二 环境保护法律制度

目前,斯瓦尔巴群岛可能是北极地区污染最严重的地区之一。由于斯岛采煤等经济活动开始得较早(早在20世纪初就已经开始了),导致当地遭受重金属污染。因此,保护斯岛的环境不受进一步的破坏也是《斯约》签订的原因之一,为此,《斯约》明确赋予缔约国制定专门的法案以保护斯岛的生态环境的权利。从20世纪70年代开始,挪威在斯岛设立环境保护区和国家公园等特殊保护区,并于2001年6月15日颁布《斯瓦尔巴环境保护法案》,除此之外,挪威一些国内涉及环境保护的法律也适用于斯岛。

(一)管理结构

斯瓦尔巴群岛的主要环保机构包括国王、环境部、环境部下设的管理局、斯瓦尔巴总督。其中最主要的机构是环境部。

挪威的环境部是政府下设的部门,共有海洋管理和污染防治司、挪威气候环境局、欧洲经济区和贸易处、极地事务和北极事务处、工业处、气候变化司、文化遗产管理司、自然资源管理司、组织事务司等15个分部。环境部的主要职责是确保挪威各级政府气候和环境政策的落实。该部门的主要职责是制定和实施保护环境的措施和行动,促进、协调和确保各地区政府部门落实当地的环境政策。环境部共有员工260多名,主要涉及生物多样性、

---

① 欧洲自由贸易联盟(European Free Trade Association—EFTA)又称"小自由贸易区"。1960年1月4日,奥地利、丹麦、挪威、葡萄牙、瑞典、瑞士和英国在斯德哥尔摩签订《建立欧洲自由贸易联盟公约》,即《斯德哥尔摩公约》。该公约经各国议会批准后于同年5月3日生效,欧洲自由贸易联盟正式成立,简称欧贸联,总部设在日内瓦。

文化遗产和文化环境、户外休闲、污染、气候、极地地区环境保护等环保事务。[①]

挪威气候环境局是环境部的下设机构，在特罗姆瑟和奥斯陆等城市设有办事处，并设有六十多个地方办事处。该机构拥有约 700 名员工，旨在建设干净、多样化的环境。它的主要任务是，为气候和环境政策的制定提供建议，收集和传递环境信息，行使监管权，监督和指导区域和地方一级政府（包括斯岛总督），提供专业技术咨询，参与国际环境交流活动，减少温室气体排放、管理挪威自然资源，预防污染。在业务上，该机构是独立的，这意味着它可以独立地就个案进行决策，并提出建议。

（二）斯岛环境保护的基本原则

1. 预防原则

风险预防原则是指为了保护环境，各国应按照本国的能力，广泛适用预防措施，遇有严重的或不可逆转的损害威胁时，不得以"缺乏充分证据"为理由，不及时采取符合成本效益的措施，以防止环境恶化。通常认为，预防原则实施的前提是损害威胁的识别、潜在危害的不确定性和预防措施的标准。如《斯瓦尔巴环境保护法案》第 7 条就明确规定，当管理机构缺乏断定一个企业生产活动对自然环境或文化遗产产生影响的足够信息时，按照本法案，应该以一定的方式行使自己的权力，以避免可能对环境造成的损害。这也是该法案的基本原则所在。依照挪威《公共管理法案》第 27 条的规定，在斯岛从事商业活动，活动负责人需依照许可证决定中规定的条件，对环境进行定期和有效的监控，以便评估当前活动对环境的影响，包括确认预期影响，并采取措施对不可预见的环境影响进行早期监测。

2. 污染者负担原则

污染者负担原则是指造成环境污染的主体应当负担污染源和被污染环境的治理和经济责任。由于该原则有利于促进环境与资源的合理利用，防止并减轻环境损害，实现社会公平，它很快就得到了国际社会的认可，许多国家将其确定为国内环境法的基本原则。这一原则也是斯岛环境保护的基本原则，如《斯瓦尔巴环境保护法案》第 9 条就规定，避免或减少对环

---

① Finn Aakre Haugen：《挪威环境管理体系》，《世界环境》2016 年第 2 期，第 36~40 页。

境或文化遗产造成破坏的成本应由造成或将要造成此种破坏的人承担。同样，避免或减少污染和废物的成本应由造成或将要造成这种问题的人承担。

3. 谨慎原则

谨慎原则是指各国在从事与环境有关的活动时，应当谨慎小心，周密计划和安排，遇有严重或不可逆转的损害的潜在威胁时，不得以缺乏科学证据为由，延迟采取合理措施，防止环境恶化。这一原则也是斯岛环境保护的基本要求，如《斯瓦尔巴环境保护法案》第5条规定，在斯瓦尔巴群岛逗留或从事企业工作的人应充分地考虑并谨慎注意，以免对自然环境或文化遗产造成损坏或侵扰。缔约国企业负责人应保证每位参加企业活动的人知晓并遵守该法案中对保护斯瓦尔巴群岛植物、动物、文化遗产及其他自然环境的规定。

（三）缔约国的基本义务

1. 谨慎确保义务

缔约国应保证在斯瓦尔巴群岛逗留或从事企业工作的人表现充分的注意与谨慎，以免对自然环境或文化遗产造成损坏或侵扰。缔约国企业负责人应保证每位工作人员知晓该法案中关于保护斯瓦尔巴群岛植物、动物、文化遗产及其他自然环境的条款，并遵守这些条款。

2. 综合评估环境压力

缔约国在斯瓦尔巴群岛开展活动前，应就活动对自然环境与文化遗产可能造成的压力予以评估。

3. 损害赔偿[①]

缔约国在斯岛活动应避免或减少对环境或文化遗产造成破坏，如造成破坏应由造成或将要造成此种破坏的人承担赔偿责任。同样地，避免或减少污染和废物的成本应由造成或将要造成这种污染的人承担。

4. 使用尽可能产生较小污染的技术

在斯瓦尔巴群岛开展的活动，缔约国的企业应该使用对环境造成最小压力的技术。那些可能对环境造成破坏或危害的化工产品或生物产品应该由具有较少风险的产品代替，不过，基于重要经济考虑对已存在活动进行说明的情况除外。

---

① 参见《斯瓦尔巴环境保护法案》第7~10条。

（四）《斯瓦尔巴环境保护法案》的基本制度

《斯瓦尔巴环境保护法案》（以下简称《法案》）是最主要的斯岛环境保护法律规定，法案确立了损害预防原则、① 风险预防原则、污染者负担原则、谨慎原则、发生紧急情况时进行通报和援助的原则来保护斯瓦尔巴群岛的环境，其中包括成片荒野、景观元素、植物、动物和文化遗产。这一法案包括十部分共 103 条，从区域管理，动植物、文化遗产保护、许可证制度和环境影响评估制度的角度对斯岛环境进行保护。

1. 保护区法律制度

《法案》规定，为了维护专门保护区或具有历史价值的区域，保护斯岛陆地与海洋生态系统，促进对荒野与人类未涉足的自然环境的保护，在斯岛设立环境保护区。

挪威国王可以依照关于保护自然环境和文化遗产的国际公约，按照规定赋予保护区特别地位。在区域管理方面，法令规定建立国家公园、自然保护区、受保护生物小区及地理小区、文化环境生物保护区与地质保护区等几种保护区，国王可以按照规定禁止或控制任何活动进入或通过保护区，无论是单种活动形式还是综合使用的形式，都应服从不破坏保护区之目的。

关于保护区的建立、扩建、撤销和关于保护区保护条款的修订，总督应确保在决策中与那些涉及特殊利益的公共机构和组织等进行合作。总督应至少在斯瓦尔巴广泛发行的一份报纸上发布计划实施的保护措施的通告，在草拟保护措施建议之前应尽早以书面形式通知地产业主与权利持有人，并给予他们合理的期限陈述自己的意见。在建议准备阶段应当说明该区域内相关活动造成的影响。

（1）个人保护区制度

为了防止对自然环境中的有价值区域造成破坏，斯岛总督可以对地产业主与权利持有人的区域采取保护措施，总督应在《挪威人报》(*Norwegian Gazette*) 和至少一份在斯瓦尔巴群岛广泛发行的报纸上予以公布，还应至少在一处容易获取的地方存放以供公共监督。征求意见的期限最少为两个月。

---

① 这一原则与 1993 年的《挪威基因技术法案》一致，该法案经国王批准适用于斯岛的商业、开发、科考等活动，法令规定，预防原则可以在评估对动物和人类健康以及环境的可能风险和损害时进行使用。

在最终决定尚未做出之前,环境部可以决定采取临时性保护措施。

(2) 国家公园

如果自然栖息地内大面积未被人类或根本上未被人类涉足的区域具有研究价值或能够体现斯瓦尔巴自然或文化遗产,那么这些区域就可以被认定为国家公园予以保护。国家公园内一律禁止对自然环境或文化遗产造成长期影响的活动。①

(3) 自然保护区

未经人类涉足或大部分未经人类涉足的区域应作为自然保留地予以保护,自然保护区认定要求或是拥有特殊的或脆弱的生态系统,或是由特殊形式的栖息地或特殊地质构造组成,或是对植物和动物具有特殊的重要性,或是具有特殊的科研价值。自然保护区可以予以绝对的保护。

(4) 生物保护区与地质保护区

对于植物或动物具有特殊重要性,或者包含有重要或独特地质构造的区域应给予生物保护区或地质保护区地位并予以保护。在此区域内,任何与保护措施之目的相悖,可能影响或侵扰植物或动物,或者破坏地质构造的活动应予以避免。

(5) 文化环境区

在文化历史方面具有特殊价值的区域可以作为文化环境区予以保护。在文化环境区中,可能降低该区域历史价值的活动应予以避免。

在以上保护区内,总督可以就保护措施目标进行任何必要的管理,可以在保护措施目标框架下安排人们进入保护区并让其感受自然环境和文化遗产。如果管理措施或进入保护区的安排会影响到私有财产或权益,则必须在此之前尽早通知财产所有者或权利持有人。如果因为科学或其他特殊目的,环保部门可以批准撤销保护决定,前提是此举与保护决定目标并无冲突,而且不会对保护区的保护价值产生显著影响。

2. 植物与动物的保护

(1) 斯岛动植物保护的范围包括斯瓦尔巴陆上和海中的各类动植物,但在斯瓦尔巴长期栖息的咸水鱼、甲壳类及海洋哺乳动物除外。

---

① 参见《斯瓦尔巴环境保护法案》第16条。

（2）斯岛动植物保护的根本原则是，对于斯瓦尔巴陆上和海中各类动植物的管理，应以维护生物自然繁殖、生物多样性及其栖息地以及为后代保护斯瓦尔巴野生环境为目标。

（3）动物保护的相关规定包括以下内容。

A. 动物进口的规定。只有获得环境部的许可证或遵守《法案》规定时才能在斯瓦尔巴野外进口活体野生动植物。此条款同样适用于这些物种的蛋卵的进口。

B. 生物的引进与传播。在没有得到环保部门许可证的情况下，任何人不得：a. 引进原先不在斯瓦尔巴自然存在的动植物品种，b. 在斯瓦尔巴各地区之间运输原生动植物品种，或者 c. 采取增加北极鲑储量措施，包括在河道、海湾及海洋中放生鱼类、鱼苗或鱼卵或在河道中放生其他生物体。

C. 为保护人身与财产而杀害动物的权利。在为了消除给人身带来伤害的直接风险或者防止重大物资损失的必要情况下，可以杀死动物。杀死或试图杀死动物都应该尽快报告总督。可以杀死造成破坏或麻烦的无脊椎生物、单细胞生物以及小型的啮齿动物。总督可以许可杀害潜伏在永久或临时居所、显然会造成人身伤害或重大物资损失风险的动物。只有在采取了其他适当的避免伤害或损失的措施失效后，才可以按照此许可规定杀死动物。在对一般进入和通过开放的区域内，当没有给狗系上皮带时，应以适当方式加以控制。

（4）植物保护的相关规定包括以下内容：

A. 任何人不得破坏或铲除植物。

B. 允许用于私人用途的菌类和海藻采集。只要采集不会对当地该植物总量构成重大影响，也允许用于研究或教学目的的植物采集。

C. 在违反本法案情况下收集、诱捕或杀死的动植物，皆属于斯瓦尔巴环境保护基金（以下简称"斯瓦尔巴环保基金"）的财产。依照《刑事程序法案》中关于没收充公的条款，斯瓦尔巴环保基金的所有权可以通过罚款或法院判决强制执行。①

---

① 《斯瓦尔巴环境保护法案》第四章。

3. 文化遗产的保护

（1）基本原则

斯瓦尔巴群岛的建筑物、遗址以及可移动历史物品皆应作为斯瓦尔巴文化遗产或历史的一部分或环境管理整体统一的要素加以保护。

（2）文化遗产保护对象

A. 1945 年或者更早时期的建筑物和遗址，应在可见或可知的 100 米周边范围设立安全区。

B. 1945 年或者更早时期的因偶然机会或经过考察、发掘或者其他方法被发现的可移动历史物品。

C. 1945 年以后具有特殊历史或文化价值的文化遗产应依照管理局的决定加以保护。所有人类墓穴遗迹，包括十字架与其他墓穴标记、在地面或地下发现的骨骸或骨骸碎片。海象与鲸鱼屠宰地以及用于捕杀北极熊的弹簧枪有关的骸骨遗存，无论其年代，都应认定为建筑物或遗址，并予以保护，也可实施临时性保护，直到保护问题最终裁定为止。①

（3）保护内容

任何人不得在包括安全区在内的区域破坏、开挖、移动、移走、改变、覆盖、隐蔽或涂染受保护的结构、遗址或者可移动的历史物品，也不得采取可能导致发生这种风险的措施。在安全区内，不得搭建帐篷、生火或进行其他类似的活动。如果进入或通过安全区本身或一段时间后可能破坏保护之目的，总督可以管制或禁止这样的进入或通过。

（4）文化遗产保护活动负责人的特殊责任

在计划一项活动时，不管这些活动是否对建筑物和遗址产生影响，负责人都应该自费进行调查。如果发现活动会对建筑物和遗址产生影响，管理局将尽快裁定活动能否进行以及以何种方式进行。如果在工作开始后发现其对建筑物或遗址产生影响，总督应予以通知并暂停此工作。管理局将尽快裁定此工作是否继续以及在什么条件下继续进行。活动负责人应该就调查或发掘，或者在活动过程中的发现物自费登记造册和保存。发现物应于一年内交付。

---

① 参见《斯瓦尔巴环境保护法案》第五章。

（5）管理局调查、管理与维护的权利

管理局有权探寻、发掘、检测和登记文化遗产保护对象。在上述措施完成后，应该恢复建筑物和遗址的原貌。总督可以收集可移动的历史物品，并采取必要措施予以保护。总督可以整理或封存受保护的建筑物和遗址，或采取措施予以看管或展示，包括清理周围区域，例如要避免对人畜造成伤害。超出正常维护范围的措施需要管理局核准，诸如复原、重建或移址。对建筑物和遗址采取措施前，应通知所有者或权利持有人并给予其发表意见的机会。对于正在使用的建筑物或遗址采取措施，只有在征得所有者或使用者同意后才能执行。如果存在腐朽危险，管理局可以勒令所有者或使用者采取措施消除这些危险。

斯岛保护文化遗产、构造和遗址的历史可追溯到1926年，除了《斯瓦尔巴环境保护法案》外，还有《1974年有关斯岛和扬马延岛文物保护的法案》（21. V. 1974）、环保部向挪威议会提交的有关北极环保调查报告等环境保护的相关规定。其中，1982~1983北极环保调查报告第四章规定，1945年或更早的文物都要受到保护，这一规定与《斯瓦尔巴环境保护法案》基本一致。这些文物包括：十六世纪马格达莱娜峡湾的捕鲸站、牺牲于第一次"石油冒险"中的捕鲸人墓地，十七世纪国际捕鲸和捕猎海象活动的遗迹、十八世纪俄罗斯人在整个冬天的狩猎、捕鲸和捕猎海象活动的遗迹，十九世纪和二十世纪挪威人狩猎、捕鲸和捕猎海象活动以及国际考察活动的遗迹，21世纪初到现在的工业化活动（主要是采煤业）及科考活动的遗迹。此外，中央古迹管理局也有权颁布法规保护斯岛近代的文化遗迹。

4. 土地使用规划区

（1）为协调斯岛土地使用和建筑设计利益，设立土地使用规划区。土地所有者或经环境部授权的相关方应为每块土地使用规划区的规划负责，应该确保土地使用规划区内的规划与土地保护在可持续的基础上进行。[①]

（2）土地使用规划的内容

每块规划区应有一个土地使用规划，并附有整体规划区的当前或未来土地使用的补充说明条款。规划应指出，①建筑区域，必要时应提供建筑

---

① 参见《斯瓦尔巴环境保护法案》第六章。

类型进一步信息。②小屋区。③单独或者混合的文化遗产区、自然环境区和户外休闲区。④原材料提取区。⑤研究区。⑥公路、机场、港口、缆车、高压电线及其他重要通信系统设备。⑦特别区，包括危险区。⑧特别用途区或者海洋或河道保护区，其中包括交通区、垂钓区、自然环境区或户外休闲区，不管是单独的或联合的。⑨保护区。同一区域内可以建立多种土地使用类型。土地规划应包括对环境考虑（包括对自然环境、文化遗产以及美学）和当地社区利益考虑（包括儿童的安全与需要）方面的说明。如果规划会对土地使用规划区以外的环境产生影响，也必须加以说明。关于使用、进入或通过、关于区域和建筑设计的合法条件应予以说明。土地使用规划或部分规划应该按照实际情况变化进行修改。土地使用规划责任方应该至少每四年评估规划是否需要修改。

(3) 土地使用规划的准备

规划责任方应确保准备工作符合每块土地使用规划区的实际情况。每块土地使用规划区应该成立一个永久的规划工作咨询委员会，就提出的规划发表意见。在土地使用规划区内负有资源利用、保护措施、开发、社会和文化发展义务的土地所有者和机构有权参加规划工作。这些机构应该按照规划责任方的要求参加规划工作咨询委员会的工作。在规划过程开始时，规划责任方应向公众通告规划即将开始，或通过其他适当的方式让公众知晓规划过程。在整体土地使用规划准备或修改时期，规划责任方应起草规划项目书以说明将在规划中处理的问题。在规划过程中受到影响或有特殊利益的机构和组织应该就规划项目书发表意见。最终的规划项目书应由规划责任方公布，以便就该规划的框架和根据展开公开讨论。

规划草案应予以存放，供公众查阅，并抄送规划工作中涉及或拥有特殊利益的机构和组织以征求意见。如果问题涉及其职责范围，中央政府机构可以就规划草案提出异议。环境部可以提出反对意见。土地业主、权利持有人或其他利益方可以向规划责任方提交规划建议。规划责任方应该尽快受理这些建议。如果规划责任方发现没有理由继续受理这些建议，应该书面通知建议人，建议人可以要求将问题提交规划工作永久委员会。①

---

① 参见《斯瓦尔巴环境保护法案》第50条。

（4）规划的批准

规划责任方应将最终规划提案提交总督或环境部指定机构。如果没有人再提出异议或者这种异议已经得到考虑，总督或者由环境部指定的其他机构可以决定是否采纳该规划。除非有特殊情况，否则，采纳规划的决定应在收到全部规划文件后一个月内做出。在这种情况下，应该在时间到达期限前就做出决定，并以书面形式通知规划责任方。得到批准的规划应报送环境部备案。如果在规划中存在异议或异议没有被考虑，总督可以从中调停。如果这种调停没有找到解决方案，总督应该将案件上报环境部。环境部在必要时可以对规划做出修订。如果总督或环境部指定的机构发现部分区域尚需修订规划或提出更加具体的规划，上述机构可以禁止活动或财产分配不得在规划获批准前启动。禁令期限不超过一年。特殊情况下，环境部可以延长禁令期限。

5. 对环境造成影响的活动管理[①]

（1）在没有被批准的土地建立规划区时，下列在土地使用规划区内外进行的工作应得到斯瓦尔巴环保机构的许可证：A. 改变地形。B. 可能产生污染的活动。C. 宾馆或其他向公众提供住宿服务的场所。D. 可能对受保护的建筑物或遗址产生影响的活动。E. 按照环境部其他已经颁布的条例，可能对斯瓦尔巴环境造成压力的其他活动。F. 改变现有设置或其用途，改变设置的性质或对自然环境产生影响。在活动开始前必须得到批准。申请书应该说明该活动可能对环境产生的影响。环境部可以在公共场所存放规划申请，以供公众查阅、征求意见、颁布相关条例。任何提供了已规划活动的进一步信息的人均可以要求总督决定该活动是否需要许可证。

（2）在被批准规划的土地使用规划区内开始活动或进行财产分配前，活动负责人应该通知规划责任方和总督或者环境部指定的其他机构。通知应提供足够信息以说明活动或分配是否依照规划进行。活动可以在收到通知三周后开始，除非 A. 活动与土地使用规划条款冲突，B. 总督已经颁布了临时禁令，或者 C. 依照第三段规定需要得到许可证。如果规划未附有关活动规模或设计的补充条款，或者活动超出了此限制，活动不美观或造成超

[①] 参见《斯瓦尔巴环境保护法案》第七章。

出规划中补充条款所规定的对于私宅、休闲屋或商业区的污染，活动可能影响到土地利用规划区外的文化遗产或自然环境，或者活动可能对环境造成严重或长期的影响，除非修改规划，否则活动不得启动。不过，总督仍可以授权与规划中补充条款相冲突的活动。

（3）单个环境影响评估。活动负责人应该对以下活动进行环境影响评估：A. 对土地使用规划区外的自然环境造成轻微的影响，或 B. 对土地使用规划区内环境造成严重和长期影响。环境影响评估应该将企业对环境的影响的说明作为评估基础。环境影响评估还应包括活动对当地居民和其他合法活动的影响的考察。环境影响评估应在总督批准的研究项目基础上进行。任何计划实施第一段所述类型活动的人均应该提前尽快向总督提交通知书，包括研究计划建议。在没有事先通知的情况下提出申请，总督可以予以驳回。环境部可以发布环境影响评估条例，明确强制要求环境影响评估的活动类型。总督将决定一项活动是否需要评估。需要评估的活动负责人应提交申请和环境影响说明书，并指明申请是以说明书为基础。总督将公布申请书与环境影响说明，以征求评论意见。如果环境影响评估或其他方法发现与活动对环境的影响明显相关的新情况，总督可以就此要求进一步评估。在总督确认进行环境影响评估的义务履行前，不得批准许可证。如果活动在拿到许可证后五年内尚未开始，必须进行新的环境影响评估，除非总督豁免此项要求。

依照许可证决定中规定的条件，活动负责人应对环境进行定期和有效的监控，以便评估当前活动对环境的影响，包括确认预期影响，并采取措施推动对不可预见环境影响的早期监测。如果探测到某项活动对环境会造成不可预见的影响，应立刻通知总督。

（4）许可证之撤销。总督可以依照本法案相关条款或许可证颁发条件变更或撤销已颁发的许可证，条件是 A. 有必要防止对环境造成不可预见的破坏性影响。B. 活动对环境的破坏性影响明显降低，而又不会大量增加活动负责人的成本。C. 有必要履行挪威应承担的与斯瓦尔巴群岛有关的国际责任。D. 新技术可能明显降低对环境的破坏性影响。E. 活动负责人未遵守本法案或违反本法案中的相关规定，而且违规行为严重、重复或者持续发生。F. 监督部门官员被拒绝进入活动进行的区域。G. 未提供清理费用担保。超过 10 年，无论何种情况，都可以撤销许可证。如果经验证明该活动不会对环境产生重大破坏性影响，总督可以放宽许可证中设定的限制和条件。如果许可证颁发 5 年后尚未使用，该许可证即失效。

（5）关于污染的一般条款。任何人不得拥有、从事或者引入可能导致污染风险的任何物品或活动。如果存在与本法案或其他相关决议相悖的污染风险，活动负责人应该确保采取措施防止污染发生。环保部门可以发布关于这些措施的命令。如果污染已经发生，责任人应该采取措施。[①]

任何人不得向环境中释放对环境有害的物质。家庭活动、服务行业正常排放的微量有害物质或者产生同等排放的其他活动不受上述禁令限制。环境部可以根据情况撤销对现有商业机构的禁令。如果禁令对新建立的商业机构造成了不可预见的影响，经查证该企业对于斯瓦尔巴群岛的环境造成的影响是可以接受的，如果有必要，环境部可撤销对该企业的禁令。环境部可以决定在斯瓦尔巴群岛不得进口或使用含有有毒物质的某种产品。

任何人不得从轮船或其他船只向海中排放废弃物。不过，允许小型船只在远海中排放未被污染的废弃食品或生活废水。禁止从轮船或其他船只上倾倒或焚烧废弃物或其他物料。

总督或经环境部授权的人可以下令要求土地使用规划区内建筑要与废水处理厂相连接。环境部可以决定谁有义务运营废水处理厂以及相关的排污系统。

任何涉及可能导致严重污染的活动的人均应提供必要的紧急反应系统，以防止、检测、停止、消除或限制这种污染所造成的影响。环境部可以勒令活动负责人提交需要获得批准的偶发性事件应对计划。环境部可以就批准偶发性事件应对计划提出进一步的条件。环境部可以就提供紧急反应系统的责任程度颁布条例，也可以就公共紧急反应体系的义务颁布规定。当发生严重污染或存在发生严重污染的风险时，责任人应该立刻报告总督。

任何人不得在土地使用规划区外丢弃废弃物。在土地使用规划区内，只能将废弃物放在或遗留在专用场所。任何人不得向斯瓦尔巴群岛进口废弃物。环境部可以指定在土地使用规划区内联合收集和处理废弃物的负责人。环境部或相关部门可以颁布与排污系统、废弃物收集与处理相关的费

---

① 参见《斯瓦尔巴环境保护法案》第 65 条。

用和年度收费的条例。费用应该固定，以便覆盖全部成本，但总额不得超过建立污水处理系统（分别包括排污系统和废弃物处理系统）的投资额与运行成本之和。

所有通过和进入斯瓦尔巴的行为皆不应对自然环境或文化遗产造成伤害、污染或其他方面的破坏，或者不应对人畜造成不必要的侵扰。总督可以禁止对自然环境造成特殊压力的交通方式。在保护区外，总督可以在全年或一年中的必要时间内设定禁止或管制进入或通过划定区域的时间，以保护自然环境、文化遗产、饮用水供应或科学调查。

6. 进出斯岛的规定

除了公路或为此目的建设的场所外，一律禁止机动交通。在无雪或解冻地面上，只允许符合以下两种情形的越野机动交通。一是沿着总督依照条例指定的特定线路或因为特别目的。二是当有特殊考虑且总督已经予以许可。

允许在有雪且冰冻的地面上或者冰封的河道或海面上通行的情形有三种：一是由环境部依照条例指定的区域和沿着指定的线路。二是为了总督按照条例中指定的特殊目的。三是在有特别原因而且申请已经得到总督批准时允许越野机动交通。

应该确保永久居民使用机动交通时拥有比游客更加广泛的权利。对于永久居民使用机动交通的限制必须根据斯瓦尔巴群岛的环境考虑做出，对于机动和非机动交通分开对待必须具备充分的法律依据。

河道中的机动交通只有经总督许可才合法。不得使用喷射滑雪板。飞机不得在已经许可或批准的飞机起落跑道外的船只、陆地或水面降落，可以向总督申请禁令豁免。任何人不得驾驶飞机靠近已知的大规模哺乳动物和鸟的聚集区一海里以内。

7. 休闲小屋惯例

休闲小屋只能由以下两种人群拥有或租赁：一是或曾经是斯瓦尔巴群岛的永久居民。二是总部设在斯瓦尔巴群岛且其大部分雇员或成员是斯瓦尔巴永久居民的协会。任何人不得拥有或租赁超过两套休闲小屋。休闲小屋及其周围环境应予以维护，以免破坏景观或对人畜造成危险。①

---

① 参见《斯瓦尔巴环境保护法案》第 85~86 条。

8. 环境损害赔偿规定

环保机构将对环境状态进行检查，并监控执行情况。重要的是，根据环境要求确保监控的有效性以及这些措施对环境造成的压力最小化。总督应通过建议、指导和提供信息等方式推动本法案目标的实现。

国王可以规定游客在斯瓦尔巴的缴费标准。永久居民可以不用缴费。所收费用收入投入到斯瓦尔巴环境保护基金（The Svalbard Environmental Protection Fund）。总督可以勒令任何因违反本法案相关条款而造成环境破坏的人向斯瓦尔巴环保基金支付环境赔偿。环境赔偿总额的设定应基于被破坏情况的价值、环境破坏的程度和影响持续时间、损害者的过失、对破坏者的其他制裁措施及其个人一般情况确定。如果赔偿要求在执行程序中与刑事、民事或指控案件发生抵触，法庭可以对赔偿要求进行全面审理。明确了违法者对环境损害赔偿需承担过错责任，赔偿没有上限。

《斯瓦尔巴环境保护法案》对斯岛的环境保护发挥了重要的作用，但由于该法令将斯岛大片土地划出《斯约》保护区，缩小和减少了缔约国在斯岛活动的范围，实际上造成了单方面修改《斯约》的效果，因此，《法案》一度遭到俄罗斯等国的强烈反对，俄方曾多次与挪交涉，并做其他缔约国的工作，希望阻止《法案》在斯岛的适用。

（五）挪威国内环境保护法令在斯岛适用

除了挪威依《斯约》制定的《斯瓦尔巴环境保护法案》外，挪威适用于斯岛的国内法也对斯岛的环境保护做出规定，如污染法令，野营条例，养狗条例，农业、狩猎、捕鱼条例，土地利用条例，交通条例，旅游条例等，对斯岛动植物、野生资源保护、土地使用等方面加以保护，调整人们的活动对于生态产生的影响。1983年的《污染防治法令》是挪威比较重要的涉及环境保护的国内法，这一法律经国王批准适用于斯岛。

《污染防治法令》是一部由挪威环境部颁布实施的防止污染和废弃物的法律，该法案的宗旨在于保护室外环境，防止污染、减轻已经存在的污染，减少废弃物的排放量，并促进对废弃物的有效管理，以避免污染和废弃物对人类健康造成伤害，或对社会福利造成负面影响，或破坏自然环境的生产力和再生力。

《污染防治法令》为企业设定了避免污染的义务（第7条）与信息申报

义务（第49条）。① 法案规定，禁止污染物排放，企业必须向挪威气候环境局或是辖区县级（挪威有20个县）环保部门申请排放许可证，企业必定会受到某些约束才能被授予这样的许可证，但允许企业向环保部门申请豁免权，运输行业的大部分企业受法律豁免。排放数据报告制度是在斯岛从事商业活动的企业需要履行的涉及环境保护的重要制度。《污染防治法令》第49条规定，拥有、进行或开始任何可能导致污染物或废弃物排放问题的任何事物或行为的任何人，均有义务向污染控制管理部门或是其他公共机构上报提供根据本法规定任何有利于其继续执行该项目的必要信息。挪威气候环境局是国家级别的污染控制管理部门，该局要求挪威所有根据《污染防治法令》获得排污许可证的企业必须每年报告排放数据以便有关部门跟踪依法获得排污许可证行业的污染情况。② 报告需包括许可证中专门规定的物质，也包括企业生产中其他相关物质的排放。此外，公司还应详细记录生产活动中的所有排放情况、建立相关排放的评估系统，并向管理部门报告。③ 如果因为采用了新的原材料，或生产工艺发生改变或类似原因使去年的排放量与往年相比有明显上升或下降，即使排放量仍在允许的排放限制内企业也应该在相应的注释栏写明情况。企业应保存至少3年的所有测量结果（连续测量/采样），以便主管部门随时查阅。

挪威气候环境局是国家层面的污染控制管理部门，每个行政单位的最高行政长官是当地污染控制监察者，行业的自查报告制度和督查制度是挪威环境保护的基础制度，也是缔约国最主要的环境保护义务和责任。

（六）斯岛环境保护区制度对缔约国权利的侵蚀

挪威通过一系列的法律和措施加强对斯岛环境的管理与保护，就连对挪威在斯岛主权扩展持反对态度的欧洲议会副主席戴安娜·沃利斯女士也对此给予高度评价："对斯瓦尔巴群岛的几次访问使我清楚地看到，挪威代表条约各个缔约方对该岛的管理是令人钦佩的——他们的工作非常出色，

---

① Finn Aakre Haugen：《挪威环境管理体系》，《世界环境》2016年第2期，第36~40页。
② 这一自查报告制度建立于1992年，1992年后的所有在斯岛从事生产经营活动的企业都应遵守这一制度。
③ 报告包括：初步问题、各个排污许可证具体要求的有关情况、报告非法污染以及其他不合法的行为（描述与排放许可证要求不符的情况或是与适用的法律法规不符的情况）、企业年度总排放和废弃物量的报告、根据要求做预案报告。

甚至远远超过我们最初的预期,这是无可争议的"。但实际上,挪威这一系列的措施不可避免地对缔约国在斯岛的活动带来更多的限制,在一定程度上达到改变《斯约》赋予缔约国权利实现的效果。

1. 对缔约国从事海洋、工业、矿业或商业活动范围的侵蚀

从缔约国在斯岛开发权适用的空间范围看,包括"条约第一条所确定的陆地范围"及"其领海",① 但依据相关法规,挪威已在斯瓦尔巴群岛65%的地区建立自然公园保护区,包括3个国家公园、3个植物保护区和15个鸟类栖息地,在国家公园、自然保护区、受保护生物小区及地理小区、文化环境等几种保护区内不得探矿,这些规定在一定程度上缩小了缔约国的探矿范围。在一定程度上达到改变《斯约》赋予缔约国权利实现的效果。

2. 环境保护规定对缔约国活动内容的限制

植被分布、动物的活动行踪与进化都是北极科考的重要内容,《斯瓦尔巴环境保护法案》对缔约国在斯岛的采集权、狩猎权做出严格限制,在一定程度上限制了缔约国的科考活动内容。如《斯瓦尔巴环境保护法案》第30条规定,禁止诱捕、追踪或采取其他方法搜寻北极熊,以免对北极熊造成侵扰,或者给北极熊或人类带来危险。没有总督许可,任何人不得对动物使用麻醉剂或制动剂。只允许收获和采集环境部在条例中规定的动物蛋和皮毛(第31条)。此外,《斯瓦尔巴环境保护法案》也对科考人员或是旅游者作业过程中可能需要租用临时的小屋做出限制性规定,斯岛的休闲小屋只能由 A. 是或曾经是斯瓦尔巴群岛的永久居民,B. 总部设在斯瓦尔巴群岛且其大部分雇员或成员是斯瓦尔巴群岛永久居民的协会租凭,其他人没有租赁权。这些规定在一定程度上限制了缔约国在岛上的活动内容。

3. 环境保护规定对缔约国活动能力的限制

交通是缔约国在斯岛从事各种活动需要考虑的重要因素,挪威通过环境保护法案对缔约国在斯岛的活动能力做出严格限制。《斯瓦尔巴环境保护法案》规定,总督可以禁止对自然环境造成特殊压力的进入、通过或者交通方式。除了公路或为此目的建设的场所外,一律禁止机动交通(第79

---

① Ole Kristian Fauchald, Bård Sverre Tuseth, *Global and European Treaties* (Oslo: Department of Public and International Law, 2007).

条)。无雪地面上,只允许 A. 沿着总督依照条例指定的特定线路,或 B. 有特殊考虑且总督已经予以许可的路线行驶。缔约国的科考人员在科考过程中不可避免使用车辆等交通工具,交通工具还承载着运载可靠设备的重任,这些规定不可避免会影响科考活动的深入开展。[1]

通过对斯瓦尔巴群岛环境的治理,挪威政府希望实现:(1)连续、坚定地行使主权;(2)恰当地遵守《斯约》;(3)保持地区和平稳定;(4)保护本区域珍稀自然原始生态;(5)维持岛上挪威人社区的生活。但这不可避免地缩小了缔约国的活动范围、内容和领域。

三 渔业开发制度

自古以来,挪威人就以捕鱼、猎鲸、猎捕海豹为生,这种生产方式已经发展成为沿岸地区生活和文化的基础。时至今日,渔业仍是挪威仅次于石油的第二大支柱产业。斯瓦尔巴群岛南部海域蕴藏着极其丰富的海洋生物资源,依1976年《经济区法令》,挪威设立了3个专属经济区,分别是1977年1月1日建立的挪威200海里专属经济区、1977年6月15日建立的斯岛200海里渔业保护区、1980年5月29日建立的扬马延渔业保护区,在斯瓦尔巴群岛渔业保护区(以下简称"斯岛渔业保护区")实施有效管理。

(一)斯瓦尔巴群岛渔业保护区范围

斯岛渔业保护区位于巴伦支海域,由俄罗斯新地岛(Novaya Zemlya)、弗朗兹约瑟海域(Franz Josef)和挪威陆地北部的北海海域和斯岛南部海域组成,面积约130万平方公里,囊括了"斯瓦尔巴方框"全部水域,保护区南部与挪威专属经济区重叠,东南部与俄罗斯巴伦支海域专属经济区北部重叠(俄挪2010年《俄罗斯联邦与挪威王国关于在巴伦支海和北冰洋的海域划界与合作条约》将这部分重叠区域划归俄罗斯),[2]其余部分应属于公海。

为了保护斯岛渔业资源与生态环境,挪威在2011年《专属经济区修正案》中进一步划出渔业保护区中的禁捕区。熊岛(Bjørnøya)领海基线外4~

---

[1] 参见《斯瓦尔巴环境保护法案》第79~84条。
[2] Art. 2 of the Murmansk Treaty.

20 海里、西斯匹次卑尔根岛和南角岛（Sørkapp）领海基线外 4～15 海里、北纬 77°30′～80°北部基线 4～20 海里、东经 14°以西 4～20 海里为禁捕区（见图 2－4）。①

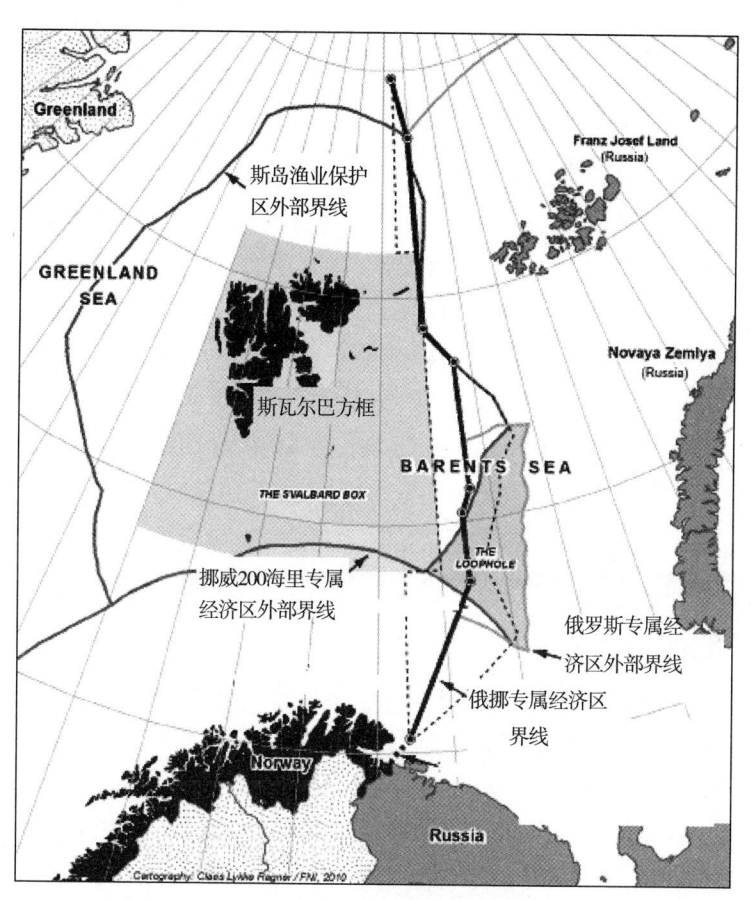

图 2－4 斯瓦尔巴周围水域图②

（二）挪威在斯岛渔业保护区的主要执法力量——挪威海岸警备队

依据挪威《海水渔业法案》（1983 年），挪威海岸警备队是主要执法力量，挪威海岸警备队始建于 1977 年，是挪威国防体系的组成部分。警备队分两个中队，基地分别设在挪威南部和北部。海岸警备队的巡逻区域覆盖

---

① Regulations Amending The Regulations Relating to Mesh Sizes, By catches and Minimum Sizes, etc., During Fishing Operations in the Fisheries Protection Zone Around Svalbard, Section 2.
② Jensen, "The Barents Sea", *The International Journal of Marine and Costal Law* 26 (2011): 154.

挪威管辖的所有海域领水、专属经济区、斯岛渔业保护区等水域，面积超过200万平方公里，相当于挪威国土面积的6.5倍。每年的经费预算约7200万美元。1986~1992年年间，海岸警卫队在渔业区内进行了3800余次执法活动。每年执法活动在500~600起，占挪威海岸警备队执法活动的40%~45%，其中书面警告居多，占40%~50%，而真正抓捕的仅有1%~2%。[①]

1. 挪威海岸警备队的主要职责

海岸警备队的职责主要有六项。其一，统一指导管辖区内的监视和监督工作，监视和控制管辖海域内本国和外国渔民的渔业活动，协助警察、海关等其他行政部门开展工作，利用船舶和飞机向在专属经济区（渔业保护区）和大陆架活动的其他政府机构提供帮助，监控在挪威领水航行的外国船只。其二，最大程度搜寻和救助发生危险情况的船只或渔民，紧急抢险救灾，警备队每年大约有30%的时间用于管理和帮助渔民。其三，履行军事义务。其四，向北极工作站运送货物、物资和人员。类似的任务每年超过100次。其五，从事科学研究活动。如从1992年开始，海岸警备队每年都会拿出6周的时间，用2艘小型执法船统计鲸鱼数量。其六，监督、清除故障船只和危险漂浮物，防止石油污染，每年海岸警备队都要拖走约100艘发动机发生故障的船只。其中涉及斯岛渔业保护区的主要执法职责是监视和控制保护区内本国和外国渔民的渔业活动，这也是缔约国与挪威就渔业保护区问题最主要的争议。

2. 主要执法装备

目前，挪威海岸警备队可调用的执法船有25艘，17艘在南部，8艘在北部，北部的执法船主要在斯岛渔业保护区和巴伦支海域执法。其中的大型执法船的排水量达3200吨，配备57mm和420mm的枪支和声波定位仪等，可防袭和反击水下违法行为。每艘船上约有50人，军官和士兵各占一半。为了使海上巡逻能连续进行，大部分的执法船都配有两班船员，每隔32小时轮换一次。小型船舶都根据执法需要重新改装，船上配备步枪。人员由军人和其他人员组成，军人负责检查和指挥操作，其他人员负责驾驶船舶，人数一般为5至20人。此外，警备队可调用6架直升机和9架旋风

[①] Geir Hønneland, "Compliance in the Fishery Protection Zone around Svalbard", *Ocean Development & International Law* 29 (1998): 345.

式飞机。

3. 海岸警备队在斯岛的主要执法活动

渔业监督检查是海岸警备队的重要任务之一，也是在斯岛主要的监管活动，海岸警备队在斯岛渔业保护区监管活动是主要目的是实施挪威渔业法规，保护渔业资源，维持渔业可持续发展。海岸警备队每年大约有2500名检查员对拖网渔船和大型渔船进行检查，平均每天要登临检查6艘大型渔船。① 无论是乘船还是乘直升机登临渔船，一次检查任务通常由两名检查人员完成。检查内容有三项，一是检查渔具、渔获物的种类和大小；二是检查有关证件、捕捞日志和需要检查的有关报告；三是核查船舱内的渔获物是否和捕捞日志一致，以控制捕捞渔船不能超过捕捞配额，避免渔民丢弃低于可捕标准的幼鱼和捕捞保护品种等。一般来讲，检查要持续4至8小时，有时会持续检查20小时。对发现严重违规者，会扣留和起诉渔船。违法的外国渔船会被带回挪威港口，由当地警察再进一步调查核实后决定是否放行。在检查中，大约有4%的渔船因严重违反挪威渔业法规而被扣留和起诉。

除了执法活动外，搜寻和援救也是海岸警备队在斯岛渔业保护区的主要职责。如果缔约国的渔船或是科考船、旅游船舶发生海难，海岸警备队必须采取搜寻和援救，此外，挪威的警备队会直接从援救协调中心得到各种救援命令参与搜救。但例外的是，如果缔约国的科考船舶没有将活动内容上报挪威当局，挪威海岸警备队没有搜救义务，这主要是针对俄罗斯做出的规定，俄罗斯在斯岛的科考活动并不上报给挪威政府。

（三）挪威在斯岛渔业保护区的制度规定

自20世纪70年代中期起，专属经济区概念兴起，为了避免直接宣布斯岛专属经济区会引发《斯约》缔约国的关注和质疑，② 1977年，挪威宣称基于国际习惯法，依据1976年《挪威经济区法令》，建立200海里斯岛渔业保护区，以此保护和管理斯岛渔业资源和脆弱的生态环境。挪威渔业保护区制度与专属经济区制度在范围、职权、制度等领域都十分相似。

在保护区内，一般性渔业管辖权归挪威专属，挪威依据1977年之前10

---

① "Forsvarets årsrapport 2013", *Norwegian Armed Forces*, 2014, pp. 49 – 51.
② 西班牙、冰岛、俄罗斯对挪威是否有权在斯岛周边水域行使管辖权提出质疑，并声称要诉诸国际法院。

年的捕捞情况、限定保护区捕捞权、捕捞配额、[①] 禁渔区、最小网口尺寸及最小捕鱼尺寸、某些渔业的渔具限制、附加渔获物的规定、丢弃物的禁令和禁渔期。

1. 对保护区最小网口尺寸及最小捕鱼尺寸的规定

最低可捕标准限制是指对渔获物的规格大小进行限制的一种管理措施，目的是为了保护幼鱼，从而实现资源的恢复和可持续利用。该措施的具体实施办法一般是对允许上岸的渔获的尺寸大小作出明确规定，同时亦规定了渔获中幼鱼的最高比例。最低可捕标准限制的优点是，对于幼鱼的养护以及捕获后重新放回大海时存活率较高的渔业资源是非常有效的。为保护域内鳕鱼、毛鳞鱼、虾等渔业资源，挪威对保护区内各种可捕鱼类的最小捕捞尺寸和最小网孔作出明确规定（参见表2-5）。

表2-5 斯岛渔业保护区最小网孔及最小捕鱼尺寸规定

种类	最小网孔	最小捕鱼尺寸
鳕鱼（Cod）	80mm	44cm
黑线鳕鱼（Haddock）	80mm	40cm
绿鳕（Saithe）	80mm	40cm
基围虾（Shrimps）	35mm	6cm
毛鳞鱼（Capelin）	16mm	11cm
大比目鱼（Halibut）	未规定	60cm
碟鱼（Plaice）	未规定	29cm

2. 对渔具的限制规定

渔具管理是采取限制或削减捕捞设备（如渔网或渔船）的渔获能力来控制捕捞强度的一种管理手段。挪威通过限定渔具的数量以及规格来控制渔获量，规定入渔的渔船数量以及渔船的功力、网目尺寸、鱼笼和鱼钩的数量以及流网长度等。为了改善海上的渔业管理，长度大于24米的捕鱼船在保护区作业时必须安装卫星监测系统（VMS）。此外，还规定在斯瓦尔巴

[①] 捕捞配额制度是挪威渔业资源保护最重要的法律制度。配额的分配既包括了国际捕捞配额的分配，也包括了国内捕捞配额的分配。挪威80%的渔获量是与外国共享的渔业资源的配额，主要配额的管理鱼种有鳕鱼、鲭鱼、鲱鱼、龙虾等。

群岛保护区的鳕鱼拖网渔业中要使用分离格，以此减少网具丢失。一般来说，严格执行此种管理手段的直接效果是导致管理成本增加，相当一部分捕捞实体会因为没有经济利益可图而退出渔业生产，使渔获量直线下降。另外，该手段还可减少对部分鱼种的渔获率，从而有益于特定鱼种的养护。

3. 捕捞配额制度

捕捞配额制度是挪威渔业资源保护最重要的法律制度。挪威依据1977年以前10年时间内的捕捞记录，赋予俄罗斯（苏联）、法罗群岛、欧盟捕鱼配额（英国在斯瓦尔巴群岛渔业保护区的鳕鱼配额占12%,[①] 西班牙和葡萄牙有一半的配额），这种鳕鱼捕捞配额管理规定与冰岛渔民的利益产生了冲突，他们没有获得相应的捕鱼配额。对此，冰岛声称，挪威无权对斯瓦尔巴群岛周围200海里以内渔业保护区的非挪威船只实施管辖权。有捕捞配额的国家的捕捞行为受到1983年挪威《海水渔业法案》《经济区法令》和1966年第19号令[②]（《12海里渔业活动法》）《外国渔船在挪威专属经济区捕鱼法》的约束。《海水渔业法》（1983年）规定了实行捕捞配额制度、保护渔业资源措施和捕捞行为的限制，并授权渔业部或由渔业局决定渔船的配额、禁渔区、网目尺寸、捕捞标准、禁止与限制的渔具渔法、渔场分配、作业时间、作业船数、禁捕品种等。还包括渔获的销售、维持渔场正常作业秩序、管理者的职责、控制与监督的职责、法律责任等内容。

值得关注的是，英国正式脱欧以后在渔业捕捞配额问题上将无须遵守欧盟的法规和建议，英国的渔业不再从属欧盟"共同渔业政策"的法律框架。对于英国在斯岛渔业保护区的捕捞配额应该如何确定？是欧盟与英国通过谈判确定，还是挪威与英国单独达成协议，还不得而知。

对此，西班牙渔业协会秘书长哈维尔·加拉指出，渔业是欧盟重要的基础产业，在英国脱欧公投之前，欧盟内部以及相关国家几乎每年都要为

[①] 在北海、挪威海和巴伦支海，超过1/3的欧盟捕捞配额归英国管理，2016年欧盟在以上海域的总配额约900000t，其中英国重要鱼种的配额就超过300000t。英国脱离欧盟将造成欧盟渔业在北部大片海域的巨大损失。基于成员国之间相对稳定的原则，欧盟的渔业配额实际上是恒定的。配额被认为是神圣不可侵犯的，配额的分配被牢牢地固定。因此，英国迫不得已要退出这个贸易集团，欧盟也将付出代价，仅在斯瓦尔巴群岛渔业保护区12%的鳕鱼配额将丧失。

[②] 1966年第19号令于1977年5月13日通过，规定外国渔船能在挪威12~200海里水域作业，但渔船的标示必须清楚，并且需悬挂船籍国的国旗，必要时须接受登船检查。

渔业资源保护、捕捞配额分配等问题产生激烈争论，英国是欧盟中重要的渔业国家，欧盟现有的渔业运作模式大多需要与英国进行谈判才能确定，英国脱欧之后，欧洲的渔业问题将会变得更加错综复杂，欧盟渔船原先的作业区域需要重新划分，欧盟需要与英国谈判签署双边渔业协定，就像现在欧盟与摩洛哥和毛里塔尼亚的渔业合作模式。这将大大增加欧洲渔业运营和管理的成本，也会引发冰岛、丹麦、俄罗斯等具有传统捕鱼权国家的关注。

4. 报告制度

海岸警备队和渔业理事会是主要的检查机构。有捕鱼权的国家应向负责控制配额的渔业理事会[①]及时上报在这一海域的捕捞量并保留记录，[②] 渔船必须提交随带的种类信息和进入保护区的时间。另外，渔船每星期必须向渔业理事会提交渔获量的报告。渔船也有义务向渔业理事会通报完成捕捞作业的时间和离开的时间。为了控制在保护区内的外国渔船，挪威渔业当局在62°N以北建立了7个检查点来检查渔船的捕捞活动。其中捕捞日志和销售单据是检查的重点，长度大于13米的所有渔船必须提交捕捞日志，小船必须填写简单的捕捞日志。捕捞日志是监测渔船捕捞活动的第一手资料，对检查各种类的鲜重，每次作业的确切位置和捕捞时间有重要意义。销售单据是渔民和买主之间的销售合同，对渔业当局来说，该文件是有关配额的记账依据。根据销售单据的信息，当局能够估计配额用完的时间，从而停止捕捞作业。外国渔船在到达检查点之前24小时，有义务向渔业理事会通报配额，除非有协议，外国人禁止在此区域捕鱼、捕鲸、捕猎海豹，这一规定与挪威专属经济区不同，斯瓦尔巴群岛渔业保护区是非歧视性的。[③]

[①] 渔业理事会是渔业部有关海洋渔业和水产养殖管理的一个咨询和实行机构。其主要任务是制订法规、指南、检查、资源监测和控制。

[②] 要求捕鱼船配备卫星跟踪设备，及时报告捕鱼量。参见 Regulations Amending the Regulations Relating to Reporting (position, catch and activity data) and control, etc., During Fishing and Hunting Operations in the Fisheries Protection Zone around Svalbard, Section 4 Requirements Relating to Reporting.

[③] Norway, UD-informasjon No. 25, "Utenriksminister Knut Frydenlunds innlegg i Stortingets utenriksdebatt", 6 June 1977. 转引自：Torbjørn Pedersen, "Denmark's Policies Toward the Svalbard Area", *Ocean Development & International Law* 40 (2009): 324.

(四) 俄挪联合渔业委员会对斯岛渔业保护区捕鱼活动的管理

历史上，挪威和俄罗斯共同管理这片海域，两国平均分配鳕鱼的捕捞额。挪威和俄罗斯在斯岛部分水域的渔业合作具有共享性，具体包括以下三个方面。其一，共同确定可捕鱼种（鳕鱼、黑线鳕、毛鳞鱼和格陵兰庸鲽）及其最小可捕尺寸、捕捞作业区域。其二，共同协商设立总可捕量以及双方和第三国的配额比例。其三，共同监督两国渔业活动，防止出现违反各自国内法的渔业活动。

1975年4月11日，两国签订了《苏联与挪威关于渔业合作的协定》(*Agreement Between the Government of the Kingdom of Norway and the Government of the Union of Soviet Socialist Republics on Cooperation in the Fishing Industry*)，组建苏挪渔业联合委员会（Joint Norwegian-Russian Fisheries Commission），[①] 该委员会的首要任务是确立巴伦支海的年总捕捞配额，然后再确立两国各自的捕捞配额以进行国内捕捞配额的再分配。该委员会的管理区域不仅包括苏挪两国巴伦支海的国家管辖海域，还包括巴伦支海 Loop Hole 公海区域、巴伦支海外的挪威海（包括挪威海 Banana Hole 公海区域）、格陵兰海以及北冰洋海域（包含北冰洋中央公海区域），对斯瓦尔巴部分水域渔业资源的科研、开发、捕捞等活动加以管治。

每年1~3月由两国的调查船在海域内进行资源调查，资源调查结果在国内汇总后，交给国际海洋开发理事会（ICES）[②] 的渔业管理咨询委员会（ACFM）资源工作小组，每年8~10月，再根据渔业管理咨询委员会对鳕鱼资源提出的3~5个方案供挪威与俄罗斯选择。渔业管理咨询委员会在听取来自渔民和其他有关人士的意见后，将配额建议方案提交俄挪进行谈判。具体而言，挪威每年11月中旬就巴伦支海资源与俄罗斯谈判，谈判过程中有时会论及可捕捞总量（TAC）的交换。20世纪70年代，斯岛渔业保护区内的鳕鱼常以50∶50的比例进行分配，毛鳞鱼的配额则根据挪威的意愿以60∶40的比例进行分配。此外，剩余4%的鳕鱼捕捞量给第三方（欧盟成员国、法罗群岛、冰岛、格陵兰岛，2013年给第三方的捕捞量达到14%~

[①] 苏联解体后，该委员会改称为挪威-俄罗斯联合渔业委员会。
[②] ICES 由挪威、欧盟、俄罗斯等国的科学机构组成，针对北大西洋的海洋资源状况进行评估。

15%)。此外，挪威和苏联还交换专属经济区内的捕捞配额，苏联将其靠近挪威的专属经济区内的鳕鱼（cod）捕捞配额给挪威，而挪威则将斯岛渔业保护区内鲑鱼（redfish）、鲱鱼和比目鱼（Grennland halibut）的捕捞配额交给苏联。1978年1月11日《苏联与挪威关于巴伦支海重叠海域渔业临时协定》签署，依据该渔业协定，苏联和挪威陆岸200海里的巴伦支海海域内，包括斯岛渔业保护区南部海域，双方都可行使管辖权，监管各自本国的渔船，双方也可以扣留和拘捕未获捕鱼许可的船只，该协定每年续延一次，[①] 1978年协定防止了双方因渔业引发的纠纷进一步恶化，但并没有带来争议海域法律地位的完全确定，相应地，仍然存在着发生冲突的潜在风险。1980年俄挪双方签订了《关于养护生物资源的协定》，排除了第三国在争议海域开采生物资源的可能性，直到2010年《俄罗斯联邦与挪威王国关于在巴伦支海和北冰洋的海域划界与合作条约》生效。

四 斯岛狩猎制度

早在1700~1850年间，俄罗斯人就在斯瓦尔巴地区狩猎，形成各类狩猎村社70多个。主要猎取海象的长牙、油脂和皮革，另外还猎取驯鹿、海豹、禽类，收集禽蛋等。一些狩猎者为猎取北极熊和北极狐的皮毛，在斯瓦尔巴地区度过漫长、寒冷、没有太阳的冬季。许多村社有皮革、绒毛、手工艺品的加工和贸易活动，形成各种作坊，成为旅客参观、购物的景点。1850~1973年，俄罗斯人在这一区域的活动减少，挪威人的狩猎活动增加。斯瓦尔巴地区最有名的北极熊狩猎人名叫Henry Rudi，他曾捕杀过759头北极熊，最多的一年杀死了115头。1973年以后，北极熊受到无条件的保护，其他狩猎活动也受到限制。依据《斯约》规定，缔约国在斯岛陆地及领海享有狩猎权，但挪威在随后制定的《斯瓦尔巴环境保护法案》中对缔约国的狩猎权做出了限制性规定。

（一）缔约国狩猎权适用范围的限制

依据《斯约》规定，缔约国在斯岛的陆地及领海享有捕猎权，但挪威的专门法对缔约国捕猎权的范围有所限制。《斯瓦尔巴环境保护法案》规

---

① 匡增军：《2010年俄挪北极海洋划界条约评析》，《东北亚论坛》2011年第5期。

定，一律禁止缔约国在斯岛国家公园、自然保护区、受保护生物小区对自然环境造成长期影响的活动，包括狩猎和捕鱼活动。①

此外，在地产业主个人财产上禁止捕猎或捕捞。《挪威关于斯瓦尔巴群岛法案》为地产业主设定了以下独家权利：A. 在寓所、房屋、仓库、作坊及其他建筑物等以使用为目的的财产附近；B. 活动的主要场所或财产使用的10公里范围以内。地产业主拥有在国王颁发的许可证保护下的狩猎、捕鱼、采集蛋类和羽毛的唯一权利。这种保护应在《挪威人报》上发布通告并以国王命令的方式标示出位置。

（二）对于捕捉动物权利的规定

《斯瓦尔巴环境保护法案》规定，在斯岛陆地及其领海捕猎，须有斯岛总督颁发的许可证（狩猎证、捕鱼证）。许可证不得向不满16周岁者颁发。总督可以授予捕兽人在规定地区和时期内在捕兽人小屋内过冬的专属权利。环境部可以就许可证（许可证应说明条件，包括许可证适用的区域和时间、可能捕捉的数量、捕捉方法类型或者使用的工具）、每只被猎杀动物的应收费用、与授予许可证相关的培训和考试条件、为培训目的而参加狩猎和捕捉的权利，以及关于捕捉权利的其他条件颁布进一步的条例。

（三）对于捕猎种类的限定

1. 依据《关于北极熊狩猎的法案》，② 禁止诱捕、追踪或采取其他方法搜寻北极熊，以免对北极熊的造成侵扰，或者给北极熊或人类带来危险。

2. 《斯瓦尔巴环境保护法案》规定，只允许收获和采集环境部在条例中规定的动物蛋和皮毛。只允许按照条例规定在管理局的指挥下在规定期间和数量范围内收获某种特殊物种。总督有权允许蛋类和皮毛采集。在授予此项专属权之前，总督应就规定期限内提出专属权申请进行公告。授予专属权利的决定应该说明此项权利涉及的物种。收获过程中不应对目标物种造成不必要的破坏，不应给人类的生活带来危险或对财产造成任何损坏。

3. 为了保护环境，任何人不得猎取、捕捉、伤害、杀害动物或损害其

---

① 《斯瓦尔巴环境保护法案》第27条。
② 《关于北极熊狩猎的法案》于1957年颁布，2002年修订改为《关于北极熊保护和狩猎的法案》。

蛋卵、巢穴或窝。合法进入和通过或获得批准的活动对单细胞生物和无脊椎动物造成的损害或死亡，以及通过合法捕鱼活动获得的捕捞物除外。

4. 在保护区外可以捕捉北极狐、海豹、松鸡等九种动物，在保护区外可以张网捕捞红点鲑，但只限斯瓦尔巴群岛本地居民。

（四）对狩猎时间和狩猎方法的限制

1. 《斯瓦尔巴环境保护法案》规定，某物种的繁殖或筑巢期不得定为许可的捕捞期或狩猎区。

2. 每年4月1日至8月31日期间，任何人不得在海鸟栖息地1海里范围以内鸣响轮船汽笛、开枪或制造其他噪音。没有总督许可，任何人不得对动物使用麻醉剂或制动剂。禁止使用有毒或化学物质杀害动物。

3. 管理局应该颁布相关条例规范狩猎、捕捉、捕鱼的捕捞方法和器材，应保证收获不会明显改变原种的构成与进化。

4. 违反本法案而得到动植物物品的所有权应受到的惩罚。违反法律规定收集、诱捕或杀死的动植物，依照挪威《刑事程序法案》应没收充公，由斯瓦尔巴环保基金获得所有权，罚款应通过法院判决强制执行。斯瓦尔巴环保基金将决定如何处置这些动植物物品。如果斯瓦尔巴环保基金没有得到上述物品，总督可以要求违法者向斯瓦尔巴环保基金支付同等价值的赔偿金。

五　矿产开发制度

斯岛蕴藏着丰富的煤、磷灰石、铁等多种矿产资源。早在1800年，岛上煤矿资源陆续被发现和开发，煤炭产业是该群岛的传统产业，也是使人类开始在该岛定居和繁衍的第一个产业，《斯约》赋予缔约国平等的在斯岛陆地和领海采矿的权利。挪威针对斯岛的资源开发制定了专门的法律法规，排除了挪威《石油法令》（2001）在斯岛陆地及领海甚至大陆架的适用。1925年，挪威依据《斯约》颁布实施《斯瓦尔巴采矿法典》（*Mining Code*，以下称《采矿法典》），该法典包括七章36条，对缔约国在斯岛矿产勘探和开发权的申请、矿产生产和经营、矿主同土地所有者的关系以及矿主对矿工的保护等问题进行了规定，是挪威制定的最早的关于斯岛的法规之一。

（一）主要监管机构

法规明确规定斯岛矿产资源的行政管理与监管机构是斯瓦尔巴矿产委

员会（Commission of Mines Bergmester），① 某些重要决策仍需经国王批准。斯瓦尔巴矿产委员会的主要职责有：矿产开发许可证的颁发与管理、矿产开采权的审批，要求矿主履行某些责任及对其行为进行监督，对不符合规定的矿主进行处罚等。对在公共设施 500 米以内地区进行地下工程建设的决策则需经国王批准。

关于煤炭生产，斯瓦尔巴矿产委员会（以下称"矿产委员会"）认为有必要要求煤矿经营者每月报告其生产状况和资源状况，并于每年年底前上交月度报告，报告应包括矿产委员会制定的表格部分。同时，经营者应绘制自己经营的煤矿矿山地图，并要求其随矿山的发展而更新，矿产委员会须存有一份副本。矿产委员会收到的任何商业信息只得用于行政管理目的，不可被其他人获取。

（二）基本制度

1. 可开采对象

缔约国有权在斯瓦尔巴方框内探查、取得和开采煤、矿物油以及其他矿物和岩石。《采矿法典》明确将矿物油以及其他矿物和岩石的开采列为法律管辖范畴。

2. 开采活动需遵守的法律

开采和挖掘须遵守《采矿法典》以及有关税收和其他同等的规定。

3. 开采资格的认定

（1）《斯约》缔约国所有国民在挪威注册和合法成立的公司具有开采资格。只有董事会设在挪威，才能确认为该公司在挪威注册。

（2）根据挪威矿区专员的要求，个人或公司是否满足上述规定的条件，须通过挪威驻该国的公使馆或该国驻挪威公使馆、领事馆出具其所在国主管部门的正式宣誓书予以证明。

（3）未在挪威定居、在挪威或斯瓦尔巴群岛没有永久住所的个人、董事会未设在挪威或斯瓦尔巴群岛的公司，为了获得或行使采矿权，必须由挪威或斯瓦尔巴群岛的永久居民担任代理人，其姓名、职务和住址也已经呈报矿区专员，该代理人必须被授权代表他们出庭和处理他们在斯瓦尔巴

---

① 张菁晶：《山西省煤炭资源整合政策研究》，山西财经大学 2012 年硕士论文。

群岛与采矿有关的事宜，在斯瓦尔巴群岛服务的公务员不得参与任何有关矿产开发与经营的商业活动，公务员不可申请采矿权、合伙经营或从事销售代理。

（4）申请国需根据《采矿法典》向挪威有关部门提出申请，申请书应用挪威文，如果申请不是用挪威文写成，挪威有关部门可以要求申请国在一定限期内提交一份正式审定过的译文。①

4. 探矿地点的选定

申请国的探矿行动既可以在自己所有的地产上进行，也可以在其他方的地产上和国有土地上进行。如在其他人地产上或国有土地上进行探矿，须持有矿区专员或警察总长颁发的许可证，许可证自颁发之日起有效期为两年。未得到批准，不得在其他任何地方探矿。此外，申请国的个人或法人不得在距离施工或经营的任何工厂或工业设施，任何交通线、码头或房屋 500 米以内的范围探矿（此规定不包括为狩猎、捕鱼或考察鲸鱼而临时搭建使用的小屋），也不得在距离任何公共设施、科学研究设施、教堂或墓地 500 米以内的地方探矿，除非得到业主、工厂或楼房住户的同意。②

5. 探矿活动涉及的赔偿责任

探矿者必须对因探矿而对地产业主或其他任何一方造成的损坏予以赔偿。任何人阻挠合法探矿活动，应该对探矿者因徒劳奔波或其他方面而遭受的任何可以证明的损失予以赔偿。

6. 申请国发现权

（1）申请国（个人或法人）发现权的取得

如申请国在选定区域内发现含有矿物或岩石的天然矿床，需要有 2 名见证人在场，在坚固的岩石上做标记或以其他能持久性保存和妥当的方式清楚地标识发现位置。此外，还需在确定发现位置后的 10 个月内以书面形式通知矿区专员，由此取得发现权。在期限到期之前，还可将发现呈报连同全面法律效用送交警察总长备案，在这种情况下，警察总长应尽快将其转呈矿区专员。如果要申报几个矿藏发现地点，必须逐个申报，单独备案。呈报书必须由申报者签署，内容包括以下几个方面。

---

① 《斯瓦尔巴采矿法典》第 1~4 条。
② 参见《斯瓦尔巴采矿法典》第 7 条。

①申报者和见证人的姓名、住所和国籍；如有指定代理人，还要有所指定的代理人的姓名和地址。

②对发现地点和所做标记进行准确描述，并附一张比例尺不小于1：100000的示意图，并在上面标明所发现矿藏的位置。

③准确真实地说明发现所标明矿藏的时间和情形。

④附上所发现矿物或岩石的标本，同时参照这些标本说明所发现矿藏的性质。

⑤随附一份见证人的声明，说明在发现所标记地点时他们都在现场以及标记是怎样做的。

如果发现矿藏的通知已经按期备案，但其内容不符合规定，需在矿区专员规定的限期内补齐缺失部分，此时的发现权可以保留。

（2）申请国（个人或法人）发现权的丧失

如果申请国（个人或法人）在做出发现标记后五年内未将所有权调查的申请上报矿区专员，或者如果任何其他一方在所属期限到期前取得了对这块发现地点的所有权，申请国（个人或法人）其发现权丧失。已经备案的发现权可以转让，但在通知矿区专员之前的转让无效。①

7. 申请国矿区所有权取得、转让、分割及出售

（1）所有权提出

如果自然条件或任何其他情况都允许，矿区专员应在收到申请最迟两年内对所申报的矿区所有权进行调查。关于开始所有权调查的时间，应在所有权调查将要开始的该年该月月底，在指定用于此目的的官方公报上予以公布，通告的内容包括以下几点。

①申请人的姓名、住址和国籍。

②含有矿藏发现地点情况的资料和所报告标记发现地点的时间。

③要求调查的时间和地点。

④召集所有要求拥有该所有权的人，在调查中考虑他们的利益。

此外，矿区专员应将通告的副本发给与调查有关的人。但是，如果这种资料未转发或者有关方未收到，并不意味着需要再进行一次调查。

---

① 参见《斯瓦尔巴采矿法典》第9条。

每一项申报所有权的申请应交付 4500 挪威克朗的办理费用。如果一个申请人在同一地区同时提出几项申报，或几个申请人在同一个地区同时提出多项申报，则其他的每一项所有权申请需交付 1800 挪威克朗的办理费用。如果发现矿藏的地点相距不超过 30 公里时，多项申报则被认为属于同一地区，交付用于所有权调查的费用应随同申请材料一起呈交矿区专员。

（2）所有权调查

在进行所有权调查时，矿区专员首先要判断申请人是否有权申报。如果申请人有权申报，矿区专员依据下述规定开展调查。

①矿藏发现地点必须在所有权申报的范围以内。

②如果所申请的多个发现地点相互之间距离非常近，以至于取得其中一个发现地点的所有权有赖于另一个发现地点所有权的调查方式，则首先标记发现地点的人可以选择用哪种方式进行调查。如果他没有参加所有权调查，却提出了所有权要求，矿区专员应随后决定对他的发现地采取什么样的调查方式。

③所有权应根据申请人的要求和矿床的特点，按平面面积最多 1000 公顷给予。通常，给予所有权的矿区应是呈直角的平行四边形形状，其长度和宽度由申请人自己决定，但限定其长度不得大于宽度的四倍。如果该形状受到海岸线地形或自然边界的影响，且所有权要求的范围没有一个方向超过 7 公里，那么直角各边的分配应按照申请人的要求决定。边界是由表面的边界线及其无限向下的投影构成的垂直平面。

④如果所有权要求已经包含了多个发现地点，则取得其余几个发现地点的权利就会丧失。

申报调查的情况应记录在法定的工作簿里。如有人提出要求时，矿区专员应提供已经核实的该工作簿摘录信息，按每页或每一部分 10 挪威克朗收取费用。

（3）寄发所有权证书及争议解决

所有权申请被批准后，矿区专员应根据所有权调查情况，就每一项申请分别向申请人寄发专属权证书，专属权通告应在专用于此目的的公共报纸上刊登出来公示，刊登 6 个月内无异议，采矿权最终确定，采矿权所有人获得在批准范围内开采矿藏的独有权利。如果任何一方对矿区专员就所有权调查做出的决定持有异议，必须在专属权通告在公共报纸上刊登后 6 个月内，或在所有权调查遭到拒绝后的 6 个月内提出诉讼。如果在有效的限期内未提起诉讼，或在正当的时间内采取的诉讼或诉讼被正当地裁定、撤回或驳回，则该所有权为最终结果。

（4）所有权转让、分割及出售

发现权人可于标记发现地点 5 年内向采矿专员提出采矿权调查申请。任何自愿或强制性地转让所有权，和任何自愿或强制性建立所有权关系或转让抵押权或其他与所有权相关的权利时，都必须在一切法律手续完备的情况下按照不动产的规定进行。根据所有权人的申请，矿区专员可将所有权进行权利分割，把每一部分分割成特殊的所有权。从原始所有权中分割出来的所有权，每项需缴纳 1800 挪威克朗的费用。①

1925 年《斯瓦尔巴法案》第 12、13、24 条对所有权转让、分割及出售程序做出规定。第 12 条规定，查封、没收、扣押或强制出售斯瓦尔巴群岛的不动产和采矿权，应在挪威由初审法院的法官执行。其他强制执行应由总督处理。不动产和采矿权的强迫出售，应至少提前三个月在《挪威人报》上发布一次通告，并在法院办公室张贴一份布告。动产的强制出售应用通告或其他适当的方式宣布。第 13 条规定，在斯瓦尔巴群岛的抵押登记，每一项不动产所有权、每一项采矿权和每一块出租的国有土地都应单独编号。国王应制定具体的抵押登记中的所有权、采矿权的名称、抵押登记材料的保存的相关规定。第 24 条规定，如果斯瓦尔巴群岛的不动产业主或使用者不是挪威或斯瓦尔巴群岛的居民或没有永久住所，他必须委托一位挪威王国居民作为其代理人，代表他处理与此财产有关的各项事务。当业主或使用者为董事会设在外国的公司时，这一规定同样适用。代理委托书连同代理人的姓名和身份必须登记在案。如果没有提交这种代理委托书或没有登记在案，初审法院的法官可根据任何有关方的要求委任一名代理人。委任应登记在案，在所有者或使用者本人登记代理委托书之前，这一委任都有效。

8. 开采活动的规定

（1）当申请人的所有权要求得到最终批准后，他就取得了在所有权范

---

① 参见《斯瓦尔巴采矿法典》第三章。

围内通过采矿作业规定开采矿物和岩石的独家权利。所有权人有权根据采矿作业的实际需要和便利,部分开采或保留其他矿物和岩石。按照这种方式已经开采但尚未使用的矿物或岩石,可由地产业主处理。

从获得所有权到那年的 10 月 1 日算起,申报者必须在四年后在所有权范围内开始采矿作业。在此后的每五年中,必须在所有权范围内至少完成 1500 人/日的工作量。

(2) 对于不超过 25 个所有权的区域,由所有权人将矿区专员指定的各固定点的距离不超过 15 公里成为一个整体,如果所有权人在这些所有权区域的一个或一个以上的区域合计已经完成了强制性规定的工作天数,就可以被认为已经完成了其所有的强制性工作。

(3) 关于每个工作年内所完成的工作量的报告,从工作年当年的 10 月 1 日计算至下一年的 9 月 30 日,并应在第二年的 12 月 31 日以前呈报矿区专员。

(4) 在一个采矿期限内或者至少不迟于采矿期限开始后一个工作年的 12 月 31 日前,所有权人可以向矿区专员提交一份减少义务的请求书,司法部可根据矿区专员的报告,豁免工作义务或减少履行这种义务的工作日数。豁免的条件是:

①所有权人证明存在一些所有权人无法克服的重大障碍,或者这些障碍已经或正在影响其作业,例如与经营、产品的利用或销售有关的特殊情况的变化。

②所有权人证明在计算工作日时不包括一个或几个所有权,而对于他正在施行的所有权是有必要保留的。

③如果矿区所有权人未能遵守最低工作量的工作要求,也未按时申请和取得豁免权,且除了完成一年的新阶段的平均工作量外,未能在同一期间内补足工作量,其矿区所有权则在下一年的年底终止。

④当一个所有权根据上述规定终止后,一旦另一个注册发现权的拥有者在五年期限内申请该区域的所有权,则该所有权或该所有权的一部分,既不能再分配给原所有权人,也不能再分配给他占有大部分股份的公司。

⑤在矿区所有权最后确定后,该所有权人每年要为每一项所有权缴纳最多不超过 4500 挪威克朗的费用。

⑥如果出售矿区所有权,而相关费用没有交清,所有权则终止。该矿区所有权既不能再分配给原所有权人,也不能再分配给其占有大部分股份的公司,除非所有权人首先付清未交款项、诉讼费以及包括产生的利息在内的费用。当所有权人付清了应缴纳的费用,并通过给矿区专员的书面声明放弃其所有权时,该项矿区所有权即终止。具体的开发流程详见图 2-5。①

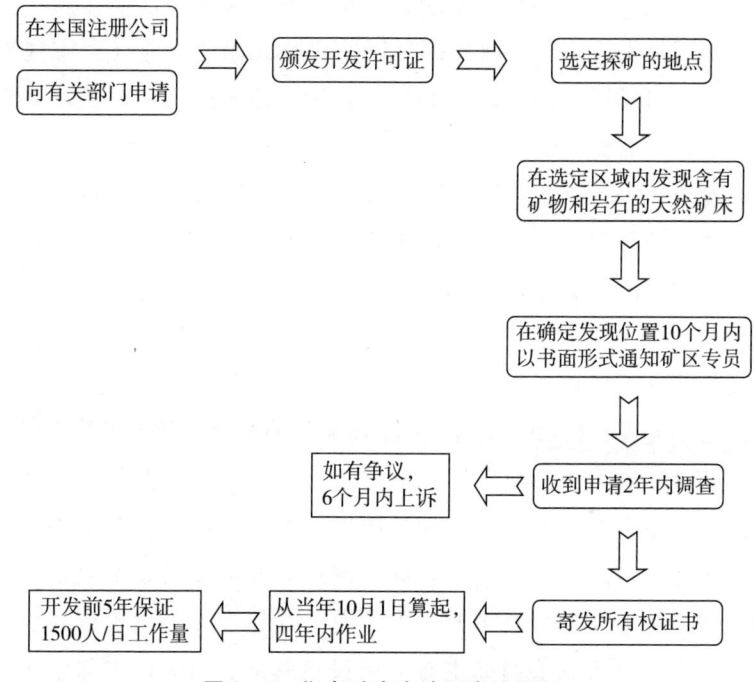

```
在本国注册公司  ⇒  颁发开发许可证  ⇒  选定探矿的地点
向有关部门申请                                    ⇓
                                      在选定区域内发现含有
                                      矿物和岩石的天然矿床
                                                ⇓
                                      在确定发现位置10个月内
                                      以书面形式通知矿区专员
                                                ⇓
              如有争议,   ⇐   收到申请2年内调查
              6个月内上诉                        
                                                ⇓
开发前5年保证  ⇐  从当年10月1日算起,  ⇐  寄发所有权证书
1500人/日工作量   四年内作业
```

图 2-5　斯岛矿产申请开发流程图

(5) 对矿工保护的条款规定

①矿主须向矿工提供健康、合适的住所,住所建设须遵守挪威相关政府部门所制定的规定。

②在矿山可能由于冰雪与外界交通受阻的时节,矿主须保证存有足够可以维持至少一年的食物和衣物及其它生活必需品。

③矿主须让生病的矿工进行医院治疗一直到其康复,同时要支付其因误工而损失的工资。如果矿工发生工伤或死亡,除以上补偿外,矿主还要

---

① 参见《斯瓦尔巴采矿法典》第 15 条。

对矿工进行其他额外赔偿,生病、工伤和死亡须根据挪威劳动保障部制定的《劳动工资法》等相关规定。

④矿主须通过银行担保、保险等方式向相关政府部门提供用于工人赔偿的保证金,保证金须经相关部门认可,如果矿主不履行该规定,相关政府部门可对其进行罚款,并一直到事情解决之日才停止罚款。

⑤矿主须为矿工提供安全健康的工作环境,如须保证矿区内各类药品和外科手术用具供给充足,保证附近医院建有必需的设施(医院建设须遵守相关政府部门所制定的规定)和设有足够的值班医生,在被认为必要的情况下,矿主可被要求在矿区内也设立医疗救护组。①

综上所述,由于斯岛问题的特殊历史背景,挪威对于斯岛及周边海域的管理和资源的开发一直采取高度谨慎的态度。对于该海域的石油、天然气资源,挪威政府目前采取不勘探、不开发的态度,避免因新资源的发现引起其他利益相关方的关注。按照《条约》规定,斯瓦尔巴群岛税收只能用于该岛经济,不能挪作他用,这对贪婪的开发欲望起着遏制作用。只要挪威人自己不开发,按照"平等""非歧视"的原则,其他缔约方也不能开发。尽管挪威政府不想在斯岛周边海域进行资源开发,但仍有一部分人对这部分经济利益垂涎欲滴。在这种情况下,学术界和民间关于保护斯岛及周边区域生态环境的呼声和行动就成为制约商业开发的重要力量。每当传出石油企业拟在斯岛进行资源开发的消息,媒体上必然出现各种批评、反对的声音,为政府采取限制提供有力的民意基础。但无论如何,挪威的这些国内法一方面是其依《斯约》享有的权利,另一方面挪威也不断利用这一权利来削弱《斯约》缔约国享有的权利。这一问题也越来越得到其他缔约国的关注。需要指出的是,《斯约》是个多边条约,所有与之相关的原则性问题都需要所有缔约国参与解决。

(三)《采矿法典》对石油资源开发适用的几个难点

《采矿法典》第2条第1款明确提到矿物油,② 由此可见,该法典应毫无

---

① 参见《斯瓦尔巴采矿法典》第四章。
② 《采矿法典》第2条,(1)探查、取得和开采煤、矿物油以及其他矿物和岩石的权利,对它们的开采和挖掘须遵守本《采矿法典》以及有关税收和其他同等的规定,除属于挪威国以外。

疑问适用于石油开采活动。对此,盖尔·尤福斯顿(Geir Ulfstein)认为《采矿法典》覆盖了科学研究和自然资源开发。① 弗莱舍(Fleischer)也认为,《斯约》第3条中"采矿业"涵盖所有的海上、工业、矿业和商业运作……似乎包括石油开采活动。② 然而,将《采矿法典》用于管理斯岛石油开发活动还面临着一系列困难。

1. 《采矿法典》关于发现权的规定不适用于石油资源的勘探

《采矿法典》勘探程序的规定不适用于石油资源的勘探,例如,根据《采矿法典》第9条第1款如何确定资源发现者权利的规定,申请国(个人或法人)首先要取得发现权,如申请国在选定区域内发现含有矿物或岩石的天然矿床,需要有2名见证人在场,在坚固的岩石上做标记或以其他能持久性保存和妥当的方式清楚地标识发现位置,此外,还需在确定发现位置后的10个月内以书面形式通知矿区专员,由此取得发现权。附上所发现矿物或岩石的标本,同时参照这些标本说明所发现矿藏的性质(第2款)。而对于石油资源来说这种发现和上交样本的基本要求是难以实现的。对此,1996年6月3日,挪威工业部发布新规定,允许采取除提供物理样本以外的方法证明资源发现权。但这些附加行政规定并未完全解决石油资源发现权无法使用的问题。

2. 石油开发权的取得

依据《采矿法典》规定,一旦石油资源发现者依据《采矿法典》程序申请成功,就享有开发权,斯瓦尔巴矿产委员会(Bergmester)③ 无权拒绝按照适当的程序申请矿产开发许可证的申请人。④ 但北极特别容易受到污染,开采过程中造成的石油泄漏,或是向海洋排放对环境有毒的物质,或是对海底造成实质性的损害,或是在海底勘探的过程中对海洋哺乳动物造成影响,⑤ 并将对北极脆弱的生态环境造成毁灭性的影响,挪威政府不会在

---

① Ulfstein, Geir, *The Svalbard Treaty From Terra Nullius to Norwegian Sovereignty* (Oslo: Universitetsforlaget, 1995), p. 194.
② Fleischer Carl A, "Oil and Svalbard", *Nordisk Tidsskrift for International Ret* 45 (1975): 7.
③ 《采矿法典》明确规定了斯瓦尔巴矿产委员会(Commission of Mines-Bergmester),该法规的执行与监管机构是斯瓦尔巴矿产委员会,其某些重要决策则需经国王批准。
④ Report No. 39 (1974–1975) on Svalbard Part IX. p. 23.
⑤ Report No. 8 (2005–2006) on Integrated Management of the Marine Environment of the Barents Sea and the Sea Areas off the Lofoten Islands, Section 3.2.

发现石油资源后，不考虑相关技术和环境问题就开展相关的开发活动。① 挪威是否会因此而收紧石油勘探开发权的主张是缔约国关注的问题。

3. 《采矿法典》对缔约国是否具有强制拘束力

《采矿法典》颁布最初的目的是将斯岛开发活动纳入挪威管辖范围，但从法律地位上看，《采矿法典》并不是《斯约》的一个附件，也不是用来处理群岛领土主权问题的条约。② 弗莱舍（Fleischer）认为《采矿法典》属于挪威国内法，因此不具有国际约束力，③ 像其他国家的国内立法一样可以由挪威议会在不违背《斯约》的前提下做出修改。④ 也有学者对此提出相反的观点，卡斯特贝格（Castberg）认为《采矿法典》是依《斯约》设立颁布的，因此具有国际法拘束力，只能通过法规创立的程序加以修改，挪威在没有缔约国同意的情况下无权单方面修改该法典，事实上，《采矿法典》自1975 年 6 月 11 日修订实施以来，至今都没有修订过。⑤

六 科考活动的法律规定

斯岛是北极科考活动的中心，斯岛的科考活动受挪威的国内法和相关国际法两个层面法律体系的规范，这部分主要介绍挪威国内法对科考活动的规制。

（一）斯岛科考范围的法律界定

依《斯约》第 3 条规定，缔约国国民平等享有自由进出斯岛及其领海的权利，这一区域包括斯匹次卑尔根群岛和熊岛及其附属岛礁，特别是西斯匹次卑尔根群岛、希望岛、巴伦支岛、查理王岛、东北地岛和埃季岛以

---

① R. Churchill and G. Ulfstein, *Marine Management in Disputed Areas the Case of the Barents Sea* (London: Routledge, 1992), p. 52.
② R. Churchill and G. Ulfstein, *Marine Management in Disputed Areas. The Case of the Barents Sea* (London: Routledge, 1992), p. 31.
③ Fleischer Carl A., Petroleumsrett (Oslo: Universitetsforlaget, 1983) p. 179. 转引自：Torbjørn Pedersen, "The Svalbard Continental Shelf Controversy: Legal Disputes and Political Rivalries", *Ocean Development & International Law* 37 (2006): 344.
④ Pedersen Torbjørn, "Denautical milesark's Policies Toward the Svalbard Area", *Ocean Development & International Law* 40 (2009): 343.
⑤ Ulfstein, Geir, *The Svalbard Treaty From Terra Nullius to Norwegian Sovereignty* (Oslo: Universitetsforlaget, 1995).

及所有附属的大小岛屿和暗礁。但在科考区域选择上却有例外规定。

依据 1925 年《斯瓦尔巴环境保护法案》规定,在缔约国国民已获取权利的不动产上不能从事科考活动,除非有国王许可。这些区域包括地产业主寓所、房屋、仓库、作坊、其他建筑物以及以上区域 10 公里范围以内区域,地产业主在其不动产上拥有狩猎和捕捞的独家权利。但并不是所有的地产业主在其不动产上都具有这种独家权利,地产业主需拥有国王颁发的许可证,才具有在这一区域狩猎、捕鱼、采集蛋类和羽毛的唯一权利。这些不能用于科考的私人专属区域应在《挪威人报》上发布通告,并以国王命令的方式在地图上标示出位置。对于这种权利,《斯瓦尔巴环境保护法案》第 27 条也作出例外规定,如在不给地产业主带来任何不方便的情况下,狩猎者、捕鱼者、蛋类和羽毛采集者有权建造他们临时居住和工作所需要的小屋和其他建筑物。对此产生的争议应由总督最终裁决。这一规定为在私人业主不动产上开展科研活动提供了可能。此外,在得到国王许可的情况下,还可以强制废除私人的不动产所有权和使用权,包括私人业主不动产独家使用权和缔约国在岛上已经设立的科考基地的所有权和使用权,这种情况发生的前提有两个,一是国家或私人希望建设港口、码头、船坞、道路、交通设施、输水管道、电线、电报和电话设施。二是国家在其他方面需要这块土地用于公共用途或科学用途。但国王在做出这种批准前,应给予业主及其他权利拥有者陈述的机会。

(二) 斯岛陆地科考的法律规定

目前,斯岛科考活动大部分是田野调查或实地研究,2012 年 9 月 6 日斯瓦尔巴总督颁布的《斯瓦尔巴科学家指南》中规定,任何计划在斯岛进行科学研究的人,必须熟悉在斯岛适用的法律法规,实地研究需得到总督的许可。[①] 在使用时,该指南规定不明确的地方,应与斯瓦尔巴行政当局联系以获得更多的信息。[②]

1. 登记的规定

自 2015 年 1 月 1 日起,斯瓦尔巴行政当局启用"斯瓦尔巴研究数据库

[①] 参见斯瓦尔巴网站, http://www.sysselmannen.no/en/Scientists/Guide-for-scientists-on-Svalbard/, 访问时间: 2016 年 7 月 16 日。

[②] 王泽林:《极地科考与海洋科学研究问题》, 上海交通大学出版社, 2016。

应用程序模块（RIS）"，总督要求在斯瓦尔巴群岛的研究申请和研究报告均应通过该模块申请，并在系统内提交研究报告。① 也就是说，在斯岛的科考活动须经总督许可，整个申请过程大概需要一个月的时间。从申请程序上看，申请者需在 RIS 系统输入研究计划，包括研究时间、研究位置、研究人员、实地交通。

（1）研究位置是当局需要了解的重要信息，由于斯岛划分为不同的功能区，科考位置不一样，科考规定也随之不同，如果有多处研究位置，须全部输入，需要特别指出的是，如需要在国家公园、自然保护区等禁止科考的区域科考，必须提出特别申请，在研究目的与保护目的相符时才可以进行科考，科考活动需遵守功能区特殊的法律法规的限制，不能擅自移动、采集或破坏保护区内植物、动物、化石、遗迹。实地科考需建造的设施，无论大小，均须在申请书中说明其具体位置，并得到总督的批准。如果需要在斯瓦尔巴群岛的任何地点建造任何油库，如简便油桶等设施，必须注明并获得总督的批准。

（2）出于安全考虑，研究申请者必须注册研究计划中的所有参考人员，同时需注册实地研究的时间。

（3）实地研究的交通设备和所有的乘客人员也需要注册。所有直升机，无论是在海冰上还是船舶上着陆均需获得许可，飞机上所有的乘客名字均应出现在申请书中。如果使用其他直升机公司，则需要取得挪威民航局的批准。对于雪上汽车以及船舶等交通工具的使用，参照《斯瓦尔巴环境保护法案》的规定（参见本章第二节第二部分环境保护法律制度章节）。

2. 露营活动规定

若研究活动中包括露营活动，需遵守《斯瓦尔巴露营活动规章》第 6~9 条规定，该规章第 6 条要求，只要可能，帐篷和装备应当设置在远离植被的地面上。第 7 条规定，"露营不得在明显可见的或已知的文化遗产区向四周延伸的 100 米安全区内"。第 8 条规定，"所有用于建造帐篷的石头、木桩或其他物品应当清除并保护他们以前的位置"。第 9 条规定，"不得在植被覆盖地或土壤覆盖地点火，营火残余应当移除并及时清理"。

---

① 参见斯瓦尔巴网站，http://www.sysselmannen.no/en/Scientists/Fieldwork-researchers/，访问时间：2016 年 7 月 16 日。

3. 保护科考地动物的规定

实地研究活动需严格遵守"不得干扰动物"的规定，任何有可能对动物造成干扰的研究活动必须得到总督的批准。禁止移动死亡动物，这一规定也适用于动物的肢体部分，例如骨头、牙齿等，除自然脱落的驯鹿鹿角之外，若有异常的发现，应当通知总督。处理和制作动物样本应遵守《处理和制作动物样本的规章》并得到挪威动物研究局的同意。

4. 保护科考地植物的规定

通常不得损害或移动保护区内的植物。在保护区外，如果没有显著影响到地方种群，可许可以研究和教育为目的植物收集活动。另外，在露营的时候，所有可能会显著影响地方种群的植物收集活动均需要总督的批准。若将植物从斯瓦尔巴运送至挪威，不需要许可。若需运送到其他国家则需联系相关的海关当局。另外，一些采集样本的活动也需得到批准，但从冰川或土壤样本中提取冰芯，提取水样（无论淡水或咸水）或雪样不需要批准。

5. 对石头和化石的保护

收集保护区之外散落的石头和化石不需要批准。但是，需查阅保护区的法规。其他所有的地质研究活动须取得总督的批准。地质研究如果需要改造，如使用铁锤或钻机移动石头，则需取得总督的批准。

斯瓦尔巴群岛文化遗产的保护法规非常严格。任何早于1946年的物品都被视为保护对象，如房屋、建筑物和其他人造物品。任何人类的坟墓遗迹不管时间均应保护。

6. 研究报告的提交

科考结束之后，一般在每年的11月1日前提交研究报告。[1] 依据2012年9月6日总督颁布的《实地研究报告范本》的要求，实地研究报告不得超过2页，研究报告应当包括以下内容。[2]

（1）标题。包括科研项目名称、研究时间、大学或机构、RIS‐ID 和批准编号。

---

[1] Guide for Scientists on Svalbard.
[2] 参见斯瓦尔巴官网："Template for Research Reports after Fieldxvork"，See http://www.syssel-mannen. no/en/Scientists/Fieldwork-researchers/Research_reports_/. 2015_10_18，访问时间：2013年9月12日。

（2）简介。对实地研究项目及其目的的简短介绍。

（3）实现。介绍科考活动的实现情况，其中包括：项目是否依照批准完成或有偏离、废物如何处置、移除研究或实地装备和油库的证明、报告遗留的所有装备的 GPS 位置、简短报告营地北极熊的安全情况，如果遇到北极熊则须提交相关报告，应当记录所有的飞行和着陆，所有的着陆必须报告位置、时间和持续期间。

（4）调查结果。需要提交调查结果的简要说明。特别是相关管理情况的说明。

此外，《斯瓦尔巴科学家指南》建议，为确保安全，建议研究者学会使用枪支和烟火，参加安全课程的学习，学会安全地使用枪支，知道如何防止和应对突发情况，个人旅行者必须购买充足的保险或有同等的担保。①

（三）斯岛科考活动面临的主要争议问题

1. 非《斯约》缔约国科学家是否有进入斯岛开展科考活动的权利

《斯约》第 3 条规定，缔约国国民和船舶有自由进入斯岛及其领海进行捕鱼、狩猎、矿产开发、科考等相关活动的权利。这里的"缔约国国民"可以理解为拥有缔约国国籍的所有国民，应包括海外属地的人。但北极科考耗资巨大，实践中不乏非《斯约》缔约国的科考人员参与多国合作科考的情形。

以俄罗斯为例，俄罗斯北极科考活动资金投入已经是个天文数字，仅 2007 年历时 90 天的探险活动就耗资约 1 亿卢布（约合 400 万美元）。② 北极科考专用设备——破冰船更是价格不菲，2015 年俄计划投资 170 亿卢布建成一艘第三代核动力破冰船。③ 为解决科考资源的巨大浪费问题，各缔约国在一定范围展开科考国际合作，仅以 1957~1958 年的国际地球物理年为例，当时有来自 12 个国家的 10000 多名科学家在北极和南极进行了大规模、多学科的考察与研究，在北冰洋沿岸建成了 54 个陆基综合考察站，这其中不乏非《斯约》缔约国的科考人员参与。依《斯约》规定，非《斯约》缔约

---

① 王泽林：《极地科考与海洋科学研究问题》，上海交通大学出版社，2016。
② 《俄北极科考耗资约 400 万美元》，http://news.xin-huanet.com/video/2007-08/06/content_6482047.htm，访问时间：2013 年 8 月 12 日。
③ 王伟力：《俄罗斯抓紧北极不放松》，《环球军事》2009 年第 6 期，第 24~25 页。

国国民无权进入斯岛及其领海进行科考活动,但实践中,挪威政府并未完全限制非《斯约》缔约国科考人员的科考活动,挪威政府正在研究是否赋予非《斯约》缔约国科学家进入斯岛开展相关的科考活动权利。①

2. 如何区分和定义科学家、狩猎者、捕鱼者、蛋类和羽毛采集者

在一定情况下,科考和狩猎、矿产开发、采集羽毛等活动存在相似之处,依据挪威国内法和斯岛相关法律规定,科考人员、矿产开发人员、狩猎者在岛上的权利和义务范围有所不同,如何精确区分不同主体,确定其权利义务范围,是挪威政府遇到的现实问题。

以采矿活动为例,科考活动特别是地质学和地球物理学的科考活动与矿产开发活动有相似之处,实践中,区分一个活动是资源开发活动还是科考活动的标准十分模糊。但依据挪威国内法和斯岛相关法律规定,科考人员和矿产开发人员在岛上的权利和义务范围有所不同,如《斯瓦尔巴采矿法典》第 7 条第 5 款规定,除非得到业主、工厂或楼房住户的同意,不得在距离正在施工或经营的任何工厂或工业设施,任何交通线、码头或房屋 500 米以内的范围内探矿,此规定不包括为狩猎、捕鱼或考察鲸鱼而临时搭建使用的小屋,也不得在距离任何公共设施、科学研究设施、教堂或墓地 500 米以内的地方探矿,但在这一区域的科考活动受到法律保护,在斯瓦尔巴群岛,大约有 300 个登记注册的房屋或是废旧的船舱用于科学调查和探险。此外,《斯瓦尔巴采矿法典》第 24 条规定,如果没有特别的困难和费用,在作业过程中应尽力避免破坏地层和矿层,或者任何自然奇观或可能具有科学或历史意义的地方。而对于科考活动来说,并没有这一限制条件。对于挪威政府来说,如何区分科学家、采矿者、狩猎者、捕鱼者、蛋类和羽毛采集者,是确定不同主体权利和义务范围的先决条件。

3. 《斯瓦尔巴科学家指南》等法律规定的法律拘束力

依据《斯约》规定,挪威只有在环境保护(第 2 条)、采矿(第 3 条)、科考(第 5 条)领域制定专门法律法规或是缔结国际条约的权利,挪威制

---

① White Paper Report No. 40 to the Norwegian Storting (1985 – 1986) concerning Svalbard, Recommended by the Ministry of Justice on 18. IV. 1986, approved in the Council of State on the same date, Appendix 2, items 9.2.1., p. 55 and 9.2.7., p. 61. Oslo: Gyldendal Norsk frolag, 1954. p. 66 – 67. 转引自 Jacek Machowski, "Scientific activities on Spitsbergen in the light of the international legal status of the archipelago", *Polish Polar Research*, Vol. 16, Nos 1 – 2, p. 18.

订的《斯瓦尔巴科学家指南》(以下称《指南》) 等涉及科考的规定对缔约国是否具有法律拘束力看似是一个有争议的问题。

在各国的法律体系中，都存在大量的"非正式规则"，如操作手册（a code of practice）、指导纲要（guidelines scheme）、指导意见（statement of advice）、指南（guidance）、指南要点（guidance note）、通告（circular）、白皮书（white paper）、纲要计划（outline scheme）、部门通告（departmental circular）等，不一而足。有的是外在性的，直接规范相对人的活动，可以授予利益或者课加义务，或者增进双方自愿合作。但也有的只有内在性，仅规范行政机关的权力行使。从内容上看，《指南》对科考国活动做了细化规定，是看似具有外在性的行为规范。

从《指南》本身的规定来看，《指南》的法律地位没有得到《斯约》确认。《指南》并非条约，也不是条约附件，也不是《斯约》明确的立法内容，缺乏强制力的法律基础。

从内容上看，《指南》的行文没有满足法律规则通行的结构要求。任何法律规则均由假定条件、行为模式和法律后果三个部分构成，并具有内在的强制性和权威性。虽然法律规则的具体结构随着实践发展会各有不同，但至少应当包含行为模式这一主要结构。然而《指南》的行文明显不符合上述要求，其在结构建构上对行为主体并不采取以权利义务为内容的行为模式，其在语言上也以劝导和建议而非以法律后果为主，在《指南》中使用最多的语言是"应考虑"、"应确保"和"应规定"等，这与法律规则的一般特性大相径庭。

从制定程序来看，《指南》并不是由《斯约》缔约国协商制定的，不符合国际法对缔结程序的要求，因此并不具有法律意义上的约束力。

4. 斯岛科考法律制度是否适用于斯岛专属经济区和大陆架

挪威依据《公约》主张对斯岛专属经济区和大陆架科考活动具有专属管辖权，缔约国应依据《公约》科考制度规定向挪威提交科研申请，但缔约国对挪威的主张并不认同。

早在 2002 年，俄罗斯联合股份公司北极海洋地质探险队[①]就在斯岛大陆

---

① 为了在北极大陆架探索新的油气区，俄罗斯成立了北极海洋地质探险队，从 1980 年到 1988 年勘探斯岛大陆架碳氢化合物的储量。

架搜集地层数据。① 斯岛采矿部门的高级地质学家弗里德约夫·里斯（Fridtjof Riis）对俄罗斯的勘探活动做出如下评价：俄罗斯北极海洋地质探险队对斯岛周围地层资料的搜集活动符合深海地层资源调查研究习惯。2003年3月23日，挪威外交部直接向俄罗斯大使馆强调，"将禁止俄罗斯在这一区块的石油勘探活动"。② 俄罗斯北极海洋地质探险队在挪威政府备案的职能是开展大陆架自然资源和物理特性的地质研究活动。③ 挪威依《公约》第253条，要求俄罗斯将调查计划的性质和目标上报给挪威，如果俄罗斯没有将调查计划的性质和目标上报给挪威，或是没有得到挪威的允许（《公约》第248条）或是调查国进行研究活动未遵守第249条关于沿海国对该海洋科学研究计划的权利的规定，挪威有权暂停或停止其在斯岛大陆架上的科考活动或研究计划。④ 但俄罗斯北极海洋地质探险队声称不接受挪威科学家和官方的任何检查，调查数据将不会交给挪威，但会将调查数据放在俄罗斯国家地质局存档。⑤ 挪威强调俄罗斯的科考活动已经违反了挪威相关规定，并明确指出"类似的科考活动未来也不会得到许可"。尽管如此，俄罗斯的石油调查公司"Kurentsov号"还是继续在斯岛大陆架域勘探石油资源，近年来，俄罗斯地质公司正代表俄自然资源部展开对斯岛周围大陆架的地质调查，作为俄罗斯研究北方大陆架规划的一部分，当然这些调查都带有勘察油气资源的目的。⑥ 直到今天，俄罗斯还继续在斯岛大陆架及专属经济区

---

① Notification from MAGE to Norwegian Petroleum Directorate, Ministry of Foreign Affairs of Norway and Directorate of Fisheries, dated Jan. 18, 2005.
② T. Pedersen, "Russisk tokt pa sokkelen", *Svalbardposten* 10 (2004). 转引自：Torbjørn Pedersen, "The Svalbard Continental Shelf Controversy: Legal Disputes and Political Rivalries", *Ocean Development & International Law* 37 (2006): 348.
③ Notification from MAGE to Norwegian Petroleum Directorate, Ministry of Foreign Affairs of Norway and Directorate of Fisheries, dated Jan. 18, 2005.
④ 在专属经济区和大陆架上进行海洋科学研究，应经沿海国同意。在正常情形下，沿海国应对其他国家的海洋科学研究计划给予同意，但如果海洋科学研究计划涉及：(1) 与生物或非生物自然资源的勘探和开发有直接关系；(2) 涉及大陆架的钻探、炸药的使用或将有害物质引入海洋环境；(3) 涉及人工岛屿、设施和结构的建造、操作或使用；(4) 含有提出的关于该计划的性质和目标的不正确情报，或如进行研究的国家或主管国际组织由于先前进行研究计划而对沿海国负有尚未履行的义务，则沿海国可以不同意。
⑤ Notification from MAGE to Norwegian Petroleum Directorate, Ministry of Foreign Affairs of Norway and Directorate of Fisheries, dated Jan. 18, 2005.
⑥ Moe, Arild, "Russian and Norwegian Petroleum Strategies in the Barents Sea", *Arctic Review on Law and Politics* 1 (2009): 225–248.

进行地球物理、水文和地质研究活动。① 对此，挪威除通过外交途径提出抗议外，只能采取干扰、跟踪、要求停止、退去等方法，如果对方未听劝告继续进行，似乎也无能为力。当然也可以派遣军舰相威胁，但有可能会导致更紧张的局面。

七　旅游管理制度

斯瓦尔巴群岛是北极旅游的首选之地，为了加强对斯岛游客的管理，依据《斯约》，挪威陆续制定了《斯瓦尔巴运载乘客船只管理规定》（1984，No.1319，1988 修订 No.250）、《斯瓦尔巴旅游管理规定》（1991，No.671，2007 修订）、《关于收取前往斯瓦尔巴游客环境费的条例》（2007）对游客在斯岛的活动加以管理，对旅游活动中缔约国旅游组织者应就旅游可能发生的搜救、医疗费用取得保险，通报旅游计划，对报告旅游计划的实施情况做出详细的规定。

（一）旅游管理制度的适用范围

上述法律法规适用于斯瓦尔巴群岛陆地及内水的游客。

（二）来访斯瓦尔巴群岛的游客应支付环境费

征收环境费的目的是保护斯瓦尔巴群岛独特的野生环境与文化遗产，对于给环境带来压力的游客，应当为相应的管理和维护工作、保护性措施、信息服务措施等进行捐助。环境费将纳入斯瓦尔巴环保基金。旅游经营者应为每张赴斯瓦尔巴群岛旅游的门票支付金额为 150 挪威克朗的环境费。乘飞机前往斯瓦尔巴群岛的每位游客，其所购的机票应包含金额为 150 挪威克朗的环境费。对于使用自备船只、有义务向总督报告其旅程的个人旅行者，在向总督报告旅程的同时必须支付金额为 150 挪威克朗的环境费。斯瓦尔巴群岛永久居民免于支付依照本条例规定收取的环境费，他们可以向斯瓦尔巴环境保护基金申请退还缴纳的环境费。

（三）总督的权利

为确保条例之条款得到遵守，对于故意违反或因疏忽而违反条例的行

---

① RIA Novosti: "Russia Plans to Build Research Center on Svalbard by 2014", *RIA Novosti*, February 3, 2011.

为，总督可以进行强制性罚款。

（四）损害赔偿

如果斯岛行政长官发现旅游活动可能损害环境或对保护区环境构成压力、造成人员伤亡或损害其他合法行为，可以要求更改旅游计划或禁止旅游。违反条例可处罚款或者1年以内的监禁。

此外，《斯瓦尔巴环境保护法案》（2001）第96条还为可能破坏成片荒野、景观元素、植物、动物和文化遗产的旅游活动设立了强制罚款措施，总督可以采取强制性罚款的方式赔偿斯瓦尔巴环保基金。

不可否认的是，不断升温的极地旅游观光热潮势必加剧对斯岛脆弱的生态环境的影响与破坏。同时这些活动也在一定程度上干扰或妨碍了斯岛正常的科考活动的进行。

通过这些立法，挪威保证了对斯瓦尔巴群岛的有效治理，保护了当地脆弱的自然生态环境，实现了资源的可持续开发利用，也创造了和平解决利益争端的范例。通过这些立法，挪威实现了以下三个战略。

第一，实现了挪威回避争议、以拖待变的策略。由于斯岛问题的特殊历史背景，挪威对于斯岛及周边海域的管理和资源的开发一直采取高度谨慎的态度。其中，在斯岛周边海域设立渔业保护区问题上，挪威政府选择了《斯约》与《公约》的重合区域，建立旨在对渔业资源进行保护性开发的海事区域。而对于该海域的其他资源，尤其是石油、天然气资源，挪威政府目前采取不勘探、不开发的态度，避免因为新的资源发现引起其他利益相关方的关注。按照条约规定，斯瓦尔巴群岛的税收只能用于群岛经济，不能挪作他用，这对贪婪的开发欲望起着遏制作用。只要挪威人自己不开发，按照"平等""非歧视"的原则，其他缔约方也不能开发。

第二，巧打生态环保牌，有力压制资源开发的动议。尽管挪威政府不想在斯瓦尔巴群岛周边海域进行资源开发，但仍有一部分人对这部分经济利益垂涎欲滴。在这种情况下，学术界和民间关于保护斯瓦尔巴群岛及周边区域生态环境的呼声和行动就成为制约商业开发的重要力量。每当传出石油企业拟在斯瓦尔巴群岛进行资源开发的消息，媒体上必然出现各种批评、反对的声音，为政府采取限制措施提供有力的民意基础。

第三，搭建科研合作平台，为整体外交政策服务。尽管挪威在与斯瓦尔巴群岛相关的经济活动上谨言慎行，但科研国际合作活动却开展得如火如荼，成为挪威与《斯约》缔约方发展外交关系的重要平台。近年来，全球气候变化问题受到越来越多的重视，斯岛在全球环境与气候研究方面的价值也显得越来越重要。挪威政府也希望以此为契机，进一步加强与主要国家的交流与合作。

但无论如何，挪威这些国内法一方面是挪威依《斯约》享有的权利，另一方面挪威也不断利用这一权利来削弱《斯约》缔约国享有的权利。这一问题也越来越得到其他缔约国的关注。如俄罗斯一直不承认挪威建立渔业保护区的合法性。需要指出的是，《斯约》是个多边条约，所有与之相关的原则性问题都需要所有缔约国参与解决。

第三章 《斯约》与《公约》的冲突与协调

《斯约》达成以后，国际海洋法在法律、技术等领域都发生了深刻的变化。1958年以来，在法律领域，《大陆架法》《联合国海洋法公约》等国际法和国际公约相继签署生效。这些条约提出了一系列与海洋权益相关的新概念，如毗连区、专属经济区、大陆架等。这些新概念与《斯约》的相关规定存在冲突，引发了关于斯瓦尔巴群岛周边海域管辖权和经济权益归属的争议，争议的具体内容包括：斯瓦尔巴群岛是否拥有自己的"专属经济区"和"大陆架"？挪威是否可依据斯岛的主权建立挪威专享的"专属经济区"和"大陆架"？缔约各方是否可依据《斯约》的平等原则参与渔业保护区和大陆架相关的经济活动，平等获取经济权益？对这一区域应当怎样实施管理，由挪威单独管理，还是各方协商管理？这些争议的焦点在于如何协调和解决《斯约》与《公约》的适用冲突。

第一节 《斯约》与《公约》的适用冲突

《斯约》的起草者们并未预想到国际海洋法的发展，从1930年海牙国际会议开始关于国际法的编纂，联合国于1958年、1960年和1994年三年分别召开了三次关于海洋法的会议，讨论并制定关于海洋边界与海洋区域划分的规定。1994年《联合国海洋法》生效，成功界定了领海、毗连区、专属经济区、大陆架等概念，并由此产生了《斯约》与《公约》在斯岛海域管辖权问题上的一系列冲突。挪威与缔约国基于《斯约》产生的争议主要在于对斯岛海域管辖权的争议。

一 斯岛领海范围的潜在争议

《斯约》适用空间范围涵盖斯岛和熊岛,特别是西斯匹次卑尔根群岛、巴伦支岛、东北地岛、希望岛、埃季岛和查理王岛的陆地及其领海。1920年,挪威宣称拥有以沿岸各岛屿和海湾的低潮线为起点4海里的领海,这条领海基线以内的水域为内水,因此,《斯约》应适用于挪威的内水和领海,换句话说,适用于1920年国际法公认的全部海洋区域,但国际海洋法发展至今挪威对比的主张出现了以下三个大的变化。

第一,1970年挪威规定了群岛基线,通过连接沿岸各岛屿和突出的点确定领海基线。①

第二,2001年挪威通过《国王法令》宣布新的直线基线,② 同时,2001年6月通过的《关于斯瓦尔巴群岛周围挪威领海界限的条例》(Regulations Relating to the Limit of the Norwegian Territorial Sea Around Svalbard) 明确界定了斯瓦尔巴群岛海域领海的界限,在该条例中,挪威放弃了之前一直沿用的低潮基线的做法,在群岛海域开始采用直线基线的测量方法。

第三,2003年挪威将其领海从4海里扩展到了12海里,2004年1月1日,将斯瓦尔巴海域的领海范围从4海里扩展为12海里。

这些变化都是挪威的主权行为,挪威基于国际海洋规则的发展扩大了斯岛的领海范围并从中获益。其一,挪威扩展其内水和领海的范围,将以前的领海变成了内水,将以前的公海变为领海,造成对北极公海和国际海底权益的侵蚀。其二,斯岛渔业保护区甚至大陆架范围的扩大,以斯岛200海里渔业保护区为例,保护区的范围由于领海范围的扩大而增加了4.1万平方公里。

对于挪威领海的扩大,缔约国提出不同的主张,加拿大学者提出,《斯约》中的领水一词是流动的,而非固定的。1977年芬兰总统凯克宁也曾经发表过支持挪威的评论。但苏联一直以来对此表示反对,认为挪威没有权

---

① Norway, Royal Decree of 25 September 1970, in U. S. Department of State, Limits in the Seas No. 39, "Straight Baselines: Svalbard" (1972).
② Norway, Royal Decree of 1 June 2001, Regulations Relating to the Limits of the Norwegian Territorial Sea Around Svalbard, in Law of the Sea Bulletin, No. 49 (2001): 72 – 80.

利像其他沿海国一样扩展新的海洋区域。① 对于挪威依据国际海洋法扩大领海宽度的做法,目前各缔约国基本没有什么异议。但不可忽视的是,对于非《斯约》来说,斯岛领海的扩大是对北极公共权利的一种侵蚀。

二 渔业保护区管辖权争议

领海外的渔业保护区制度,是指沿海国家被授权可以在这一区域行使管辖权,把这一权利赋予沿海国的主要目的是为了管理和保护专属经济区的鱼类资源,② 挪威基于对斯瓦尔巴地区的主权在斯岛创建了渔业保护区,③ 并行使专属管辖权,挪威是否可依据《公约》主张这一权利是缔约国争议的焦点问题,也是《公约》出现后《斯约》适用的一大挑战。

(一) 主要争议

围绕斯岛渔业保护区问题,缔约国争论的焦点集中在以下三个层面。

一是权利合法性问题,即挪威是否可依《公约》设定斯岛渔业保护区。挪威于1997年批准《联合国海洋法公约》,作为沿海国,挪威有权利主张专属经济区和大陆架的主权权利,但对斯岛的权力主张是否合法是缔约国争论的焦点。斯岛的主权并不是通过先占、征服、时效、添附等传统的领土取得方式取得的,挪威对斯岛的主权也不是绝对的排他的主权,以这种不完全的管辖权主张更大的管辖权本身就存有争议。

二是权利的适用性问题,即这一权利是挪威专属还是平等适用于所有缔约国。这一争议的实质在于挪威平等原则的适用范围是否可以扩展至斯岛的专属经济区和大陆架。

三是具体制度的争议,挪威依据习惯法主张渔业保护区,在渔业保护区规定保护和管理渔业资源的制度,这些制度措施包括登临、检查和逮捕外国船舶,缔约国对保护区的捕捞权、捕捞配额、捕捞时间、申报要求等制度有着不同程度的争议。从捕捞配额权上看,自1994年起,除挪威和俄

---

① Pedersen, Torbjørn, "The Svalbard Continental Shelf Controversy: Legal Disputesand Political Rivalries", *Ocean Development & International Law* 37 (2006): 339.
② UK and Germany against Iceland, [1974] I. C. J. Reports 3, at p. 52.
③ 沿海国有权放弃一些管辖权,建立有限的管辖权的区域。Norway, Royal Decree of 3 June 1977 Relating to a Fisheries Protection Zone Around Svalbard.

罗斯外，第三国基于传统的捕鱼权在斯岛渔业保护区捕捞鳕鱼或鲱鱼须得到相应的配额，这就意味着只有欧盟成员国的船舶和丹麦法罗群岛的船舶才能在这一水域捕捞，冰岛对挪威的制度十分不满，1996年冰岛渔民将这一争议诉至挪威最高法院，法院裁决并没有考虑《斯约》的适用范围，仅是从传统捕鱼权的角度裁定挪威的做法并不违反国际通行的渔业规则。① 此外，冰岛对于挪威规定的捕虾的最大可捕量、捕捞时间，鳕鱼捕捞配额的管理制度均提出异议，甚至声称要将这一争端诉至国际法院。在申报制度层面，西班牙主张这些制度应平等适用于所有缔约国，俄罗斯渔船并未按照管理规定申报，这违背了《斯约》的非歧视性原则。

（二）缔约国的态度立场

对这两个问题的不同回答形成以下四个迥然不同的立场。其一，完全支持派。挪威依据国际习惯法主张挪威具有斯岛渔业保护区专属且排他的管辖权。《斯约》并没有明确限制挪威主权的规定，另外，从《公约》和国际海洋法规则看，不管挪威在斯岛的主权是否受到限制，挪威都是一个沿海国，有权主张斯岛的专属经济区。其二，部分支持部分否定派。代表的国家是丹麦②、英国③、荷兰④、西班牙、冰岛。⑤ 丹麦、英国、荷兰⑥认为斯岛符合《公约》第121条岛屿的规定，有权建立斯岛专属经济区，但基于《斯约》"平等利用原则"，这些权利应平等地、无歧视地赋予所有《斯约》缔约国。他们对于斯岛渔业保护区具体制度存在不同立场。如西班牙

---

① Public Prosecutor v. Haraldson et al., Rt. 1996 p. 624.
② T. Pedersen, "Denmark's Policies Toward the Svalbard Area", *Ocean Development & International Law* 40（2009）：328.
③ 冷战期间，在美国的斡旋下，英国对《斯约》权利提出保留，2006年英国对挪威外大陆架划界案持反对意见，改变对《斯约》立场，明确指出斯岛有权划定自己的专属经济区和大陆架，这一权利应独立享有，不从属于挪威。Note Verbale of 11 March 2006 by the British Government to the Government of Norway", *British Yearbook of International Law* 78（2007）：794.
④ Torbjørn Pedersen, "The Dynamics of Svalbard Diplomacy", *Diplomacy & Statecraft* 19（2008）：241.
⑤ Christopher R. Rossi, "'A Unique International Problem': The Svalbard Treaty, Equal Enjoyment, and Terra Nullius: Lessons of Territorial Temptation from History", *Washington University Global Studies Law Review* 15（2015）：102.
⑥ Torbjørn Pedersen, "The Dynamics of Svalbard Diplomacy", *Diplomacy & Statecraft* 19（2008）：241.

并不反对挪威有权建立斯岛渔业保护区,仅仅反对挪威在"保护区"的政策,欧盟也持类似立场。冰岛、西班牙还认为,挪威没有权利对在斯瓦尔巴群岛渔业保护区内非挪威的捕鱼船实施司法管辖权。① 其三,反对派。以俄罗斯、波兰、匈牙利、捷克、② 芬兰③为代表否认挪威有权建立斯岛渔业保护区,认为从传统国际法领土取得原则看,挪威对群岛的主权不是通过先占、征服、时效等传统领土取得方式获得的、绝对的、完全排他性的主权,而是由条约约定的权利,仅在缔约各方承诺履行约文义务时才享有条约项下的权利。因而,挪威的权利仅限于斯岛陆地与领海。其四,保留派。如美国、法国、德国等,保留对斯岛渔业保护区争议的态度立场。④

(三)缔约国对挪威执法活动的态度

目前,在巴伦支海从事渔业捕捞的国家大都是北极国家,如俄罗斯、挪威、冰岛、丹麦,此外西班牙、葡萄牙、波兰等国也在斯岛水域有零星捕捞活动。

从 1977 年至今近 40 年的时间里,挪威通过《经济区法令》(1976 年)、第 19 号令(1966 年)和《挪威海水渔业法案》(1983 年)对他国在渔业保护区内的捕捞活动加以管辖,挪威海岸警卫队是主要执法力量,他们向进入这一水域的没有捕捞配额的外国船只发出警告,或逮捕和起诉在这一区域内不遵守保护措施和不听从警告的船只。⑤ 挪威的政策实践与缔约国在斯岛巨大的渔业利益形成了复杂的博弈与冲突。

1. 俄罗斯对挪威执法活动的态度立场

由于在斯岛拥有现实丰厚的经济利益,俄罗斯从未正式承认挪威的主

---

① Pedersen, Torbjørn, "The Svalbard Continental Shelf Controversy: Legal Disputesand Political Rivalries", *Ocean Development & International Law* 37: (2006) 339.
② Pedersen T., "The Svalbard Archipelago in Russian Security Policy: Overcoming the Legacy of Fear or Reproducing It", *European Security* 17 (2008): 241.
③ 芬兰在 1976 年支持挪威的立场,但在 2005 年收回这一立场。
④ Pedersen T, "International Law and Politics in U. S. Policymaking: The United States and the Svalbard Dispute", *Ocean Development & International Law* 42 (2011): 120 – 135.
⑤ J. L. Meseguer, "Regimen Juridico de los Espacios Maritimos de Spitzberg (Svalbard), Posici'on de Noruega, Espãnay otros Estados", *Revista Espãnola de Derecho Internacional* 69 (2007): 631. 转引自: D. H. Anderson, "The Status Under International Law of the Maritime Areas Around Svalbard", *Ocean Development & International Law* 40 (2009): 378.

权权利。早在 1976 年挪威颁布《经济区法令》后，苏联政府就向挪威发出紧急外交照会，指出挪威政府正在试图以"合法的方式"扩大在斯岛的权利，苏联政府将会采取类似行动保护自身权益。随后，苏联联合捷克斯洛伐克、波兰和匈牙利反对挪威对斯岛渔业保护区的管辖。

一直以来，挪威海岸警卫队对俄罗斯拖网渔船捕鱼活动的执法最为严厉，以致国际社会一度认为挪威管辖与执法是专门针对俄罗斯船只，以此来阻挠俄罗斯在斯岛的传统捕鱼活动。1998 年，挪威海岸警卫队首次在保护区内抓捕俄罗斯拖网渔船"新古比雪夫斯克号"（Novokuybyshevsk），经过复杂的交涉，挪威释放俄方渔船并不予起诉，由于关涉俄罗斯渔民的切身利益，俄国家渔业委员会反应激烈，建议俄罗斯北方舰队介入渔业争议的处理，2001 年 4 月，俄罗斯"切尔尼戈夫号"（Chernigov）因违反挪威关于渔网网格大小的规定，在捕鱼时遭到挪威管理方的逮捕，俄罗斯在发出外交照会的同时，鼓吹北方舰队将采取强硬的行动，迫于国内渔民的呼声与压力，俄罗斯于 2002 年夏派遣反潜艇驱逐舰驶入保护区示威，此前俄罗斯从未派遣重型俄罗斯军舰抵达这一海域。为此，挪威北部区域防空指挥舰队和俄罗斯北海舰队第一次使用了紧急热线，这一举动标志着俄罗斯针对挪威在斯岛渔业保护区的执法冲突已达到顶峰。2011 年 9 月，俄罗斯渔船"蓝宝石 2 号"（Sapphire II）在巴伦支海被挪威海岸警卫队扣留。俄罗斯联邦渔业局声称要向挪威渔业部门"讨回公道"。随后召开的俄罗斯渔业协会与挪威生产商会议讨论了斯瓦尔巴群岛区的海域渔业问题，双方在会议上发生了激烈的争辩。2012 年 7 月 25 日，挪威海岸警卫队又扣留了俄罗斯穆尔曼海产食品公司（Murman Seafood）的"美刻尔 2 号"拖网渔船（Melkart II），这是较近一次针对俄罗斯渔船的执法活动。[1]

从目前情势看，俄挪斯岛渔业保护区争议从未间断，俄罗斯从未中断对挪威管辖权的质疑和抗议，但俄方也不希望更多北极域外国家的捕鱼船在斯岛渔业保护区作业，[2] 因此，俄北方舰队不会在斯岛对俄罗斯渔船进行

---

[1] Trude Pettersen: "Russia Protests Detention of Russian Trawler", August 02, 2012, Barents Observer, http://barentsobserver.com/en/business/russia-protests-detention-russian-trawler – 02 – 08, 访问时间：2016 年 8 月 12 日。

[2] Thomas Nilsen, "Zhirinovsky Wants to Arm Russian Trawlers", http://barentsobserver.com/en/politics/zhirinovsky-wants-arm-russian-trawlers, 访问时间：2016 年 9 月 10 日。

2. 丹麦、西班牙、冰岛等国对挪威执法活动的态度立场

作为《斯约》缔约国，丹麦、西班牙、冰岛在这一水域有重要的渔业利益，对挪威在斯岛的执法权均持否定态度。

1994年8月5日，冰岛渔船"哈刚葛2号"（Hagangur Ⅱ）遭遇挪威海岸警卫队驱逐，成了第一个被挪威当局在斯岛渔业保护区抓捕的船只，随后，挪威又抓捕两艘冰岛渔船。对此，冰岛政府多次表示抗议。2003年，冰岛总理大卫·奥德森（David Oddsson）对挪威在渔业保护区内设定的鲱鱼配额表示不满，指出如果挪威海岸警卫队再逮捕冰岛在斯岛的渔船，冰岛将起诉到国际法院。①

斯岛渔业保护区也是西班牙渔民重要的捕渔区。每年夏季西班牙渔民在保护区内都有4~5星期的渔期。2004年，挪威海岸警卫队因西班牙拖网渔船"加西亚2号"（Garoya Segudo）非法捕捞濒临灭绝的大菱鲆而逮捕该船，②并以破坏保护区生态环境为由起诉至挪威地方法院。西班牙政府对挪威执法行为表示抗议，拖网渔船的所有者拉萨罗（Olazar）和拉贝尔（Olaberri）援引《公约》第87条公海自由原则辩称《斯约》仅适用于斯岛陆地及领海，斯岛附近海域是公海，西班牙有自由捕鱼权，挪威海岸警卫队检查、逮捕和起诉西班牙拖网渔船行为侵犯了船旗国主权，违反《公约》的公海自由原则，西班牙渔船在地方法院败诉，后上诉至挪威最高法院，最高法院判决指出，挪威对斯岛渔业保护区具有专属管辖权，维持原判。此后，西班牙多次提出要将这一争议提交国际法院以求公正判决。③

丹麦作为唯一临近北冰洋的欧盟成员国，在北极事务中与挪威存在诸多争议。保护区建立初期，丹麦外交部法律部门评估后认为，丹麦应该接

---

① Molenaar E. J, "Fisheries Regulation in the Maritime Zones of Svalbard", *Marine and Coastal Law* 27（2012）: 35.

② Raaen, Havard Figenschou, "Hydrocarbons and Jurisdictional Disputes in the High North. Explaining the Rationale of Norway's High North Policy", Fridtj of Nansen Institue, (2008): 80.

③ Nkeiru Scotcher, The Sovereignty Dilemma, Diana Wallis & Stewart Arnold eds., *Thespitsbercen Treaty: Multilateral Governancr in The Arctic* (Spitsbergen Publication 2011), pp. 21-22, http://dianawallis.org.uk/en/page/spitsbergen-treaty-booklet-lauched, 访问时间：2016年9月10日。

受这个区域,甚至应该支持挪威的法律立场。因为在这一区域防止过度捕捞,保护渔业储量也是丹麦的利益所在,此外,在渔业问题上支持挪威也有利于缓解紧张的格陵兰岛与斯岛海域划界争议,从政治和法律层面看,丹麦都应该支持建立这个渔业保护区。20世纪80年代,欧盟对包括丹麦在内的所有成员国在专属经济区过度捕捞问题加以严格治理。丹麦捕鱼船只能到新的、更远的斯岛渔业保护区捕捞。对此,挪威外交部向丹麦及欧盟发出外交抗议,指出丹麦在斯岛的捕鱼活动损害了挪威在斯岛的主权及管辖权,欧盟以及在渔业保护区捕捞鳕鱼的其他船旗国应停止捕鱼,如果来自成员方的渔船不遵守规则,挪威当局有权使用武力来保证配额得到遵守。① 这是挪威第一次表示将会使用武力来维持保护区管辖权。为了格陵兰岛渔民利益,丹麦于1986年8月8日发布反对挪威在斯岛200海里内任何形式的管辖权的公告,宣告挪威的管辖活动是单边的,也是非法的。

3. 美国对斯瓦尔巴群岛渔业保护区的态度

对于挪威设立斯岛渔业保护区的行为,美国持支持的态度。早在1977年"北部问题"的双边磋商中,挪威外交部长弗吕登伦(Frydenlund)向美国副助理国务卿理查德·大卫·万(Richard David Vine)表示,挪威对美国在促使北约达成共识支持挪威建立渔业区这一问题上做出的努力表示感激,他还指出,英国、法国、西德的态度是支持挪威建立渔业区,以前他们对挪威的这一主张的猜疑和不信任,现在都已经消除。②

在这一问题上,美国的判断是,它在这一区域没有渔业利益,美国在这一区域的国家利益"几乎完全是政治性的"。对美国来说,《斯约》中最重要的条款是第9条禁止斯瓦尔巴特群岛用于战争目的。至于经济利益,美国副助理国务卿理查德·大卫·万通告法国、英国和西德其他三个北约国家,挪威将把盟国的利益包括斯瓦尔巴群岛邻近海洋区域资源分配问题放到"北方问题"中统一考虑。③

如果挪威没有做出以上妥协,赋予西方国家在斯瓦尔巴地区的经济权

---

① Norway, Memorandum presented to the European Communities, 29 July 1986.
② U. S. Embassy in Oslo, Consultations on Northern Problems, cable to U. S. Secretary of State, 28 October 1977 [OSLO 04923].
③ U. S. Secretary of State, US/Norwegian Consultations, cable to U. S. Embassies in Bonn, London, Paris, and Oslo, 4 November 1977 [STATE 264544].

利，恐怕北约内部也很难达成一致。对此，苏联知道挪威不是在单独表达自己的立场，而是代表法国、英国、美国、西德等所有盟国的利益。法国、英国、美国、西德支持挪威渔业保护区，同时挪威赋予他们在渔区内的非歧视性待遇。美国副助理国务卿理查德·大卫·万指出，缔约国这种务实的解决方案有助于改善挪威的心理状态，在这以前，挪威为应对缔约国的强硬言辞和苏联日益增加的在斯瓦尔巴群岛和巴伦支海的军事存在焦头烂额。显然，挪威认为北部地区的政治格局"比过去更敏感"，[1] 美国驻北约外交代表团也注意到挪威、斯瓦尔巴群岛、挪威海域在苏联的战略格局中越来越重要，苏联希望能在这一区域有更大的影响力，希望能控制巴伦支海和挪威海域。[2]

美国减缓了它对于斯岛的经济需求，以减轻挪威在巴伦支海面对的压力。在双边磋商中，美国不愿意主动提出未来可能在斯瓦尔巴群岛大陆架勘探开发石油资源的问题，但它仍然要求其石油公司预判在这一海域（巴伦支海）可获得的石油利益，因此，美国决定，对于斯岛争端暂不提出任何有明显争议的问题，希望挪威能稳定其在渔业区的地位，优先解决其他资源问题。因此，美国对挪威在斯瓦尔巴群岛 200 海里大陆架没有提出质疑，甚至赞同挪威在 200 海里专属经济区享有完全的主权权利，[3] 这主要是出于地缘政治考虑做出的决定。[4]

此外，美国连同英国、法国、西德寻求以北约为整体确定其在斯瓦尔巴群岛共同的、统一的立场。1979 年，英国在北约成员国中提出"协调"概念，这个概念强调完全支持挪威在斯岛的主权，但强调在渔业保护区内应实行非歧视性的措施。根据这一理念，应首先在法律上讨论《斯约》的适用范围问题，即《斯约》的适用范围是否可超过斯瓦尔巴群岛领海之外的问题，不否定挪威在斯瓦尔巴群岛周围争议海域采取措施的权利，也不

---

[1] U. S. Embassy in Oslo, cable, 28 October 1977.
[2] U. S. Secretary of State, cable, 4 November 1977 to NATO, "Alliance East-West Study Text of Revised Draft of Part 1", cable to U. S. Secretary of State, 27 December 1977 [USNATO 13096].
[3] Norway, Royal Decree of 23 May 1976 Relating to the Establishment of the Economic Zone of Norway.
[4] U. S. Secretary of State, cable, 4 November 1977.

应对其他缔约国在斯瓦尔巴群岛的法律地位存有偏见。① 相比之下，寻求一个解决斯瓦尔巴群岛争端的途径是更稳妥的做法。

20 世纪 80 年代后期，由于在该地区发现丰富的石油资源，美国开始重新评估斯岛政策。1981 年，美国国务院的法律顾问针对斯岛争议问题拟定了一份全面的法律分析报告，这份 19 页的《斯岛周围大陆架法律问题备忘录》对《斯约》是否适用于领海以外的区域做出专门讨论，认为虽然法律有力证明了该条约将某些资源权赋予除挪威外的缔约国，但不能否认的是《斯约》赋予挪威的法律地位与斯岛更为紧密。如果《斯约》的适用范围扩大到斯岛领海以外的海洋区域，将使斯岛成为一个独立于挪威的区域，这与《斯约》设立的初衷是矛盾的。②

2005 年，挪威出台《高北战略》，美国再次表现出对斯岛渔业保护区制度的关注，作为高北战略的一部分，挪威希望国际社会对欧洲北极地区给予更多的关注，至少使挪威的北约盟国能更多地理解其在斯岛渔业保护区的权利主张，为此，挪威发起了一系列与其北约盟国的双边"高北对话"，同时继续抓捕在保护区内捕鱼的拖网渔船，这一系列行为也引起了美国的关注，美国驻挪威大使惠特尼·班森（Whitney Benson）甚至将斯岛称作"日益上升的北极热点区域"，并建议美国介入解决斯瓦尔巴法律纠纷。③ 2009 年，随着美国北极政策的出台，美国对斯岛外交政策的关注达到顶峰，明确提出支持北冰洋沿岸国家在《公约》法律框架下和平解决斯岛渔业保护区问题。

从目前的发展态势看，美国仍不愿主动提出斯岛渔业保护区资源管辖权的问题。美国希望挪威能稳定其在斯岛渔业保护区的地位，由此，优先解决其他资源问题，特别是斯岛大陆架石油资源勘探开发问题。④

---

① Speaking Note Used by U. K. Political Director at the Political Director's Dinner at the Cercle Inter Allie in Paris, 23 January 1979 [Danish National Archives 5G11H].
② Pedersen T., "International Law and Politics in U. S. Policymaking: The United States and the Svalbard Dispute", *Ocean Development and International Law* 42 (2011): 130.
③ Pedersen T., "International Law and Politics in U. S. Policymaking: The United States and the Svalbard Dispute", *Ocean Development and International Law* 42 (2011): 131.
④ Molenaar E. J, "Fisheries Regulation in the Maritime Zones of Svalbard", *The International Journal of Marine and Coastal Law* 27 (2012): 15 – 17.

4. 欧盟对挪威执法活动的态度立场

必须明确，欧盟不是《斯约》缔约方，但欧盟 27 个成员国中有 20 个国家是《斯约》缔约国。根据《欧盟运作条约》第 3 条规定，欧盟可以制定共同渔业政策保护海洋生物资源，① 第 4 条第 2 款也规定，在涉及农业及除海洋生物资源保护以外的渔业领域，欧盟及其成员国可以分享权利。欧盟委员会有权与第三国进行渔业谈判，签署渔业协定，这些规定构成了欧盟共同渔业政策的基石。丹麦、西班牙、葡萄牙等欧盟成员国依据《斯约》主张在斯岛渔业保护区拥有平等渔业权，欧盟据此主张有权就渔业政策与挪威谈判协商。②

早在 1977 年挪威建立斯岛渔业保护区起，欧共体就频繁向挪威发出外交照会，以回应挪威对悬挂欧盟成员国国旗渔船的搜查事件。在 2004 年西班牙"Garoya Segudo 号"被捕期间，欧盟连续向挪威发出 No. 26/04、No. 32/09、No. 19/11、No. 26/04、No. 32/09 外交照会。2009 年，挪威逮捕葡萄牙渔船"Praia de Santa Cruz 号"，欧盟也发出 No. 32/09 外交照会要求挪威停止对任何悬挂欧盟成员国国旗的船只采取进一步的类似行动，挪威无权采取任何措施限制悬挂欧盟成员国国旗的船只在斯岛渔业保护区活动，除非这些船只有不当行为，即使有不当行为，也应在船旗国的法律体系下予以司法管辖。2011 年 5 月，欧盟对挪威捕鱼限令（限制缔约国在斯岛渔业保护区黑线鳕鱼的捕鱼量）发出 19/11 号外交照会要求挪威做出解释。2014 年 5 月 12 日，欧盟议会将挪威对《斯约》解释的合法性作为讨论的重要议题之一，询问欧盟国家是否接受挪威在斯岛设置渔业保护区。③ 2015 年 5 月，欧盟再次调整渔业政策，强调欧盟统一的渔业政策适用于斯岛周围水域非挪威船只。④

---

① 资源养护政策是共同渔业政策的基石，直接涉及欧盟水域渔业权的分配问题。条例规定成员国在其沿岸 6 海里水域享有完全排他性的渔业权，在 6～12 海里水域只承认部分成员国享有历史性权利，而 12 海里以外则实行平等入渔原则。

② 共同渔业政策是欧洲联盟的渔业政策。政策允许每成员国对每一类型鱼类的捕获量实施配额，并鼓励捕鱼业进行各种市场干预来养护欧盟专属经济区内各鱼类供应。

③ Andreas Raspotnik and Andreas Østhagen, "From Seal Ban to Svalbard-The European Parliament Engages in Arctic Matters", http://www.thearcticinstitute.org/2014/03/from-seal-ban-to-svalbard-european.html, 访问时间：2015 年 5 月 3 日。

④ http://ec.europa.eu/fisheries/cfp/control/conversion_factors/index_en.htm, 访问时间：2016 年 9 月 2 日。

总的看来，随着气候变暖，渔业资源争夺日益加剧，挪威在斯岛渔业保护区的管辖将遭遇缔约国越来越多的质疑，目前也没有任何一个缔约国完全认同挪威的管辖。但为了避免更多的缔约国捕捞保护区渔业资源，相关国家更希望在俄挪渔业联合会、欧盟议会等区域协调机制内解决争议，或将斯岛渔业保护区问题纳入外交协商议程。未来斯岛渔业保护区争议将长期存在。

三 斯岛大陆架及资源开发权属争议

作为《公约》缔约国，挪威主张享有斯岛大陆架甚至外大陆架的主权和管辖权，对于这一权利主张，挪威的态度经历了从无到有的变化。早在1974年，挪威就声称斯瓦尔巴没有自己独立的大陆架，斯瓦尔巴大陆架是挪威大陆的自然延伸，但是，这一观点本身就存在疑问，斯岛面积很大，甚至超过比利时、荷兰这些独立的国家，其地理属性、社会属性符合《公约》第121条第1~2款的规定，应有自己独立的大陆架，随后，挪威逐渐转变立场，在2006年向大陆架界限委员会提交的划界案、2006年挪威与丹麦（格陵兰）海洋边界协议、2010年俄挪巴伦支海划界协议中主张斯岛享有独立的大陆架和外大陆架，且该权利属于挪威。对此缔约国提出种种质疑。

（一）主要争议

围绕斯岛大陆架问题，缔约国争论的焦点集中在以下四个层面。一是斯岛是否有自己独立的大陆架，这是一个权利基础问题。二是挪威是否独立享有斯岛大陆架的主权与管辖权，这也是《公约》与《斯约》如何适用的问题。三是缔约国是否可依平等原则主张与挪威享有平等的开发权，这是《斯约》平等原则适用的问题。第四，如果基于平等原则缔约国享有在斯岛的平等开发权，大陆架海底勘探与油气资源开采是否应适用《斯约》的税收限制，即在《斯约》规定挪威不能征收高于群岛管理费用的税收，这一税收限制方面的规定可以给石油公司带来高额利润的情况下，《斯瓦尔巴群岛采矿法规》能否适用于大陆架上的石油开采活动。[1]

---

[1] Pedersen, Torbjørn, "Denautical milesark's Policies Toward the Svalbard Area", *Ocean Development & International Law* 40 (2009): 343.

（二）缔约国的态度立场

目前，缔约国关注的问题在于缔约国的石油公司在斯岛大陆架是否与挪威石油公司享有平等开发的权利。对此，缔约国的观点也分成两派，一种观点的代表国家是英国、①俄罗斯、②丹麦、意大利③和荷兰④，他们依据《斯约》的平等原则，主张所有缔约国都同时享有在斯岛大陆架非歧视性的经济权利，《斯约》签署的目的是在群岛区域（延伸到海域）建立"公平机制"，确保群岛的和平发展。如果挪威依《斯约》在斯瓦尔巴的群岛拥有专属经济区和大陆架，基于"平等机制"，这种权利自然也应平等的适用于缔约国。⑤而且这些原则不但在缔约国之间适用，也在挪威与其他缔约国之间适用。如果单方面承认挪威主权延伸到斯岛专属经济区和大陆架，《斯约》确定的平等机制必将遭到破坏，除非该延伸取得其他缔约国的共识。早在2006年，英国政府就直接向挪威政府递交了一封外交信件，强调斯瓦尔巴群岛拥有独立的大陆架且与挪威大陆架相分离，调整群岛大陆架和专属经济区的法律必须符合《斯约》的订立宗旨，因此要求挪威在平等的基础上对缔约国开放群岛的海域。俄罗斯对挪威提出的大陆架管辖权也表示质疑，其理由是《斯约》中并未具体规定这些权利。虽然俄罗斯和挪威于2009年签订了《海洋划界与巴伦支海合作条约》，确定了两国巴伦支海大陆架界限，但俄罗斯国家杜马强调，该条约并未解决关于斯瓦尔巴群岛周围水域的大陆架问题。⑥冰岛认为，斯岛有独立的大陆架，但不应当作为挪威大陆架的一部分，斯岛周围大陆架资源的开采应根据《斯约》平等原则进行。捷克斯洛伐克⑦、匈牙利⑧、波兰⑨等国对挪威在斯瓦尔巴群岛领海之外的

---

① United Kingdom, Aide Memoire to Norway, 14 October 1986, 1986, (10).
② Russia, Note 3695/2ED to Norway, 23 April 2001, 2001, (4).
③ Italian Legal Interpretation of Svalbard Treaty, Diplomatic Note enclosed with Department of State, Italian Note on the Spitsbergen Treaty, 2 July 1975 [C].1975, (7). P. 324.
④ Netherlands, Note No. 2238 to Norway, 3 August 1977 [C].1977, (8).
⑤ 刘惠荣、韩洋：《北极法律问题：适用海洋法基本原则的基础性思考》，《中国海洋大学学报（社科版）》2010年第1期。
⑥ Barents Observer (15 March 2011a), Ratification on 25 March www.barentsobserver.com/index.php? id =4897962&xxforceredir =1&noredir =1, 访问时间：2016年5月23日。
⑦ Czechoslovakia, Note No. 99. 249/77 to Norway, 28 July 1978. 1978, (7).
⑧ Hungary, Note No. J – 198/1/1977 to Norway, 3 August 1977. 1977, (8).
⑨ Poland, Note to Norway, 6 July 1977. 1977, (7).

单方面行动表示抗议。除了这些主权国家外,丹麦自治省格陵兰[①]和法罗群岛明确对挪威在斯岛的管辖权提出质疑。[②] 持另外一种观点的缔约国没有在这个问题上提出明确的看法,但保留任何可能基于《斯约》在斯岛水域主张相应权利的可能,基于这种观点的国家有法国、[③] 德国、西班牙和美国[④]。美国认为,在开发、勘探斯岛大陆架上石油资源的问题上,挪威应当保留其他缔约国依据《斯约》而享有的权利。法国、[⑤] 德国、西班牙主张群岛有大陆架且属于《斯约》的适用范围,缔约国有权勘探和开发大陆架上的自然资源,挪威对斯岛大陆架主权权利的行使不仅要遵守《公约》的规定,还必须受到《斯约》所确立的平等原则的制约,挪威作为沿海国,其主权权利的行使是受到限制的。欧盟虽然不是《斯约》的成员国,但也对挪威在斯岛大陆架的管辖权提出质疑(见表3-1)。[⑥]

表3-1 缔约国对挪威主张斯岛大陆架的态度对比分析

代表国家和地区	反对	保留
对挪威主张大陆架的态度	俄罗斯、英国、丹麦、意大利、荷兰、格陵兰和法罗群岛(丹麦)	美国、法国、德国、西班牙

(三)挪威的回应

对于以上质疑,挪威政府做出回应称,《斯约》规定的捕鱼和采矿方面的平等权利只适用于群岛陆地及其领海。如果将这种权利扩展至群岛大陆架及其200海里的专属经济区,有悖于条约将斯岛主权赋予挪威的规定。到目前为止,挪威还没有开放大陆架资源的商业开采。挪威的政策倾向于限制大陆架周围的经济活动,这种政策倾向在未来仍会延续下去。作为一个

---

① Demark, Diplomatic note No. 63. D. 3 handed to Norway on behalf of the Greenlandic Home Rule on 8 August 1986. 1986,(8).
② T. Pedersen,"The Dynamics of Svalbard Diplomacy", *Diplomacy and Statecraft* 19 (2008): 250.
③ France, Note to Norway, 2 August 1977. 1977,(8).
④ USA, Note No. 20 to Norway, 20 November 1976. 1976,(11).
⑤ France, Note to Norway, 2 August 1977. 1977,(8).
⑥ Statement on United States Participation in the Third United Nations Conference on the Law of the Sea, 1982. 1. 29 [C]. 1982,(1).(P250)

重要的石油出口国，挪威早在 1940 年就在斯瓦尔巴群岛勘探，[①] 目前挪威在北海地区的油气产量在下降，挪威已将油气生产向北转移，斯瓦尔巴群岛及其大陆架的油气对挪威来说意义重大。对于缔约国而言，斯岛大陆架的油气资源也颇具诱惑，包括俄罗斯在内的其他国家也都表现出极大的兴趣，俄罗斯对斯岛大陆架油气资源的勘探也多次引发双方外交层面的争议。

"由于不同领域在立法目的和价值追求上存在差异，当其对所规范的领域存在交叉与重叠时，规则的制定上形成条块分割，对涉及同一个问题的规定就会出现冲突与不协调，有时甚至是南辕北辙"。[②] 这也是《斯约》和《公约》在适用问题上的矛盾冲突所在，这一冲突表现出国际法明显的不成体系的特性，这种零散性、缺乏权威性和不确定性，对现在的斯瓦尔巴模式提出了挑战。解决这一问题的关键在于如何解释与确定《斯约》和《公约》的地位。

第二节 《斯约》与《公约》适用的解释

国际法体系缺乏统一的立法和司法机制，随着国际法调整领域的扩大，不同国际法规则之间必然会出现不和谐、缺乏统一性和冲突的现象，这也被称为"国际法的不成体系"，如何使这些规范之间相互协调、一致，条约的解释在实践中发挥着重要的作用。多年来，挪威和其他缔约国在斯岛渔业保护区和大陆架的法律适用问题上存在着明显的分歧，而分歧的核心在于对《斯约》与《公约》适用冲突的解释。

一 《维也纳条约法》对条约适用和解释的一般原则

《斯约》与《公约》的适用既涉及前法与后法、特别法与一般法的适用原则问题，也涉及条约的解释问题。《维也纳条约法公约》对法律的适用及条约的解释做出了原则性规定。

（一）前法与后法的适用规则

后法优先原则（lex posterior deroga legi priori）也称为后法原则，是处

[①] 黄潇涛：《北极石油资源可持续开发研究》，山东师范大学 2015 年硕士论文，第 16 页。
[②] 王秀梅：《试论国际法之不成体系问题——兼及国际法规则的冲突与协调》，《西南政法大学学报》2006 年第 1 期。

理国内法律冲突的基本原则之一,在各国立法与实践中都有大量的运用。在国际法层面,作为解决国际条约冲突的重要方法,后法原则规定在《维也纳条约法公约》第 30 条,主要用来处理先约与后约之间的冲突。

"关于同一事项先后所订条约之适用

一、以不违反联合国宪章第 103 条为限,就同一事项先后所订条约当事国之权利与义务应依下列各项确定之。

二、遇条约订明须不违反先订或后订条约或不得视为与先订或后订条约不合时,该先订或后订条约之规定应居优先。

三、遇先订条约全体当事国亦为后订条约当事国但不依第 59 条终止或停止施行先订条约时,先订条约仅于其规定与后订条约规定相合之范围内适用之。

四、遇后订条约之当事国不包括先订条约之全体当事国时:

(甲) 在同为两条约之当事国间,适用第 3 项之同一规则;

(乙) 在为两条约之当事国与仅为其中一条约之当事国间彼此之权利与义务依两国均为当事国之条约定之。

五、第四项不妨碍第 41 条或依第 60 条终止或停止施行条约之任何问题,或一国因缔结或适用一条约而其规定与该国依另一条约对另一国之义务不合所生之任何责任问题。"

《维也纳条约法公约》将先约与后约的冲突分为两种类型,即先约全体当事国都是后约当事国和先约与后约当事国部分重合。由于后约反映了当事国的最新缔约意图,一般会获得优先适用。但这也有例外,如果先约与后约确有相合之处,先约当然也可以在相合范围内适用,但这需要以先约没有默示终止或停止实施行为前提。在部分缔约方以缔结相互间协定的方式修改先约时,先约无法在修改方之间适用。值得注意的是,《维也纳条约法公约》中所规定的后法原则以先约和后约属于"同一事项"为前提,而判断先约和后约的标准是条约的通过日而非生效日。①

(二) 特别法与普通法适用原则

特别法优先原则(lex specialis degrota legi generali)是一项非常古老的

---

① 〔英〕安托尼·奥斯特:《现代条约法与实践》,江国清译,中国人民大学出版社,2005,第 178 页。

法律原则，早在罗马法时期，这一原则就已经在法律体系中确立。① 特别法原则同样也是一种解决法律冲突的重要方法，其具体适用条件为冲突的确实存在，特别法和一般法处理的问题属于同一事项。② 但实践中一般法与特别法的区分标准并不确定。

首先，一般法与特别法的称谓都是相对而言的，一项条约或条款在某些情况下可能是一般法，在其他情况下则可能是特别法。其次，对于国际社会中那些调整不同领域中法律关系的国际条约，如贸易条约、环境条约、人权条约等，要想确定何者的规定更为特殊，何者为特别法，似乎更加困难。从目前的国际实践来看，规则的调整事项以及规则所涉及的成员国数量是国际司法机构在判断特别法规则时遵循的主要标准。但这一适用原则在表现形式上还停留在国际习惯法层面，并未编撰成文。③

（三）条约解释通则

缔约国对《斯约》适用范围是否可以扩展到斯岛领海以外的问题涉及对《维也纳条约法公约》的解释。《维也纳条约法公约》第 31～33 条规定了条约解释的一般原则，一般认为这些规定已经构成习惯法规则。

一、条约应依其用语按其上下文并参照条约之目的及宗旨所具有之通常意义，善意解释之。

二、就解释条约而言，上下文除指序言及附件在内之约文外，并应包括：

（甲）全体当事国间因缔结条约所订与条约有关之任何协定；

（乙）一个以上当事国缔结并经其他当事国接受为条约有关文书之任何文书。

三、应与上下文一并考虑者尚有：

（甲）当事国嗣后所订关于条约之解释或其规定之适用之任何协定；

（乙）嗣后在条约适用方面确定各当事国对条约解释之协定之任何惯例；

（丙）适用于当事国间关系之任何有关国际法规则。

四、倘经确定当事国有此原意，条约用语应使其具有特殊意义。

---

① 〔意〕彼得罗·彭梵得：《罗马法教科书》黄风译，中国政法大学出版社，1992，第 10 页。
② 〔德〕卡尔·拉伦茨：《法学方法论》，陈爱娥译，商务印书馆，2003，第 272 页。
③ 廖诗评：《论后法优先原则与特别法优先原则在解决条约冲突中的关系》，《河南大学学报（社会科学版）》2011 年第 2 期，第 8 页。

以上解释原则可以概括为：善意解释、文本解释、目的解释、体系解释等。善意解释来源于国际法上"条约必须信守"的原则，强调条约的解释不应当出现荒谬、不合理的结果，而应当公平合理地解决争端。文本解释强调条约解释的唯一基础在于条约本身，条约应当按照约文所使用词语的通常意义进行解释。目的解释强调在对条约进行解释时应当确保条约的目的和宗旨得以实现。体系解释是指将被解释的法律条文放在整部法律中乃至这个法律体系中，联系此法条与其他法条的相互关系来解释法律。[1]《维也纳条约法公约》的这些规则在国际法院的判决中被作为习惯国际法加以引用。[2] 虽然有一些国家没有批准《维也纳条约法公约》，但也适用这一方法对条约作出解释。[3]

二 挪威对《斯约》解释方法的主张

挪威主张依据《维也纳条约法公约》第 31 条第 1 款的规定来解释《斯约》，即"条约应依其用语按其上下文并参照条约之目的及宗旨所具有之通常意义，善意解释之"。在挪威看来，对一国领土主权的限制必须明确地基于条约的规定。如果对这种主权限制有异议，应该采取"主权的最低限制"，也就是限制的解释方法。《斯约》第 1 条就承认"享有完全的主权"是《斯约》的基本原则，应当严格按照条款所确定的范围来适用《斯约》，《斯约》仅适用于斯岛陆地及其领海，挪威享有主权是一种完全的绝对的主权，其主权只有在特定范围内、特定事项上才受限制，即在《斯约》明确规定的事项下受到限制，对于《斯约》未涉及的其他领域应适用《公约》的规定，[4] 挪威按照《公约》完全独自拥有斯瓦尔巴群岛大陆架与专属经济

---

[1] 宋杰：《对维也纳条约法公约关于条约解释规则的再认识》，《孝感学院学报》2007 年第 1 期，第 76~81 页。
[2] Libya/Chad Case, [1994] I. C. J. Reports, 6 at para. 41; and Oil Platform Case (Preliminary Objections), [1996] I. C. J. Reports, 803, at para. 23.
[3] A. D. McNair, *Law of Treaties* (Clarendon Press, 1961), p. 365.
[4] R. E. Fife, "L'objet et le but du Trait'e du Spitsberg (Svalbard) et le Droit de la Mer", *La Mer et son Droit*: *Melanges Offerts a Laurent Lucchini et Jean-Pierre Queneudec*, ed. Vincent Coussirat Coust'ere (Pedone, 2003), pp. 239 – 262. 转引自：D. H. Anderson, "The Status Under International Law of the Maritime Areas Around Svalbard", *Ocean Development & International Law*, 40 (2009): 380。

区的主权权利。挪威官方文件也明确这一立场,在挪威司法部1999年发布的《关于斯瓦尔巴地区的白皮书》第四部分有以下内容。

"挪威根据国际法关于条约解释的原则对《斯约》做出解释,对斯匹次卑尔根群岛和熊岛拥有充分和完全的主权,对挪威主权的任何限制都必须基于《斯约》本身,基于条约本身自然的语意,除此以外,《斯约》没有提及任何对斯岛行使主权的限制"。①

值得注意的是,挪威并不是《维也纳条约法公约》的缔约国,并没有遵守条约解释的义务,但国际法学界及国际法院判例基本上认为,《维也纳条约法公约》关于条约解释和适用的规定(第31、32条)属于国际习惯法,对所有的国家都具有法律拘束力。②

三 其他缔约国的代表观点

对《公约》与《斯约》适用的冲突,其他缔约国做出与挪威不同的解释。与挪威相似,其他缔约国也主张依据1969年《维也纳条约法公约》有关条约解释的规定解释《斯约》,基于条约第31条第1款中的"条约之目的及宗旨"的规定,应基于"公平原则"解释条约,这一公平原则不但适用于缔约国之间,也适用于挪威与缔约国之间,"大多数条约不会只对缔约一方做出义务的限制,这有违国际条约的互惠性"。③ 挪威基于平等原则取得斯瓦尔巴群岛的主权,同时伴随各国权利主张的撤回,从《斯约》赋予缔约国权利的内容看,基本上赋予缔约国除主权以外的所有权利和利益,随着时间的推移,这一权利范围在扩大,挪威权利的扩大也必然伴随着缔约国权利的扩张,这是平等原则的要求,也是缔约国协商同意的结果,从这点看,挪威对斯岛的主权必然是受限制的权利,并非真正意义上的"充分、完全的主权"。实际上,缔约国对《斯约》的解释是一种扩张性解释。

---

① Norway, Ministry of Justice and the Police, Report No. 9 to the Storting (1999 – 2000) – Svalbard, approved 29 October 1999, sec. 4.1.1, available at www.regjeringen.no/en/dep/jd/Documents-and-publications/Reports-to-the-Storting-White-Papers/Reports-to-the-Storting/1999 – 2000/report-no-9-to-the-storting-html? id =456868, 访问时间:2016年5月23日。
② Sovereignty over Pulau Ligitan and Pulau Sipadan (Indonesia/Malaysia), Judgment, ICJ Rep 2002, p. 625, and Arbitral Award of 31 July 1989 (Guinea-Bissau/Senegal), Judgment, ICJ Rep 1991, p. 53, para. 48.
③ A. McNair, The Law of Treaties Appendix A (Oxford: Clarendon Press, 1961), p. 765.

冰岛、西班牙、丹麦和英国等国也基于"目的性解释"对挪威斯岛渔业保护区和大陆架的权利主张提出各种质疑。①

四 学者的看法及观点

对于《斯约》的解释问题,学者们也持不同的看法。学者们的分歧在于对依据文本对《斯约》做限制性的解释还是依据目的原则对《斯约》做出扩大解释。挪威奥斯陆大学教授卡尔·奥古斯特·弗莱舍尔(Carl August Fleischer)在《斯瓦尔巴条约与海洋法》一文中对"目的"加以限制解释,他指出,对《斯约》设立的目的与挪威是否有权设立斯岛专属经济区大陆架是否有相关性目前没有明确规定,对《斯约》的解释只是一种猜测,不能依此限制挪威在斯岛的主权和管辖权,将《斯约》缔约国的权利限定在斯岛的领海更符合条约本意。② 托尔比约恩·彼得森(Torbjørn Pedersen)主张对挪威在斯岛的主权做限制性解释,挪威针对斯岛的主权应是一种限制性权利,斯岛无主地的法律地位代表着缔约国主权主张的撤回,所有的缔约国都应该享有在斯岛类似无主地的权利,挪威对斯岛的主权不依赖于国际习惯法,而是依赖于条约的授予,从这点看,挪威的主权应该受到限制。③ 意大利国际法学教授艾达·卡拉乔洛(Ida Caracciolo)认为要解决群岛海域存在的《斯约》与《公约》适用的法律争端,就应当按照《斯约》订立的宗旨,对条约进行目的性解释。挪威采用的解释方法过分拘泥于条文的字面含义,容易忽视条约的目的和现实条件。《斯约》订立的目的是在群岛及其海域建立一种公平机制,这种公平机制既适用于其他缔约国之间,也适用于挪威和其他缔约国之间,通过对条约的解释把条约的字面含义扩充到立法的原意,即《斯约》的适用范围应当包括群岛的专属经济区和大陆架。这实际上是对《斯约》的一种扩大解释。莎拉·沃尔夫(Sarah Wolf)在《斯瓦尔巴群岛海

---

① Ida Caracciolo, "Unresolved Controversy: the legal situation of the Svalbard Islands Maritime Areas; An Interpretation of Paris Treaty in Light of UNCLOS 1982", International Boundaries Research Unit Conference, Durham University, April 2, 2009, pp. 9 – 13.

② Carl August Fleischer, "The New International Law of the Sea and Svalbard", The Norwegian Academy of Science and Letters 150th Anniversary Symposium January 25, 2007, pp. 2 – 15.

③ T. Pedersen, "The Svalbard's Continental Shelf Controversy: Legal Disputes and Political Rivalries", *ODIL* 37 (2006): 339, 345.

洋区域的法律地位：公约框架下的现在与未来》一文中也持同样的看法，他指出应按照"动态的视角"解释《斯约》的适用，《斯约》是一揽子条款，挪威对斯岛的主权代表着其他缔约国对斯岛主权主张的撤回，从这点看，一旦挪威依据条约所获得的权利扩展，缔约国的权利也应该动态地获得相应的扩展。① 盖尔·尤福斯顿（Geir Ulfstein）和罗宾·丘吉尔（Robin Churchill）认为应当依据上下解释一致原则，缔约国对挪威在斯瓦尔巴群岛领海的执法管辖权毫无争议，实际上已经认同了斯岛的法律地位，对斯岛的完整权利的主张也不应存在争议。② D. H. 安德森（D. H. Anderson）则支持限制解释的观点，认为挪威对斯岛的主权不同于传统意义上的国家主权的取得，是缔约国达成共识的产物，是挪威公告和缔约国承认共同作用的结果。③ 国际法学家洛尔·麦克奈尔（Lord McNair）反对限制性解释原则，他认为，"很难从逻辑推理中对这一原则找出依据。每一个条约都有限制一国的主权的义务，很少有这样的例外，一个条约给两个国家都强加义务，……如果所谓的条约的解释原则的适用限制一国的义务，……减少了相互的利益，……给予其他国家利益，……这是很荒谬的。"④

从解释原则角度看，最近的国际司法判例更倾向于对条约的目的不做限制解释。如2005年比利时与荷兰的"莱茵铁路公司案"，比利时与荷兰就重新"起用"连接安特卫普港口的莱茵铁路的问题发生了争议，在案件的审理之中涉及如何解释1839年两国签署的条约问题。仲裁庭决定不采取"限制解释"的方法，而是基于1969年《维也纳条约法公约》的第31条、第32条，用"通常规则"来审议条约究竟赋予了比利时哪些权利。仲裁庭认为："条约的目标、目的条约缔结方的意愿，是解释条约的优先因素，太严格的限制解释会与条约的主要目的不相符"。1978年国际法院在"爱琴海

---

① Sarah Wolf, "Svalbard's Maritime Zones, Their Status Under International Law and Current and Future," Dispute Scenarios 2, at 18 (Stiftung Wissenschaft und Politik, Working Paper FG 2, No. 2, 2013), available at http://www.swp-berlin.org/fileadmin/contents/products/arbeitspapiere/WP_Wolf_2_2013.pdf, 访问时间：2017年7月20日。

② R. R. Churchill and G. Ulfstein, *Marine Management in Disputed Areas. The Case of the Barents Sea*, (London and New York, Routledge：1992), p. 585.

③ D. H. Anderson, "The Status Under International Law of the Maritime Areas Around Svalbard", *Ocean Development & International Law* 40 (2009): 373.

④ A. D. McNair, *Law of Treaties* (Clarendon Press, 1961), p. 765.

大陆架案"判决中也基于目的解释原则扩大解释,确认1928年的"管辖权宣言"也适用于大陆架。2003年国际法院在"石油平台案"没有区分1955年生效条约中的陆地领土、领海、大陆架和专属经济区,适用于"两个缔约国的领土"。

五 《斯约》和《公约》的法律地位

《公约》与《斯约》适用过程中的矛盾冲突也是国际法规则制定条块分割造成的规则不成体系、零散性、缺乏权威性和不确定性的必然结果。这一问题的解决关键在于如何确定《斯约》和《公约》的地位。

对于斯岛而言,《斯约》和《公约》对斯岛的水域管辖权问题都有相关的规定,从这个意义上说,《斯约》属于先约,《公约》属于后约,对此,如果两个条约的缔约方一致,就可以认为《公约》在某些方面代表缔约当事国最新的意思表示。但问题是,美国作为《斯约》的缔约国并非《公约》的缔约国,因此,《公约》作为后约并非在所有的缔约国之间适用,按照惯例,可以认为在除美国以外的其他《斯约》缔约国之间,在斯岛问题上优先适用《公约》,对于美国来说应以《斯约》规定的缔约国的权利赋予美国在斯岛的权利。我们还应注意到,美国对《公约》的基本态度,美国虽然没有批准《公约》,但早在1982年1月29日,美国总统里根就发表声明称,美国愿意遵守《公约》已经达成一致的其他部分(除《公约》第十一部分外)。① 也就是说美国认为,《公约》中的许多条款已经具有国际习惯法的效力,因此这些条款对第三国也具有习惯法上的约束力。②

从条约内容上看,《斯约》和《公约》都涉及斯岛的管辖权问题,相对而言,《斯约》是针对斯岛主权与管辖权及各项权利适用的特别法,而《公约》是一般意义上的海洋法大纲,是针对斯岛管辖权的普通法,依照特别法优于普通法原则,对《斯约》的适用范围问题应适用《斯约》而非《公约》,这一结果与基于后约优先使用原则得出的结论相悖离。

---

① Statement on United States Participation in the Third United Nations Conference on the Law of the Sea, 1982.1.29, http://www.reagan.utexas.edu/archives/speeches/1982/12982b.htm,访问时间: 2016年10月23日。
② 《条约法公约》第38条规定:"条约所载规则由于国际习惯而成为对第三国有拘束力之公认国际法习惯规则。"

如果特别法同时又是先约应如何处理？这种情况正是《斯约》和《公约》适用时要解决的问题。在这种情况下，如果根据后法原则，似乎应该适用作为一般法的《公约》，但如果根据特别法原则，似乎应该适用作为特别法的《斯约》。这就有可能导致后法原则和特别法原则在适用上的冲突。解决这种冲突的首要步骤，就是参考特别法（先约）与一般法（后约）之间的冲突条款。如果冲突条款有明确的规定，那么此时无须诉诸特别法原则或是后法原则来解决冲突，这也是国际实践中的常见状态。在少数情况下，相关条约中找不到冲突条款的规定，或者冲突条款的含义模糊不清，此时特别法原则与后法原则在适用上就会发生真正的冲突。如何解决这一矛盾目前还没有定论。一般来说，哪个条款更能接近立法者的意图，哪个条款便更能得到优先使用。

六 《斯约》解释的基本原则

究竟哪个条款更能接近立法者的意图是对《公约》与《斯约》的适用加以解释的关键。按照1969年《维也纳条约法公约》的规定，对《斯约》的解释应符合以下原则。

第一，从条约订立的意图来看，《斯约》赋予挪威对群岛的主权是建立在群岛"无主地"法律性质之上的，这种赋权的同时也伴随着其他缔约国领土主张的撤回，从而在群岛建立起"主权确定，共同利用"的法律原则。《斯约》在群岛上建立了开放的制度，挪威对群岛的主权从一开始就是有限制的，因此，挪威对群岛专属经济区和大陆架的主权权利也不是专属性的。

第二，《斯约》的目的是通过建立公平机制来保护斯岛的自由制度，确保斯岛的和平发展。因此，根据目的解释的要求，《斯约》的解释应当符合建立公平机制的目标，符合确保斯岛发展和平利用的目标。对于斯岛而言，公平机制不仅适用于斯岛陆地，也适用于斯岛海域的活动。国际海洋法的发展赋予沿岸国更广泛的海洋权益，包括在其底土、海床上行使开发、勘探生物资源和非生物资源的主权权利。如果单方面承认挪威主权延伸到斯岛专属经济区和大陆架之上，《斯约》所确定的平等机制必然遭到破坏，除非该延伸取得其他缔约国的共识。如果将目的性解释的原则纳入到平衡各方利益的机制中，那么挪威主权的每一次扩张都应当伴随着其他缔约国权利的扩张，以维持条约的平衡机制。

第三，《斯约》的订立是各国协商的结果，任何一种解释都不得改变条约缔结时所具有的中立立场。将条约的适用范围仅限定在斯岛的陆地及领海，实质上是对条约范围所做的限制性解释，改变了条约中立的立场。

基于此，更为合理的解释是，专属经济区与大陆架是一种资源权利，如果挪威与其他条约国分享这种资源权利，同样意味着挪威对斯瓦尔巴群岛的资源权利也在条约的框架下得到了尊重，[①] 而并不是对挪威主权的限制。鉴于此，挪威对斯瓦尔巴群岛的主权很明显从一开始就是一种受限制的主权，尤其是它的经济主权，必须在与其他缔约国平等的基础上公平行使。

第三节 《斯约》与《公约》争议的解决

挪威主张的斯岛渔业保护区和大陆架的主权与管辖权似乎并未得到缔约国的认可。如何解决《公约》与《斯约》在适用中的冲突，政治方法和法律方法是两种较为适合的争端解决方法。

一 谈判和外交

《联合国宪章》第33条第1款规定，"任何争端当事国，在争端继续存在足以危及国际和平与安全的维护时，应尽先谈判、调查、调停、和解、公断、司法解决、区域机关或区域办法之利用，或当事国自行选择之其他和平方法，求得解决。"政治方法包括谈判与协商、斡旋与调停、调查与和解等。谈判与协商是国际社会解决国际争端最普遍的方式。20世纪50年代以来，谈判与协商成为一种得到国际社会普遍认可和广泛使用的国际争端解决方式。

一直以来，挪威都主张不需要建立一个解决《斯约》渔业保护区和大陆架争议的专门机制。正如挪威外交部长扬·彼得森（Jan Petersen）指出的那样，在我们看来，斯岛的渔业保护区和大陆架争议已经解决，如果在

[①] 吴琼：《北极海域的国际法律问题研究》，华东政法大学2010年博士论文，第96页。

这一地区真的存在广泛的争议，会有多个缔约国将争议提交国际司法机构通过法律方法解决争议。挪威外交部国务秘书金姆（Kim Traavik）也确认，挪威不打算就斯岛大陆架及专属经济区争议与任何国家谈判，因为在这一问题上并不存在争议。

面对缔约国的质疑，挪威还是将对话协商作为重要的解决问题的手段，挪威希望将斯岛争议作为政治问题来处理，寻求传统的军事同盟——北约和美国等盟友的支持，以改善在斯瓦尔巴群岛水域执行管辖权的条件。如 2005 年，挪威政府启动与美国、德国、英国、法国、加拿大和欧盟的 nordområde 对话，对话涉及斯岛问题，挪威总理谢尔·马格纳·邦德维克（Kjell Magne Bondevik）在会上提交了挪威《斯岛政策白皮书》，其中指出，挪威正在努力争取各方对挪威的理解，① 缔约国对《斯约》解释争议将通过对话会议进一步讨论。对于斯岛大陆架资源开发争议，挪威希望通过 nordområde 对话向合作伙伴做出解释，让他们意识到挪威对这一问题的底线，在此基础上也对缔约国的活动做出评估，挪威议会也支持政府的这一策略。如挪威外交部长彼得森指出，斯岛大陆架争议并不是俄挪之间的海洋划界争议，目前没有理由就巴伦支海石油勘探开发权问题展开国际交流和谈判，挪威的开发活动也不会进入争议地区。外交部国务秘书金姆（Kim Traavik）也证实，巴伦支海北部开发活动是未来挪威开发活动的主要方向，所以如果真的存在争议，挪威也有足够的时间来解决。2005 年 6 月 9 日，挪威外交事务委员会也表示，未来挪威与加拿大、法国、英国、德国、美国和欧盟的对话将变得非常重要，挪威在斯岛渔业保护区和大陆架的权利需要得到国际社会的理解。②

由此可见，挪威更希望将斯岛争议看作是一个政治问题而不是法律问题，不希望用法律手段解决斯岛争端，呼吁运用国际政治理论分析斯岛水域的有关问题。挪威一系列争取斯岛管辖权的外交行动也可看作是在冷战后增加国家影响力的一次尝试，不可否认的是，在北极，挪威不但有其传

---

① Prime Minister Kjell Magne Bondevik at press conference in Tromsø, Apr. 15, 2005. 转引自：Torbjørn Pedersen, "The Svalbard Continental Shelf Controversy: Legal Disputes and Political Rivalries", *Ocean Development & International Law* 37 (2006): 353.

② Innst. S. nr. 264 (2004~2005) Innstilling fra utenrikskomiteen om muligheter ogutfordringerinord.

统盟友在军事和政治上的平衡，也有战略和石油利益，只要斯岛争端没解决，这一问题必然会受到政策变化和国际结构性变化的影响。

从缔约国的角度看，也没有就《斯约》管辖权的争议展开类似谈判的迹象。对于渔业保护区争议，俄罗斯是挪威大陆架权利的主要挑战者，但这两个国家都没有打算运用谈判方法解决斯岛问题。此外，斯岛大陆架争议及能源开发权属争议也不会引发俄挪在这一区域的能源对话。

二 法律方法解决斯岛争议的可能性分析

国际仲裁和国际司法是解决国际争端的法律方法。法律方法是对政治解决方法的补充。国际仲裁，是指争端各方一致同意愿意接受仲裁，并愿意接受仲裁拘束力的一种解决国际争端的法律手段。国际争端的司法解决就是争端方将争端提交给国际常设的司法机构，通过国际司法机构形成有法律拘束力的判决来解决国际争端，它由国际仲裁发展而来。《斯约》本身并没有争端解决的条款，条约也没有规定通过国际海洋法法庭、国际法院、仲裁法庭以及特别仲裁法庭解决争端。但各缔约国普遍认为国际海洋法法庭、国际法院、仲裁法庭以及特别仲裁法庭对争端具有普遍管辖权。[1]

（一）法律方法解决斯岛渔业保护区争端的可能性分析

挪威与俄罗斯在渔业保护区管辖权问题上的争议由来已久，保护区建立以来近40年的时间里，有多艘俄罗斯捕鱼船在挪威渔业保护区因非法捕鱼被抓捕，俄罗斯官方对此多次提出反对管辖权的外交照会。[2] 这可以看作是对挪威在斯岛渔业保护区管辖权形成习惯的一个重要反例，挪威在渔业保护区应平等地适用非歧视原则，俄罗斯的捕捞行为不受条约的约束对缔约国来说是不公平的。

总的看来，到目前为止，挪威渔业保护区制度在《斯约》范围内基本上是合适的。[3] 对于挪威在斯岛渔业管辖权方面最大的挑战国俄罗斯来说，现在挪威对斯瓦尔巴群岛的政策对俄罗斯非常有利。挪威国防研究所的研

---

[1] International Court of Justice Home Page, available at www.icj-cij.org/icjwww/igeneralinformation/ibbook/Bbookchapter3.HTM. 访问时间：2016年9月20日。
[2] Nord Troms Tingrett ruling in cases 04 - 1285M, 04 - 1940M and 04 - 1941M of Dec. 20, 2004.
[3] P. Christiansen, "Folkerett og politikk i nord", *Aftenposten*, June 28, 2005.

究员克里斯蒂安（Kristian）指出，事实上，俄罗斯捕鱼总量的四分之一来自斯岛渔业保护区。因此，俄罗斯并不希望在斯岛的渔业保护区有大的变动和争议。如果这一争议诉至国际法院将引发没有传统捕鱼权的《斯约》缔约国关注斯岛的捕鱼权问题，引发挪威与其他缔约国之间更加广泛的争议，这一结果是俄罗斯不想看到的。①

冰岛也是对斯岛渔业保护区制度持反对意见的重要北极国家。1994 年 8 月 5 日，冰岛渔船"哈刚葛 2 号"（Hagangur Ⅱ）遭遇挪威海岸警卫队驱逐，成了第一个被挪威当局在斯岛渔业保护区抓捕的船只，随后挪威又抓捕两艘冰岛渔船。对此，冰岛政府多次表示抗议。2003 年，冰岛总理大卫·奥德森（David Oddsson）对挪威在渔业保护区内设定的鲱鱼配额表示不满，他指出如果挪威海岸警卫队再逮捕冰岛在斯岛的渔船，冰岛将起诉至国际法院。冰岛曾在政府层面评估在国际法院提请诉讼的风险。② 以保护区内历史活动情况确定捕捞配额的做法在国际法院有可能被看作是《斯约》在缔约国之间的一种平等适用，国际法院将判决缔约国应严格遵守挪威在斯岛 200 海里范围内的管辖，挪威也有权保留在这一区域的管辖权，这是最坏的一种可能也是最有可能的裁决。③ 这对冰岛来说也不是最好的结果，所以维持现状是不错的选择。值得注意的是，《斯约》缔约国中只有冰岛在 1973 年加入国际法院时做出声明指出，④ 由于渔业权与冰岛人民切身利益密切相关，冰岛不接受国际法院的管辖。⑤

（二）将斯岛大陆架管辖权争端诉至争端解决机构的可能性分析

与斯岛渔业保护区渔业资源争端相比，斯岛近海石油资源管辖权问题更为复杂。与斯岛渔业保护区问题的解决情况有所不同，支持维持斯岛渔业制度现状的缔约国不希望在大陆架的资源开发权问题上保持相同的立场，

---

① K. Åtland, "Svalbard og russisk sikkerhetstenkning", *FFI-fokus* 01 (2004): 5.
② P. Christiansen, "Folkerett og politikk i nord", *Aftenposten*, June 28, 2005. available at http://www.fiskarlaget.no/nyheter/news.asp? Key = 233, 访问时间：2016 年 3 月 21 日。
③ G. Hønneland, *Barentsbrytninger. Norsk nordområdepolitikk etter den kalde krigen* (Kristiansand S: Høyskoleforlaget, 2005), pp. 85 – 88.
④ Fisheries Jurisdiction [1973] I. C. J. Rep. 3 and [1974] I. C. J. Rep. 3.
⑤ CIA：*The World Factbook*, available at www.cia.gov/cia/publications/factbook/geos/ic.html#Econ, 访问时间：2016 年 5 月 3 日。

他们不希望开放斯岛大陆架资源的开发权，大量的迹象表明，斯岛大陆架争议区域蕴藏着丰富的石油资源，这一问题可能会对国际法院评估这一案件带来难题。一般来说，有较多的国家主张对挪威在大陆架上的权利提起诉讼，因为大多数的国家在斯岛大陆架资源开发问题上没有任何的获利，只有挪威有独占权，因此，在斯岛发现丰富的石油储备的预期将加速缔约国对斯岛大陆架资源的争夺，将这一争议提交国际法院的可能性也会更大。

（三）提请国际法院或国际海洋法法庭发表咨询意见的可能性分析

运用法律手段解决争端，除诉讼管辖外，还可以通过国际法院、国际海洋法法庭（海底争端分庭）等机构发表咨询意见的方式予以解释。咨询管辖权是指国际法院等国际司法机关通过发表原则上没有拘束力的咨询意见的方式，对享有咨询请求权的主体提出的法律问题加以裁决的权力或权限。

就国际法院而言，《联合国宪章》及《国际法院规约》对于法院如何认定自身是否具备咨询管辖权并无任何规定。实践中，在"申请复审联合国行政法庭第273号判决案"中，法院明确提出，判断其自身在某一案件中是否具备咨询管辖权时需要考虑的因素，也即行使咨询管辖权的必要条件即咨询请求应由根据《宪章》规定有权提出咨询请求的机关提出；且所咨询的问题应当是"法律问题"；除联合国大会和安理会外，该问题应产生于请求机关的活动范围内。也就是，咨询管辖应受申请主体适格、咨询事项属于"法律问题"以及符合"活动范围"三个条件的限制。①

根据《联合国宪章》的规定，联合国大会、安全理事会、经社理事会、托管理事会、联合国的专门机构，以及请求复核行政法庭判决的申请书委员会，均可就其工作中遇到的法律问题请求国际法院发表咨询意见。咨询意见虽然没有法律拘束力，但由于国际法院在国际法领域的权威地位，咨询意见对有关争端的解决具有很大的影响。如果涉及《斯约》的渔业争议、资源开发争议在一定情况下变得严峻，在缔约国之间难以得到解决，联合国大会、安全理事会、国际海事组织等机构有将这一争议提交国际法院请求发表咨询意见的权利。

在主体适格的前提下，还要考虑《斯约》的适用争议是否属于法律问

---

① 张炜斌：《论国际法院咨询管辖中的"法律问题"》，南京大学2013年硕士论文。

题,显而易见的是,《斯约》符合《联合国宪章》第 96 条及《国际法院规约》第 65 条中所提及的"法律问题",国际法院有权对其发表咨询意见。

此外,还必须确定申请主体所提出的问题是否属于其"活动范围"内事项。依据《联合国宪章》第 96 条,"一、大会或安全理事会对于任何法律问题得请国际法院发表咨询意见。二、联合国其他机关及各专门机构,对于其活动范围内之任何法律问题,得随时以大会之授权,请求国际法院发表咨询意见",联合国大会及安理会与联合国其他机关及各专门机构向法院提出咨询请求所涉及的事项范围不同。但大会及安理会作为联合国主要机关,其活动范围并非毫无限制,并且在大会作为申请主体的咨询案件中,也有以大会提出咨询请求所涉及的事项超出其"活动范围",即以"越权"为由,认为法院因此并无咨询管辖权的情况。但法院最终认为,大会作为申请主体时,其所申请的问题是否产生于其"活动范围"内的问题仅关乎法院确定是否行使咨询管辖权,即法院的自由裁量权,与法院是否具备咨询管辖权无碍。法院在确定所咨询问题是否产生于申请主体的"活动范围"内时,首先依据《维也纳条约法公约》第 31 条对于条约解释的一般规则对申请主体组织章程进行解释,从而明确组织的目的与宗旨。当所咨询的问题不在申请主体组织章程规定的职责范围内时,法院要判断该申请行为是否属于申请主体在行使其"次要权力"或"暗含权力",以及是否符合"专业原则"。《斯约》争议只有符合上述原则才能请求国际法院发表咨询意见。如联合国大会的一个重要的职能就是"讨论与国际和平与安全有关的任何问题,并就此提出建议,但当前由联合国安全理事会讨论的争端或情势除外"。联合国安全理事会也具有依照联合国的宗旨和原则来维护国际和平与安全,调查可能引起国际摩擦的任何争端或局势的职能,《斯约》争议在一定情况下有可能发展成影响地区安全的争议。

从国际海洋法法庭的咨询管辖权看,《国际海洋法法庭规则》第 138 条规定,如果与《公约》目的有关的国际协定专门规定了向法庭提交发表咨询意见的请求,则法庭可以就某一法律问题发表咨询意见;咨询意见的请求应由经授权的任何实体送交法庭,或根据协定向法庭提出请求。[①]《斯约》

---

① 张丽娜、王崇敏:《国际海洋法法庭咨询管辖权及其对中国的启示》,《学习与探索》2013 年第 12 期。

的缔约国基本上是《公约》缔约国，对于斯岛相关海域的科考权、捕鱼权、资源开发权的争议可以缔结国际协定，请求国际海洋法法庭就此发表咨询意见。

三 斯岛管辖权争议的司法实践

斯岛渔业保护区与大陆架资源的管辖权问题是缔约国与挪威争议的焦点所在。《斯约》本身并没有涉及争端解决的条款，条约也没有规定通过国际海洋法法庭、国际法院、仲裁法庭以及特别仲裁法庭解决争端。实践中，斯岛的渔业保护区管辖权问题曾被诉至挪威最高法院，迄今为止，斯岛大陆架的资源管辖权问题还没有司法管辖的实践。

1996年挪威最高法院Påtalemyndigheten v. Sigurd Haraldson案件中涉及《斯约》适用范围的问题被提出，① 1994年8月，挪威海岸警卫队驱逐了来自俄罗斯、丹麦、法罗群岛、西班牙、波兰在斯岛渔业保护区捕捞鳕鱼的渔船，在冰岛和巴拿马注册的两艘拖网渔船的船长和船舶所有者都以非法捕捞罪被挪威海岸警卫队逮捕。1996年，案件诉至挪威最高法院，被告认为挪威管辖海域已经远远超过《斯约》范围。② 此外，被告国家认为挪威的捕捞配额制度违反了"平等非歧视"利用斯岛的原则，而《斯约》建立的平等原则是《斯约》的基本原则，不容打破。对此，挪威最高法院判定，挪威在200海里渔业保护区的配额制度是非歧视的，是与《斯约》的基本原则相一致的，法院不会对俄罗斯在斯岛渔业保护区的行为有任何偏袒。1976年《挪威渔业保护区法案》赋予挪威合法权利，这一保护区是挪威政府批准建立的区域，斯岛在这一保护区内，挪威在渔业保护区有专属管辖权。虽然最高法院并未明确指出《斯约》是否适用于斯岛渔业保护区，但法院指出，没有必要确定《斯约》适用的地理范围，无论如何，挪威在斯岛的鳕鱼捕捞管辖权都不应被忽略。③

2004年，在Påtalemyndigheten v. Pesqueres Laurak Bat S. A. 案件中，《斯约》适用范围的问题再次被提出。2004年，两艘西班牙渔船在斯岛渔业保

---

① Supreme Court ruling in case lnr 45b/1996 snr 197/1995 of May 7, 1996.
② Supreme Court ruling in case lnr 45b/1996 snr 197/1995 of May 7, 1996, p. 6.
③ Supreme Court ruling in case lnr 45b/1996 snr 197/1995 of May 7, 1996, p. 13.

护区拖网捕捞时被挪威海岸警卫队扣留，挪威发现该渔船记录违反渔业保护区捕鱼规定。挪威最高法院的判决指出，挪威对斯岛200海里渔业保护区的管辖权在世界范围内是被广泛认可的，不存在争议。但随后欧盟对这一判决表示密切关注，这一判决的政治后果和影响力还有待观察。①

四　主要缔约国的态度主张

斯岛的渔业保护区和大陆架权利争议是一个由条约解释引发的法律争议。挪威主张依据《斯约》有充分的理由享有斯岛主权及主权权利。总的来看，如何解决《斯约》与《公约》适用之间的矛盾冲突，缔约国持以下四种不同的态度主张。

（一）主张在大陆架和渔业保护区问题上不存在法律争议，不存在将这一争议提交争端解决机构的问题。如挪威主张，虽然在斯岛大陆架和渔业保护区内问题上受到俄罗斯、冰岛、西班牙、欧盟等国家和国际组织的挑战，但并不寻求协商解决方案。

（二）支持在《公约》框架下解决争议。美国、加拿大、丹麦、法国、德国、冰岛、荷兰、俄罗斯和西班牙等国主张应在《公约》框架下解决缔约国之间的争议，加拿大还进一步指出，《公约》并不是国际海洋法领域唯一有效的法律渊源，与之并存的还有国际习惯法。当《公约》对一个问题没有规定或规定由普遍国际法管辖时，国际习惯法就要发挥作用。②

（三）支持将争议提交争端解决机构。如英国主张将该问题提交国际法院，英国认为国际法院会支持自己的立场。冰岛也曾在政府层面评估将斯岛渔业保护区争议提交国际法院裁决的风险。③

（四）通过谈判协商的方式解决争议，但将挪威排除在外。如英国呼吁斯瓦尔巴地区利益相关方应采取协调一致的立场，共同应对挪威在斯岛渔业保护区的管辖。2006年英国就邀请美国、加拿大、丹麦、法国、德国、

---

① P. Christiansen, "Folkerett og politikk i nord", *Aftenposten*, June 28, 2005, http://www.fiskarlaget.no/nyheter/news.asp? Key = 233，访问时间：2016年3月21日。

② Ivan V. Bunik, Alternative approaches to The delimitation of The Arctic continental shelf, *International Energy Law Review* 4（2008）：114 - 125.

③ P. Christiansen, "Folkerett og politikk i nord", *Aftenposten*, June 28, 2005, http://www.fiskarlaget.no/nyheter/news.asp? Key = 233，访问时间：2016年3月21日。

冰岛、荷兰、俄罗斯和西班牙代表参加在伦敦举行的专门会议，抛开挪威共同商讨斯岛管辖权争议问题，到目前为止，会议的主要议程及各方态度立场并未公开。

《斯约》作为国际条约本身就是一个多维的国际法规制对象，即涉及渔业、环境、资源、科研等诸多不同的国际法领域，也涉及不同国际条约在调整对象上重叠冲突的处理。不同形式、不同类别、不同层次的规范只有结合成一个功能协调结构才能最大限度地提高其适用效率。斯瓦尔巴地区目前的法律制度还不是一个理想完善的规范体系。从目前的国际环境和利益格局看，《斯约》缔约国的各项权利都面临着诸多的争议与挑战，随着北极公海渔业资源开发和北部石油资源的发现，这一问题将成为新的地区热点，成为缔约国评估其国家利益的关键点。总的来看，对斯岛主权权利提出质疑的国家受益于目前的资源管理体制，寻求政治的方法而不是法律的方法可以为斯岛争议解决提供更广泛的空间。外交谈判过程中，缔约国将在各种利益的博弈中做出取舍，博弈的结果将完全依赖于当事各方的同意和善意，取决于各方的实力。在此期间，挪威将不会放弃通过外交努力赢得国际社会的理解。但挪威的努力将很难化解与缔约国在斯岛问题上的争议，缔约国也不会承认挪威在斯岛渔业保护区和大陆架管辖上的合法性。在没有明确解决方案的前提下，挪威在大陆架勘探和管辖权问题上会结合外交政策和国际结构、缔约国的情绪等因素适当调整。这也在客观上为非北极国家提供了介入北极事务的机会。

第四章　缔约国对《斯约》的态度主张

随着全球气候变暖，北极的地缘价值正在逐渐提升，北极在大国全球战略中的地位和作用不可替代。① 美国、俄罗斯、丹麦、加拿大等北极国家，② 甚至是一些非北极国家，都开始纷纷制定或者更新北极政策和战略部署，以应对新的挑战和机遇。虽然这些北极战略和政策没有直接提及斯瓦尔巴群岛，但这并不意味着缔约国对这一地区战略没有考虑。面对广阔的资源开发及航道通航的前景，《斯约》的缔约国越来越多地将目光投向斯岛，展开权益争夺。这其中以俄罗斯、丹麦和英国以及欧盟的行动较为强势。这些国家或国家集团从政策制定、渔业捕捞、能源开发、科学考察、环境保护等方面明示了自己在斯岛的权益。

第一节　美国的《斯约》外交：政策变迁的考察

作为《斯约》缔约国，美国支持挪威在斯瓦尔巴群岛享有"完全和绝对的主权"，但美国保留基于《斯约》享有的任何权利，特别是《斯约》赋予每个缔约国平等在斯瓦尔巴群岛水域利用自然资源的权利。③ 这一政策形成于20世纪70~80年代，迄今为止，美国依然保留对这一问题的上述立场。

---

① 北极问题研究编写组编《北极问题研究》，海洋出版社，2011，第293页。
② 因阿拉斯加的购入，美国成为北极国家，并于20世纪在北极留下大量"冷战遗产"。从地理位置来看，美国显然不能算作北极大国，但作为当今世界唯一的超级大国，其政策取向对北极地缘政治的发展和北极治理的运作发挥着重要的影响。
③ 《斯约》第2、3条。

一 斯瓦尔巴地区与美国的地缘政治:《斯约》价值与挑战

北冰洋和巴伦支海在美国军事战略规划格局中的地位非常重要,因此,斯瓦尔巴群岛一直处于大国地缘政治中心。20 世纪 50 年代中期,北美和苏联的远程轰炸机可以穿越北极地区到达对面的大陆,这一军事发展使北极地区的战略地位越来越重要。20 世纪 50 年代中后期,洲际弹道导弹的发展使这一地区的防御和进攻职能日益凸显。20 世纪 60 年代,潜艇成为越来越重要的战略核力量平台。20 世纪 70 年代,苏联北方舰队,特别是潜艇在这一区域日益增多。苏联将斯瓦尔巴群岛和挪威大陆之间的水道看作"海峡",以不冻港——科拉半岛大片的冰和陆地作为战略潜艇基地通过这个水道从巴伦支海到达西半球。随后美国发现苏联核潜艇数量大幅度增长,挪威和美国作为北大西洋公约组织的成员国向苏联提出严厉的警告,① 此时,巴伦支海成为美国的战略焦点,② 为此,美国和挪威建立了更为紧密的伙伴关系,开展更大范围的情报收集合作。③

1972 年,苏联潜艇发射的洲际弹道导弹投产,弹道导弹可从重兵防守的北部堡垒发射至美国北部海岸。④ 苏联的潜艇也可以从北冰洋发动进攻,那里的冰和频繁的海风会干扰声呐的探测,使监测数据不准确,从而阻碍潜艇攻击。因此,为了强调北极在苏联战略中的地位,苏联越来越强化在北极地区的战略部署,为此,苏联专门设计了新一代可携带导弹的潜艇——"台风"号,"台风"号三倍厚度的船体结构和破冰的航行装置使得它可以穿透北极厚厚的海冰,在北极冰下作业。⑤ 对此,美国也动作不断,美国总统罗纳德·里根在任职初期就承诺要加强美国海军力量,制定更有侵略性

---

① E. P. Holmes, The Soviet Presence in the Atlantic, *NATO Letter*, September, XVIII/9, Special Naval Issue (1970).
② R. Tamnes, *The United States and the Cold War in the High North* (Oslo: Ad Notam Forlag, 1991), p. 228.
③ R. Tamnes, *The United States and the Cold War in the High North* (Oslo: Ad Notam Forlag, 1991), p. 213.
④ T. Ries, Soviet Military Strategy and Northern Waters in The Soviet Union and Northern Waters, ed. C. Archer (London: Routledge, 1988), p. 96.
⑤ S. Sontag and C. Drew, *Blind Man's Bluff. The Untold Story of American Submarine Espionage* (New York: Harper Paperbacks, 1998), p. 331.

的海军战略。随后，美国海军秘书长约翰·雷曼（John Lehman）在1981年宣称，"美国海军将在规模和能力上有长足的发展，美国将建设一支拥有绝对海上优势的海军"。他进一步强调海军的前期战略部署重点是要做好在"高风险区域"打赢一场海战的准备。① 巴伦支海、斯瓦尔巴群岛和科拉半岛之间的区域是一个明显的"高风险区域"，② 北约海上作战就是要强调反潜操作的重要性，纵深防御，抓住海上主动权。同样，大西洋盟军最高指挥官哈里·特雷恩二世（Harry Train Ⅱ）提出要封锁苏联海军的出海口。③

冷战时期，这一地区的战略重要性同样不可忽视。一方面，挪威紧邻苏联西北部巴伦支海的边缘，可以为美国等西方国家的情报搜集发挥重要的作用。另一方面，早期的雷达预警站可以横跨阿拉斯加、加拿大和格陵兰岛，如果苏联从美国北部发起攻击，美国借助这些在巴伦支海的雷达预警可以探测到相关信号，从而获得足够的时间组织反击，阻止来自苏联的进攻。冷战结束后，北极在美国战略规划中的地位明显下降，与冷战时期相比，美俄军事战略的紧张局势有所缓和，俄罗斯和美国在北极的军事活动次数已减少到冷战时期很小的一部分。但俄罗斯大部分核潜艇都停靠在科拉半岛与斯瓦尔巴群岛东南部的挪威边境。④ 这一阶段，北极地区召开国际会议主要的议题是"北极冰帽即将融化"，可能会增加横穿北极的船舶数量，这将掀起一场北极冰下隐藏资源的争夺战，并会重新掀起海上边界争端，这些变化引起美国政策制定者的注意，鉴此，美国再次将北极放到其地缘战略的重要位置，⑤ 斯瓦尔巴群岛也一直成为美国战略考量的关注点。

---

① J. F. Lehman, "Rebirth of a U. S. Naval Strategy?" *Strategic Review* 9 (1981): 13.
② P. Crickmore, Lockheed Blackbird, *Beyond the Secret Missions* (Oxford: Osprey Publishing, 2004), p. 266.
③ R. Tamnes, *The United States and the Cold War in the High North* (Oslo: Ad Notam Forlag, 1991), p. 283.
④ T. Nilsen, I. Kudrik, and A. Nikitin, "The Russian Northern Fleet: Sources of Radioactive Contamination", in *Bellona Report* (Oslo: Bellona, 1996), http://www.bellona.org/reports/the Russian Northern Fleet report chapters/1175892548.15, 访问时间：2016年7月10日。
⑤ Scott Borgerson, "Arctic Meltdown: The Economic and Security Implications of Global Warming", *Foreign Affairs* 87 (2008): 63 - 67.

二 冷战期间美国对斯瓦尔巴问题的政策走向

冷战期间，美国对挪威在斯岛渔业保护区和大陆架的管辖权持中立立场，明确表示保留对这一问题发表任何立场的权利。①

（一）20世纪70～80年代美国对《斯约》的外交立场

1. 1974年的外交照会：与苏联态度一致

20世纪70年代初，美国开始关注斯瓦尔巴群岛问题，而当时挪威正极力主张其在大西洋东北部区域开采石油资源的专属权利，挪威外交部主张，斯瓦尔巴群岛并没有自己的大陆架，挪威开发石油资源的这部分区域是挪威大陆到北极海域的大陆架的自然延伸。② 据此，挪威主张依据国际法，挪威有勘探开发斯岛周边自然资源的专属权。苏联最先对挪威的主张提出警告，反对挪威任何单方面主张拥有斯岛专属开发权的主张。对此挪威声称，斯岛的法律地位是建立在《斯约》确立的法律制度之上的一种完全和充分的主权，这一权利及于群岛大陆架。③

1974年，挪威在《斯瓦尔巴问题白皮书》中宣布其在斯瓦尔巴群岛的法律地位，对于这一问题，挪威外交大臣克努特·弗吕登伦（Knut Frydenlund）对各国反应做出预判认为，挪威"管理和控制"斯瓦尔巴群岛的大陆架对超级大国都是有益的。显然，克努特·弗吕登伦的判断是错的。对于挪威这一外交立场，美国首先咨询了苏联的意见，美国驻挪威大使托马斯·伯恩（Thomas Byrne）与他的苏联同事谢尔盖·罗曼诺夫（Sergey Romanovsky）在1974年1月31日共同讨论了这个问题，认为挪威的想法是"一厢情愿的"，

---

① 美国是持第一种态度的代表国家，如2012年6月美国国务卿希拉里在访问挪威时被问及《斯约》是否包括对大陆架的管理的看法时指出，美国与挪威、北极理事会在北极都有相同的利益，这对于北极五国来说是很重要的，美国对《斯约》是否适用于斯岛的大陆架持保留态度，同时美国支持挪威在《斯约》框架下制定保护渔业等脆弱的生态资源的政策。http://translations.state.gov/st/english/texttrans/2012/06/201206016654.html # ixzz2AnF7zsIj，访问时间：2013年6月20日。

② Norwegian Ministry of Foreign Affairs, "Svalbard-kontinentalsokkelen", Memorandum, 9 May 1996. 转引自：Torbjørn Pedersen, International Law and Politics in U.S. Policymaking: The United States and the Svalbard Dispute, *Ocean Development & International Law* 42 (2011): 124. 但这一主张在挪威2008年外大陆架划界申请中被推翻。

③ Soviet Union, Memorandum to Norway, 27 August 1970.

苏联大使对挪威关于斯瓦尔巴群岛法律地位的言论提出反对意见，认为这种言论很可笑。美国大使馆将苏联的评论报告给美国政府，谢尔盖·罗曼诺夫说，讨论斯瓦尔巴群岛是否拥有自己的大陆架这一问题，就像是讨论英国是法国大陆架延伸一样，美国驻挪威大使同时指出，苏联正面临困境，它要在拒绝挪威的要求和主张西北大陆架权利之间取得平衡。①

苏联对挪威的反对意见无疑替有同样想法却没有表态的国家表明了立场（如美国）。但此时美国如果参与斯瓦尔巴石油钻探可能会影响苏联在这一地区的地位。对此，苏联必须在"坚持自己享有斯瓦尔巴群岛的大陆架资源开发权，与挪威争夺战略区间"和"承认挪威的主权权利，消除挪威对苏联的敌意"之间做出选择。

此时，美国为了维护自己的利益，通过外交照会对挪威的要求做出回应指出，美国完全保留一切可以根据《斯约》获得的权利，包括任何有关斯瓦尔巴群岛大陆架矿产资源的勘探和开采权利。②

挪威对这份来自盟国的重要的外交照会深感失望，③ 这份外交照会可以使美国随时提出对挪威关于斯岛权利的反对意见和法律主张。对此，美国的国家安全顾问亨利·基辛格在给美国驻挪威使馆的电报中指出，"如果不做出这样的保留，未来挪威可以自由地断言美国已经默许了挪威基于《斯约》在斯瓦尔巴群岛拥有的法律地位"。从基辛格的电报来看，保留权利意味着斯瓦尔巴群岛问题已经提出，但美国并不准备现在做出回答，美国只是希望能暂时不提这件事情。然而，经初步评估可知，美国当时的真实的主张是拒绝承认挪威拥有斯瓦尔巴大陆架的主权权利。

美国虽不是《公约》缔约国，但赞同岛屿有自己大陆架的法律原则，所以问题不是斯瓦尔巴群岛是不是有自己的大陆架，而是挪威是否拥有基于《斯约》享有斯瓦尔巴群岛大陆架的权利，美国还没有决定是否在法律

---

① U. S. Embassy in Oslo, Soviet-Norwegian Relations, cable to U. S. Secretary of State, 4 February 1974 ［Oslo 00512］. 转引自：Torbjørn Pedersen, "International Law and Politics in U. S. Policymaking: The United States and the Svalbard Dispute", *Ocean Development & International Law* 42:（2011）: 120 – 135。

② U. S. Diplomatic Note, 29 October 1974.

③ U. S. Department of State, Svalbard (Spitzbergen) and the Barents Sea, Memorandum for Lieutenant General Brent Showcroft, The White House, undated ［U. S. National Archives］.

上和事实上明示或默示承认挪威在斯岛大陆架享有专属的资源勘探和开发的权利。

尽管挪威向美国驻挪威大使提出一系列的理由要求美国支持挪威的主张，但美国政府还是发布了外交照会要求保留基于《斯约》主张自己的权利，正如基辛格指出的那样，接受挪威对《斯约》的解释可能会使问题简化，但接受挪威的观点对美国来说意味着未来美国对斯岛问题的解决会有不确定的结局。①

一般情况下，从一个狭隘的政治角度出发，允许挪威对北极冰帽和斯岛之间大陆架上的资源具有绝对的主权似乎符合美国利益的最大化的初衷，也被看作是一个好的解决办法。然而，能源和战略是不确定的，目前可用的信息不足以使美国做出支持挪威的判断，而支持挪威就意味着美国将放弃进入巴伦支海开发油气资源的整体利益，同时放弃对苏联和挪威的影响力。

此外，美国也考察了自身在这一区域开发石油资源的利益。美国地质学家发现斯瓦尔巴群岛近海蕴藏着丰富的石油资源。这部分区域与苏联蕴含丰富石油和天然气资源的省份处于同一板块。② 如果美国支持挪威的主张，美国将失去在斯岛大陆架上开采油气资源的机会，这也将使美国失去和挪威在外交谈判中讨价还价的筹码。然而，如果美国明示主张这一权利，就相当于与挪威"宣战"。

促使美国最终认定挪威的解释是可以接受的因素是美国获得挪威的保证，即美国公司获得和挪威平等的开发斯岛资源权利的保证。美国暗示，在处理这一问题前，美国会彻底评估挪威对斯岛排他性主权主张涉及的法律和政治问题。美国国务院指出，"在没有充分评估美国在这一区域长期战略、经济和能源利益的基础上，美国将不考虑其他缔约国的地位问题，因此，美国将暂不考虑挪威的主张"。③ 随后，基辛格下令开展这一研究，即

---

① U. S. Secretary of State, U. S. Evaluation of Steps to Strengthen Norwegian Sovereignty, cable to the U. S. Embassy in Oslo, 16 November 1974 [State 253464].
② U. S. Department of State, Letter to EUR/NE Miss Pinkney, 19 April 1974 [U. S. National Archives].
③ U. S. Secretary of State, "U. S. Evaluation of Steps to Strengthen Norwegian Sovereignty", cable to the U. S. Embassy in Oslo, 16 November 1974 [State 253464].

研究美国在斯岛的战略、经济和政治利益（包括美国在斯岛究竟有哪些利益，这些利益对美国的重要性）。① 美国在这项研究结果的基础上颁布了1976年《关于斯瓦尔巴问题的总统令》。②

2. 战略中心的转变：经济利益向战略利益的转变

经过对斯瓦尔巴地区问题的全面评估，美国预测两年内《斯约》所涉及的主权和主权权利问题将会被再次提出，美国在该地区的利益将从经济利益转变为战略利益。1976年《关于斯瓦尔巴问题的总统令》提出了各种可能适用于斯瓦尔巴群岛周围大陆架的管辖制度，包括全面接受挪威在大陆架的主权权利的主张，但美国依旧坚持保留依《斯约》主张权利的立场，此时，挪威也正在努力想方设法获得美国更多的支持。

出于地缘政治考虑，美国驻挪威大使直接发电报给美国政府，告知美国政府挪威的立场，而这样做也是为了抢在基辛格1976年访问挪威前确定美国的立场。挪威对美国来说最主要的利益是其特殊的战略地位，挪威与苏联科拉半岛接壤，科拉半岛横跨苏联北方舰队的两个主要大西洋出口，具有特殊的战略地位，北海大量的石油和天然气储量也使得这一地区在过去几年中一直是美国重要的、新的战略中心。③

美国认识到，斯瓦尔巴地区的问题已经变得更加微妙和复杂，挪威的政策可能会破坏该地区的稳定，因此，美国赞同苏联在这个问题上的立场。1976年5月7日，美国驻挪威大使递交给挪威政府一份外交照会，阐明美国在这一问题上的立场，④ 在这份外交照会中，美国指出苏联位于挪威和巴

---

① U. S. National Security Study Memorandum (NSSM) 232, U. S. Policy Toward Svalbard, 17 October 1975 [Gerald R. Ford Presidential Library and Museum], available at www. ford. utexas. edu/LIBRARY/document/nsdmnssm/nssm232a. htm, 访问时间：2016年3月26日。

② U. S. National Security Decision Memorandum (NSDM) 325, U. S. Policy Toward Svalbard, 20 April 1976 [Gerald R. Ford Presidential Library and Museum]。

③ U. S. Embassy in Oslo, Secvisit: Overview: Secretary's Visit to Norway, cable to U. S. Secretary of State, 14 April 1976 [OSLO 01890]。

④ United States, aide-mémoire handed to Norway 7 May 1976, referred to in U. S. Secretary of State, Svalbard: Aide-Mémoire, telegram to U. S. Embassies in Paris, London, Bonn, The Hague, Stockholm, and Ottawa, 11 May 1976 [State 114779]。转引自：Torbjørn Pedersen, "International Law and Politics in U. S. Policymaking: The United States and the Svalbard Dispute", *Ocean Development & International Law*, 42 (2011)：126。

伦支海之间的科拉半岛和海上通道区域是很敏感的战略空间,① 苏联在巴伦支海的首要利益是军事战略利益,对于这一地区经济利益的考虑是第二位的,苏联最关心的是北方舰队在巴伦支海的开阔水域"不受监督,不受阻碍地"通过大西洋的权利不受干涉。②

美国也认为这份外交照会是适当提醒挪威的好机会。与挪威做上述立场的沟通也是美国对这一问题深入思考的结果,美国对这一问题的结论是,挪威在《斯约》的基础上有权享有斯瓦尔巴群岛的主权,行使沿海国的海域管辖权,挪威对斯瓦尔巴群岛大陆架的主权权利在国际法层面将得到缔约国普遍认可与尊重,但这部分大陆架需要重新划定。可见,美国政府没有被挪威政府提出的观点说服。因此,美国政府在1974年11月对挪威的建议提出保留,没有对美国在这一区域的权利做出任何决定。③

3. 对挪威建立渔业保护区表示支持

1977 年,挪威在斯岛周围建立了 200 海里的渔业保护区,④ 宣布在这一区域建立非歧视的渔业制度,以保护巴伦支海和挪威北部鱼类种群,但这些渔业资源不会被挪威排他性地完全占有,而会依据 1977 年以前 10 年时间内的捕捞记录由相关国家共同享有。挪威希望通过制定一个非歧视性的制度保持斯瓦尔巴的稳定。挪威外交大臣弗吕登伦(Frydenlund)指出,"我们之所以选择建立渔业区,而不是在斯岛建立一个完整的专属经济区,就是希望避免和其他缔约国产生争议……把事态推向极端"。⑤ 对这一建议最先表示反对的国家是苏联,苏联指出这一管理制度是挪威与一系列强国磋商后提出的方案,不符合《斯约》平等、无歧视地分享斯岛资源这一基本原则。⑥ 苏联也就这一问题联合华约成员国捷克斯洛伐克、匈牙利和波兰对挪威采取

---

① United States, aide-mémoire handed to Norway 7 May 1976, referred to in U. S. Secretary of State, Svalbard: Aide-Mémoire, telegram to U. S. Embassies in Paris, London, Bonn, The Hague, Stockholm, and Ottawa, 11 May 1976 [State 114779].
② U. S. Secretary of State, USSR: Freedom of Passage, cable to U. S. Embassy in Oslo, September 1976 [State 232552].
③ United States, aide-mémoire handed to Norway 7 May 1976, referred to in cable, 11 May 1976.
④ Norway, Royal Decree of 3 June 1977 Relating to a Fisheries Protection Zone Around Svalbard.
⑤ K. Frydenlund, Lille land-hva nåRefleksjoner om Norges utenrikspolitiske situasjon, (Oslo: Universitetsforlaget, 1982), p. 56.
⑥ T. Pedersen, "The Constrained Politics of the Svalbard Offshore Area", Marine Policy 32 (2008): 913 – 919.

的单边行动表示抗议。

在这一问题上,美国的判断是,它在这一区域没有渔业利益,美国在这一区域的国家利益"几乎完全是政治性的"。① 美国无须对挪威的渔业权发难,出于这种判断,美国还拉拢英国、法国、西德支持挪威建立渔业区,美国副助理国务卿理查德·大卫·万(Richard David Vine)通告法国、英国和西德,挪威会把它在斯岛的经济利益,包括斯瓦尔巴群岛邻近海域资源分配问题,统一放到"北方问题"中考虑。② 在美国的努力下,英国、法国、西德对挪威的猜疑和不信任逐渐消除。③ 挪威对于美国的立场及支持表示感激,特别是在1977年"北部问题"的双边磋商中,挪威外交大臣弗吕登伦(Frydenlund)就公开向美国副助理国务卿查德·大卫·万表示,挪威对美国在促使北约达成共识支持挪威建立渔业区问题上做出的努力表示感激。但反过来说,如果挪威没有做出以上妥协,赋予西方国家在斯瓦尔巴地区的经济权利,同时赋予他们在渔区内非歧视性待遇,恐怕北约内部也很难达成一致。对此,苏联也知道"挪威不是单独地明示自己的立场,而是代表法国、英国、美国、西德所有盟国的利益"。④

美国减缓了它对斯岛的经济需求,以减轻挪威在巴伦支海面对的压力。在双边磋商中,美国不愿意主动提出对未来可能在斯瓦尔巴群岛大陆架勘探开发石油资源问题,但它仍然要求其石油公司预判可能在巴伦支海获得的石油利益。因此,美国决定对斯岛争端暂不提出任何有明显争议的问题。美国希望挪威能稳定其在渔业区的地位,优先解决其他资源问题,因此,美国对挪威在斯瓦尔巴群岛和其大陆都划定200海里大陆架没有提出质疑,赞同挪威在200海里渔业保护区享有完全主权,⑤ 这主要是出于地缘政治考

---

① U. S. Secretary of State, US/Norwegian Consultations, cable to U. S. Embassies in Bonn, London, Paris, and Oslo, 4 November 1977 [STATE 264544].

② U. S. Secretary of State, US/Norwegian Consultations, cable to U. S. Embassies in Bonn, London, Paris, and Oslo, 4 November 1977 [STATE 264544].

③ U. S. Embassy in Oslo, Consultations on Northern Problems, cable to U. S. Secretary of State, 28 October 1977 [OSLO 04923].

④ U. S. Secretary of State, US/Norwegian Consultations, cable to U. S. Embassies in Bonn, London, Paris, and Oslo, 4 November 1977 [STATE 264544].

⑤ Norway, Royal Decree of 23 May 1976 Relating to the Establishment of the Economic Zone of Norway.

虑做出的决定。①

此外，美国连同英国、法国、西德寻求以北约为整体确定在斯瓦尔巴群岛共同的、统一的立场。1979年，伦敦在北约成员国中提出协调的"概念"，这个概念强调完全支持挪威在斯岛的主权，支持挪威在渔业保护区内实行非歧视性的措施，在这一共识基础上讨论《斯约》的适用范围问题，也就是对于《斯约》的适用范围是否可超过斯瓦尔巴领海，美国主张挪威政府有在斯瓦尔巴群岛周围争议海域采取措施的权利，挪威也不应对其他国家对斯瓦尔巴群岛法律地位的不同立场存有偏见。②

4. 美国最关心的条款：禁止斯瓦尔巴群岛用于战争目的

整个20世纪70年代，美国都认为其在这一区域没有渔业利益，美国在这一区域的国家利益"几乎完全是政治性的"。由此，美国认为《斯约》中最重要的条款是第9条，即"禁止斯瓦尔巴群岛用于战争目的"。③这一问题关系到美国能否监视苏联潜艇是否离开科拉半岛。建立在科拉半岛上的俄罗斯的北方舰队是俄罗斯最强大的海上国防力量。如果北方舰队未来想要到达大西洋更远的地区，必须通过斯瓦尔巴南部以及以东的咽喉海域。因此，斯岛最南端的熊岛和挪威大陆之间的水域，在传统上被俄罗斯看作是一个敏感的"海域要冲"。西方防务规划者甚至认为这片水域具有搜集和防御等重要的价值和功能。冷战期间，北约就曾在熊岛海底南部建造多个水下监听站和声音监控系统（SOSUS），用以监视苏联潜艇的动向。美国的结论是，海底监听设备部署可以看作是在领海以外的大陆架上"行使公海自由"所赋予的权利，在任何情况下，不受《斯约》"非军事化"条款的约束，同时也不受挪威的司法管辖。很明显，这项法律结论是基于美国的全球利益做出的。④

---

① U. S. Secretary of State, cable, 4 November 1977.
② Speaking Note Used by U. K. Political Director at the Political Director's Dinner at the Cercle Inter-Allie in Paris, 23 January 1979 [Danish National Archives 5G11H].
③ U. S. Secretary of State, US/Norwegian Consultations, cable to U. S. Embassies in Bonn, London, Paris, and Oslo, 4 November 1977 [STATE 264544].
④ Office of the Legal Adviser, U. S. Department of State, "Legal Memorandum on Issues Related to the Continental Shelf Around Svalbard", in Briefing Book *Material Loose ReConsultations on Svalbard and the Northern Areas* (Oslo, 1981), Ronald Reagan Library, Box 90027, Doc. 36950, at C – 17.

（二）20 世纪 80 年后期美国对斯岛政策的重新评估

1980 年 9 月 30 日，美国驻挪威大使在给美国政府的电报中指出，20 世纪 70 年代，美国在这一地区发现丰富的石油资源。这一发现将使美国越来越看重在这一地区的战略地位和战略利益，美国和北约在斯瓦尔巴地区的利益在增加，因此，美国越来越重视自己依《斯约》在该地区享有的权利。① 可见，斯瓦尔巴群岛问题是当时美国官员"密切关注"的问题。

1. 1981 年《斯瓦尔巴群岛周围大陆架法律问题备忘录》

1981 年，国务院的法律顾问针对斯瓦尔巴争议提出了一份全面的法律报告，这份 19 页的报告名为《斯瓦尔巴群岛周围大陆架法律问题备忘录》（以下简称为《备忘录》），当时标注为机密报告，这份报告是国防部总法律顾问办公室讨论形成的统一意见。② 《备忘录》涵盖以下三个主要问题。首先，挪威是否有权行使沿海国对斯瓦尔巴群岛领海以外区域的专属管辖权，如果不赋予挪威这种权利将面临什么样的法律后果。其次，如果《斯约》规定挪威作为沿海国享有对斯瓦尔巴群岛周边区域的管辖权，这一区域范围究竟有多大。最后，《斯约》的军事条款是否会影响美国在公海自由航行的权利，斯瓦尔巴群岛离岸设施是否也要接受挪威的管辖。

关于第一个问题，《备忘录》指出，依据国际法领土主权原则，挪威对斯瓦尔巴群岛大陆架确实有专属的资源管辖权，③ 对这一问题，美国的法律顾问为挪威辩护，同时也做出一些保留。对挪威来说最有利的法律结论是，挪威对斯瓦尔巴群岛的权利是所有沿海国都拥有的权利。但这个结论也不是绝对的，《斯约》其他缔约国对于专属经济区和大陆架问题与挪威看法不同。问题的焦点在于挪威基于《斯约》对斯匹次卑尔根群岛以外的资源具

---

① U. S. Embassy in Oslo, "1980 Svalbard Consultations Background: Svalbard Developments During the Past Year", cable to U. S. Secretary of State, 30 September 1980 [Oslo 5883].

② Office of the Legal Adviser, U. S. Department of State, "Legal Memorandum on Issues Related to the Continental Shelf Around Svalbard", in Briefing Book *Material Loose Re Consultations on Svalbard and the Northern Areas* (Oslo, 1981), Ronald Reagan Library, Box 90027, Doc. 36950, at C-3-C-4.

③ Office of the Legal Adviser, U. S. Department of State, "Legal Memorandum on Issues Related to the Continental Shelf Around Svalbard", in Briefing Book *Material Loose ReConsultations on Svalbard and the Northern Areas* (Oslo, 1981), Ronald Reagan Library, Box 90027, Doc. 36950, at C-2.

有专属管辖权无论从哪种角度看都是有问题的。

关于第二个问题,对于《斯约》是否适用于领海以外的区域,备忘录没有给出确定的结论。《备忘录》指出,对于《斯约》的适用,挪威是否有权在斯瓦尔巴群岛领海以外区域行使资源管辖权等问题,专家进行了相当多的讨论,讨论的观点都不尽相同。美国国务院安全法律顾问认为,虽然法律有力地证明,该条约将某些资源权赋予除挪威外的缔约国,但不可否认的是《斯约》赋予挪威的法律地位与斯岛更为紧密。① 但如果《斯约》的适用范围扩大到斯岛领海以外的海洋区域,将使斯瓦尔巴群岛成为一个独立于挪威的区域,这与《斯约》设立的初衷是矛盾的。

关于第三个问题,《斯约》中的军事条款在斯瓦尔巴群岛以外地区适用的问题。这一问题关系到美国是否可以监视苏联潜艇是否离开科拉半岛。美国的结论是,海底监听设备部署可以看作是在领海以外的大陆架上"行使公海自由"所赋予的权利,② 在任何情况下不受《斯约》关于反对将斯瓦尔巴群岛用于战争目的条款的约束,同时也不受挪威的司法管辖。很明显这是基于美国重要的全球利益做出的法律结论。③

《备忘录》暴露了一些问题,如《斯约》的适用范围是否超过领海之外的问题,美国国务院的法律顾问没有给出明确的答案,他们也认为这些问题是模糊不清、值得商榷的,国防部对国务院的法律顾问的结论没有提出不同意见,认为目前也没有更有利的证据证明《斯约》可以适用于斯岛领海之外的区域。值得注意的是,美国海洋局环境科学院(L/OES)认为,《斯约》适用的领域是明确的,仅限于领土和领水,当时条约的制定者并没

---

① Office of the Legal Adviser, U. S. Department of State, "Legal Memorandum on Issues Related to the Continental Shelf Around Svalbard", in Briefing Book *Material Loose ReConsultations on Svalbard and the Northern Areas* (Oslo, 1981), Ronald Reagan Library, Box 90027, Doc. 36950, at C – 10.

② Office of the Legal Adviser, U. S. Department of State, "Legal Memorandum on Issues Related to the Continental Shelf Around Svalbard", in Briefing Book *Material Loose ReConsultations on Svalbard and the Northern Areas* (Oslo, 1981), Ronald Reagan Library, Box 90027, Doc. 36950, at C – 13.

③ Office of the Legal Adviser, U. S. Department of State, "Legal Memorandum on Issues Related to the Continental Shelf Around Svalbard", in Briefing Book *Material Loose ReConsultations on Svalbard and the Northern Areas* (Oslo, 1981), Ronald Reagan Library, Box 90027, Doc. 36950, at C – 17.

有考虑沿海国的大陆架权利问题,因此,挪威以外的其他缔约国在斯岛领海外没有权利,从这点看,挪威的主张看上去貌似是合理的。①

2. 美国与英国在斯岛的利益协调

自 1974 年以来,美国和英国密集地协调他们在斯瓦尔巴群岛的政策和立场。20 世纪 80 年代中期,美国和英国在这一问题上分道扬镳,美国坚持对这一问题持保留态度的立场,英国承认斯岛有自己的大陆架,② 主张依据《斯约》享有斯瓦尔巴群岛大陆架资源开发权,英国政策的转变是为了促使挪威开放巴伦支海的石油勘探权,但奇怪的是,挪威不但没有开放石油勘探开发权,而是转向努力赢得北约盟国对斯瓦尔巴法律地位的认可和支持。英国对挪威的举措做出反应,认为挪威忽视了英国在这一问题上的地位。③

英国立场的改变并不会影响美国的政策,也没有得到挪威在这个问题上的任何解释和回应。对此,美助理国务卿罗珊·里奇韦(Rozanne Ridgway)在 1988 年给挪威外交部长托瓦尔·斯托尔滕贝格(Thorvald Stoltenberg)的信中指出,美国对《斯约》的适用范围超过斯岛领海的立场没有改变,正如挪威所知道的,美国和其他西方国家将继续保留在斯岛大陆架的任何权利。④

美国目前满足于不去解决斯岛问题或给出答案,对这一问题持保留的态度,这意味着,斯岛的大陆架问题还是一个活跃的问题,挪威原来设想的由挪威政府给其他缔约国颁发在斯瓦尔巴群岛大陆架勘探许可证是不可能的。⑤

(三)后冷战时代美国对斯岛的主要政策主张

苏联解体后,斯瓦尔巴地区的争议逐渐冷却,美国再次表示没有必要在这个问题上下结论。斯瓦尔巴群岛仍被看作是一个"主权属于挪威的地

---

① U. S. Secretary of State, "Official-Informal", cable to U. S. Embassy in Oslo, 31 January 1985 [State 031092].
② House of Lords Debates, 2 July 1986.
③ United Kingdom, aide-m'emoire to Norway, 14 October 1986.
④ U. S. Secretary of State, "Soviet-Norwegian Boundary Dispute", cable to U. S. Embassy in Oslo, 4 January 1988 [State 010023].
⑤ U. S. Embassy in Oslo, "Official-Informal", cable to U. S. Secretary of State, 29 August 1989 [Oslo 06316].

理位置优越的北极群岛",①但随后在巴伦支海发现大量的石油资源可供开采的前景使美国的立场松动,②但此时的美国还是不希望主动卷入争端。正因如此,在 1990 年美国驻挪威大使给美国政府的电报中指出,"挪威政府希望美国支持他们的立场和主张,对此我们应该注意,国务院法律顾问还没有就这个问题决定我们的立场。"③

20 世纪 90 年代中期,斯瓦尔巴问题再次浮出水面,主要的原因是挪威授权其海岸防卫队使用武力以防止其他国家的国民在其"渔业保护区"非法捕捞。挪威海岸防卫队向在这一区域捕捞的渔民发出警告,将对从事非法捕捞的渔船开枪射击,切断渔船的拖网。对此,挪威国防大臣科斯莫(Jørgen Kosmo)宣称挪威将采取所有必要的措施阻止在斯瓦尔巴渔业保护区内的非法捕捞活动。④

在 1994 年挪威与俄罗斯渔业会议上,美国代表提出斯瓦尔巴群岛问题,俄罗斯渔业委员会主席弗拉基米尔(Vladimir Korelsky)回应说:"俄罗斯支持挪威的主张,但挪威在斯岛的主张必须一视同仁,如果没有俄罗斯政府的同意,挪威想要单方面扩大其管辖范围,至少俄罗斯渔业委员会会对此表示反对"。⑤他这一表态是针对挪威对俄罗斯渔船的抓捕行为而言的,俄罗斯认为这些抓捕行为是专门针对俄罗斯的,对俄罗斯来说是不公平的。俄罗斯的反应使美国消除了疑虑,因为,美国认为俄罗斯至少并没有反对挪威的管理,只是对执法不公表示反感,挪威这些独断的行为并没有威胁到该地区的稳定(这只是当时美国的判断)。该外交记录仅公开了一小部分。

2005 年,美国再次表示了对斯瓦尔巴地区的关注,这主要是由于 2005 年挪威出台了《高北战略》,⑥作为挪威高北战略的一部分,挪威希望国际社会对欧洲北极地区这块未来的能源区域给予更多的关注,从中赢得更多的

---

① U. S. Embassy in Oslo, "Official-Informal", cable to U. S. Secretary of State, 12 September 1990 [Oslo 06501].
② U. S. Embassy in Oslo, cable, 29 August 1989.
③ U. S. Embassy in Oslo, "Official-Informal", cable to U. S. Secretary of State, 12 September 1990.
④ Norwegian News Agency (NTB), "Varselskudd mot islandsk trâler", 15 June 1994.
⑤ U. S. Secretary of State, "Meeting Between Oes Das David Colson and Russian Fish Committee Chairman Korelsky", cable to U. S. Embassy in Moscow, 26 August 1994 [State 230361].
⑥ Report No. 30 (2004 - 2005) to the Storting Concerning Opportunities and Challenges in the High North.

接受和认同,至少使挪威的北约盟国能更多地理解挪威在巴伦支海域的法律主张。为此,挪威从2007年起发起了一系列与其北约盟国进行的双边的"高北对话",同时,挪威极力坚持其在斯瓦尔巴群岛建立渔业保护区并进行执法活动的主张。如2004年,挪威在斯瓦尔巴群岛水域逮捕了两名西班牙拖网渔船,2005年10月,挪威海岸警卫队在巴伦支海追逐俄罗斯拖网渔船"伊莱克纯号"(Elektron),这一系列的行为也引起了美国的关注,美国驻挪威大使将斯瓦尔巴地区称作"日益上升的北极热点区域"。对于挪威的做法,其他缔约国也做出回应,冰岛和西班牙两国声称它们将会把斯瓦尔巴群岛案件提交国际法院,美国驻挪威大使也要求挪威外交部就这一问题做一个简报,挪威外交部副部长奥拉夫·克勒比斯特(General Olav Myklebust)对这一问题做出回应认为,《斯约》并不适用于领海以外的地区,挪威完全有权在斯瓦尔巴群岛周围建立一个完整的专属经济区,但他向美国保证挪威目前没有这样的计划,也没有这样做。①

根据2006年挪威的战略反应,美国驻挪威大使本森·惠特尼(Benson Whitney)呼吁美国政府要重点关注挪威的高北战略(Norway's High North)。② 相关的记录表明,美国此时也在考虑放弃不介入斯瓦尔巴问题的政策。例如,美国驻挪威大使对挪威的高北战略的建议是,美国应尽可能支持解决斯瓦尔巴法律纠纷,③ 但对于如何解决这一问题,他提出的具体的意见美国没有透露。

对挪威"高北战略",英国主张将该问题提交国际法院,英国认为国际法院会支持英国的立场。④ 英国甚至呼吁斯瓦尔巴地区利益相关方应采取更加协调一致的立场,为实践这一立场,英国于2006年邀请美国、加拿大、丹麦、法国、德国、冰岛、荷兰、俄罗斯和西班牙代表参加在伦敦举行的

---

① U. S. Embassy in Oslo, "Svalbard: Emerging Hot Spot in High North", cable to U. S. Secretary of State, 15 December 2005 [Oslo 001805].
② U. S. Embassy in Oslo, "Intensifying Our Focus on Norway's High North", cable to U. S. Secretary of State, 10 February 2006 [Oslo 000142].
③ U. S. Embassy in Oslo, "Norway Unveils High North Strategy", cable to U. S. Secretary of State, 13 December 2006 [Oslo 001498].
④ United Kingdom, Diplomatic Note 11/06 to Norway, 17 March 2006.

专门会议,① 而挪威没有在邀请之列,因此挪威斥责英国这是在其不知情的情况下召开的会议,没有一个声音在会议上代表挪威说话,挪威担心美国和它的盟友会转向英国一边转而要求在斯岛的权利。目前还没有公开披露2006年的伦敦会议上讨论了哪些问题或达成了何种协议。

美国对北极地区的外交政策的关注在2009年达到顶峰,其最重要的体现是美国于2009年出台了北极地区政策,② 提出2007~2009年为国际极地年并出台了《全球气候变暖下的北极新安全威胁报告》。③ 在报告中,美国指出北冰洋沿岸国家将在《公约》法律框架下和平解决斯瓦尔巴群岛问题。④ 斯岛的安全威胁得到缓和。⑤ 奥巴马执政以来,由于全球气候变暖,北极地区地缘政治、经济环境发生了"前所未有"的变化,这促使美国不得不反思并调整其北极战略,更加重视北极地区。对于俄罗斯和挪威在巴伦支海国际贸易和海上运输合作更为关注,将这一合作视为美国在航道问题上面临的挑战。⑥ 总的来看,在过去的数年中,尽管国际社会对北极问题和斯瓦尔巴群岛水域的问题一直比较关注。但没有官方的记录表明美国改变了其对斯岛水域的政策。

三 影响美国斯岛政策的决定因素:美国斯岛政策的动因挖掘

纵观美国在过去20年里之所以对斯岛采取"相对低调"的政策,主要是基于以下考虑:第一,冷战结束后,来自苏联的北方战略威胁降低,斯岛的战略重要性下降。第二,美国主要精力受其他战略优先地区的牵制而无法兼顾。冷战结束初期,美国要着手推动北约东扩和反导建设以巩固地缘优势,"9·11"以后要全力以赴打赢全球反恐战争,2011年则提出"重

---

① T. Pedersen, "The Dynamics of Svalbard Diplomacy", *Diplomacy and Statecraft* 19 (2008): 251.
② U. S. National Security Presidential Directive and Homeland Security Presidential Directive, 9 January 2009.
③ "Who Owns the Arctic?" *Time*, 1 October 2007 (cover story).
④ Ilulissat Declaration, at arctic-council. org/article/2008/6/after the ilulissat-declaration (June 2010), 访问时间:2013年12月11日。
⑤ S. G. Holtsmark and B. A. Smith-Windsor, eds., "Security Prospects in the High North: Geostrategic Thaw or Freeze?" *NDC Forum Paper* 7 (2009).
⑥ http://norway. usembassy. gov/barentsvisit. html, 访问时间:2013年11月12日。

返亚太",将外交、经济、战略等实质性的投资锁定在亚太地区。第三,对北极冰层融化的速度及其带来的地缘政治及地缘经济影响判断不足,内部准备尚不充分。美国科学界五年前普遍预计,未来一百年内,北极实现夏季通航是不可能的,但北极升温的速度明显高于预期。美国国家冰雪数据研究中心主任马克·塞雷兹(Mark Serreze)预测,"美国一直知道全球变暖对这个星球的影响会首先出现在北极,但这一变化来得这么快还是让美国震惊得不知所措。气温急剧上升,照这样的速度到2030年左右,夏天北极的冰就完全融化了。正因为如此,大家才都变得对这个地区这么感兴趣"。① 尽管斯岛在美国的北极战略中地位趋于下降,但可以预测美国对《斯约》的主要关注点有以下四点。

(一)《斯约》第9条关于禁止斯瓦尔巴群岛用于战争目的规定是美国最关心的条款,这也是美国在斯岛核心利益的集中体现。经过多次对《斯约》法律及政治的全面评估,美国总体认为自己在该地区的利益主要是战略利益,而非实际的经济利益。② 基于这一点考虑,美国在斯岛最为关心的是美国的海底监听设备是否可以部署在斯岛领海以外,如果美国支持《斯约》可以适用于斯岛的专属经济区和大陆架,承认挪威对斯岛的主权权利,那美国对科拉半岛的苏联潜艇的监视就成了一句空话,所以美国为了维持其在斯岛周围公海(挪威主张的斯岛的渔业保护区和大陆架)上自由航行监听的权利,必将坚持在任何情况下,不受斯岛非军事化条款的约束,同时也不受挪威的司法管辖。很明显这项法律结论是基于美国重要的全球利益做出的结论。③

(二)利用《斯约》赋予缔约国在斯岛的捕鱼权平衡同俄罗斯、英国等在该地区有渔业利益的国家关系。冷战时期,处于北约阵营的挪威、美国、英国等国家还能协调立场,不支持苏联对斯岛捕鱼权的权利主张。冷

---

① 参见美国国家冰雪数据研究中心网站,http://nsidc.org/news/press/2012_seaiceminium.html,访问时间:2013年4月5日。
② U. S. Secretary of State, US/Norwegian Consultations, cable to U. S. Embassies in Bonn, London, Paris, and Oslo, 4 November 1977 [STATE 264544].
③ Office of the Legal Adviser, U. S. Department of State, "Legal Memorandum on Issues Related to the Continental Shelf Around Svalbard", in Briefing Book: *Material Loose ReConsultations on Svalbard and the Northern Areas* (Oslo, 1981), Ronald Reagan Library, Box 90027, Doc. 36950, at C – 17.

战结束后,北约阵营失去了共同的敌人,建立了新的利益联盟,俄罗斯、西班牙和冰岛这些在斯岛渔业保护区具有传统捕鱼权的国家多次抗议挪威通过立法建立 200 海里渔业保护区①的单方行为。② 英国、③ 丹麦、④ 意大利⑤和荷兰⑥还声称,《斯约》赋予所有缔约国公民和挪威国民具有同等在斯瓦尔巴群岛大陆架和 200 海里渔业保护区开发自然资源的经济权利。由于美国在这一区域没有渔业利益,所以暂时支持挪威的主张。这也是挪威对美国重要的诉求,挪威极力希望维持美国在这一问题上的立场,2012年 6 月,美国国务卿希拉里在访问挪威时也被问及美国是否支持挪威在《斯约》渔业保护区的政策,美国对此做出肯定回应,挪威政府对此十分满意。

(三)保留对大陆架的权利。早在 20 世纪 70 年代,苏联和挪威即已发现斯瓦尔巴北极近海和沿岸拥有丰富的石油资源,⑦ 2002 年,斯瓦尔巴群岛东侧的巴伦支海域又发现了石油,2013 年 10 月 2 日挪威石油理事会证实挪威的伦丁石油公司(Lundin Petroleum)在巴伦支海 Gohta 发现 5250 亿立方英尺的天然气和超过 1.3 亿桶石油。其中一口油井每天可产石油 4300 桶。⑧ 这一消息引起了欧洲国家的极大兴趣。如果巴伦支海的石油被开采出来,斯瓦尔巴群岛就将成为离欧洲最近的石油基地。⑨ 挪威也在 2006 年提出在斯瓦尔巴海岸线外 200 海里区域内进行石油开采,这一区域相当于挪威陆地

---

① Norway, Royal Decree of 3 June 1977 Relating to a Fisheries Protection Zone Around Svalbard.
② T. Pedersen, "The Svalbard Continental Shelf Controversy: Legal Disputes and Political Rivalries", *Ocean Development & International Law* 37 (2006): 345.
③ United Kingdom, House of Lords Debates, Vol. 477, 2 July 1986.
④ T. Pedersen, "Denmark Policies Toward the Svalbard Area", *Ocean Development & International Law* 40 (2009): 319-332.
⑤ Italian Legal Interpretation of Svalbard Treaty, Diplomatic Note enclosed with Department of State, Italian Note on the Spitsbergen Treaty, emorandum, 2 July 1975 [U. S. National Archives].
⑥ Netherlands Diplomatic Note No. 2238 to Norway, 3 August 1977.
⑦ 程振华:《七十年代以来全球生物群落变化状况的分析》,《环境科学动态》1987 年第 2 期,第 2 页。
⑧ "Lundin Petroleum Discovers Oil in Gohta Prospect in Barents Sea", http://subseaworldnews.com/2013/10/02/lundin-petroleum-discovers-oil-in-gohta-prospect-in-barents-sea/,登录时间:2014 年 5 月 13 日。
⑨ 位梦华:《斯瓦尔巴群岛的故事》,《大自然探索》2002 年第 4 期。

面积的一半。① 为此，挪威也在积极进行各种实验和勘探工作，2010 年，挪威科技工业研究院（Sintef）就在斯瓦尔巴群岛附近进行了一项可控的石油泄漏实验，② 开展冰下开采和石油泄漏的应急实验。除此之外，斯瓦尔巴群岛也有可能存在天然气水合物，③ 这一冻土区的天然气水合物存在证据主要来自测井响应。④ 奥巴马就任美国总统以来，实行能源新政，把确保美国能源安全作为其执政的首要选项之一。能源安全是美国在北极战略中考虑的一个重要的核心要素，北极地区丰富的能源资源储备将能够持续满足国家的能源需求。虽然往届政府的北极政策中也提到美国北极地区的丰富的资源储量和以可持续发展的模式开采这些资源，但奥巴马政府的北极政策明显地把北极地区的能源开发提到战略高度和政策日程，这主要归因于阿拉斯加传统油田产量的下滑以及奥巴马能源新政因素的促动。面对斯岛丰富的石油资源，美国必然坚持对《斯约》是否适用于斯岛的大陆架持保留态度。

（四）支持在《公约》框架下解决《斯约》争端。未批准《公约》使美国处于一个非常尴尬的地位。由于美国未签署《公约》，尽管美国早就已经着手有关本国大陆架界限方面的科学研究，但在北极国家纷纷向大陆架界限委员会提交大陆架延展申请的时候，它仍不能提交自己的申请，成为唯一未提出北极外大陆架申请的国家。⑤ 2013 年美国朝野上下热议批准《公约》的重要驱动力之一便是北极问题。据悉，奥巴马政府也有意对《公约》作出利己解释，利用航行自由等条款加紧对沿海国进行情报搜集，加紧对深海大陆架的勘探开发，参与、影响未来国际海洋机制的调整。⑥ 支持在

---

① 《要闻回顾》，《中国石化》2006 年第 4 期，第 84 页。
② 焦旭：《探测技术解决冰川下的麻烦》，《中国能源报》2012 年 12 月 10 日，第 11 版。
③ Landvik. J. Y, Mangerud. J, "Salvigsen O Glacial History and Permafrost in the Svalbard", Area Proceedings of the Firth International Conference on permafrost, Trondheim, Norway, 1988: 194 – 198.
④ 滕艳：《建立祁连山冻土区可燃冰现场识别系统》，《中国国土资源报》2014 年 02 月 11 日第 5 版。
⑤ Angelle C. Smith, "Frozen Assets: Ownership of Arctic Mineral Rights Must Be Resolved to Prevent the Really Cold War", January 6, 2011, http://docs. law. gwu. edu/stdg/gwilr/PDFs/41 – 3/41 – 3 – Smith. pdf, 访问时间：2012 年 3 月 4 日。
⑥ 中国现代国际关系研究院编《国际战略与安全形势评估（2012 – 2013）》，时事出版社，2013，第 138 页。

《公约》框架下解决《斯约》问题也符合美国目前的立场，同时这一立场也与英国、加拿大、丹麦、法国、德国、冰岛、荷兰、俄罗斯和西班牙等国家一致，不排除在矛盾激化的情况下将争端提交强制争端解决机制的可能。

《斯约》的歧义和模糊使美国多次评估在巴伦支海的根本利益，几十年来，斯瓦尔巴群岛问题一直在美国外交政策的高位议程和低位议程之间徘徊。地缘政治越紧张，美国对斯岛外交政策就越活跃。目前，对于斯瓦尔巴问题，美国的主张是重申保留依《斯约》在斯瓦尔巴领海以外水域可能的权利，这与它在1974年首次提出的观点一致。1974年这一政策出台时被看作美国的临时之举，但美国似乎对现在斯瓦尔巴的现状和解决问题的手法很满意，不太可能再次激活这个问题，或将斯瓦尔巴问题纳入其外交政策议程。可以预见，在未来相当长的一段时期内，挪威在渔业保护区的法规越来越多地被缔约国遵守，俄罗斯也没有对挪威海岸警卫队逮捕俄罗斯拖网渔船向挪威外交部提出抗议。美国政府官员似乎也不再像2005年那样将斯瓦尔巴地区看成是一个"新兴的热点"。美国将继续保持相对稳定的对斯岛的外交政策，即支持挪威在《斯约》框架下制定保护渔业政策，保护斯岛脆弱的生态资源，保留美国对斯岛大陆架的权利主张，美国将在综合考虑在这一地区的核心利益后再做出战略决策。

第二节 《斯约》与俄罗斯的北极战略

安全"困境"一直是俄罗斯北极地缘政治的中心，作为传统的北极国家，俄罗斯在北极地区拥有得天独厚的地缘优势，在北极有经济、军事、安全等诸多战略利益，这也使得俄罗斯与其邻国挪威的关系受到其北极战略的影响。对斯瓦尔巴群岛建立和使用民用雷达和卫星地面站的争议，对挪威的《斯瓦尔巴环境保护法案》的异议和对挪威海岸警卫队在斯瓦尔巴群岛渔业保护区内的渔业行政执法措施的不满是俄（苏）挪北极外交关系中的重要事件。冷战结束后，虽然欧洲与北极地缘政治格局发生变化，但斯瓦尔巴群岛问题一直是俄罗斯关注的重要的安全问题。

一　俄罗斯与挪威对《斯约》的不同理解

《斯约》第1条授予挪威对斯岛"完全的和绝对的主权"，第2、3条规定各缔约国国民，不论出于什么原因或目的，均应享有平等自由进出第1条所指地域的水域、峡湾和港口的权利。在遵守当地法律和规章的情况下，他们可毫无阻碍、完全平等地在此类水域、峡湾和港口从事一切海洋、工业、矿业和商业活动。① 但俄罗斯认为挪威在斯岛的管理措施侵害了缔约国依《斯约》第2、3条享有的权利。

《斯约》规定适用于从东经10度至35度之间、北纬74度至81度之间（《斯约》第1条）所有的岛屿和岩礁领土及其领水（《斯约》第2、3条）。② 据此，挪威主张条约只适用于斯瓦尔巴群岛的领土和领海，但俄罗斯及其他的《斯约》缔约国则认为挪威的排他性的专属管辖权仅限于斯岛的领土和领海，挪威主张对斯瓦尔巴群岛领海以外渔业保护区有专属管辖权的观点是值得商榷的。

《斯约》第9条规定，在不损害挪威加入国际联盟所产生的权利和义务的情况下，挪威保证在第1条所指的地域不建立也不允许建立任何海军基地，并保证不在该地域建立任何防御工事。该地域决不能用于军事目的。③ 对这一条的理解也是有争议的。俄罗斯认为这是一个法律条款，挪威认为这一条款并没有完全、绝对禁止或剥夺挪威在斯瓦尔巴群岛上进行军事活动的权利。挪威不排除挪威海军、海岸警卫队这些穿着挪威军人制服的军人在岛上登陆或挪威军用的船舶、军用飞机在岛上着陆的可能。④

二 俄挪对《斯瓦尔巴环境保护法案》的不同立场

围绕斯岛，俄罗斯认为威胁来自以下三个层面。（1）俄罗斯的渔民有被挪威海岸警卫队排挤出斯瓦尔巴区域的危险。⑤（2）挪威环境立法可能会妨碍未来俄罗斯在斯岛的开发活动，给俄罗斯带来风险。（3）挪威、美国或北约将斯岛用于军事目的可能给俄罗斯带来安全与战略危险。

俄罗斯在挪威北极聚居区的煤炭开采活动历史悠久，其中在斯岛的定居点也是围绕煤炭开采区建立的。俄罗斯在斯瓦尔巴群岛的存在使其能够

---

① 《斯约》第2、3条。
② 《斯约》第1条。
③ 《斯约》第9条。
④ Svalbard, Report No. 9 (1999-2000) to the Storting, the Norwegian Ministry of Justice, Section 4.
⑤ "Russia Under Threat at Spitsbergen", *Barents Observer*, 29 June 2007.

维持其所谓的"特权"。

根据 2001 年《斯瓦尔巴环境保护法案》,① 挪威在斯岛建立了国家公园、自然保护区、受保护生物小区、地理小区、文化环境生物保护区与地质保护区六种保护区。2002 年 6 月,斯瓦尔巴群岛总督在科尔斯湾(Coles Bay)建立 14 平方公里保护区以保护区内珍稀植物,保护区东起俄罗斯人的聚居地巴伦支堡(Barentsburg),是斯岛煤炭储量最大的区域,俄罗斯国有矿业公司 Trust Arktikugol 控制着这片地区。预计当前矿区的剩余储量开采时间不超过七至十年,② 俄罗斯计划在科尔斯湾开新矿,并雇佣大量的乌克兰和俄罗斯人在这一区域从事采矿活动,对于挪威建立保护区的计划,俄罗斯深感不满。为此,俄方向挪威提交一份外交照会宣称,保护区的建立将会妨碍或终止依《斯约》第 3 条规定的俄罗斯在斯岛矿产开发权的行使,挪威建立保护区并实行严格的保护规定,③ 妨碍了俄罗斯目前的开采活动。④ 因此,俄主张科尔斯湾被提及的煤田必须被排除在斯瓦尔巴群岛建立的保护区制度之外。⑤

2002 年 11 月,俄罗斯总统普京对挪威进行为期两天的访问。期间,他提出了《斯瓦尔巴环境保护法案》和其相关的环保法规的问题。在与挪威总理谢尔·马格纳·邦德维克(Kjell Magne Bondevik)会面的过程中,普京表示,他对挪威在斯瓦尔巴实行的环境保护法深感忧虑。⑥ 他断言,挪威在斯瓦尔巴群岛的环境保护措施可能会阻碍俄罗斯在斯岛采矿业的发展,从

---

① 为了保护斯岛独特的生态环境,挪威以《斯约》为依据于 2001 年 6 月 15 日颁布《斯瓦尔巴环境保护法案》(The Protection of the Environment in Svalbard)对于斯岛成片荒野、景观元素、植物、动物和文化遗产加以保护,规定缔约国在斯岛的狩猎和捕鱼活动需在《法令》的范围内进行。目前,挪威已经建立了 7 个国家公园、6 个自然保护区以及 15 个鸟类禁猎区,据统计,斯瓦尔巴群岛已有一半以上的区域被划定为自然保护区或国家公园。在国家公园、自然保护区、受保护生物小区及地理小区、文化环境等几种保护区内一律禁止对自然环境造成长期影响的活动,包括狩猎和捕鱼活动。
② Torbjørn Pedersen, "Minefeltet i Colesdalen", *Svalbardposten*, 31 May 2002.
③ 《斯瓦尔巴群岛环境保护法案》第 1 条。
④ Gennadiy Charodeev, "Ledyanoi zanaves: My mozhem poteryat'svoishpitsbergenskie vladeniya", Izvestiya, 8 June 2001, p. 7.
⑤ Russia, note No. 9002/2ED to Norway, 15 October 2002.
⑥ Torbjørn Pedersen, "Verneplanen utsatt", *Svalbardposten*, 15 November 2002.

而也阻碍了俄罗斯人在斯岛上生存。① 这一态度立场表明斯岛环境保护区争议已经成为俄挪之间的政治议题，② 但俄罗斯对斯岛环境保护区的异议并不涉及太多安全层面考虑。但那种认为《斯瓦尔巴环境保护法案》是服务于挪威安全政策目的的观点，在俄罗斯保守派中还是有一定市场的。③

如今，俄挪斯岛环境保护区的争议主要在斯岛地方长官和俄罗斯国有采矿公司 Arktikugol 之间做低层次的沟通。俄罗斯国有采矿公司 Arktikugol 强烈反对挪威的计划，④ 不同意挪威把俄罗斯势力从斯岛驱逐出去的做法，例如，矿业公司的经理瓦蒂姆·马德夫（Vadim Mardanov）认为《斯瓦尔巴环境保护法案》的规定是极其牵强附会的。⑤ 俄罗斯国有采矿公司 Arktikugol 也声称保留依《斯约》第 7 条将"争议提交争端解决机制，解决问题的权利"，⑥ 这也符合 1995 年《俄挪双边投资协议》的规定。⑦ 由此可见，这些俄罗斯国有公司关注的焦点是如何弥补经济上的损失以及如何让俄罗斯国有采矿公司在斯岛继续存在下去，而并没有基于安全利益的考量。

对此，斯瓦尔巴群岛政府的负责人奥德·奥尔森（Odd Olsen Ingerø）承认俄罗斯在斯岛的国有公司的反应比他们想象的要强烈得多。⑧ 最后博弈的结果是，2003 年挪威政府将科尔斯海湾保护区从挪威环境保护区中去除。俄罗斯国有企业的坚持和挪威对《斯瓦尔巴环境保护法案》的坚持可以被看作是挪威和俄罗斯之间基本价值冲突的反应。挪威的主要目的是为了保护斯瓦尔巴群岛脆弱的生态环境（即环境安全），而俄罗斯主要关注《斯瓦尔巴环境保护法案》将如何影响当前和未来的俄罗斯在斯岛采矿活动的安

---

① Morten Fyhn and Halvor Tjønn, "Putins besøk: Styrket norsk-russisk naboskap", Aftenposten, 13 November 2002.
② Torbjørn Pedersen, "Verneplanen utsatt", Svalbardposten, 15 November 2002.
③ Jørgen Holten Jørgensen, "Svalbard: Russiske persepsjoner og politikkutforming", Internasjonal politikk 62/2 (2004), p. 187.
④ Torbjørn Pedersen, "Tar Colesdalen ut av verneplanen", Svalbardposten, 4 July 2003.
⑤ Jørgen Holten Jørgensen, "Svalbard og Fiskevernsonen: Russiske persepsjoner etter Den kalde krigen", FNI Report 13 (2003): 40.
⑥ J. V. Tsivka, Director General of Trust Arktikugol, Letter No. 11 – 217 to the Governor of Svalbard, 16 October 2002.
⑦ Agreement between Norway and Russia on Promotion and Mutual Protection of Investments, Overenskomster, (1998), p. 416.
⑧ Torbjørn Pedersen, "Verneplanen utsatt", Svalbardposten, 15 November 2002.

全（即经济安全），以及最终俄罗斯未来是否可以在巴伦支堡定居（即社会安全）。环境问题并不是目前俄罗斯在这一区域地区性和全球性的核心议程，所以俄方只投入有限的财力来处理这些问题。① 正如芬兰律师、前外交官马尔蒂·科斯肯涅米（Martti Koskenniemi）指出的那样，国际环境争端比经济利益争端更难以解决。②

除了经济利益外，俄方对《斯瓦尔巴环境保护法案》的关注也有战略层面的考量，③ 俄方在斯岛的活动区域可以密切监察挪威在斯岛上的活动，④ 但如果矿产资源开采殆尽，大量的定居点将不复存在，会影响俄罗斯在斯岛的存在（安全利益）。很显然，俄罗斯的逻辑来自于其过去的经验［1998年，由于矿产资源的减少，俄罗斯在斯瓦尔巴群岛有史以来最大规模的居民定居区拉米登（pyramiden）已经被废弃］。

目前，俄罗斯在斯岛仅有巴伦支堡一个定居点，不过这一定居点也在逐渐萎缩。俄罗斯国有矿业公司Arktikugol把巴伦支堡当作一个工业城镇来管理，雇佣了这个定居点大部分的挪威人。对此，俄罗斯公众以及俄方政治和军事机构的决策者认为挪威颁布《斯瓦尔巴环境保护法案》必定隐藏着一个计划，即利用《斯瓦尔巴环境保护法案》排挤俄罗斯国有采矿公司在斯岛的采矿活动，强迫俄罗斯人离开斯瓦尔巴群岛。⑤ 这样的计划在俄罗斯的眼里，已经危及俄罗斯的军事安全，没有俄罗斯的监督，如果挪威把斯瓦尔巴群岛建成一个军事据点，就违反了《斯约》第9条对斯岛非军事化的规定。⑥ 这必将造成对俄罗斯的安全威胁，所以，为了维持在斯瓦尔巴群岛的重要地位，在科尔斯湾开发新煤矿是重中之重。

---

① Cf. Andrei Fedorov et al., "Interesy Rossii na severe Evropy: v chem oni?" (What are Russia's Interests in the North of Europe?) Dipkur'er, 22 March 2001, p. 3.

② Martti Koskenniemi, "Peaceful Settlement of Environmental Disputes", *Nordic Journal of International Law* 60/1á2 (1991), p. 73.

③ Arild Moe, Utenrikspolitiske rammebetingelser og norsk Svalbard-politikk (Lysaker: Fridtjof Nansen-stiftelsen pa Polhøgda, 1983), p. 42.

④ Kristian Åtland, "Russisk Svalbard-politikk", FFI-Fokus 1 (2004), p. 2.

⑤ Nordsletten, "Norvegiyai Rossiya", p. 58. Øyvind Nordsletten, "Norvegiya i Rossiya: razvitie sotrudnichestva" (Norway and Russia: The Development of Cooperation), Voyennaya Mysl' 6 (2001), p. 58.

⑥ Jørgen Holten Jørgensen, "Svalbard: Russiske persepsjoner og politikkutforming", Internasjonal politikk 62 (2004): 189.

此外，俄方政治和军事机构的决策者认为就算俄罗斯能保护好科尔斯湾的环境，斯瓦尔巴群岛总督也不会赋予俄罗斯在这里开采煤炭资源的权利。① 所以，一些俄罗斯人指责挪威的《斯瓦尔巴环境保护法案》更像是一种政治工具，其目的是强迫俄罗斯退出斯岛。② 正如《斯瓦尔巴环境保护法案》中有一项政策是把斯瓦尔巴群岛建成世界管理最好的荒野区。这条的主要目的是想说明，当环保利益与其他的利益冲突时，③ 环保最重要，要更多地考虑环保利益，但俄罗斯一直质疑这项政策，认为这项政策是挪威为实现其长期目的（独占斯岛，排除缔约国在斯岛的活动）的借口。

2001年，俄罗斯议会公布半官方性质的《国防和外交报告》(Russian Council on Defence and Foreign Policy (SVOP))，菲奥多罗夫 (Fedorov) 等人明确表示挪威的《斯瓦尔巴环境保护法案》仅仅是为了限制俄罗斯在斯瓦尔巴群岛势力的借口。④ 与此同时，俄罗斯的期刊《安全和国防》发表了北极安全事务专家、前北方舰队官员安德烈 (Andrei Smolovskiy) 的一篇文章也表达了相似看法，文中写道，"挪威的《斯瓦尔巴环境保护法案》违反了国际惯例和目前挪威和俄罗斯之间的条约，包含着对俄罗斯公司在斯岛地区的运营的一种过渡限制"。⑤ 另一位俄罗斯官员、总司令弗拉基米尔 (Vladimir Gundarov) 在相同的期刊中提出，就像摩尔曼斯克 (Murmansk) 州长尤里 (Yuri Yevdokimov)⑥ 说的那样，挪威《斯瓦尔巴环境保护法案》旨在迫使俄

---

① Torbjørn Pedersen, "Verneplanen utsatt", Svalbardposten, 15 November 2002. 转引自：Kristian Åtland & Torbjørn Pedersen, "The Svalbard Archipelago in Russian Security Policy: Overcoming the Legacy of Fear-or Reproducing It?" *European Security* 17 (2008): 239。

② Jørgen Holten Jørgensen, "Svalbard: Russiske persepsjoner og politikkutforming", *Internasjonal politikk* 62 (2004): 184. 转引自：Kristian Åtland & Torbjørn Pedersen, "The Svalbard Archipelago in Russian Security Policy: Overcoming the Legacy of Fear-or Reproducing It?" *European Security*, 17: 2 - 3, 238。

③ Report No. 9 (1999 - 2000) to the Norwegian parliament (Stortinget), p. 44.

④ Cf. Andrei Fedorov et al., "Interesy Rossii na severe Evropy: v chem oni?" Dipkur'er, 22 March 2001, p. 3.

⑤ Andrei Smolovskiy, "Arkhipelag Shpitsbergen ibezopasnost'Rossii" [The Spitsbergen Archipelago and Russia's Security], *Morskoi sbornik* 6 (2000): 39.

⑥ Vladimir Gundarov: "Rossiyskie pozitsii v Arktike" [Russian Positions in the Arctic], *Morskoi sbornik* 4 (2002), P. 24.

罗斯放弃斯瓦尔巴群岛,将这一行为定性为"具有侵略性的保护主义"① 和"单边修订《斯约》"的违法行为。② 学者约尔延·霍尔滕(Jorgen Holten)通过研究俄罗斯对挪威在斯瓦尔巴群岛政策得出的结论认为,《斯瓦尔巴环境保护法案》政治色彩比环保色彩浓,挪威这些条约的目的与其想成为斯瓦尔巴群岛唯一势力的目的是一致的。可见,只要俄罗斯从安全政策的角度看待斯瓦尔巴群岛,俄罗斯就会相信挪威的环保政策是其安全政策议程的一部分。③

2011年10月,在斯匹次卑尔根群岛召开的"保障俄罗斯在该群岛存在的俄联邦政府委员会的出境会议"上讨论了群岛活动问题。会议认为《斯约》和挪威法律是解决在该群岛活动的主要的法律依据,挪威对斯岛的环保措施是一种安全战略,这些环保条例和其他条款会影响俄罗斯巴伦支堡定居点未来的利益,最终将影响俄罗斯在斯岛监控挪威活动的能力。

这一态度立场与冷战时期苏联阻止挪威对斯岛实施保护措施有许多相似之处。20世纪70年代至今,俄罗斯最担忧的问题之一就是挪威在斯瓦尔巴群岛对俄罗斯采矿活动激进的限制。其中,也涉及在巴伦支堡居民定居点的问题。这一时期,斯瓦尔巴群岛上定居的挪威人的数量几乎翻了一倍,从20世纪70年代至今,岛上定居的俄罗斯人和乌克兰人的数量已从冷战时期超过3000人的最高峰降到2007年的不到500人。④ 而这些变化,都可以看作是受挪威"驱逐"定居在斯瓦尔巴群岛上的俄罗斯人和减少俄罗斯在斯瓦尔巴事务政策的影响产生的结果。⑤ 正如克莱夫·阿彻(Clive Archer)和大卫·斯克里夫纳(David Scrivener)在1983年指出的那样,苏联一直认为挪威的监管措施,例如1971年设立保护区的措施,是为限制苏联而设立

---

① "Geopolitika po-norvezhski"〔Geopolitics in Norwegian〕,FLB, 16 April 2003, http://www.flb.ru/infoprint/16990.html accessed 18 May 2008. 访问时间:2015年5月23日。
② Savva Pomortsev, "Nezakoniy promysel varyagov"〔The Illegal Catch of the Varyags〕, Voyenno-Promyshlenniy Kur'er, 2 November 2005, p. 2.
③ Jørgen Holten Jørgensen, "Svalbard: Russiske persepsjoner og politikkutforming", *Internasjonal politikk* 62 (2004): 184.
④ Pierre-Henry Deshayes, "Northern Neighbors", Moscow Times, 21 September 2007, p. 12.
⑤ Pavel Rivetov, "Shpitsbergen forpost NATO pod nosom Rossii"〔Spitsbergen: NATO's outpost under Russia's nose〕, Pravda online, 14 April 2003, available at http://news.pravda.ru accessed 2 May 2008. 访问时间:2016年8月20日。

的，这一保护区已经涵盖斯瓦尔巴群岛45%的土地。① 从某种程度上说，挪威更愿意以中立者的身份来看待俄罗斯对这一问题的关注，这是挪威和俄罗斯在斯岛问题上"价值冲突"的体现，也是挪威和俄罗斯两国在斯瓦尔巴群岛问题中历史惯性的体现。

三 俄挪对斯岛渔业保护区制度的博弈

挪威在1970年宣布大陆架范围，认为斯瓦尔巴群岛的大陆架是挪威本土大陆架的一部分，挪威对斯瓦尔巴群岛及其海域拥有主权。俄罗斯一直反对挪威对斯瓦尔巴群岛以外海域的主权声明。苏联于1970年指出，挪威单方面有关斯瓦尔巴群岛水域的管辖权主张是没有法律依据的，苏联还指出，由于斯瓦尔巴群岛紧靠苏联北部边境，② 所以苏联对该地区将给予特别关注。

1977年，挪威颁布法令，宣布建立斯瓦尔巴群岛200海里渔业保护区，③ 苏联对挪威此举提出抗议。指出挪威正在试图以"合法的方式"进入斯瓦尔巴群岛，并企图扩大其权利。作为回应，苏联向挪威提交了紧急外交照会，表示苏联"也会采取类似行动，以保护苏联的利益"。④

1998年，挪威海岸警卫队首次抓捕一艘俄罗斯拖网渔船"新古比雪夫斯克号"（Novokuybyshevsk），挪威在扣押这艘渔船后，决定不予起诉，并释放渔船，但要求它驶离挪威港口。这一事件使俄罗斯感到它在斯岛的权益开始遭遇危机。自此三年后，挪威海岸警卫队逮捕另一艘俄罗斯拖网渔船"切尔尼戈夫号"（Chernigov）的行为再次引发俄对挪威在斯瓦尔巴群岛行使渔业管辖权背后动机的讨论。对此挪威回应，作为一个沿海国有权在毗邻斯瓦尔巴群岛海域在不触犯国际法的范围内行使管辖权。而俄方坚决反对挪威的这种行为，俄罗斯认为，对"切尔尼戈夫号"渔船的打击行动是非法的，不符合相关国际法的规定。随后，俄罗斯针对挪威的扣押展行为展开了声势浩大的抗议活动。船舶被扣后，俄罗斯第一时间向挪威递交

---

① Clive Archer and David Scrivener, "Frozen Frontiers and Resource Wrangles: Conflict and Cooperation in Northern Waters", *International Affairs* 59/1（Winter 1982á83）, p. 74.
② The Soviet Union, memorandum to Norway, 27 August 1970.
③ 1977年6月3日挪威皇家法令。
④ The Soviet Union, Diplomatic Note to Norway, 15 June 1977.

了外交信函,这封外交信函似乎改变了俄罗斯先前对这一问题的立场,将斯瓦尔巴群岛看作公海。① 同时,在民间层面,俄罗斯代表向挪威和俄罗斯联合渔业委员会发出警告称,挪威的行动"可能会妨碍俄罗斯正常的渔业行为",还"可能伤害俄罗斯渔民已经建立起来的正常渔业机制,伤害双方在该渔区的共同管理"。② 俄方一些团体的反应则更加猛烈。俄罗斯国家渔业委员会主席叶夫根尼·纳兹德拉坚科(Yevgeniy Nazdratenko)扬言,如果挪威再次试图逮捕在斯瓦尔巴群岛作业的俄罗斯渔船,就让北洋舰队击沉挪威的海岸警卫队,同时"什么也不做,不去救助他们的船员"。③《消息报》报道称,2002年夏天,在国家渔业委员会主席的要求下,④ 俄罗斯反潜艇驱逐舰"北莫尔斯克号"(Severomorsk)已经驶入斯瓦尔巴群岛渔业保护区。挪威对俄罗斯此举表示关注,此前,俄罗斯从未派遣重型俄罗斯军舰抵达这一海域,为此,挪威北部区域防空指挥舰队和俄罗斯北海舰队第一次使用了紧急热线,⑤ 俄罗斯当局很快向挪威军舰解释,俄方在斯瓦尔巴群岛水域的船只只是例行检查,是俄罗斯在这一区域的例行工作。⑥ 但挪威认为,俄罗斯在斯瓦尔巴群岛部署驱逐舰将对挪威在这一海域的渔业执法带来冲击。与此同时,俄罗斯指出,挪威在渔业保护区的措施是对俄方的一种安全威胁,严重损害了这一地区的和平与稳定。

2005年,挪威海岸警卫队试图抓捕俄罗斯捕鱼船"Elektron号",两国之间的争论又一次被激起。当时多艘挪威海岸警卫队的船只追赶"Elektron号",俄罗斯的船只只好闪电般地向本土水域驶去。在俄方捕鱼船成功从挪威的追捕行动中逃脱后,俄罗斯国内渔业官员主张,北海舰队应该采取更加积极的姿态去捍卫俄方在欧洲北极地区的利益。俄罗斯国防记者们认为,

---

① Russia, diplomatic note 3695/2ED to Norway, 23 April 2001.
② Torbjørn Pedersen, "The Dynamics of Svalbard Diplomacy", *Diplomacy & Statecraft* 19 (2008): 249-250.
③ Geir Hønneland, *Russia and the West: Environmental Cooperation and Conflict* (London: Routledge, 2003), p. 66.
④ Jørgen Holten Jørgensen, "Svalbard og Fiskevernsonen: Russiske persepsjoner etter Denkalde krigen", *FNI Report* 13 (2003): 63.
⑤ 该热线在几年前成立,当时一枚火箭于1995年1月从挪威北部的Andøya地区发射,差点激活俄罗斯在该地区的第二次核打击程序。
⑥ Konstantin Getmanskiy et al., "Voyennye moryaki pomogut rybakam", *Izvestiya*, 22 June 2002.

如果俄方海军在那片区域出现的话，挪威海岸警卫队是不敢抓捕俄罗斯渔船的。俄罗斯渔业官员建议捕鱼业应该赞助北海舰队，渔民与其向其他国家支付数额巨大的罚款，不如资助自己国家的海军部队更好地保护自己利益。① 对此，俄罗斯国防部声称，俄罗斯军舰对斯瓦尔巴群岛的巡逻是俄方长期军事演习计划的一部分，并指出，"俄罗斯海军舰艇的航行路线将不受国家渔业委员会的管辖"。②

2008年12月，俄罗斯与瑞典、挪威、芬兰在莫斯科签署政府间合作协议，决定在巴伦支海及欧洲北极区域预警、防灾和紧急情况处理方面进行合作，协议同时包括加强边境地区合作、开展联合演习、提高协同效率及紧急情况处理能力等。为有效落实该协议，上述四国将成立一个由四国代表组成的联合委员会，约定每年或在必要时间举行会议，以规划和协调相互间的合作，并对协议的执行情况进行评估。协议签署将为各方今后的合作提供共同的法律依据。③

受到挪威抓捕俄罗斯捕鱼船"切尔尼科夫号"（2001）和"Elektron号"（2005）的冲击和影响，俄罗斯的一些活动家，尤其是渔业领域的活动家尝试向海军赞助来获得安全。这些尝试标志着长达30年之久的关于斯瓦尔巴群岛合法地位的冲突达到了顶峰。从那以后，事态逐渐平息。北方舰队更为关注这一地区的政治稳定，正如在"Elektron号"事件中，北方舰队不愿意为斯瓦尔巴群岛的俄罗斯渔船进行军事干涉，俄罗斯处理这些事件时都有所保留，不希望目前的管理体制瓦解，一旦瓦解，会导致许多第三世界国家的捕鱼船在斯瓦尔巴群岛捕鱼，斯岛水域捕鱼船的数量将激增。

2011年，俄罗斯的拖网渔船"蓝宝石2号"（Sapphire II）号在斯岛捕鱼时被扣留，挪威要求俄罗斯支付57万美金的罚款，俄罗斯国家渔业委员会重新提起对斯岛渔业保护区制度的讨论。④ 2012年7月25日，挪威海岸警卫队又扣留了俄罗斯穆尔曼海洋食品公司（JSC Murman Seafood）的"Melkart

---

① Vadim Solov'ev and Vladimir Ivanov, "The Navy has Distanced itself from the Undertaking of Economic Tasks", *Nezavisimoyem Voyennoe Obozrenie* 4 November 2005, p. 1.
② Getmanskiy et al., "Naval servicemen help the fishermen", Izvestiya, 22 June 2002. p. 2.
③ 张浩：《俄与北欧国家签署北极合作协议》，《科技日报》2008年12月14日。
④ Thomas Nilsen, "Zhirinovsky Wants to Arm Russian Trawlers", http://barentsobserver.com/en/politics/zhirinovsky-wants-arm-russian-trawlers, 访问时间：2016年7月20日。

Ⅱ号"拖网渔船,这是较近一次针对俄罗斯渔船的执法活动。① 由此可见,在这一区域的一些根本问题还没有解决,至少在可预见的未来也不可能完全解决,但至少挪威政府成功地让俄罗斯意识到在斯岛北部海域捕鱼活动是"违法的"。这反过来又弱化了俄罗斯的话语权,俄罗斯不再把这个问题称为有关国家安全的重大问题,调门有所降低。

实际上,俄罗斯在科拉半岛的渔民也不相信挪威抓捕俄罗斯船只的事件会继续蔓延。"实际上,挪威海岸警卫队只是有选择性地、强制地抓捕一些船只"。正如摩尔曼斯克渔业委员会(Fisheries Committee in Murmansk)的成员指出的那样,"法规的制定不是允许执法者在任何时候想去抓谁就抓谁"。但"人们普遍认为挪威的一系列执法是专门针对俄罗斯船只的,挪威将通过这些行为减少俄罗斯在斯岛的活动,掩盖其在斯瓦尔巴群岛水域的'不当行为'"。对此,路透社报道称,"挪威常常以俄罗斯渔船捕捞量超过其配额为由驱赶俄方渔船,由此看来,挪威似乎非常有兴趣往俄罗斯渔民头上抹黑,越来越多的报告显示,挪威海岸警卫队以后会逮捕更多的俄罗斯渔船"。②

斯瓦尔巴群岛渔业问题看似一个法律问题,但到目前为止,这一横亘在俄挪之间的争议倒更像是一个政治问题,发展成各方权利角逐的焦点。俄罗斯2002年的行为(在斯岛附近水域部署"北莫尔斯克号"Severomorsk反潜艇驱逐舰)表明,俄罗斯已经感受到斯岛的安全威胁,即挪威在斯瓦尔巴群岛渔业区的执法活动已经威胁到俄罗斯的利益。俄罗斯人认为挪威海岸警卫的执法行动是足以破坏俄罗斯在斯瓦尔巴地区经济利益的一种尝试,挪威在斯瓦尔巴群岛渔业管辖权的背后隐藏着不良动机。很明显,这种对挪威的不信任将在俄罗斯渔民之间大量地传播,但对俄政府的影响力却不大。在俄挪的外交磋商中,俄罗斯大多在一些法律条款上有不同的意见,且并没有激烈的分歧,俄罗斯与挪威在鱼类管理问题上一直保持着良好的关系。

---

① Trude Pettersen, "Russia Protests Detention of Russian Trawler", *Barents Observer*, August 02, 2012, http://barentsobserver.com/en/business/russia-protests-detention-russian-trawler-02-08,访问时间:2016年8月21日。
② Jørgen Holten Jørgensen, "Svalbard: Russiske persepsjoner og politikkutforming", *Internasjonal politikk* 62(2004):187.

四 俄罗斯对斯岛雷达和卫星地面站的反应

《斯约》第9条对斯岛不得用于战争目的规定是条约的核心条款。冷战时期,在东西方阵营战略争夺白热化背景下,挪威政府意图确定在斯瓦尔巴群岛上建造雷达和卫星电台等活动是否违反《斯约》第9条规定。苏联和后来的俄罗斯政府都对这一条款作了解释,认为这一条款禁止一切军事活动。① 对此,挪威只是偶尔发表观点,主张《斯约》第9条只限制斯岛用于"战争"。② 尽管如此,挪威政府并没有改变禁止斯瓦尔巴群岛军事活动的计划,挪威在斯岛的军事活动可以合理地解释为具有军事性质的活动,如可以在斯岛放置用于军事目的的地面雷达或卫星、空间装置,但注册时需要说明其民用性质,挪威当局须定期检查,俄罗斯也会对此进行监管,包括俄罗斯在内的外国专家有权定期访问和监管。

俄罗斯对斯瓦尔巴雷达站在安全战略上的担忧与苏联时期与挪威在斯岛法律地位的分歧是一脉相承的。1944年,苏联外长莫洛托夫(Vyacheslav Molotov)要求修订《斯约》,二战以来,俄罗斯一直担忧北大西洋、北冰洋进入公海的出海口被封锁。1944年,莫洛托夫向挪威大使特里格夫·赖伊(Trygve Lie)提议修改《斯约》,将斯岛变成苏联和挪威共管地区。③ 二战后这一提议再次在1946年8月的巴黎和会上提出,但最终不了了之。然而,在整个20世纪50年代和60年代,挪威经常面临苏联的谴责,苏联指责挪威违反《斯约》,破坏苏联北方舰队的作战潜力。

此后,1950年挪威把最北端的领土——斯瓦尔巴群岛和熊岛列入北约,苏联对这一事件做出激烈反应。苏联认为,这项安排直接违反了《斯约》第9条非军事化条款的规定。挪威的回应是,挪威或是北约未在斯岛上建设任何军事工事或在群岛上建立任何的军事基地,同时挪威也不会允许任何国家这样做。在挪威看来,挪威已经遵守了《斯约》规定。但苏联对挪威

---

① "Russia's Presence on the Archipelago of Spitsbergen: Legal-Political, Economic and Humanitarian Aspects", Protocol from Meeting on 19 June 2007, The Committee on the North and Small Indigenous Peoples, The Federation Council of the Russian Duma, pp. 4 – 5.

② Geir Ulfstein, *The Svalbard Treaty: From Terra Nullius to Norwegian Sovereignty* (Oslo: Scandinavian University Press, 1995), p. 388.

③ Trygve Lie, Hjemover, *Homewards* (Oslo: Tiden, 1958), p. 158.

的回应并不放心。苏联政府重申，无法承认挪威的行为是合法的，①将继续关注斯岛被挪威或北约盟国用作军事用途的可能。

1965年6月9日，欧洲空间研究组织（European Space Research Organization，ESRO）在离奥尔松不远处建立Kongsfjor遥测站，并指出设立Kongsfjor遥测站只是出于民用研究的目的接收和发送轨道卫星信号，但苏联一直认为这个遥控站可以用于军事用途，特别是在苏联的领土上空开展观测、无线电技术检测和其他形式的情报搜集活动。但挪威指责苏联反对的真正意图是派更多的专家监视遥测站的运作。②

20世纪90年代，斯瓦尔巴群岛日益成为科研等相关活动的重要场所。挪威政府、国际空间研究委员会以及航空航天及电信行业都意识到斯岛已经成为高纬度大气研究及开发商业卫星项目的潜在平台。挪威违反《斯约》非军事化条款规定，允许在斯岛建设和运营雷达和卫星电台。20世纪90年代以来，已经有许多民事和军事两用雷达装置部署在该地区。以研究大气环流异常现象为目的的拉普兰雷达（EISCAT）已被部署在朗伊尔城附近。除了在挪威大陆接近俄罗斯边境的瓦尔德（Vardø）布置格罗布斯2号雷达（Globus II）外，最令俄罗斯担忧的是20世纪90年代末的拉普号雷达和在新奥尔松建立的航天发射中心。对此，2000年6月，时任俄罗斯北方舰队前参谋长、海军中将米哈伊尔（Mikhail Motsak）在谈及斯瓦尔巴群岛的装置时指出，新奥尔松航天发射中心有能力监测洲际弹道导弹和潜射弹道导弹在北极地区的飞行路径，俄罗斯已在新奥尔松航天发射中心不远处建立导弹测试站，内有重型运输飞机的起飞跑道、太空通讯中心、雷达、导弹组装和贮存设施，还有可供地球物理火箭发射的平台。③这些设施可能被美国用于导弹防御计划，挪威将斯瓦尔巴群岛划入北约是北约的阴谋。④但挪

---

① Willy Østreng, *Politics in High Latitudes: The Svalbard Archipelago* (London: C. Hurst & Company, 1977), p. 55.
② Soviet Memorandum of 30 April 1969, 转引自 Willy Østreng, *Politics in High Latitudes: The Svalbard Archipelago* (London: C. Hurst & Company, 1977), p. 58。
③ Motsak, Russia's National Interests in the Arctic, Voyennaia mysl'6 (2000), p. 8. 转引自: Kristian Åtland & Torbjørn Pedersen, "The Svalbard Archipelago in Russian Security Policy: Overcoming the Legacy of Fear-or Reproducing It?", *European Security* 17 (2008): 232。
④ Cf. Andrei Fedorov et al., "What Are Russia's Interests in the North of Europe?", Dipkur'er, 22 March 2001, p. 3.

威不能接受俄罗斯对这一问题的看法,2001 年 11 月,挪威驻俄大使 Øyvind Nordsletten 对俄罗斯官员的言论做出官方回应:"拉普兰雷达(EISCAT)和卫星站都是纯粹的民用设施。无论是挪威还是任何其他国家的军事部门都未参与这些项目。挪威政府一直密切关注他们的运作,以确保其能严格遵守《斯约》第 9 条对斯岛非军事化的规定,主张对这些科研活动应该持完全开放的态度,俄罗斯的代表也已经访问并检查了这些设施。未来我们也欢迎包括俄罗斯专家在内的各国专家到这些设施访问和检查"。①

瓦尔多(Vardø)的"格罗布斯 2 号"雷达(Globus II radar)是 1997 年以来挪俄关系中又一争议问题。当时,俄海军上将米哈伊尔声称,这个装置可以在空间站实施对俄罗斯西北部更大范围的打击。② 挪威驻俄罗斯大使驳斥了米哈伊尔和俄罗斯其他专家③的说法,指出格罗布斯 2 号雷达(Globus II radar)没有违反 1972 年《反弹道导弹条约》,也没有被秘密用于任何军事目的。④ 但在俄罗斯媒体报道和政策文件中,经常将格罗布斯 2 号雷达与 20 世纪 90 年代中期在斯岛建立的空间装置拉普兰雷达、奥尔松航天发射中心相提并论,这些装置都被认为是西方国家在科学研究掩护下在北极从事军事活动的"证据"。

俄罗斯认为他们的潜艇从北部海域和其本土发射弹道导弹打击美国及其盟国的能力正处在危险之中,但俄罗斯没有提出反制措施。俄海军上将米哈伊尔的主张是经常采取"间接行动",即经常表达这一地区处于危机状态,描述俄罗斯将采取的预防或报复性措施,而不是展开公开的武装对抗。俄外事委员会主席罗戈津(Dmitrii Rogozin)也暗示挪威雷达装置符合"战争逻辑",但这些冲突的威胁在战争早期阶段就可以排除。⑤ 直到 21 世纪初,"雷达的问题"并没有在俄罗斯的国家安全议程中删除,在俄罗斯官方字典里,斯瓦尔

---

① Øyvind Nordsletten, "Norway and Russia: The Development of Cooperation", *Voyennaya Mysl* 6 (2001): 57.
② Motsak, "Russia's National Interests in the Arctic", *Voyennaia mysl* 6 (2000): 8.
③ Pavel Podvig, "Does Radar in Norway Violate the Provisions of the ABM Treaty?" Center for Arms Control, Moscow, 27 April 2000, available at http://www.armscontrol.ru/START/rus/comments/pp0427.htm accessed 12 May 2007, 访问时间:2015 年 7 月 12 日。
④ Øyvind Nordsletten, "Norway and Russia: The Development of Cooperation", *Voyennaya Mysl* 6 (2001): 7.
⑤ Radar Next to Us, Strazh Baltiki, 30 May 2000.

巴群岛仍是挪威和北约在北极扩大影响力的关键要素之一。① 俄罗斯现役和退役高级军官与国家的军事和安全机构更关心的是俄罗斯如何解决这一问题，而不是讨论这个问题是不是应该放在俄罗斯冷战后的安全议程中。

总的来说，从双方在这一时期的外交政策看，20 世纪 90 年代中期和后期，俄罗斯关注斯瓦尔巴群岛的雷达问题。在这一阶段俄方的外交政策受以下三个问题的影响：（1）北约东扩。（2）挪威发表决议自愿接受盟军在子午线东部的军事活动的限制性的调整。（3）美国声明退出 1972 年《美苏反导条约》。②

第一个问题在俄罗斯军事精英看来，是北约对俄罗斯的"背叛"。③ "在逻辑上俄罗斯继续把西方视为其潜在的敌人"。④ 北约成员继续向俄罗斯的盟国波兰、匈牙利、捷克共和国发出邀请，甚至承诺将北约的成员国进一步扩大到波罗的海和巴尔干地区，北约东扩使大部分俄罗斯人相信他们的国家越来越多地被西方国家"包围"，俄方在政治和军事上的一系列对策是为了保证俄罗斯西部战线的安全所采取的必要的措施。

对于第二个问题，根据 1997 年《挪威政府决议》，挪威发表决议自愿接受盟军在子午线东部的军事活动的限制性调整。挪威认为这一调整是其北部边境地区走向"正常化"的一个步骤，但在俄罗斯看来，挪威最北部和最东部的大部分陆地、海洋和空气空间已成为俄罗斯新的潜在威胁。俄罗斯担心靠近西北部边境的北约部队数量和规模的增加会给俄罗斯的军事安全造成威胁。据此，俄罗斯拒绝 1999 年的"巴伦支海和平"（北约成员国 PFP 会议⑤）

---

① Vladimir Gundarov, "Spitsbergen in the Fog", Krasnaia zvezda, 6 February 2002. p. 3.
② Cf. Andrei Fedorov et al., "What Are Russia's Interests in the North of Europe?", Dipkur'er, 22 March 2001, p. 3.
③ Vladimir Lukin, "What Is Being Built in Europe: A New Home or An Old Fence?", Izvestiya, 12 May 1995, p. 3.
④ Zoltan Barany, *Democratic Breakdown and the Decline of the Russian Military* (Princeton, NJ: Princeton University Press, 2007), p. 185.
⑤ 东欧剧变和苏联解体后，面对原苏东地区强大的军事威胁，美国和北约采取了两手应对策略。一方面推动前苏东国家的民主与人权运动，促使这些国家的国防和军事力量转向由文官控制，确保其处于可控制和可预测的状态。另一方面加强与前苏东国家的军事合作，帮助其按照北约的模式和标准进行现代化改造，努力将其纳入北约的防务轨道，提高其国防自主能力，减少其对俄罗斯的军事联系和军事依赖，防止俄罗斯再度崛起与西方抗衡。在这种思路指导下，美国在 1993 年 10 月 20 日举行的北约国防部长非正式会议上提出"和平伙伴关系计划"（The Partnership for Peace，PfP），北约部长理事会于当年 12 月 2 日决定予以接受，随后该计划于 1994 年 1 月 10 日的北约布鲁塞尔首脑会议上正式通过。

会议的邀请，俄罗斯认为这一会议是一个"有预谋的"政治策略。[①]

对于第三个问题，在战略层面俄罗斯一直十分关注以下三个问题。其一，挪威北部发展。其二，斯瓦尔巴群岛的发展。其三，北约新的成员国是谁。这些问题也是美国在20世纪90年代末退出《反弹道导弹条约》的重要原因，俄罗斯不相信美国有影响俄罗斯核武库的能力。但当美国在波兰和捷克布置反导雷达和拦截导弹系统后，俄罗斯对美国的猜疑达到新的高度。[②] 正是对斯岛雷达可用于军事用途这一潜在问题的担心，使斯瓦尔巴群岛成为俄罗斯战略关注的焦点。

2001年，挪威在斯岛建设欧洲非相干散射雷达（EISCAT）和卫星站装置，俄罗斯对此做出激烈回应，指出加快发展斯瓦尔巴群岛上的空间研究装置和接收卫星信息能力将引发一些问题，伴随无线电定位和监控的快速发展，斯岛通信也在快速发展，如果美国退出《反弹道导弹条约》，这部分地区将成为俄罗斯国家导弹防御系统的重要组成部分。[③]

基于上述的尝试和探索，俄联邦和地区一级的政府官员、海军高级军官、国防和安全分析家们似乎得出了以下几点结论。

第一，对斯岛争端的性质判断达成一致，可以断定在俄联邦和地区一级的政府官员、海军高级军官、国防和安全分析家们看来，围绕斯岛的上诉争议对俄罗斯来说是一个战略安全问题。保持俄方在斯岛的存在是缓和俄罗斯与周边邻国关系的重要途径。在保证俄罗斯在斯岛的存在方面，俄罗斯胜算很大。在对策层面，俄罗斯还应继续对挪威的行为予以抗议，偶尔在斯瓦尔巴群岛渔业保护区彰显武力，这些措施可能对挪威的行为有一定的威慑作用。挪威在2003年决定将科尔斯海湾地区从挪威环境保护区中去除，可以看作是挪威面对俄罗斯抗议的一种妥协。[④]

[①] Ivan Smolenskiy, "The Cold War is Reborn in the North of Europe", Nezavisimoye Voyennoe Obozrenie, 19 May 2000.

[②] Boris Usvyatsov, "Tough Pragmatism versus Cold War", Voyenniy diplomat 4 (2006), p. 66.

[③] Cf. Andrei Fedorov et al., "What Are Russia's Interests in the North of Europe?", Dipkur'er, 22 March 2001, p. 3.

[④] Kristian Åtland & Torbjørn Pedersen, "The Svalbard Archipelago in Russian Security Policy: Overcoming the Legacy of Fear-or Reproducing It?", European Security 17 (2008): 247.

第二，20世纪90年代末，俄罗斯在斯瓦尔巴问题上的不安全感是由诸多因素促成的。挪威解除对北约在子午线军事活动的限制、北约东扩、美国退出《反弹道导弹条约》都使苏联感觉受到安全威胁。这些事件发展对俄罗斯与挪威的关系产生不利影响。在俄罗斯看来，挪威与西方国家、美国、北约战略是一致的，可以放在一起处理，虽然冷战结束，但俄罗斯对这一问题的基本判断并没有因冷战结束而终止。俄罗斯对斯岛问题的态度还受到冷战思维的影响。

第三，目前，俄罗斯仍认为挪威在斯瓦尔巴群岛的管辖是其在北极地区安全利益的威胁。俄罗斯的政策在很大程度上是被动的，而不是主动的。俄罗斯到目前为止并未出台关于斯瓦尔巴地区法律地位的任何法律文件和战略对策。从俄方北极政策和战略分析，俄方主张在《斯约》的框架下解决这一地区问题。挪威对斯瓦尔巴群岛及其空间有关的活动非军事性质的保证似乎对俄罗斯影响不大。但俄罗斯的军事和安全机构仍密切关注和高度监视在斯岛布置的这些"可疑的"雷达装置，这些装置被认为有民用军事"双重"目的，根据俄罗斯专家预测，这些雷达可以检测和收集飞机的飞行路径和信息，如果这些数据从斯瓦尔巴群岛发出，美国军事当局就可以获悉俄罗斯布置在北极的洲际弹道导弹和潜射弹道导弹信息，俄罗斯的核威慑能力被将减弱。[①] 对此，俄罗斯还将不断提出正式抗议。苏联或俄罗斯对挪威在斯岛问题上的不信任和猜疑的历史惯性将成为俄罗斯对斯岛采取外交政策的"便利条件"，促使俄罗斯把斯岛问题看作是一个安全问题并适时采取积极有效的行动。

第三节　丹麦与《斯约》：支持－中立－对抗

丹麦作为临近北冰洋的欧盟成员国，在北极事务中与挪威存在诸多争议。20世纪初，这两个斯堪的纳维亚国家已经两次通过国际法庭来解决他

[①] Vladimir Gundarov, "Spitsbergen in the Fog", Krasnaia zvezda, 6 February 2002.

们在北极地区的争端。① 2006 年,丹麦和挪威又达成格陵兰岛和斯瓦尔巴群岛划界协议,② 丹麦和挪威在北极海域边界纠纷得到圆满解决。

然而,在丹麦和挪威之间还有一个主权权利问题仍旧没有解决,并且驰续困扰着丹麦挪威双方的和谐关系。挪威声称,它对斯瓦尔巴群岛 200 海里内的资源享有专属管辖权。丹麦对挪威的主张提出异议,不断声称对斯瓦尔巴群岛 200 海里内的区域享有同等的开发利用的权利。从《斯约》生效至今,丹麦对斯瓦尔巴地区的政策经历了支持-中立-对抗的变化。

一 《斯约》订立至20世纪70年代中期:承认挪威在斯岛的专属权利

丹麦和挪威是两个重要的北极国家。作为欧洲国家,丹麦是欧盟及北约成员国,挪威不是欧盟成员国,但加入北约,两个国家在北极理事会、巴伦支欧洲-北极理事会、北欧理事会等地区论坛和地区事务中保持着密切合作。总体而言,丹麦和挪威外交关系比较和谐,但早期的历史中也有不和谐的因素。③

挪威和丹麦都是《斯约》缔约国。1970 年,《斯约》适用争论爆发。④

---

① 1932 年,国际法院仲裁法庭解决了这两个国家在格陵兰岛东南部的主权问题,这部分区域原来是挪威的殖民地,由此挪威主张丹麦对该领土缺乏有效占领。法庭认为挪威的主张没有根据,因此法庭支持丹麦。1989 年,丹麦将与挪威的格陵兰和扬马延海洋划界争端提交至国际法院。虽然对这一问题双方一直在进行协商,挪威也表示愿意将争端提交法庭作出公正裁决,最后,法庭将双方 200 海里重叠海域的 60% 主权权利判给丹麦。但丹麦主张对 200 海里海域具有所有权。丹麦认为扬马延岛是一个荒芜、无人居住的岩礁。折中后,丹麦同意挪威占有 5%,丹麦自己占有 95%。然而,国际法院引用子午线来划界考虑到挪威抗辩,适度地调整了丹麦的边界,考虑到挪威的主张,延长格陵兰岛海岸线长度,确保双方对渔业资源享有同等的权利。

② Alex G. Oude Elferink, "Maritime Delimitation Between Denmark/Greenland and Norway", *Ocean Development and International Law* 38 (2007): 378 – 379.

③ 几世纪以来,挪威包括其殖民地格陵兰岛、法罗群岛以及冰岛与丹麦都是联盟关系,这段时间被挪威称作"四百年的黑暗"。1814 年 5 月 17 日,这个联盟被打破,挪威和丹麦结束联盟的日子被挪威人看作挪威史上最值得庆贺的日子。挪威海外的殖民地被丹麦占领,根据历史记载,1932 年,挪威未能收回格陵兰岛东南部主权。1918 年,丹麦独立,格陵兰岛和法罗群岛作为自治政府仍然是丹麦的一部分,没有独立的安全政策和对外政策。1905 年,挪威独立,挪威与丹麦联盟关系瓦解,挪威迅速和瑞典结成联盟。

④ T. Pedersen, "The Dynamics of Svalbard Diplomacy", *Diplomacy and Statecraft* 19 (2008): 236 – 262.

挪威主张从字面意思上解读条约，指出超越12海里领海外区域不受《斯约》限制。依据《公约》，挪威享有大陆架石油、天然气、可燃冰等自然资源的专属权利，并且对超过海岸线200海里的海洋生物资源也享有专属权利。1970年，苏联首次对挪威的主张表示抗议并发出警告认为，挪威在斯岛的权利主张与《斯约》基本原则是相违背的，苏联将保留对斯岛采取单方面行动的权利。① 挪威最亲密的盟友美英也在1974年到1975年对挪威的权利主张提出保留。② 丹麦最初的反应是挪威大陆架主张对丹麦可能是有利的，丹麦判断如果这块区域不受《斯约》的约束，斯岛和格陵兰岛之间的海上区域划界争议似乎更难解决。相应地，丹麦认为在挪威需要的时候应该对挪威表示支持，无须对斯瓦尔巴群岛资源提出权利主张，也无须提交一份正式声明保留自己的权利。

随后，丹麦律政署和外交部对挪威的主张进行了法律、经济和安全政策的全方位考量，评估报告结论认为：1.《斯约》适用的地理范围是不明确的，可以将条约的适用范围扩展到领海外。2. 经济利益仅仅是决定丹麦政府对《斯约》态度立场的一个因素，任何仅考虑经济利益对挪威提出反对意见的观点都是不明智的。3. 安全问题是丹麦对于斯岛争议的重要考量因素。但丹麦认为没有必要在安全政策上过多关注，评估报告认为，丹麦担心《斯约》适用范围的争议会致使斯瓦尔巴群岛陷入大陆架资源争夺，从而引起国际秩序的混乱，这一预测过于悲观，实际上，"挪威会利用它和超级大国之间的关系对有争议的法律问题做出有利于挪威利益的引导"。③

律政署提议对斯瓦尔巴地区实行"默默地"支持政策，做出这样的决定的主要论据是，支持《斯约》适用于大陆架将阻碍斯瓦尔巴群岛和丹麦格陵兰岛之间海上划界。在对丹麦利益总体评价基础上，丹麦得出结论认为，对斯瓦尔巴大陆架争议保持回避的态度，对于格陵兰岛东部以及丹麦可能依《公约》享有的专属经济区权利的获得更为有利。因此，建议丹麦

---

① Soviet Union, Memorandum presented to Norway on 27 August 1970.
② United States, Diplomatic Note No. 2238 presented to Norway on 20 November 1974.
③ Denmark, Ministry of Foreign Affairs, "Spitzbergen-aftalen af 9. februar 1920", 17 December 1974, amended on 6 February 1975, MFA/DSA 5. G11. h [46. Norge. 1. b]. 转引自：Torbjørn Pedersen, "Denmark's Policies Toward the Svalbard Area", *Ocean Development & International Law* 40（2009）：323.

限制对斯瓦尔巴群岛大陆架资源权利的主张。

律政署还预测,由于《斯约》规定所有缔约国国民都平等享有条约权利,未来缔约国依《斯约》获得的潜在权利将会被严重"稀释"。因此,丹麦不应该反对挪威的主张。相反,明确支持挪威的主张在需要的时候可以表达出来。在这种情况出现之前,律政署建议,政府应该避免对《斯约》适用范围的争议表明立场或做出标准化的回应或表态。丹麦应有的立场是,《斯约》对缔约国在这个岛屿以及领海上拥有的权利已经做出了明确说明,对于是否相同的权利可以在岛屿周边的大陆架上行使,是不明确的,还要付诸讨论解决。然而,丹麦这个对挪威有利的政策只持续了三年。

二 20世纪70年代后期:丹麦政府对斯岛权利提出保留

国际海洋法在20世纪70年代得到了迅猛的发展。1975年日内瓦举办的第三次海洋法会议确立了200海里专属经济区的概念。沿海国的权利扩大到200海里之外的生物资源。因此,1976年,丹麦开始主张法罗群岛200海里渔业权,[1] 1980年,继续主张格陵兰岛东部和北部200海里的渔业权。[2] 1977年,挪威建立了斯岛200海里渔业保护区,1976年宣告建立挪威专属经济区。[3] 1966年,丹麦和挪威达成斯卡格拉克海峡和北海的大陆架等距划界协议。[4] 这个协议被丹麦看作是一次外交失误,因为它剥夺了丹麦1969年在北海发现的大型菲斯克油田(Ekofisk)的所有权,一些历史学家认为丹麦这个权利被丹麦外交大臣佩尔(Per Hækkerup)终结。[5] 丹麦和挪威也开始协商其北极200海里重叠的区域划界问题。以此为起点,丹麦在20世纪70年代后期逐渐改变了对斯瓦尔巴地区的海洋政策,而开始趋向保守,这一立场的转变并不是丹麦改变了对斯瓦尔巴地区法律、经济、安全政策利益的评估,相反,政策的扭转是基于挪威对另一个北极领土——扬马延

---

[1] Decree No. 598 of 21 December 1976 on the Fishing Territory of the Faroe Islands.
[2] Executive Order No. 629 of 22 December 1976 on the Fishing Territory of Greenland, Executive Order No. 176 of 14 May 1980 on the Fishing Territory of Northern Greenland.
[3] Royal Decree of 17 December 1976 Relating to the Establishment of the Economic Zone of Norway.
[4] Agreement Between Denmark and Norway Concerning the Delimitation of the Continental Shelf (signed 8 December 1965, entered into force 22 June 1966), 634 U. N. T. S. 76.
[5] T. Kaarsted, *De danske ministerier 1953 – 1972* (Copenhagen: PFA Pension, 1992), p. 256.

岛权利主张的失望和无奈。

1977年4月3日，挪威外交部律政署官员埃利亚森表示，挪威将扬马延岛看作岛屿，可以拥有200海里的专属经济区和大陆架。[1] 这意味着格陵兰岛不会拥有200海里专属管辖权，因为格陵兰岛与扬马延岛这两个岛屿之间的距离小于400海里，挪威和丹麦不得不就重叠区域界限进行协商。不仅如此，丹麦专门管理格陵兰岛的部门认为扬马延岛和格陵兰岛之间的大陆架蕴含着丰富的石油资源，他们还通知丹麦外交部，希望把扬马延岛和格陵兰岛分开考虑。[2] 因此，在挪威向丹麦表达了对于扬马延岛的主张后，作为对挪威的回应，丹麦驻挪威大使约尔森发出了一个可能扭转对斯瓦尔巴地区的政策的信号。他解释说丹麦在斯瓦尔巴大陆架问题上保持低调是不希望惹恼挪威。然而，如果丹麦被惹恼，我们的（丹麦）利益将会驱使我们采取相反的措施。[3] 在约尔森提出警告后，丹麦就改变了对斯岛大陆架的立场，采取保留的中立立场。

1977年4月25~26日，挪威外交部长克努特·弗吕登伦（Knut Frydenlund）访问丹麦，丹麦外交部长安德森（KB Andersen）公布了丹麦对斯瓦尔巴地区的新政策。丹麦像别的缔约国一样，对斯岛适用范围的解释做出保留。[4] 这一立场暗示丹麦对斯瓦尔巴地区的政策正在考虑中，将会允许丹麦在以后的阶段随时公布反对挪威的法律立场。在国际法中，在一些情况下未能表示保留或反对时可以视作默许。反过来，默许作为一个不容反悔的法律结果将阻止丹麦在以后挑战挪威的立场。[5] 丹麦的保留意见将确保丹

---

[1] Denmark, Ministry of Foreign Affairs, "Ekstrakt af summarisk referat af møde i det norske udenrigsdepartement den 3. februar 1977", Attachment to Ministry of Foreign Affairs, "Utenrigsminister Knut Frydenlunds officielle besøg i Danmark den 25. – 26. april 1977," 23 April 1977, MFA/DSA5. G. 11. a. 转引自：Torbjørn Pedersen, "Denmark's Policies Toward the Svalbard Area", *Ocean Development & International Law*, 40 (2009): 324.

[2] Denmark, Ministry of Foreign Affairs, "Notits: Svalbard-traktaten", 12 March 1975, MFA/DSA 5. G. 11. a [46. Norge. 1. b].

[3] "Notits: Danske fiskerirettigheder ved Svalbard i henhold til traktaten af 9. februar1920", 9 March 1977. MFA/DSA 5. G. 11. i.

[4] Denmark, Ministry of Foreign Affairs, "Referat: Udenrigsministerens samtale med dennorske udenrigsminister Knut Frydenlund i København den 25. april 1977", MFA/DSA 5. G. 11. a [5. F. 8].

[5] I. C. MacGibbon, "Estoppel in International Law", *International and Comparative Law Quarterly* 8 (1958): 468 – 513.

麦不会被剥夺依《斯约》在斯岛及其领海享有的权利，也不会剥夺依据国际法享有的属于斯岛的专属经济区和大陆架主权权利。①

1977年，丹麦的保留立场对挪威主张发起挑战。丹麦对斯瓦尔巴政策的转变是在挪威主张扬马延200海里渔业权的推动下做出的，同时，这也是丹麦为了以便未来在与挪威就扬马延岛200海里划界协商中寻求更多支点的策略。丹麦外交部长在回忆这段历史时指出，挪威外交部长克努特·弗吕登伦被丹麦突然提出的保留政策吓坏了。②确实，对丹麦外交人员来说丹麦立场的转变似乎太突然了。保留政策提出几个月后，丹麦的评估结果还是支持挪威立场对丹麦来说是最有利的选择。

1977年6月，挪威在斯瓦尔巴群岛建立渔业保护区，丹麦外交部法律部门评估后认为，丹麦应该接受这个区域，甚至应该接受挪威的法律立场。因为该区域和丹麦的渔业权并不冲突，在这一区域防止过多捕捞，保护渔业储量也是丹麦的利益所在。从政治和法律层面看，丹麦应该支持建立这个渔业保护区。③

分析报告试图劝阻外交部对挪威的保留政策，并重申丹麦应坚持对挪威渔业保护区的支持。分析报告指出，如果丹麦改变对挪威的反对政策至少有一点好处：对于格陵兰岛大陆架划界，接受挪威的大陆架自然延伸到斯岛渔业保护区和挪威专属经济区断裂，在格陵兰岛专属经济区公平划分界限主张可能对丹麦有利。而且丹麦如果支持挪威的主张，丹麦在这个区域的安全利益也将得到巩固。④

20世纪70年代末，许多缔约国发表对挪威在斯瓦尔巴群岛的保留意见。如挪威的北约盟国美国、英国、法国、西德都对《斯约》适用范围的扩展是否赋予他们相同的权利提出保留。华沙条约成员国波兰、匈牙利、

---

① Denmark, Ministry of Foreign Affairs, "Notits: Spitzbergen (Svalbard) – traktaten af 9. februar 1920", 2 February 1977, MFA/DSA 5. G. II. h.

② Denmark, Ministry of Foreign Affairs, "Referat: Udenrigsministerens samtale med densvenske Udenrigsminister Karin Söder i Stockholm torsdag den 26. maj 1977", MFA/DSA 5. G. 11. h [5F. 7].

③ Denmark, Ministry of Foreign Affairs, "Notat: Oprettelse af en fiskeværnszone ved Svalbardøgruppen, 30 August 1977", MFA/DSA 5. G. II. h.

④ Torbjørn Pedersen, "Denmark's Policies Toward the Svalbard Area", *Ocean Development & International Law*, 40 (2009): 324.

捷克斯洛伐克和苏联也对挪威建立斯瓦尔巴渔业保护区的单方面行为表示抗议。这些国家中也不乏对挪威支持的立场，荷兰和西班牙就向挪威发出外交照会表示支持，荷兰表示支持挪威建立斯瓦尔巴渔业保护区，西班牙虽然支持挪威的主张，但主张挪威的制度应平等适用于所有缔约国，以免这些措施会影响他们在群岛附近海域的权利。① 1979 年，英国给丹麦施加压力，推动北约国家在斯瓦尔巴问题上采取协调一致的立场，以促使挪威不对斯瓦尔巴周围海域（领海以外）采取任何措施，否则将会损害挪威在其他的西方组织中的法律地位。相应地，尽管丹麦看到了支持挪威观点可能对它更有利，还是维持对斯瓦尔巴群岛持保留意见的基本态度。

三 20 世纪 80 年代的对抗政策

丹麦与挪威的关系在 20 世纪 80 年代跌入低谷，当时丹麦不仅忽视挪威对斯瓦尔巴专属权利的主张，而且也对挪威在群岛领海外的司法权和非歧视性的管理权发起挑战。期间，挪威和丹麦未开展涉及斯岛问题的交流与对话，也没有发布任何外交照会。丹麦对斯瓦尔巴的政策从保留转向了对抗，这种转变也是对政治大环境的回应。

这种政治环境和渔业有关。渔业是丹麦国民收入重要来源，20 世纪 70 年代，丹麦在北海的捕鱼量达到以往的三倍以上，高效的工业技术造成过度捕捞和北海鱼产量的下滑。20 世纪 70 年代末，北海鲭鱼、格陵兰鳕鱼和挪威春季产卵鲱鱼等鱼类的产量急剧下滑。

20 世纪 80 年代初，丹麦渔业大部分被欧盟控制，欧盟对所有成员国专属经济区渔业过度捕捞加以控制。欧盟和非欧盟国挪威、冰岛达成一致，暂停在北大西洋的扬马延岛和冰岛海域捕捞小海鱼，减少对这些鱼类的过度捕捞，鉴此，丹麦捕鱼船只能到新的、更远的水域捕捞，特别是在斯岛的渔业保护区捕捞，在那里挪威司法权的执行力度仍然很松弛。② 丹麦渔民也得到了政府秘密保证：丹麦政府不会干预在斯岛渔业保护区的捕鱼活动，

---

① T. Pedersen, "The Dynamics of Svalbard Diplomacy", *Diplomacy and Statecraft* 19 (2008): 240 - 243.

② T. Pedersen, "The Constrained Politics of the Svalbard Offshore Area", *Marine Policy* 32 (2008): 913 - 919.

丹麦政府也担心如果阻止丹麦渔民斯岛海域捕鱼将会遭到国内渔民的斥责。①

但丹麦对纵容渔民在斯岛海域捕鱼会引发与挪威争端并没有充分的评估。丹麦外交部提出，只有五艘丹麦渔船在斯瓦尔巴海域捕鱼作业，6个月捕获了9000吨的小海鱼，这与挪威允许苏联的捕获量170万吨相比很少。丹麦政府也试图证明挪威对这么少量的捕鱼活动进行干涉没有法律依据。为此，丹麦的法律部门坚称挪威在斯岛渔业保护区权利存在争议，另外挪威发现丹麦对小海鱼捕捞很严重。挪威担心丹麦的捕捞活动会损害挪威和欧盟的渔业协定，但却不担心渔业争端会影响与丹麦在格陵兰岛海域重叠区域的划界。

挪威在这个区域没有配置海上巡视船，但挪威的外交反应很频繁。挪威驻丹麦的大使向丹麦外交部长奥托·穆勒（Otto Moller）发出外交照会提出，如果丹麦的"非法"捕捞活动不停止，将会引发两国针对这一水域管辖权的法律与外交争端。同年，挪威在外交峰会上也做出表态，挪威前外交部部长卡雷·维洛克（Kare Willoch）向丹麦的前部长波尔·施吕特（Poul Schluter）指出，丹麦在斯岛的捕鱼活动损害了挪威在斯瓦尔巴地区的主权权利和挪威与苏联在这个问题上的共同立场。在提交给欧盟的抗议信中，挪威表示挪威与丹麦渔业争端可能会给挪威与欧盟的关系造成不良影响。

欧盟的捕鱼船在此之前没有在斯瓦尔巴渔业保护区内捕捞海鱼。丹麦在斯岛渔业保护区的捕捞行为违反了挪威和欧共体达成的配额协议。挪威政府对这个问题很慎重，因为这个问题可能会影响将来双方的渔业关系。挪威指出，欧共体并不希望与挪威达成渔业协定，也不希望成员国在斯瓦尔巴渔业保护区捕捞小海鱼。② 挪威警告欧盟以及在渔业保护区捕捞鳕鱼的其他船旗国停止捕鱼，对于不遵守渔业保护区制度的渔船，③ 挪威当局有义务使用武力来保证配额得到遵守。④ 这是挪威第一次表示在必要时将会使用武力来保证配额得到遵守。

---

① Denmark, Ministry of Foreign Affairs, "Foreign Minister agrees", 29 Octover 1981, MFA/DSA 5. G. 11. i.
② Norway, Note Verbale No. 10/82 to the Directorate General for Fisheries of the Commission of the European Communities, 26 August 1982.
③ Norway, Diplomatic Note 31.6.2 presented to Denmark, 28 July 1986.
④ Norway, Memorandum presented to the European Communities, 29 July 1986.

丹麦和其他欧盟成员国通过欧盟委员会对挪威行为表示抗议。欧盟委员会通告欧盟成员国，挪威的措施是非歧视和合法的，挪威的这种反应合情合理，但丹麦和其他国家仍坚持要求欧盟委员会做出回应。他们要求欧盟委员会对挪威的行为提出抗议，理由是《斯约》和其他国际协议并没有将斯岛渔业保护区管辖权赋予挪威。

1986年，挪威引入空军对第三方（除挪威和丹麦之外的沿海国）在斯岛渔业保护区东北部大西洋鳕鱼捕捞加以控制，这一捕捞量是由挪威和丹麦1977年之前十年鳕鱼捕捞量决定的，捕捞总最多可以达18600吨。

法罗群岛主张其渔业政策是独立的，不受丹麦渔业政策的控制。1983年，法罗群岛和挪威签订协议，建立双边渔业协定的前置条件是法罗群岛渔民应尊重挪威在斯瓦尔巴群岛设立的非歧视制度。尽管法罗群岛意识到双方的协议对法罗群岛渔民更有利，但还是对挪威的条件表示反对。[①]

格陵兰岛也声称享有斯瓦尔巴群岛200海里的渔业资源的份额，在鳕鱼捕捞量问题上与挪威发生纠纷。从捕捞传统上看，斯瓦尔巴群岛海域并不是格陵兰岛鳕鱼的传统渔业区，因此，挪威并没有赋予格陵兰在这一水域非歧视捕捞权和捕捞份额。1985年，格陵兰退出欧盟，并通过丹麦政府发出抗议，为了格陵兰的利益，丹麦政府不能接受挪威单方面安排，挪威的行为没有获得国际法授权，而且也改变了格陵兰岛渔民在这个区域的渔业活动。[②] 丹麦通过外交函件向挪威表达了格陵兰的利益诉求[③]，但是这一主张缺乏法律评定。事实上，挪威在接到这封外交函件后直接要求丹麦驻挪威的大使馆做出解释。此后，格陵兰的渔船就陆续开始在斯瓦尔巴群岛海域从事捕捞鳕鱼的活动。像1982年丹麦挪威渔业争端一样，1986年挪威与格陵兰岛鳕鱼争端也是由于捕鱼船生产能力过剩以及停止捕鱼将会引发渔民失业造成的争端。但丹麦大使馆对争端原因的解释是，欧盟在这一区域的鳕鱼捕捞配额导致双方的争端，停止捕鱼对欧盟其他成员并没有影响，但一旦停止捕鱼，将对格陵兰在斯岛水域作业的渔民的生活造成困扰，他

---

① Danish EC representation in Brussels, Telegram to the Danish Ministry of Fisheries (rptel 3881), 30 July 1986, MFA/DSA 400. m. 7/norge.

② Denmark, Diplomatic Note No. 63. D. 3 presented to Norway, 8 August 1986.

③ Greenland Government, Note, undated Appendix to Letter from Greenland's Home Rule to Denmark's Ministry of Foreign Affairs, 4 August 1986, MFA/DSA.

们将会失业。为此，丹麦、格陵兰表示不能接受挪威的安排，丹麦大使馆询问挪威方面是否可以赋予格陵兰渔船在这一水域作业的豁免权。取得豁免权对在这一地区运作的格陵兰船只很重要。如果挪威不赋予格陵兰渔船豁免权，格陵兰的拖网渔船和其他船只只能撤离这一海域，丹麦在这一争端中再次表明对斯岛渔业保护区制度的反对立场。

在以上表态后，丹麦外交部长通知丹麦渔业部，丹麦对挪威斯岛渔业保护区的官方政策已经改变。新的立场代替了先前的保留立场，新的立场是：《斯约》适用于斯瓦尔巴群岛领海以外的水域，《斯约》可以类推理解为适用于所有的水域（领水、毗邻区、专属经济区、大陆架、渔业保护区），挪威在这些区域只有有限的主权权利。根据《斯约》第2条第2款，挪威不享有对斯瓦尔巴群岛渔业保护区的专属司法权，专属权利只适用于斯岛领海，其他的水域适用国际法，依《斯约》，挪威在这一水域的保护性安排必须平等的适用于所有缔约国。[①] 这个对抗的立场也是挪威渔船生产过剩和大西洋东北部过度捕鱼之间的矛盾斗争的结果，时至今日，这一政策还是丹麦对斯岛保护区的主要立场。

四 当前的立场

目前，丹麦依然坚持认为《斯约》的适用范围超出斯瓦尔巴的领海以外，斯岛渔业保护区应适用非歧视原则。法罗群岛同意限制在斯岛渔业保护区的捕鱼活动，在《丹麦与法罗群岛的渔业协议》附录中，法罗群岛认同挪威在渔业保护区采取保护措施的权利，但声称它们必须符合《斯约》非歧视原则，这一权利并不是专属的。实际上，丹麦比其他缔约方更坚定地认同《斯约》，认为斯瓦尔巴群岛周围海域在挪威的司法权控制下，如2006年丹麦与挪威在格陵兰岛和斯瓦尔巴群岛之间海域划界中达成协议，认同挪威有斯岛大陆架和200海里渔业保护区主权权利，但这一权利必须在《斯约》缔约国认同基础上才是有效的。[②] 丹麦仍旧没有默许挪威对斯岛渔

[①] Denmark, Ministry of Foreign Affairs, Letter to the Ministry of Fisheries, 7 January 1987, MFA/DSA [400. M/Jur.].

[②] T. Pedersen and T. Henriksen, "Svalbard's Maritime Zones: The End of Legal Uncertainty?", International Journal of Marine and Coastal Law 24 (2009): 141–161.

业保护区和大陆架享有专属管辖权。2006 年，英国外交部召开斯岛法律争议问题讨论会，丹麦与其他 9 个国家参与讨论，参与国有的对挪威的渔业保护区制度提出保留（包括美国、法国和德国），有的提出严正的抗议（比如俄罗斯、西班牙、捷克和冰岛），有的表示支持（如加拿大和芬兰）。挪威没有被邀请参加。这个会议是对挪威日益强硬的外交政策的回应，也是缔约国和利害攸关方之间的协商。① 尽管会议记录一直没有公开，但是却显示出英国已经成为协调这一法律争议的重要国家，② 丹麦的地位也非常重要。因此，当前丹麦对斯岛的政策走向占有优势地位。

纵观十年间政策，丹麦对挪威在斯岛的专属管辖权态度立场经历了赞同－中立－反对的变化。丹麦首次评估挪威对斯瓦尔巴群岛大陆架享有主权权利可能对丹麦有利，因此选择支持挪威主张，尽管这个支持是默示提出，之所以做出如此判断的主要理由是，丹麦相信如果挪威的专属权利没有被《斯约》限制的话，将会对丹麦在斯瓦尔巴群岛和格陵兰岛的大陆架的划界问题更为有利。随后，1977 年，丹麦公开表示对挪威立场持保留意见。政策的扭转是在挪威对扬马延岛主张权利的推动下的一种报复性转变，挪威的立场明显低估了丹麦对扬马延岛石油资源的需求。最终，在 20 世纪 80 年代后，丹麦表达了更加具有对抗性的观点。政策的转变是在丹麦渔民鼓动下实现的，因为捕鱼船只生产力过剩，丹麦渔民开始到斯瓦尔巴群岛水域捕鱼，与挪威在这一水域的捕鱼限额政策相矛盾。随后，丹麦对斯岛渔业保护区制度提出反对意见，现在丹麦的立场是 20 世纪 80 年代对抗政策的延续。

第四节 其他利益相关方的政策主张

目前为止，没有一个国家明确表示同意挪威的主张，③ 有些国家，如英

---

① T. Pedersen, "The Svalbard Continental Shelf Controversy: Legal Disputes and Political Rivalries", *Ocean Development & International Law* 37 (2006): 339 – 358. at 353.
② T. Pedersen, "Endringer i internasjonal Svalbard-politikk", *Internasjonal Politikk* 67 (2009): 31 – 44.
③ Pedersen and Henriksen, "Svalbard's Maritime Zones: The End of Legal Uncertainty?", *International Journal of Marine and Coastal Law* 24 (2009): 142. 2005 年芬兰表示收回 1976 年支持挪威的观点，加拿大在与挪威签订的渔业保护协定里表示支持挪威主张，但是这一协定没有生效。

国明确表示保留对斯岛的权利主张,① 其他缔约国大都与英国态度一致,重申他们在斯岛的权利。

一 英国的政策主张

英国作为《斯约》原始缔约国,从缔约到条约实施都发挥了至关重要的作用,在加入欧盟期间英国渔业政策受欧盟控制。脱欧后英国对《斯约》的态度是否会发生大的变化,目前尚不明朗。

(一)英国承认斯岛包括熊岛及其相关海域按照《公约》拥有独立的大陆架和专属经济区,但这一区域独立于挪威领土。挪威可以依据《斯约》享有斯岛相关海域的主权权利,但是这些权利应受到一定的限制,挪威保留对这一海域的权利主张。为此,英国邀请九个国家(不包括挪威)在2006年召开关于斯岛相关问题的讨论会,主题是如何限制挪威在斯岛的管辖权。② 参会国在这一问题上的主张大都与英国一致。

(二)英国承认斯岛陆地及领海受挪威管辖,但挪威应完全遵守《斯约》。承认挪威对斯岛的财产所有权,包括矿产权的获得、享有和行使方式,赋予缔约国所有国民完全平等并符合《斯约》规定的待遇。除公益目的外,挪威不得剥夺缔约国资源开发权,如果缔约国的资源开发权被挪威剥夺,则应支付适当赔偿金。

(三)挪威不得给予包括挪威在内的任何缔约国或其国民特权、垄断或优惠。③ 这是《斯约》平等原则的必然要求。

二 冰岛、荷兰、西班牙对斯岛渔业保护区和大陆架的权利主张

冰岛、荷兰、西班牙等国作为《斯约》缔约国对《斯约》适用范围问题也颇为关注。对《斯约》是否适用于斯岛渔业保护区的问题,冰岛、④ 荷

---

① T. Pedersen, "International Law and Politics in U. S. Policymaking: The United States and the Svalbard Dispute", *Ocean Development and International Law* 42 (2011): 120 – 135.
② T. Pedersen, "The Dynamics of Svalbard Diplomacy", *Diplomacy and Statecraft* 19 (2008): 241.
③ Note Verbale, of 11 March 2006, by the British Government to the Government of Norway as incorporated in 78 British Yearbook of International Law (2007): 794.
④ "The Svalbard Issue", drafted by T. H. Heidar, Legal Adviser, Ministry of Foreign Affairs of Iceland, June 2010.

兰、① 西班牙、丹麦（包括法罗群岛）② 等国的态度立场有以下三点。其一，承认挪威享有对斯岛的主权，挪威可以依据《斯约》享有斯岛相关海域（领海）的主权权利，但是这些权利应受到一定的限制。其二，挪威可以依据《斯约》赋予的主权主张渔业保护区的管辖权，但这一权利应平等的赋予所有《斯约》缔约国。其三，缔约国对挪威在斯岛渔业保护区的渔业制度有各种不同意见。西班牙并不反对挪威对斯岛渔业保护区的管辖，但主张这一权利应平等无歧视地赋予所有缔约国，对挪威在"保护区"的捕捞限制规定持反对立场。冰岛认为，挪威没有权利对在斯瓦尔巴群岛渔业保护区非挪威的捕鱼船实施司法管辖权，对挪威在渔业保护区内设定的鲱鱼配额也提出反对意见。③ 俄罗斯、④ 波兰、匈牙利、捷克、⑤ 芬兰⑥均否认挪威有权建立斯岛渔业保护区。

对于斯岛的大陆架权益，挪威提出主权主张。对此，英国、⑦ 俄罗斯、⑧ 丹麦、意大利⑨和荷兰⑩依据《斯约》的平等原则，主张所有缔约国都同时享有在斯岛大陆架的非歧视性的经济权利，⑪ 如果单方面承认挪威主权延伸到斯岛专属经济区和大陆架，《斯约》确定的平等机制必将遭到破坏，除非

---

① T. Pedersen, "The Dynamics of Svalbard Diplomacy", *Diplomacy and Statecraft* 19（2008）：241.
② T. Pedersen, "Denmark's Policies Toward the Svalbard Area", *Ocean Development & International Law* 40（2009）：319 - 332.
③ Pedersen, Torbjørn, "The Svalbard Continental Shelf Controversy: Legal Disputesand Political Rivalries", *Ocean Development & International Law* 37（2006）：339.
④ A. N. Vylegzhanin and V. K. Zylanov, *Legal Regime of Maritime Spaces Adjacent to Spitsbergen*（Iceland：2006）.
⑤ Atlandk, Pedersen T., "The Svalbard archipelago in Russian security policy: overcoming the legacy of fear or reproducing it?", *European Security* 17（2008）：241.
⑥ 芬兰在1976年支持挪威的立场，但在2005年收回这一立场。
⑦ United Kingdom, Aide Memoire to Norway, 14 October 1986, 1986,（10）.
⑧ Russia, Note 3695/2ED to Norway, 23 April 2001, 2001,（4）.
⑨ Italian Legal Interpretation of Svalbard Treaty, Diplomatic Note enclosed with Department of State, Italian Note on the Spitsbergen Treaty, 2 July 1975［C］.1975,（7）. P. 324.
⑩ Netherlands, Note No. 2238 to Norway, 3 August 1977［C］.1977,（8）.
⑪ 刘惠荣、韩洋：《北极法律问题：适用海洋法基本原则的基础性思考》，《中国海洋大学学报（社科版）》2010年第10期，第3页。

该延伸取得其他缔约国的共识。对于挪威涉及斯岛的外大陆架主张,① 俄罗斯和西班牙提出口头外交照会,俄罗斯保留基于《斯约》的各项权利,建议大陆架界限委员会考虑《斯约》条款。西班牙照会强调如果挪威享有斯岛 200 海里以外大陆架主权权利,缔约国依据《斯约》平等原则也应在大陆架上享有与挪威一致的权利。挪威随后对西班牙的外交照会做出回应认为,在任何情况下《斯约》都不能影响《公约》第 76 条的适用。② 尽管目前针对挪威的外大陆架划界案提出质疑可能是最合适的时机,但无论是俄罗斯还是西班牙都主张斯岛拥有自己的专属经济区和大陆架,因此,至少可以得出这样的结论:斯岛应有自己的专属经济区和大陆架。③

三 欧盟立场

必须明确,欧盟不是《斯约》缔约方,欧盟成员国中有 7 个国家没有加入《斯约》,④ 但是,《欧盟运行条约》(TFEU)第 351 条规定,成员国在 1958 年《罗马条约》⑤ 生效前产生的国际义务不受欧共体基础条约⑥的影响,因此成员国在《斯约》中的义务不应受到欧盟条约的影响。

欧洲委员会⑦和欧盟根据《欧盟运作条约》第 3 条规定可以制定共同渔

---

① 2006 年 11 月 27 日提交的东北大西洋三个外大陆架划界申请,都与斯岛大陆架相连,但挪威并未提及《斯约》,只是提出这部分区域在挪威陆地大陆架上。
② Note Verbale, of 28 March 2007, of the Permanent Mission of Norway to the United Nations to the Secretary-General of the United Nations, available at http://www.un.org/Depts/los,访问时间:2016 年 5 月 23 日。
③ As regards Iceland, see the non-paper dated 30 March 2006 by the Ministry of Foreign Affairs of Iceland on the Status of Maritime Areas around Svalbard, incorporated in Annex 16 to Vylegzhanin and Zylanov.
④ 《斯约》有 46 个缔约国。其中 20 个为欧盟成员国,只有 7 个欧盟成员国不是《斯约》缔约国,即塞浦路斯、拉脱维亚、立陶宛、卢森堡、马耳他、斯洛伐克和斯洛文尼亚,截至 2017 年 2 月 10 日。丹麦坚持《斯约》应涉及法罗群岛和格陵兰岛。
⑤ 《罗马条约》是在欧洲煤钢共同体的基础上,法国、联邦德国、意大利、荷兰、比利时和卢森堡 6 国政府首脑和外长于 1957 年 3 月 25 日在罗马签署的《欧洲经济共同体条约》和《欧洲原子能共同体条约》的总称。
⑥ 《欧洲联盟条约》和《欧洲联盟运行条约》。
⑦ 欧洲委员会于 1949 年 5 月 5 日在伦敦成立,原为西欧 10 个国家组成的政治性组织,现已扩大到整个欧洲范围,共有 46 个成员国,以及 5 个部长委员会观察员国(梵蒂冈、加拿大、美国、日本和墨西哥)以及 3 个议会观察员国(加拿大、墨西哥和以色列)。

业政策保护海洋生物资源,① 《欧盟运作条约》第 4 条第 2 款②规定在涉及农业及除海洋生物资源保护以外的渔业领域,欧盟及其成员国可以分享权利。此外,根据《欧共体条约》第 133 条,欧盟委员会有权与第三国进行渔业谈判,并签署渔业协定,这些协定构成了共同渔业政策的重要内容。迄今,欧盟已经与 30 多个国家和地区签署了双边渔业协定。这些协定分为以下三类。(1)互换配额、相互入渔的协定,主要是与北欧国家(挪威和冰岛等)签署的。(2)给予财政补贴和商业利益的协定,主要是与欠发达的加勒比海、非洲、印度洋、太平洋国家签署的,与格陵兰的协定也属此类。(3)组建合资企业,从而获得了配额,只有与阿根廷签署的渔业协定属于此类。③ 这一规定暗示着欧盟有权代表成员国制定关涉斯岛的渔业保护政策,这对《斯约》缔约国来说十分重要。④

早在 1977 年挪威建立斯岛渔业保护区起,欧共体就频繁地向挪威发出外交照会,以回应挪威对悬挂欧盟成员国国旗渔船搜查事件。2004 年 5 月 31 日挪威对西班牙渔船"Olazar 号"和"Olabern 号"采取强制措施,2004 年 7 月 20 日欧盟连续发布了 No. 26/04、No. 32/09、No. 19/11、No. 26/04、No. 32/09 外交照会。2009 年 8 月 19、20 日,挪威逮捕葡萄牙渔船"普拉亚德圣克鲁斯号"(Praia de Santa Cruz),该船只已被转移到挪威的特洛姆斯港口且被要求根据挪威法律和《斯约》第 2 条关于捕鱼活动权利方面的规

---

① 资源养护政策是共同渔业政策的基石,直接涉及欧盟水域渔业权的分配问题。条例规定成员国在其沿岸 6 海里水域享有完全排他性的渔业权,在 6~12 海里水域只承认部分成员国享有历史性权利,而 12 海里以外则实行平等入渔原则。
② 《欧洲联盟运行条约》第 4 条规定了联盟和成员国共享的权能主要涉及的领域:1. 内部市场;2. 社会政策中有本条约规定的部分;3. 经济、社会和领土聚合;4. 农业及除海洋生物资源保护以外的渔业;5. 环境;6. 消费者保护;7. 运输;8. 泛欧网络;9. 能源;10. 自由、安全和公正的领域;11. 由本条约规定的公共卫生方面的共同安全问题。此外,研究、技术开发和空间领域以及发展合作和人道主义援助领域也属于欧盟和成员国的共享权能,条约特别强调,欧盟在这些领域拥有行动权,但该权利的行使不得妨碍成员国在这些领域行使权能。根据辅助性原则,在非联盟专属权能的领域,只有在拟行动的目标不能在成员国的中央或地方层面完全实现,但由于拟行动的规模或行动效果之原因在联盟层面能更好实现的情况下,联盟才可采取行动。根据相称性原则,联盟行动的内容和形式不得超出实现两部条约之目标所必需的范围。
③ Irish National Staratagy Review Group on the Common Fisheries Policy,A Review of Common Fisheries Policy 2000. October,2000:70 - 73.
④ 共同渔业政策是欧洲联盟的渔业政策。政策允许每成员国对每一类型鱼类的捕获量实施配额,并鼓励捕鱼业进行各种市场干预,来养护欧盟专属经济区内的各鱼类供应。

定上交费用。2009年9月4日，欧盟发出No.32/09外交照会，这几份外交照会的内容基本一致，欧盟对挪威已经采取的执法活动表示惊讶和关心，要求挪威停止对任何悬挂欧盟成员国国旗的船只采取进一步的类似行动。并重申在《斯约》规定下，挪威无权采取任何措施限制悬挂欧盟成员国国旗的船只在斯岛渔业保护区活动。除非这些船只有不当行为，即使有不当行为，也应在船旗国的法律体系下起诉。

在第32/09照会第一段中，欧盟用了"一贯立场"一词，这说明欧盟想表达对斯岛渔业保护区制度的一直的、持续的反对态度。这与英国等其他欧洲《斯约》缔约国的态度立场是一致的。在该照会第二段关于挪威在斯岛渔业保护区立法和执法权问题的内容中，欧盟认为欧盟的管辖权不仅限于斯岛领海，还包括斯岛渔业保护区，如果有需要的话欧盟有权自主设定在这一水域的捕鱼配额。欧盟拒绝承认挪威对斯岛的渔业保护区有管辖权，限制缔约国进入斯岛渔业保护区的规定必须直接来自于《斯约》而非挪威的国内法，挪威的国内法无权限制缔约国在斯岛渔业保护区内自由捕鱼权。此外，欧盟照会含蓄地表明，欧盟并不反对在这一水域的其他渔业养护和管理措施，但这些规定应符合《斯约》规定，并非歧视性地适用所有缔约国。至于执法权，第32/09号照会对挪威是否有管理船只的权力表示怀疑，同样欧盟也不承认挪威有立法管辖权，欧盟承认挪威有权管理缔约国，迫使缔约国的活动符合《斯约》规定，但无权限制缔约国在斯岛的活动。

由于欧盟在区域内的特殊地位，欧盟在外交照会中提出的观点看起来符合逻辑且恰当。但值得一提的是，还有七个欧盟成员国未加入《斯约》。欧盟期待与其成员国在这一区域共享资源，但实际上它可能没有这种管理能力。由于这些原因，一些欧盟成员国认为，欧洲理事工作小组海洋法律会议（European Council's Working Party on the Law of the Sea，COMAR）无权发出关于斯岛的渔业监管外交照会，至少应与欧盟的《斯约》成员国协商。作为对这一质疑的回应，欧盟在2011年5月对挪威捕鱼限令（《限制缔约国在斯岛渔业保护区黑线鱼的捕鱼量》）做出回应，发出19/11号外交照会做出解释，对《斯约》争议，欧盟委员会无须与成员国进行讨论才能发表意见，《斯约》的成员国也有独立的、优先的发表意见的权利。此外，欧盟也没有明确说明挪威是否有权对《斯约》缔约国进入斯岛加以限制或是否有权对非挪威船只执行管辖权。然而，欧盟在普通照会中有以下的明确规定。

挪威在斯岛制定的渔业监管规定应在科学的基础上提出，应被所有缔约国遵守，必须平等适用于所有缔约国，虽然欧盟的解释还不是很清楚，但总体看来欧盟的立场与英国和其他欧盟成员国地位基本一致。①

2014年5月12日，欧盟议会将挪威对《斯约》解释的合法性作为讨论的重要议题之一，讨论欧盟国家是否应接受挪威在斯岛设置的渔业保护区。② 这不是欧盟国家第一次对这一问题进行讨论，前欧盟主席黛安娜·沃利斯（Diana Wallis）早在2011年就曾发起过对《斯约》解释问题的讨论。这次对这一问题的讨论并不是关注北极本身，而是对欧洲渔民的捕鱼权和在北极地区挪威潜在损失的一次大讨论。波兰议员雅罗斯瓦夫·莱塞克·瓦文萨（Jarosław Leszek Wałęsa）作为欧盟渔业委员会代表直接向欧盟渔业事务委员会理事发问，表示了对失去斯瓦尔巴群岛渔业资源权利的恐慌，因为这部分水域在2010年挪威和俄罗斯之间巴伦支海海上边界划界条约时已经分配给俄罗斯。③ 他还提出以下五个问题。其一，欧盟是否认同1920年《斯匹次卑尔根群岛条约》成员国在斯瓦尔巴群岛渔业保护区应享有平等捕鱼权。其二，如果欧盟国家的渔民失去了在摩尔曼斯克（Murmansk）以东的斯瓦尔巴群岛渔业保护区渔业权，欧盟委员会是否会考虑申请补偿。其三，俄罗斯专属经济区的一部分本来属于国际水域，欧盟对于摩尔曼斯克斯东部④的斯瓦尔巴群岛渔业保护区法律地位持何种立场。其四，委员会对于挪威让与俄罗斯的挪威在巴伦支海的那一部分专属经济区的合法性持何种立场。其五，2014年委员会是否打算参加挪威和俄罗斯联合渔业委员会会议或其他会议，来消解巴伦支海大比目鱼和鲑鱼的损失。

其他的欧盟成员国对这一问题表达了相似的立场，来自于西班牙的委员卡门·弗拉加（Carmen Fraga）认为，许多欧盟成员国认为挪威对《斯

---

① While *Note Verbale* No. 19/11.
② Andreas Raspotnik and Andreas Østhagen, From Seal Ban to Svalbard-The European Parliament Engages in Arctic Matters, http://www.thearcticinstitute.org/2014/03/from-seal-ban-to-svalbard-european.html，登录时间：2016年7月23日。
③ Treaty between the Kingdom of Norway and the Russian Federation concerning Maritime Delimitation and Cooperation in the Barents Sea and the Arctic Ocean, Murmansk 15 September 2010.
④ 2010年，挪威和俄罗斯签署了《关于巴伦支摩尔曼斯克海划界条约》。

约》的解释违反国际法。同样,葡萄牙的委员玛丽亚(Maria do Céu Patrão Neves)也建议委员会对挪威和俄罗斯在这个问题上的态度表示反对。

与上述委员一样,波托奇尼克(Janez Potočnik)指出,这是一个涉及欧盟最重要的成员国——挪威的在北极和渔业问题上最敏感的问题。挪威相关媒体已将这一事件作为一个典型的案例强调这一问题特殊的敏感性。[①] 他重申了2011年欧盟委员会在这一问题上的基本立场,接受挪威在斯岛渔业保护区的做法,并强调挪威的制度必须平等适用于所有的在这一水域活动的成员国。

值得思考的问题是,欧盟是否有资格以国际组织的角色加入《斯约》,对此《斯约》第10条规定法兰西共和国政府将在《斯约》得到批准之后邀请其他国家加入《斯约》。此种加入应通过致函通知法国政府的方式完成,法国政府将保证通知其他缔约国。欧盟作为一个实体在20世纪并不存在,我们可以自然地假定第三方包含欧盟这样的国际组织。如果所有的缔约国都表示支持的话,条约中似乎也没有阻止向欧盟发出加入邀请的意思表示。[②]

四 各缔约国对《斯约》态度立场的共同点

目前,《斯约》缔约国越来越多的将目光投向斯岛,展开权益争夺。其中以俄罗斯、丹麦、英国以及欧盟的行动最为强势。四个国家或国家集团从政策制定、渔业捕捞、能源开发、科学考察、环境保护等方面宣称自己在斯岛的权益,其中不乏共同的立场。

(一)缔约国对《斯约》的关注度日益升温,但均没有出台专门的外交战略

经过十多年的努力,北极开始形成多层次、多方位的合作模式。在斯瓦尔巴群岛这样一个特殊的区域,缔约国之间的利益纷争从来没有停止过,缔约国都是从各自的国家利益出发提出在这一地区的政策主张。这些国家

[①] Andreas Raspotnik and Andreas Østhagen, "From Seal Ban to Svalbard-The European Parliament Engages in Arctic Matters", March 10, 2014, http://www.thearcticinstitute.org/2014/03/from-seal-ban-to-svalbard-european.html, 访问时间:2016年8月3日。
[②] 参见《斯约》第8条。

大都拥有共同的地缘政治背景,面临诸多具有共性的问题,考察美国、俄罗斯、丹麦、挪威等《斯约》缔约国在这一区域的制度框架和政策取向可以发现,目前为止这些国家大都未出台针对斯瓦尔巴地区的发展战略,均将斯瓦尔巴地区政策纳入北极战略框架内,究其原因在于《斯约》赋予斯瓦尔巴群岛特殊的法律地位,且存在较多争议,缔约国大多选择就个别的问题表明立场和看法,以避免更多的关注和争议。

(二) 缔约国对斯岛专属经济区和大陆架权利主张质疑之声不断

缔约国对《斯约》适用范围的争议之声不断。主要的争议集中在以下两个领域。其一,俄罗斯、英国、西班牙等多个缔约国明确表示斯岛有自己独立的专属经济区和大陆架,《斯约》适用范围应扩大至斯岛的渔业保护区和大陆架,缔约国应享有同等的资源权,挪威的主权仅限于斯岛的陆地及领海,挪威在斯岛的渔业保护区和大陆架甚至外大陆架没有专属管辖权。其二,挪威依《斯约》制定的环境保护制度、渔业保护区制度、矿产开发制度"过分的"限制了缔约国的权利,是对《斯约》赋予缔约国权利的一种变相的侵蚀。《斯瓦尔巴环境保护法案》《斯瓦尔巴采矿法典》《斯瓦尔巴旅游和旅行条例》《挪威经济区法令》等挪威国内法,过多干涉缔约国依《斯约》享有的在规定区域的捕鱼和狩猎,自由进入,开展和从事一切海洋、工业、矿业或商业活动的权利,这些规定已经引发俄罗斯、丹麦、西班牙等缔约国的不满,随着各缔约国对海上资源开发要求日益增多,这一矛盾将愈演愈烈。

(三) 缔约国大都主张在《公约》框架下解决《斯约》与《公约》面临的矛盾问题

各缔约国大多主张在现有的机制框架下(《公约》)解决《斯约》和《公约》在适用问题上的矛盾分歧。美国、加拿大、丹麦、法国、德国、冰岛、荷兰、俄罗斯和西班牙等国主张应在《公约》框架下解决缔约国之间的争议,加拿大还进一步指出,国际习惯法也适用于斯岛,当《公约》对一个问题没有规定或规定由普遍国际法管辖时,国际习惯法也应在斯岛适用。[①]

---

① Ivan V. Bunik, "Alternative Approaches to The Delimitation of The Arctic Continental Shelf", International Energy Law Review 4 (2008): 114 – 125.

虽然英国、冰岛、西班牙、俄罗斯等国都在不同场合、基于不同事件提出过要将争端诉至国际争端解决机构通过法律方法解决争议，但目前为止，各国没有将这一争端付诸争端解决机制予以仲裁或裁决的迹象，但这并不排除在矛盾激化的情况下将这一争端诉诸国际法院请求法院判决或请求国际法院或国际海洋法法庭（海底争端分庭）发表咨询意见的可能。

（四）科考权仍是缔约国基于《斯约》的核心权益所在

《斯约》第5条赋予缔约国在斯瓦尔巴地区的科考权依旧是各国主张的主要权利。缔约国依《斯约》享有在规定区域的捕鱼和狩猎、自由通行权、科考，开展和从事一切海洋、工业、矿业或商业活动的权利。目前为止，除了俄罗斯和丹麦在这一地区有传统的采矿权和渔业权外，大多数《斯约》缔约国在这一地区的上述权利基本处于"冬眠"状态，科考活动和科考权仍是缔约国最为关注的核心利益。

（五）斯岛的区域合作没有实质性的进展

2007年俄罗斯在北冰洋洋底的插旗事件，在国际社会掀起了轩然大波，众多学者和媒体纷纷用"北极新冷战"描述北极国家之间的关系。但是随后发生的一系列事件表明，北极地区的区域合作并没有因为插旗事件而中断，北极国家反而在北极事务上表现出合作性的意愿并且采取了促进合作的实质性行动。与北极区域合作进展迅速形成鲜明对比的是，斯岛的区域合作十分缓慢。《斯约》赋予缔约国在斯岛及其领海享有的捕鱼、狩猎、自由航行、资源开发权、停泊权等权利均处于沉睡状态，挪威与缔约国在捕鱼、狩猎、自由航行、资源开发权、停泊权等领域的合作不多，出台的相应的法律法规也相对陈旧。

可以预见的是，未来相当长的一段时期内，挪威在渔业保护区的法规会越来越多地被缔约国遵守，北极的《斯约》缔约国和其他《斯约》缔约国似乎也不再像冷战时期那样将斯瓦尔巴地区看成是一个"新兴的热点"。缔约国将继续保持对斯岛相对稳定的外交政策，即支持挪威在《斯约》框架下制定保护渔业政策，保护斯岛脆弱的生态资源，保留对斯岛大陆架的权利主张，在综合考虑在这一地区的核心利益后再做战略决策。

第五章　我国在斯瓦尔巴群岛权益拓展面临的机遇与挑战

我国是《斯约》第 46 个缔约国，《斯约》赋予我国在斯岛陆地及领海甚至在渔业保护区及大陆架（依据英国、俄罗斯、西班牙、丹麦等国家主张的权利）的科考权、捕鱼权、停靠权、自由航行权等重要的海洋权益。随着全球气候变暖，北极在大国战略中的重要性日益提升，美、俄、英、欧盟等相关国家和国际组织对北极权益的争夺日益激烈。在这一背景下，极地强国建设也历史性地成为我国海洋强国建设的重要组成部分，极地也就当然成为关系我国利益的"战略新疆域"，作为《斯约》缔约国，我们更应重新审视《斯约》赋予我国的权利，以此为法律基础和切入点，合理选择拓展北极权益的制度、身份和技术路径，创造性地介入北极事务，为参与和拓展北极权益争取主动权，占据法律制高点。

第一节　我国在斯瓦尔巴地区已开展的活动及其评估

目前，我国在北极的利益集中在科研、航道、资源、生态等领域，《斯约》与《公约》是规制北极权益的重要国际法依据，作为这两个条约的缔约国，这两个条约为我国在北极地区的权益拓展提供了重要的法律依据。

一　中国签署《斯约》的历史

作为地理上的非北极国家，《斯约》是我国介入北极事务的主要法律依据之一。早在 1925 年，北洋政府（段祺瑞执政时期）便派员远赴巴黎签署了《斯约》。据官方资料记载,"我国经法国之邀请,并承认荒岛主权本系国际间一种事实,如我国加入该条约,则侨民前往该岛,经营各种事业,即取得条约保障而享有均等权利"。① 北洋政府签订了《斯约》,使我国成为《斯约》第46个缔约国。

北洋政府参加这一条约是作为第一次世界大战战胜国的一种政治优待。第一次世界大战爆发后,是否参加战争是北洋政府面临的一个政治选择,当时的北洋政府内部分成两派,分别是以段祺瑞为代表的主战派和以黎元洪为代表的主和派,史称"府院之争",最终主战派获胜,中国派遣了17万劳工前往法国和俄国。北洋政府参与第一次世界大战,支持协约国一方并获胜,在第一次世界大战后的巴黎和会上,作为参战回报德国、奥匈帝国在华特权被废除,中国成为国际联盟成员。1924年,和法国关系友好的段祺瑞政府第三次上台执政,法国政府邀请中国签署《斯约》,法国政府之所以邀请中国,也是希望在地缘政治上拉拢北洋政府,共同抵制苏联,一旦战事重启,也可以依靠中苏邻国关系做好相关的战略储备,一致对付苏联。

可以说,签署《斯匹次卑尔根群岛条约》是北洋政府为数不多的"善政"之一,中国政府不但获得了在斯瓦尔巴群岛的各项权利,甚至在北极事务中也获得了更多的发言权。

二 中国在斯岛已开展的活动

挪威政府规定,只有签订了《斯约》的国家,才有权在群岛建科学考察站、捕鱼、狩猎、自由通行……作为北洋政府重要的政治遗产,新中国在成立之后自动获得了《斯约》缔约国地位,在当时丧权辱国条约的惯性思维下,《斯约》并未得到重视和利用。新中国成立后,虽然继承了《斯约》缔约国的法律地位,但《斯约》仍未被广泛熟知并运用于外交实践,直到20世纪90年代,中国探险家高登义在参加挪威、苏联、中国和冰岛四国科学家联合北极综合科学考察时,才在挪威卑尔根大学赠送的《北极指南》中发现《斯约》的英文版,并将它带回国加以研究。② 但迄今为止,我

---

① 张继民:《中国与北极密不可分》,《中国测绘》2004年第5期。
② 钱亚:《中国离北极有多远》,http://news.sina.com.cn/c/sd/2011-07-18/040228327572.shtml,访问时间:2014年6月4日。

们只在斯岛从事科考和旅游活动，对《斯约》赋予我国在斯岛陆地及领海的捕鱼权、狩猎权、矿产开发权、航行权、通信权等诸多重要权利还未充分的利用。

（一）我国在斯岛科考活动现状

早在1993年，中国科协便成立了北极科学考察筹备组。1995年，中国第一次派出由中国科学院组织的北极科学考察队，对北极进行了一系列初步探索，拉开了我国北极科考的序幕。这次科考使得中国顺利加入了国际北极科学委员会，[①] 在国内外引起了巨大的轰动。1999年7月，"雪龙"号极地考察船的破冰之旅标志着我国进入大规模北极科考时代，开始实质性地认识北极，进入北极科学领域。2002年7月28日，中国科学探险协会在北极斯瓦尔巴群岛的朗伊尔城建立了"中国伊力特·沐林北极科学探险考察站"，开展北极科考站选址工作。"中国伊力特·沐林北极科学探险考察队"是由中国探险协会组织成立的，由中国科学院的专家及新闻记者等共17人组成。他们于2001年10月16日从北京出发，并于同月19日抵达斯瓦尔巴群岛进行科学考察，对朗伊尔、新奥尔松、巴伦支堡、斯威尔等地进行对比考察后，他们确定在朗伊尔建立科考站。在这里，研究机构技术、后勤保障力量十分雄厚，探空火箭、大气环境研究设备以及很多观测数据在各国考察站之间可以共享，具有无可比拟的建站优势。在挪威极地研究所[②]的许可下，我国于2004年7月28日在北纬78°55′东经11°56′的挪威斯匹次卑尔根群岛的新奥尔松建立了北极永久性的科学考察站——"黄河站"（Yellow River Station），并开始定点北极长期连续观测研究。中国也成为第8个在挪威斯瓦尔巴群岛建立北极科考站的国家（目前各国在该群岛上建有30

[①] 国际北极科学委员会于1990年8月28日在加拿大的雷索柳特成立。加拿大、丹麦、芬兰、冰岛、挪威、瑞典、美国和苏联8个国家科研组织的代表在成立章程上签字宣告委员会成立。该委员会是协调北极科学考察的国际组织。它的决策机构是"评议会"，对一些重大问题做出决定，制定合作研究计划、方针政策，组织北极系统的考察和研究工作，办理非北极地区国家的加入事宜，组织委员会以外的广大国家的科学家和国际科学组织的交流及北极科学会议的召开。

[②] 挪威极地研究所既是一个研究机构，也是挪威的极地管理机构，凡是欲在北极建立科考站都必须得到它的许可，目前已有德国、意大利、法国、英国等国家在挪威境内建立了北极科考站。

多个考察站）。①

北极黄河站拥有全球极地科考中规模最大的空间物理观测点。考察站为一栋两层楼房，总面积约 500 平方米，与挪威、德国、法国、英国、意大利、日本、韩国的科考站为邻，包括实验室、办公室、阅览休息室、宿舍、储藏室，建有用于高空大气物理观测的屋顶观测平台，可供 20 人至 25 人同时工作和居住。黄河站投入运行后，中国科学家重点开展对北极的海洋、大气、地质、空间物理、地球物理、生物和生态的长期观测和研究，同时进行矿产和生物资源调查。此后，中国建立北极卫星常年观测站，② 与我国的南极长城站和中山站、卫星观测跟踪站连成一线，成为我国卫星观测定轨和导航定位系统工程的重要组成部分，北极卫星常年观测站的建立有利于我国自行发射低轨卫星的精密定轨定位，同时使我国摆脱他国卫星导航定位系统的制约，意义重大。

自 1996 年加入北极科学委员会以来，我国共完成七次北极科学考察。2008 年，中国开启第 3 次北极科考之旅，取得了里程碑式的重大成果。这次考察针对北极变化研究中的若干核心研究方向，采用了大量先进观测手段，获取了丰富的地质、海洋、海冰、冰川、大气、生物等多领域宝贵的样品、数据和科考资料，对全面认识北极的变化做出了重要贡献。

2010 年、2012 年我国又陆续进行了第 4、5 次科学考察，在这两次科考中，中国科考队硕果累累，还与北极周边国家建立了良好的科学合作。2012 年 8 月 16~26 日，"雪龙"号应冰岛总统邀请对冰岛进行了正式访问，并联合召开了第二届中冰北极科学研讨会和阿克雷里北极合作研讨会。首次实现了中国船舶跨越北冰洋航行，获得北极航海和海洋环境实测资料，为中国开发利用北极航道开展了有益探索和实践。2016 年 8 月 24 日中国 11 名科考队员登上俄罗斯科学院远东分院所属的"拉夫任捷耶夫院士"号远洋调查船，开启了中俄首次北极联合科考序幕。这些科考活动收获了大量地质、海洋、海冰、冰川、大气、生物等多领域宝贵的样品、数据和科考

---

① 1968 年，挪威极地研究所成立；1990 年，AWI 站（德国）建立；1991 年，NIPR 站（日本）建立；1992 年，NERC 站（英国）建立；1995 年，荷兰科考站建立；1997 年，意大利 Dirigibile 科考站建立；1999 年，IPEV 站（法国）建立；2002 年，韩国 DASAN 站建立。

② 2004 年 8 月，我国建立北极卫星观测站，该站与我国境内卫星观测网共同支撑一个可跟踪观测长弧段甚至全轨道的卫星运行状态，大大扩展了我国卫星跟踪轨道范围和数据采集弧段。

资料，这些成果为我国减灾防灾、应对全球气候变化、深入参与国际北极事务和国家的环境和经济战略提出提供了重要的科学依据。

（二）我国在斯岛旅游活动现状

斯瓦尔巴地区具有独特的自然风光，无与伦比的科学价值、资源价值、荒野价值和奇妙的美学价值，这些优势吸引着世界各地的旅游者考察、观光、旅游，使得旅游和科学考察服务等第三产业成为斯岛经济的主体，除了科考活动外，我国在斯岛还开展了少量的旅游活动。

2008年以前，由于国内与当地旅游机构关系不畅、签证较严和天气多变时间不好控制等因素的影响，从国内到斯瓦尔巴群岛旅游费用较高、时间较长、旅客较少。① 近几年，北极旅游持续升温，北极三岛——斯匹次卑尔根、格陵兰、冰岛之旅，北极风情游，城镇观光游，斯匹次卑尔根西北部国家公园游成为旅游圈里的"高端定制"，国内极之美旅行社、广州极至国际旅行社、同程旅游开通相关旅游线路。由于特殊的地理环境须提前8个月预订。但北极之旅价格不菲，早在2014年的山东旅交会上，游客第一次接触到极地旅游。当时，打完折后仍有10万元的价格让不少人咂舌。据威海国旅工作人员介绍，他们已经连续两年在微信、网站等线上渠道推广相关产品，遗憾的是，几乎无人问津，全国一年的参团人数加起来估计也就不到100人。除了价格原因外，中国游客距离极地旅游比较远还有以下几点原因：一是代理商对南北极旅游的宣传还十分欠缺；二是极地长期被赋予神秘色彩。还有一个原因是，多数客人倾向于采取自由行的方式，这使得旅行社渠道能够统计到的咨询、预订数据都只是很小一部分。随着国力的增强和人们生活的富裕，中国人探索和了解北极的欲望会不断增强，北极旅游潜力会逐渐释放出来。

三 我国在斯岛已开展活动的评价

北极地区对于中国人来说是个遥远寒冷的世界，但北极作为距离中国

---

① 康建成等：《北极斯瓦尔巴群岛的旅游资源》，《旅游科学》2008年第6期。如广州班敦俱乐部组织的北极旅游团队，每年平均有16位游客，行程10天左右，花费6万多元人民币。为期13天的旅程价格为每人2750欧元，船上提供一日三餐，机票费用不包括在内，有的是挪威当局的旅游公司组织的团体旅游，也有国内组织的北极游。

最近的极地,其地理位置、自然环境、经济资源对中国的现在和未来十分重要。作为《斯约》缔约国,我国在斯岛的科考活动和旅游活动为我国北极权益的拓展打下了重要的基础。

科考权是我国基于《斯约》实现的北极核心权益之一。斯岛的科考活动为我国的北极活动提供了相关信息储备。黄河站建立,为我国在北极地区创造了一个永久性的科研平台,为解开空间物理、空间环境探测等众多学科的谜团提供了极其有利的条件。北极极光观测、海冰观测、现代冰川与气候观测、环境变化监测活动,为我国开辟和利用北冰洋航线积累了气象、水文、海冰等宝贵资料,也培养了一批极地航海的骨干,目前,我国已经创立了自己的极地研究所、极地档案馆和极地数据信息管理系统、长期自动气象观测系统,[1] 为我国的北极活动提供了环境、气候、航道等相关信息储备。

斯岛的旅游资源蕴藏着巨大的潜力。随着物质流通的便利化、居住的城市化、旅游的大众化,都市旅游、购物旅游等传统旅游资源的吸引力在锐减,而生态旅游、探险旅游、感知旅游成为新的旅游热点,极地旅游资源的独特性使其散发出特殊的魅力、蕴藏着巨大的潜力。如果国内的旅游管理部门能与当地旅游机构建立常态关系,两国政府旅游管理部门能将这个地区开辟为旅游目的地,在旅游签证方面给予优待,斯岛旅游资源的潜力就会很好地释放出来。

除了科考和少量的旅游活动外,我国在斯岛的其他权利,特别是矿产开发权、捕鱼权、航行权还只是一种可期待的利益,主要原因有二。其一,目前斯岛渔业保护区和大陆架的权利归属还存有争议,可利用的公海与国际海底的范围不确定,这种潜在的不确定性会影响到我国在斯岛资源利益的实现。其二,斯岛独特而严酷的自然环境在今后相当长的一段时间内仍是资源勘探和开发的巨大障碍。严重结冰的海况及存在大量浮冰的航道对资源的安全运输也是一个不小的挑战,而这些困难仅凭现在的技术还无法解决,这些不确定因素限制了我国北极权益的拓展。

---

[1] 《中国首次在北极高纬地区设长期自动气象观测系统》,http://www.weather.com.cn/climate/qhbhyw/09/1722424.shtml,访问时间:2013 年 12 月 8 日。

第二节 我国斯岛权益拓展面临的机遇与挑战

近年来,北极冰雪消融加速使得这一地区所蕴藏的巨大经济、安全和科研价值日益显现,除北极八国予以高度重视外,不少北极域外国家也对北极事务表现出浓厚的兴趣。2013年5月15日,北极理事会(Arctic Council)第八次部长级会议批准中国、韩国、日本、印度、新加坡和意大利为北极理事会正式观察员(英国、法国、德国、波兰、西班牙和荷兰此前已获得这一身份)。① 北极理事会的"扩容"为域外国家参与北极事务提供了契机。随着中国综合实力的增强以及国际地位的提升,参与北极事务已成为中国参与全球治理的重要内容。《斯约》赋予我国在斯岛陆地及领海的科考权、资源开发权、航行权、通信权等重要的权利对中国具有重要的战略价值。

一 气候变化背景下我国对《斯约》各项权利的国家需求

近年来,北极地区气候变化以及由此引起的资源开发、航道利用的前景,将北极带入了一个新的时代。《斯约》赋予我国在斯岛的各项权利将对我国产生重大而深远的战略影响,为此,我们必须对《斯约》赋予我国的权利进行全方位的评估。

(一)停靠权将为我国启用东北航道提供重要的补给站

斯岛的停靠权和自由通行权是我国实现潜在的北极航道权益的有益补充。气候增暖,海冰消融,② 北极似乎正在从一个荒芜的世界变成一个充满

---

① 王晨光、孙凯:《域外国家参与北极事务及其对中国的启示》,《国际论坛》2015年第1期。
② 北极冰层厚度减少程度比过去预计的多50%。目前冰层厚度已至历史低点。联合国政府间气候变化专门委员会(IPCC)报告称,北极地区的海冰在过去三十年间"很可能"以每十年约4%(夏季11%)的速度消退。联合国政府间气候变化专门委员会认为,假如排放量以目前的速率继续增加,到21世纪中叶,北极将在9月(冰盖面积最小时)处于近乎无冰的状态。一些科学家乐观预测,在未来30年内北冰洋将出现夏季无冰年,北冰洋"黄金水道"开通成为可能。参见挪威外交大臣博尔格·布伦德2013年10月28日于特罗姆瑟大学的讲话《积极的高北政策——北方地区的增长与创新》,http://www.norway.org.cn/News_and_events/environment/arctic/Active-High-North-policy—Growth-and-Innovation-northern-region/,访问时间:2013年12月8日。

吸引力的绿洲。地理上的距离使北冰洋成为连接亚洲和大西洋最近的通道，气候变暖使得这一航道的利用成为可能。经由俄罗斯沿岸的被称为"东北航道"，穿过加拿大北极群岛的被称为"西北航道"。在海冰厚重时期，这些航道只是地理上的存在，而且只有早期的探险家曾经穿越，并没有通航的价值。海冰融化使得东北航道和西北航道的开通成为可能。从20世纪30年代起，苏联和俄罗斯在东北航线上开辟了从摩尔曼斯克经巴伦支海、喀拉海、拉普捷夫海、东西伯利亚海、楚科奇海、白令海峡至俄罗斯远东港口的季节性航线，以及从摩尔曼斯克直达挪威斯瓦尔巴群岛、冰岛雷克雅未克和英国伦敦等地的航线。近几年，两个航道事实上已经季节性开通，许多船舶通过这些航道试验性地运送货物。2009年夏天，在没有俄罗斯破冰船开道的情况下，德国布鲁格航运公司的两艘货船"友爱"号和"远见"号从韩国装货出发，一直向北航行，途径俄罗斯符拉迪沃斯托克港（海参崴）后继续北上，成功穿越"东北航道"，顺利抵达俄罗斯西伯利亚的扬堡港，最后抵达荷兰鹿特丹港，完成了贯穿整个东北航道的全部航程。随着海冰融化、运输成本的降低和运输时间的缩短，很多航运界人士对北极航道的开通充满期待。2012年中国极地科考船首次通过东北航道到达大西洋，2013年我国中远集团的"永盛"号满载货物航行27天，穿越东北航道到达欧洲。

未来北极航道有可能成为我国第九条远洋运输航线，① 北极航道的开通有可能为我国带来巨大的经济效益。利用北极航道，上海以北港口到欧洲西部、北海、波罗的海等港口比传统航线航程缩短25%～55%，我国沿海诸港到北美东岸的航程，比巴拿马运河传统航线缩短2000～3500海里。以2013年中远集团"永盛"号为例，作为第一艘经北极东北航道完成亚欧航线的中国商船，"永盛"号的航程比经马六甲海峡、苏伊士运河的传统航线短2800多海里，航行时间缩短9天。东北航道的开通可以促进中国和北欧地区的贸易往来，将直接影响中国沿海地区经济发展战略布局，促进中国东北地区海运和经济的发展。此外，经航线还能分流苏伊士运河和马六甲海峡的航运压力，对中国的经济发展具有重要意义。

---

① 我国外贸主要有八条海运远洋航线，分别是中国—红海航线，中国—东非航线，中国—西非航线，中国—地中海航线，中国—西欧航线，中国—北欧、波罗的海航线，中国—北美航线，中国—中南美航线。

斯岛位于北极冰封区外，[①] 处于巴伦支海和格陵兰海之间，是通往高纬度地区的中转站，作为北极重要的岛屿可作为船舶中转补给港，为通航船舶提供停靠、补给、导航设备检测维修、物资配件供应和船舶检测等服务。在北极航道的补给港与转运港不足的情况下，斯岛的战略地位尤为重要。

目前，北冰洋已开辟从摩尔曼斯克直达斯瓦尔巴群岛的航线，其东部水域也是东北航线[②]必经之地。《斯约》缔约国可以沿斯岛领海海冰边缘穿越北冰洋的东北航线。这条东北航线西起斯岛，是北冰洋海冰边缘退缩到斯瓦尔巴群岛及俄罗斯西北部的法兰士约瑟夫地群岛、俄北部的北地群岛以北形成的高纬水道。这条高纬航线是否开通、何时开通以及开通的范围将视当年海冰的消融情况而定。尽管北极海域的航线有限而且要受制于加拿大、俄罗斯严格的国内法管制，船舶在符合其规定的前提下仍可穿越东北航道。《斯约》赋予我国在斯岛港口的停靠权对我国利用北极航线十分重要。

（二）斯岛的资源价值已经成为大国关注的焦点之一

随着海冰减少，北极海底油气资源、矿产资源开发无疑成为人们期待的焦点。斯岛陆地与领海孕育着丰富的生物资源和非生物资源。早在20世纪90年代，俄罗斯公司就已在此地钻探出了高品质的燃料，北海、巴伦支海的油气开采成果使人们对于斯瓦尔巴群岛周边海域的石油蕴藏前景寄予厚望，预计随着北极气候变暖，海洋地质勘探、海上钻井平台等技术的长足发展，深海钻探的深度可以达到海平面下几千米，斯岛油气开采有了可

[①] 《公约》中没有专门针对北冰洋的条款，只有第234条，也就是所谓的"冰封区条款"，涉及北极地区。第234条"冰封区"定义为一年中大部分时间被冰覆盖的区域。由于"冰封区"条款是加拿大提出来的，所以该条款又称加拿大条款。根据这一条款，加拿大和俄罗斯都制定了详细的国内法，把北冰洋西北航道和东北航道作为具备完全主权的内水航道进行管辖。

[②] 苏联政府在1990年制定了一个新规定，即《北方海运航道的海路航行规定》，1991年由俄罗斯政府开始正式实施。在该规定中，俄罗斯对"北方海运航道"的官方定义为："位于俄罗斯内海、领海（领水）或者毗连俄罗斯北方沿海的专属经济区内的基本海运线，包括适宜船舶破冰船航行的航段；西部是新地岛海峡的西部（Novaya Zemlya Straits）入口和沿子午线向北航行绕过新地岛北端的热尼拉亚角（Mys Zhelaniya）；东到白令海峡的北纬66°与西经168°58′37″处。"在地域上，航道的大部分穿过北冰洋的5个附属海域，即巴伦支海、喀拉海、拉普捷夫海、新西伯利亚海和楚科奇海，沿线有4个重要港口及4条主要航线。

能性,各方都对斯瓦尔巴群岛的资源开发保持较高的热情。① 作为《斯约》缔约国,一旦开采成功,对于缓解我国日益严重的能源危机将具有重要的现实意义。

此外,斯岛独特的自然地理条件孕育了丰富独特的渔业资源。《斯约》赋予缔约国在斯岛及其领海自由的捕鱼权,也有的缔约国将这一权利的行使扩展至斯岛 200 海里渔业保护区。随着气候变暖,北极冰释,北极大量海洋渔业资源及众多海洋物种将逐渐生态北移,在北冰洋公海及冰封区形成新的渔场,斯岛渔业保护区及领海的渔业资源开发也成为可能,并具有重要的经济价值。

(三) 斯岛的旅游价值为我国开辟极地旅游资源提供了机遇

斯岛的旅游资源蕴藏着巨大的潜力。随着人们生活水平的提高,为消除疲劳或脱离喧嚣城市环境而寻求清新场所是当前许多旅游者的主要动机。极少受人类活动影响、具有独特冰雪和野生动植物美景的北极则是当今世界主要国家具有中上等收入的旅游者的首选场所。从客源上看,我国的经济改革政策已使相当一部分人首先富裕起来,旅游是这部分人高层次的娱乐消遣方式。目前南极旅游已经初具规模,在当前形势下完全可以开拓北极旅游业,开办北极旅游业还可以"以站养站",用旅游收入支援北极科学考察事业、减轻国家财政负担。旅游船舶还可以在往返途中进行附带性的海上科学考察或鱼类的远洋捕捞作业,也可促进我国远洋运输业的发展。

(四) 挪威的立法现状为我国扩大在斯岛的科考活动提供了机遇

《斯约》赋予缔约国在斯岛及其领海的科考权,我国可依此扩大科考活动。我国早在 2004 年就在斯岛建立了第一个北极科考站——黄河站,为中国开辟和利用北冰洋航线积累了气象、水文、海冰等宝贵资料,创立了自己的极地研究所、极地档案馆和极地数据信息管理系统、长期自动气象观测系统,② 为我国的北极活动提供了相关信息储备,也培养了一批极地航海骨干。目前,挪威还没有就斯岛的科考活动出台专门法,但不久的将来,

---

① 宋华:《俄罗斯挪威讨论北极领土分割问题》,《环球时报》2009 年 5 月 19 日。
② 《中国首次在北极高纬地区设长期自动气象观测系统》,http://www.weather.com.cn/climate/qhbhyw/09/1722424.shtml,访问时间:2013 年 12 月 8 日。

如果挪威出台科考细则,各缔约国在斯岛的科考活动将受到更多的法律制约。因此,在目前的法律框架下,建立科考站、观测台、小屋对于我国未来开展更大范围的科考活动具有重要的现实意义。

二 我国在斯岛权益拓展面临的主要挑战

《斯约》赋予我国在斯岛的航行权益、资源开发权益、科学考察权益是我国拓展北极权益的法律基础。迄今为止,我们只在斯岛从事科考和旅游活动,对《斯约》赋予我国在斯岛陆地及领海捕鱼权、狩猎权、矿产开发权、航行权、通信权等诸多重要权利还未充分利用,从客观技术层面看,这些权益的实现对我国的科学技术水平也提出了更高的要求和挑战。

(一)《斯约》自身的制度挑战

1. 挪威在斯岛设立保护区范围过大侵蚀了缔约国的权利

缔约国在斯岛的各项活动应遵守《公约》《斯约》等国际条约以及挪威针对斯岛制定的专门法。挪威以保护环境为由,利用《斯约》赋予的管辖权制定了诸如《斯瓦尔巴环境保护法案》《斯瓦尔巴采矿法典》《斯瓦尔巴旅游条例》《挪威经济区法令》等一系列适用于斯岛的环境保护、矿藏开采、税收等方面的法律法规,这些法律法规在一定程度上限制了缔约国在群岛的活动范围和活动内容。仅以环境保护区为例,挪威在斯岛建立了 7 个国家公园、6 个自然保护区以及 15 个鸟类禁猎区,据统计,斯瓦尔巴群岛已有一半以上的区域被划为自然保护区或国家公园。① 在保护区内缔约国的许多商业活动被禁止或是需要经过挪威驻岛行政长官的许可方可实施,这一规定在客观效果上单方面修改了《斯约》,损害了缔约国在群岛从事商业活动的实质权利,虽然挪威声称这些法规平等适用于各缔约国在斯岛及其领海的活动,但这些法规在实际效果上增加了缔约国在斯岛行使权利的难度。

2.《斯约》与《公约》适用的矛盾冲突给我国权益拓展带来更多的不确定

目前,《斯约》缔约国与挪威之间最大的分歧莫过于《斯约》与《公

---

① 中国驻挪威大使馆网站:《斯瓦尔巴岛周边海域经济资源开发争议初析》,http://no.mofcom.gov.cn/article/ztdy/201204/20120408076706.shtml,访问时间:2015 年 5 月 21 日。

约》适用的矛盾冲突问题，也就是《斯约》适用范围的争议，缔约国大都主张或保留在斯岛渔业保护区、大陆架及外大陆架的资源权，《斯约》的适用边界究竟在哪里？缔约国在斯岛渔业保护区究竟有哪些权利？斯岛大陆架的资源开发权如何分配？斯岛大陆架与国际海底边界在哪里？（世界各国有均等的机会开采）这些治理机制的缺失与模糊，一方面为我国创造性介入斯岛事务，做出有利的解释提供了空间和机遇；另一方面也为我国拓展北极权益造成一定的制度障碍。

3. 斯岛复杂的治理机制为我国权益拓展带来制度难题

理论上看，斯岛适用三个层级的法律制度：一是国际公约，主要是包括《联合国海洋法公约》和专门适用于该群岛的《斯约》，一些挪威签订的环境、野生动物保护的相关法规也同样适用；二是挪威针对斯瓦尔巴地区制定的专门法，而非挪威所有的国内法；三是国际习惯。以上法规及习惯或一般法律原则适用于所有在斯瓦尔巴地区活动的自然人和法人。但实践中，斯岛法律制度仍然有很多模糊之处。其一，目前难以确定究竟哪些挪威的国内法适用于斯岛，难以确定挪威的国内法在斯岛适用是否符合国际法规范。虽然依据《斯瓦尔巴环境保护法案》，"挪威民法和刑法以及挪威关于司法行政的立法适用于斯瓦尔巴群岛，其他法律规定不适用于斯瓦尔巴群岛"。但这些挪威制定的适用于斯岛的专门法并不是《斯约》的附件，而属于挪威国内法，是否对缔约国的活动具有国际约束力，① 也是一个具有争议性的问题。也有学者指出，在没有缔约国参与并表示同意的情况下制定这些规定是无效的。② 其二，有哪些挪威签订的国际条约适用于斯岛也不能完全确定。特别是涉及斯岛渔业保护区的制度规定尤其复杂，如《挪威与欧盟双边渔业协议》《挪威与法罗群岛渔业协议》《挪威与格林兰双边渔业协议》《挪威与冰岛渔业协议》《挪威与俄罗斯渔业协议》《挪威关于春期产卵鲱鱼的渔业规定》《挪威关于东北大西洋鲭鱼规定》《挪威关于蓝鳕鱼规定》等应如何适用。鱼类是游动的，这些渔业制度和治理机制都有扩

---

① Fleischer Carl A., *Petroleumsrett*（Oslo：Universitetsforlaget，1983），p. 179. 转引自 Torbjørn Pedersen,"The Svalbard Continental Shelf Controversy: Legal Disputes and Political Rivalries", *Ocean Development & International Law* 37：(2006) 344。

② Ulfstein, Geir, *The Svalbard Treaty: from Terra Nullius to Norwegian Sovereignty*（Oslo：Universitetsforlaget，1995），Part 2. 6.

大化的趋势，这些制度应如何在斯岛渔业保护区适用，效力如何？是否需要缔约国认可？这些制度适用的模糊性对我国权益的实现和拓展带来一定的制度障碍。

（二）技术挑战

1. 对作业船舶提出更高的技术要求

斯岛虽然位于北极冰封区外，但在斯岛作业的科考船舶或是捕鱼船不可避免地会遭遇海冰、低温、大风、大雾、极夜等恶劣气象因素的影响。目前北冰洋地区大部分时间大部分地区仍然被浮冰覆盖，东北航道也只在夏季很短的时间通航，洋面上有少量浮冰的时间或是夏季浮冰没有完全融化的年份，普通船舶依然无法通过。① 而中国在生产大吨位、高科技极地船舶方面存在着技术瓶颈，还缺乏冰海航运的船舶，目前仅有"雪龙"号科考破冰船可以进出北极冰区。但"雪龙"号也是"半路出家"，是我国于1993 年进口乌克兰赫尔松船厂的一艘改装极地运输船，并非专用的极地考察船，尽管已经进行了两次重大改造，但其科考能力相对不足，破冰厚度1.2 米，属 B1 级破冰船，极地破冰能力也较薄弱，自 1993 年入役至今已有二十多年，船体已经相对老化，检测设备落后，以往科考所采集样品和数据只能归国以后检测，不能实现现场检测，具有一定的滞后性。此外，我国的商船也尚不具备在北极开展开采、狩猎、捕鱼等活动的能力。

此外，国际海事组织（以下简称 IMO）也对斯岛活动的船舶提出更高的技术要求。我国在斯岛活动的船舶还应符合 IMO 关于航行船舶的技术规定。早在 2002 年 12 月，IMO 就发布了《在北极冰覆盖水域内船舶航行指南》。2014 年 11 月 21 日，在 IMO 海上安全委员会（MSC）第 94 次会议上提出了强制性的《极地水域航行船舶国际准则》（简称《极地准则》）。该准则主要包括船舶安全和环保两部分内容，涉及船舶设计、建造、设备、操作、培训、搜救等多方面。如，要求极地科学考察船舶和民用的极地作业船舶在极地低温环境下航行时，船体和船上的许多设备都要拥有防寒功能，能保证在预期极地服务温度（低于平均日最低温度 10 摄氏度）下正常

---

① 鲍文涵：《利益分析视域下的英国北极参与：政策与借鉴》，《武汉理工大学学报》（社会科学版）2016 年第 1 期，第 43 页。

工作，这也对船舶材料耐低温性提出了更高要求。同时，船舶在极地冰区水域航行还需具备与冰状态相适应的抗冰能力和操作能力，这对船舶动力系统提出了更高的要求。作为近北极国家、IMO 的 A 类理事国的中国，应当从保护国家安全的战略高度出发，积极参与《北极航行准则》的制定。但我国目前在极地船舶研发方面还处于初级阶段，针对极地作业环境尤其是冰区技术、研发设计、建造工作的研究还不够，我国要更多拓展北极权益，首要解决的技术难题就是我国船舶在硬件上与国际规则之间的差距。

2. 对船员素质提出更高的要求

拓展斯岛权益乃至北极利益，需要大量有北极航行经验的船员，绝大部分中国远洋船舶的管理与驾驶人员都缺乏冰海航行经验。这对于斯岛科考和资源权与航行权的拓展都是不利的，这也成为制约我国参与北极治理的重要因素。虽然北极船舶制造的技术水平在不断提升，但北极船舶航行事故也越来越多，主要原因是人员的失误和人员不正确的操作。究其主要原因主要包括以下三点。一是在海员招募市场上，控制成本成为主要考虑的因素，对能力的关注远远不够。二是目前的招聘标准还不能满足极地航行的要求。目前招聘人员主要是基于《1978 年海员培训、发证和值班标准国际公约》（STCW）① 规定的标准招录船员，遗憾的是 STCW 中没有对冰区航行能力提出要求。三是我国目前还没有成熟的远洋船员的培养机制。

3. 斯岛矿产资源的开发对极地勘探技术提出更高的要求

《斯岛》虽然赋予缔约国资源开发权，且拥有丰富的矿产资源，但由于严酷的天气条件，目前除俄罗斯传统的采矿活动外，还没有缔约国在斯岛行使资源开发权。斯岛冬季最低气温可达零下 50℃ 以下，风暴卷起的海浪可高达 30 米以上，对生产设备的耐低温和稳定性要求极高，恶劣的土壤条件也有可能使设备和建筑物下沉，海冰和冰脊撞击会对钻井平台和海底管道造成严重危害，脆弱的生态环境、猛烈的暴风雪、强海流、浮冰、冰山、永冻层都会增加作业的风险。钻机、震源车和记录车等遗留下来的痕迹，

---

① 国际海事组织海上安全委员会第 93 届会议分别以第 MSC. 373（93）号和第 MSC. 374（93）号决议通过了《1978 年海员培训、发证和值班标准国际公约》修正案和《海员培训、发证和值班规则》修正案。依照《1978 年海员培训、发证和值班标准国际公约》相关规定，该修正案已于 2015 年 7 月 1 日被视为默认接受，并将于 2016 年 1 月 1 日生效。

可能会存在数十年，石油开采过程中的水泥凝固会释放热量从而导致永冻层融化、开采过程中井筒周围产生液态水，会导致坚硬稳定的地层变得疏松、不稳定。① 另外，要将石油运输出去，需要更多的驳船、物资和设备运输船、离岸钻井平台等，而油气的运送增加了对油船或 LNG 船运输规模的要求，这就导致更为严峻的航运技术和破冰技术难题的出现。这些都成为制约我国斯岛权益拓展的技术难题。

4. 斯岛权益的拓展对于破冰技术也提出很高的要求

北极航线需要有抗冰能力的船舶才能运营，而我国目前的破冰船技术还比较落后，我国自主研发的带破冰能力的"雪龙"号极地考察船只相当于俄罗斯最高级的"抗冰船"，还不是真正意义上的破冰船。其他东北亚国家中，俄罗斯的破冰船技术最为先进，不仅拥有世界上规模最大的破冰船队，还掌握核动力破冰技术。除此之外，日本也拥有破冰船。韩国虽然还没有破冰船，但其造船技术领先于我国。可以说，在几个东北亚国家中，我国的破冰船技术几乎是最落后的，这种情况不利于我国开发北极航线，拓展斯岛权益。

5. 船舶污染防控技术挑战更为严峻

斯岛独特的自然环境和生态系统在气候变暖和人类活动增长的趋势面前十分脆弱。与地球上其他海域相比，在极地冰区发生的油气溢出以及开采人员和设备带来的污染更加难以清理，斯岛及北极生态系统的自我修复能力也更加缓慢。这些污染和排放将给脆弱的北极生态系统带来严重的后果。这对开采国的防污染能力及污染修复能力提出更高的要求，这也是北极能源开发所面临的最大挑战之一。

（三）科考积累的挑战

权益拓展、科研先行，要拓展斯岛权益，必然需要积累更多涉及北极气候、资源、法律制度、环境保护等领域细致全面的科研数据，斯岛权益拓展，需要对开发活动的经济回报、我国目前的开发能力、战略博弈等现实问题做深入的评估。这些都需要以我国的科考成果为基础，做深入细致

---

① 刘学、王雪梅、凌晓良、郑军卫、王立伟：《北极油气勘探开发技术最新进展研究》，《海洋开发与管理》2014 年第 1 期，第 39 页。

的预案和预演，虽然我国通过科考活动与科研活动已获得一些重要的数据和结论，但对斯岛的自然、地理、地质等研究历史不长，更为重要的是，我们事实上对斯岛甚至北极的变化了解也并不深入，遥远的距离、低下的保障能力、有限的技术手段、弱小的研究队伍、薄弱的科学积累都使得我国没有全面了解发生在斯岛甚至在北极的变化，已有的科学积累尚不足以从经济、战略、技术等层面支撑相关的实践活动。

（四）法律挑战

斯岛的开发活动、旅游活动、渔业活动还面临着一系列法律难题。一方面，从《斯约》自身特点看，存在着《公约》、挪威专门适用于斯岛的法律、挪威签订的国际条约、挪威国内法等不同层级、不同内容法律如何适用的问题，这也为我国各种活动提出更多的法律需求。另一方面，从斯岛活动的主体和活动的性质看，斯岛各项活动的参与主体必定是多元的，自然人、法人、跨国公司、主权国家之间的合作为我国的国内立法提出更多的要求，我国在做好技术准备的同时，也应在法律上做好应对的准备，对参与能源开发企业的性质、责任承担、赔偿机制等做出细致的规定，避免承担更多的国家责任。这也给我国目前国内经济立法提出挑战。

三 《斯约》对中国参与北极事务的意义

国家权益在国土之内是自然拥有的和至高无上的权力，而在国土之外不是一种自然拥有的权力，是需要在特定的国际关系中取得的权力。各个国家如果要维护国家权益，主要通过以下两种方式。一种是在多边层面，特别是通过参与国际组织的相关平台通过条约、公约、法规、协议等方式确定和维护各个国家的权益。另一种是在双边关系中维护国家权益，即通过建立融洽的国家关系来获得国家利益。北极是我国的战略新疆域，有着现实和潜在的重大国家利益。《斯约》作为多边国际条约，是我国北极权益拓展的重要法律依据之一，对于北极科考权、资源权、航行权的确立具有重要的法律价值。

（一）《斯约》是我国介入北极事务最重要的法律依据

北极之于人类的价值有"四重"——环境、科研、资源和航道。斯岛作为距离北极最近的陆地之一，其在北极战略格局中的重要地位不言而喻。在北极争夺中，北极圈国家在地理和资源利用领域具有很大优势，我国作为地理意义上的非北极国家，要想实现北极利益的拓展，借助《斯约》赋予缔约国的科考权、开发权、捕鱼权、航行权制定北极战略，是较为可行的战略选择。

（二）《斯约》赋予我国的科考权是我国在北极的核心权益

从长远眼光看，开展对北极的科学研究对于我国来说不仅是一种"需要"，更是一种责任和权利。对北极的科考是我国长期的国家需求，具体包括安全需求、经济需求、能源需求三个层面。从能源需求看，世界碳氢化合物能源储备日益减少，能源价格持续攀升，斯岛乃至北极地区丰富的油气资源对各国的诱惑不言而喻，我国也不例外。从经济需求看，渔权即主权，伴随着全球气候变暖、北极冰融，北极公海渔业资源的启动必将引发对斯岛渔业保护区渔业资源的关注，作为远洋渔业大国，我国有能力在斯岛水域行使渔权，更不应放弃这一渔业利益。从生态需求角度分析，斯岛乃至北极生态环境的相关研究，对于我国旱涝灾害的预测具有重要的现实意义。由气候变化导致的北极冰融，北大西洋暖流的暖水输送作用不仅形成了斯瓦尔巴群岛及其邻近海域特殊的气候环境，对北极和斯堪的纳维亚半岛上空的臭氧低值区起着重要的保护作用，这一变化与我国旱涝灾害密切相关。我国是世界上因全球气候变暖引发自然灾害最严重国家之一，北极科考对于我国生态安全具有重要且紧迫的现实意义。[①]

（三）《斯约》赋予我国的多元权利是我国深度介入北极事务的突破口

近年来，国际社会加大了对北极的关注，但北极并非北极国家的北极，北极地区之外的国家在北极地区存在合理的利益，北极事务需要北极国家和非北极国家的共同参与，同时也肩负共同治理北极的责任。作为地理意义上的非北极国家，我国介入北极事务具有天生的"障碍"，虽然我们已经成为"北极理事会"的永久观察员国，获得了参与北极事务的合法身份，但在一些核心问题上，仍然难以摆脱被北极国家排除在外的不利困境。北极理事会由北极国家主导的"门罗主义"逻辑意味着，即使非北极国家能够加入北极理事会也永远不可能获得和北极八国一样的决策权，难以有效

---

① 李志军、魏莉、刘艺工：《北极气候变化对加拿大和中国社会与经济的影响》，《内蒙古大学学报（哲学社会科学版）》2010年第1期，第131页。

利用北极理事会来深度参与北极渔业、资源开发、航道利用等事务。而这些正是《斯约》赋予我们的权利，以《斯约》为基础，积极参与挪威及其他缔约国组织的斯岛海域变化评估及生物多样性评估活动，积极加入北极渔业管理组织资源开发与保护策略讨论，以"保护者""建设者""调节者"的身份深度介入北极渔业、航道、能源开发等实质性事务是我国较为可行的战略选择。

可以预见的是，北极油气资源丰富，伴随海冰消融，北极油气资源开发、公海渔业、航道利用等领域的国际竞争格局已经形成。在油气开发领域，美国、加拿大、俄罗斯、挪威、丹麦等环北极国家均已出台明确的北极国家战略并积极向联合国递交北极主权申请。一些能源消费大国和地区组织也在不断寻求提高自身参与北极治理的话语权，埃克森美孚、壳牌、BP、俄罗斯国家石油公司、俄罗斯国家天然气公司、挪威国家石油公司、意大利埃尼石油公司等国际石油巨头已竞相将北极列入公司战略发展规划，纷纷组成战略联盟，意图合作开发北极油气资源。伴随着北极冰释，北极大量海洋渔业资源及众多海洋物种将逐渐生态北移，在北冰洋公海及冰封区形成新的渔场，北极公海渔业资源的开发利用、北极航道的开通都势不可挡。我国借助《斯约》赋予的权利拓展北极权益也正逢其时。

第三节 我国对《斯约》立场及权利拓展对策建议

随着北极开发利用进程的不断推进，域外国家对北极事务的实质性参与也日渐加深，我国也应更好地利用《斯约》赋予我国的权利结合《斯约》的各项权利，构建北极外交顶层设计，拓宽北极事务参与渠道。但由于历史的原因我国长期以来并不重视《斯约》，时隔多年，如果我国一时间过多主张和利用这些权利将不可避免招致北极国家的警惕和排斥，甚至诱发新一轮的"中国北极威胁论"，[①] 如何充分利用《斯约》赋予的重要权利的同时，又不引发北极国家的反对和质疑，这考验着我国的外交智慧，也需要我国相关政府部门和学者在如何以"创造性的方式"介入北极事务问题上做精

---

① 王晨光：《中日韩北极合作：动力、阻力及构想》，《和平与发展》2015年第3期。

细的思考和设计。

一 我国对《斯约》的应有立场

由于地理位置、技术能力、信息来源以及科学研究等方面的种种限制，至今我国在斯瓦尔巴的活动非常有限。但斯岛特殊的地缘政治地位与我国北极权益实现息息相关，作为一个负责任的海洋大国，我国应积极参与斯岛及北极的相关事务。我国对《斯约》外交政策基本目标可以定位为"维护我国依《斯约》享有的各项权利，促进斯岛的和平利用"。

（一）坚持在《公约》框架下和平解决斯岛争端。基于《斯约》和《公约》的冲突，在斯岛还存在着缔约国与挪威在渔业保护区、大陆架、资源开发、航道使用等方面的冲突和矛盾，英、俄、西班牙、丹麦等国均对挪威在斯岛的渔业保护区和大陆架的权利主张提出质疑。我国作为《斯约》缔约国长期以来一直主张在《公约》框架下解决北极包括斯岛在内的所有法律争议，这将对和平北极的建立起到极大的推动和稳定作用。

（二）对于《斯约》涉及争端保留主张任何权利的可能。《斯约》与《公约》的争端是国际法发展的产物，主要的争议在于《斯约》是否适用于斯岛的专属经济区和大陆架。对于这一问题缔约国有以下三类表态：第一种态度是保留对这一问题发表意见的权利，现在还没做出明确的意思表示；第二种态度是明确提出《斯约》的适用范围应扩展至斯岛的渔业保护区和大陆架；第三种态度是将《斯约》适用范围限制在斯瓦尔巴方框内。对此，我国在没有明确的北极战略前不宜表态，保留依《斯约》主张权利的立场至对北极战略做出总体预判是权宜之计。

（三）提倡并参与国际合作，和平利用斯岛。作为一个新兴的发展中大国和"和谐世界"理念的倡导者，中国对世界和平和资源共享的影响力是巨大的，对于《斯约》我们应坚持通过多边合作，参与完善斯岛各项法律制度，在资源共享的基础上和平开发利用斯岛资源，这也是我国应有的态度立场。近几年中国在北极科考、造船、远洋渔业等领域发展迅速。2013年，中国首次超越韩国成为世界最大的船舶制造国，[①] 船舶生产力与技术的

[①] 王刚、田泓：《2013年韩国首次超越日本成中国第一大进口来源国》，《环球时报》2014年3月3日。

发展齐头并进，中国正在日益成为来自世界各地船东订单的首选国。随着船舶制造技术快速发展和船舶交付质量逐步提升，寻求与北极国家的船舶贸易合作有广阔的市场。

（四）对于《斯约》涉及的各项事务，应与欧盟、美、俄等国一起积极参与维护缔约国的合法合理权益，推动斯岛各项资源的和平利用。以《斯约》成员国、《联合国海洋法公约》成员国、国际海事组织理事国和北极理事会观察员的身份，积极开展同环北极国家的双边和多边外交，并以适当方式介入北极航道、北极资源开发、北极生态保护等国际协调机制的构建进程中，以谋求中国利益的最大化。

二 我国斯岛权利拓展的对策建议

中国的北极权益主要包括航行权、资源开发权、科学考察权和生态安全权等合法权益，中国北极权益的实现面临地理位置、北极理事会观察员苛刻制度、北极国家国内法特殊规定、西方世界误读、本国北极战略及国内法配套制度缺失等一系列障碍。《斯约》是我国介入北极事务重要的国际法依据，也是我国与北极的重要连接点。作为一个负责任的大国，如何利用《斯约》赋予我国的合法权利建构我国的北极战略、参与北极治理，是我国目前面临的重要战略议题。

（一）我国斯岛科考权益拓展的对策建议

科学技术是一个国家最根本的力量源泉，可以说，谁掌握了最先进的北极科技和最完整的北极信息，谁就能在北极博弈中最终胜出。作为《斯约》缔约国，我国应以《斯约》赋予的科考权为依托，进一步加大北极科学考察力度，设立新的科考站，以此为基础保证对北极事务的基本参与权。虽然，近几年伴随综合国力的增强，中国在北极的科学考察活动不断增多，在北极科学界的影响力也不断增强。但综合而言，中国毕竟是北极科考的后来者，科技整体水平较低，科考装备较为落后，科考人员匮乏，这些问题都成为制约我国提升北极科技研发能力的障碍，其中一些问题已经存在多年，成为中国北极科考的安全隐患。在未来的北极事务中，我国应更好地利用《斯约》赋予的科考权，扩大北极科考范围、科考内容。在挪威未出台科考细则前充分利用现有的科考制度，扩大科考内容、增加科考活动点，在目前的法律框架下，建立新的科考站、观测台、购买或租赁小屋对于我国未来开展更大范围的科考活动至关重要。

（二）我国斯岛渔业权益拓展的对策建议

渔业是北极事务的重要组成部分。伴随全球气候变暖、北极冰释，大量海洋渔业资源逐渐生态北移，将在北冰洋公海及冰封区形成新的渔场，这一重大变化一方面为北极国家和一些远洋渔业大国提供商业捕捞机遇，另一方面也会不可避免地引发斯岛渔业保护区管辖权的争论和质疑，无论是北极公海渔业规则的制定，还是斯岛渔业保护区的法律地位都与我国渔业权益拓展密切相关。

首先，我们应充分评估斯岛的入渔条件，积极拓展远洋渔业权益。中国是近北极国家又是渔业大国，依据《公约》和《斯约》拥有合情合理在斯岛领海甚至渔业保护区和北极公海的捕鱼权，长期以来，我国也积累了丰富的在北太平洋从事鱿钓业的作业经验，可以利用季节差，引导渔船尝试在斯岛渔业保护区从事捕捞活动。值得注意的是，为了避免大规模主张在斯岛的各项权利遭到缔约国的质疑和关注，先期开展小规模的探捕、科考、调查、数据采集等活动，更有利于现实权利的逐步"转化"。

其次，积极参与斯岛渔业事务，拓展与北极国家的合作。目前斯岛的渔业保护区正面临制度缺失和争议，这些争议表面上源于《公约》与《斯约》适用上的冲突，深层次的原因则在于统一的法律制度的缺失。这些制度缺失与争议一方面削弱了挪威在该地区的管辖权确立，另一方面也为中国介入北极事务提供了有利条件。我国参与斯岛渔业保护区制度构建的核心内涵在于，在尊重挪威主权的基础上，与《斯约》缔约国寻求利益共同点，有效行使《斯约》赋予的捕鱼权等一系列权利，保护斯岛的生态环境、促进各方和平开发利用斯岛资源。这些基本主张既与《斯约》的基本原则相契合，又符合缔约国共同利益需要，也符合我国参与北极事务"相互尊重、合作、共赢"的三大政策理念。① 为此，我国应加强与环北极国家间的渔业资源开发合作，积极参与挪威及其他缔约国组织的斯岛海域变化评估

---

① 中华人民共和国外交部：《王毅部长在第三届北极圈论坛大会开幕式上的视频致辞》，http://www.fmprc.gov.cn/web/wjbzhd/t1306854.shtml，访问时间：2016 年 7 月 12 日。

及生物多样性评估活动,参与北极渔业管理组织、联合国粮农组织、可持续渔业伙伴组织、海洋探索国际委员会、海洋管理理事会等组织机构针对北极渔业资源开发与保护的策略研讨,[①] 在适当的场合提议构建《斯约》下设的、缔约国能够普遍接受的、具有法律拘束力的统一的专门渔业管理机构,反对私分斯岛资源,以此为突破口深度介入北极地区性、领域化的制度设计,塑造于我国有利、多数国家认可的"共赢北极"的国际规则和话语观念。

再次,提高造船、人员、科考等领域的技术水平,为渔业权益拓展打好技术基础。拓展斯岛渔业权益在技术上对我国科研、立法、科考、船舶建造等方面都提出了更高的要求。在科考方面,应加大渔业资源勘探科考力度,加强对斯岛及整个北极海域鱼类基础生物学和渔场形成机制研究,实时监控斯岛海域气候变化情况,分析气候变化对渔业的影响,为斯岛乃至北极公海渔业资源商业开发和合理利用提供作业依据和开发方案。在技术层面,大力发展卫星海洋遥感技术,实时监控北极海冰、气象、渔业资源等变化状况,促进极寒环境渔船、渔具、探鱼装备等硬件设备的技术研发。建立远洋渔业的发展基金,完善远洋渔业产权制度和政策性保险制度,鼓励远洋渔业中介组织的发展,适度降低远洋渔业企业的营业税和所得税或实行减免税政策,以减轻远洋渔业企业的经营成本,提高经济效益,国家还应加大远洋渔业人才培养、实验室建设等方面资金投入,给予远洋渔业相关高校和科研院所必要的扶持,鼓励科研单位与远洋渔业企业间的密切合作,为斯岛渔业开发做好物质及技术准备工作。在科学研究领域,应加强对斯岛渔业法律法规的研究和整理。我国行使《斯约》赋予的合法权利应尊重并遵守挪威针对斯岛专门法律法规的规定,避免不必要的争议。而对于挪威依据《斯约》制订的专门法对缔约国行使捕鱼权做出禁止对海洋环境造成重大污染或有害的变化的限制性规定,我国在开发渔业资源前,可以国内法的形式确保捕鱼者承担遵守和履行挪威相关法律法规的义务,避免出现承担违约责任的情况。

此外,我们还应重视与北极国家在渔业领域的合作。目前,我国远洋

---

① 刘惠荣、宋馨:《北极核心区渔业法律规制的现状、未来及中国的参与》,《东北亚研究》2016年第4期,第93页。

渔业企业与法罗群岛和格陵兰岛在中上层鱼类资源科考探捕和调查研究领域有合作经验,① 一方面,这些国家或地区在斯岛有传统捕鱼权和现实的渔业利益,另一方面,这些国家在中上层鱼类捕捞技术和设备上还比较落后,有国际合作的需要和意向,我国可以利用这些技术上的优势与北极国家这一领域开展合作,逐步实现权益的转化。

(三) 我国斯岛资源开发权益拓展的对策建议

斯岛的资源开发权应作为我国未来北极战略的拓展方向。斯岛乃至整个北极地区蕴藏丰富的油气、矿产、渔业、淡水等资源,是维护人类社会可持续发展的重要资源接替区,正成为各国科技水平、军事实力和综合国力激烈较量的重要舞台。鉴此,我国应深入、全面地从经济回报、技术障碍、国际战略等领域评估在斯岛开发矿产资源的可行性。目前,我国深海作业能力发展迅猛,2015年1月19日,中集来福士为一家挪威公司建造的半潜式钻井平台"维京龙"上下船体在烟台成功合龙。"维京龙"② 是中国建造的第一座可在北极海域作业的半潜式钻井平台。据介绍,这一平台可抵御北海百年一遇的风暴,可前往巴伦支海作业。

如果开采或设备等技术不过关,还可以鼓励和支持国内企业与他国企业联合投标和共同开发,或者通过政府注资、技术入股、设备出口等方式积极参与到斯岛资源的开发过程。可以预见的是,随着斯岛气候变暖、冬季变短、稳定的海冰减少、廉价的石油钻探技术在北极的应用,斯岛的开发活动将不断升温。作为《斯约》缔约国,我国应对《斯约》和挪威国内法涉及开发权的履行规则、权益分配、监督保障等制度做出详尽的分析和评估,加强与《斯约》缔约国开展多边、双边战略合作与对话,在科学评估基础上,进一步拓展我国在斯岛的资源权益。

(四) 我国斯岛旅游权益拓展的对策建议

随着斯岛交通、通信、生活越发便利,斯岛的旅游潜力会逐渐放大,

---

① 刘惠荣、宋馨:《北极核心区渔业法律规制的现状、未来及中国的参与》,《中国海洋法学学报》2016年第1期,第6页。
② 这一深水平台工作水深500米,可升级到1200米,最大钻井深度8000米,配置了先进的动力定位和8点系泊系统,可在钻井的同时完成3根钻杆或套管连接,引入平行自动排管技术,钻井作业效率提升15%。

挪威方面也在 2016 年公布的斯瓦尔巴白皮书中将斯岛旅游业作为岛内发展的重要领域，① 鉴于国内生态旅游、探险旅游、感知旅游成为新的旅游热点，我国应建立国内的旅游管理部门与当地旅游机构的常态关系，两国政府旅游管理部门可将斯岛开辟为旅游目的地，在旅游签证方面给予优待，针对斯岛脆弱的生态环境和挪威制定的《斯瓦尔巴旅游和旅行条例》等对旅游活动进行的规制，② 我国可以参照国外通行做法，并结合中国国情，建立旅游机构资格认证制度、环境影响评估制度、行前培训制度、现场监督检查制度、事后总结报告制度等，提高经营活动在安全和环保等方面的标准，释放斯岛旅游资源的潜力。

三　我国应采取的保障措施

鉴于《斯约》对我国航道、能源、经济等方面的重要战略意义，我国应在政策、立法、科研、技术层面对《斯约》权益拓展提供必要的保证和支持。

（一）政策保障

鉴于《斯约》重要的战略意义，在国内政策层面上，我们应以《斯约》赋予缔约国的权利为中心，早日制定北极战略，把《斯约》赋予我国在斯岛陆地与领海（甚至在斯岛渔业保护区和大陆架）的科考权、旅游权、航行权、资源开发权等重要权利置于北极战略下统筹考虑，在充分评估《斯约》赋予我国权益的前提下，吸纳和听取资源、国防、气象、海洋、商务、外交、交通、渔业等多部门的意见和建议，为我国更好地利用《斯约》，拓展北极权益，制定更为综合性、全面性、长期性的规划。

（二）立法保障

为了适应未来可能的权益拓展活动，我国应做好前期的立法准备工作，制定相应的国内法，为《斯约》的开发权、捕鱼权的实现做好法律保障。

---

① https://www.regjeringen.no/en/aktuelt/white-paper-on-the-future-of-svalbard/id2500474/，访问时间：2016 年 8 月 23 日。

② 参见 2006 年挪威环保部制定的关于收取斯瓦尔巴旅游者环境保护费的规定，每个旅游者由旅行社收取 150 挪威克朗的环境费。https://www.regjeringen.no/en/dokumenter/environment-fee/id512077/，访问时间：2017 年 7 月 2 日。

随着北极冰川迅速融化,北极的矿产资源变得可以开采,我国在这块寒冷土地上的活动内容也将不断扩大。可以预见的是,如果中国寻求参与斯岛的资源开发,这些开发项目主体将是多样的,既有政府机构,也有各类企业和个人。因此,我国应在国内法领域对从事开发活动企业的性质、税收、利益分配做出详细规定,我国在北极没有海岸线和领海,因此更需要国内立法的支持,避免在参与资源开发时陷入不利的局面。

此外,随着未来斯岛商业勘探和开发、航道的开通和运营、旅游等项目的真正实现,我国必将会有更多的机构和人员进入斯岛进行各类商业项目的开发和运营,我国应制定统一的《极地活动管理法》,以有效地规范和管理我国官方和民间的斯岛活动,使我国在斯岛的科学考察、能源开发、远洋捕捞、生态旅游等活动中有法可依,为其提供法律和制度支撑。目前,北极沿岸多国已经完成了极地活动相应立法工作,我国可以学习借鉴其他国家北极活动的立法经验,结合我国极地活动的实际需要,适时启动制定符合我国国情的极地活动管理法。

(三) 科研保障

进一步深化对《斯约》及挪威在斯岛的法律法规的研究,关注挪威制定斯岛科考条例的进程。在国际法层面,北极不存在统一的全球性的专门国际条约,《斯约》是目前非北极国家开展科考活动的唯一的法律依据。我国是《斯约》缔约国,这一条约是我国与北极的重要法律连接点,是我国行使包括科考权在内的一系列北极权益的重要法律依据,对《斯约》的深入研究可以为我国在北极地区从事相关活动提供有力的国际法保障,为维护我国在北极地区的权益发挥积极作用。除此之外,对于挪威制定的适用于斯岛的专门的法律法规,如《挪威经济区法》《斯瓦尔巴环境保护法案》[1]《关于在斯瓦尔巴群岛旅游及其他旅行的条例》[2]《斯瓦尔巴采矿法典》[3]《关于拒绝及驱逐特定人员的规定》《斯瓦尔巴群岛运载旅客的船舶

---

[1] Act Relating to the Protection of the Environment in Svalbard, http://www.ub.uio.no/ujur/ulov/english.html, 访问时间:2013 年 8 月 12 日。
[2] Regulations Relating to Tourism and Other Travel in Svalbard 18.10.1991 No.671.
[3] The Mining Code (the Mining Regulations) for Spitsbergen (Svalbard) 7.8.1925 No.3767. With amendments last of 11th June 1975.

规定》①《斯瓦尔巴群岛石油勘探和钻探规定》②《斯瓦尔巴群岛儿童福利法案》③ 也要进行深入的研究，对这些挪威国内法的深入研究可以为我国科考队员在岛上的活动提供现实的法律支持和指导，同时也可为我们其他权利的行使做好先期的法律预案。此外，我们还应调整法律问题的研究方向，以保障《斯约》赋予权利的顺利开展为目的，提供所需的法律支持，增加对具体规则尤其是我国相关国内法设计研究，这些研究在理论上也将进一步丰富我国的国际法尤其是相关的海洋法研究体系。

（四）技术保障

生产大吨位、高科技极地船舶，更好地利用斯约赋予的自由航行权和停泊权，利用东北航道的优势，发展北方物流业，为打造海上"丝绸之路"做准备。从航道通行层面看，中国虽是海运大国，但算不上海运强国。仅有"雪龙"号科考船在 2012 年穿越斯岛西侧北上到达北纬 81 度的海冰边缘，沿着北极高纬度航线航行回国，④ 目前普通商船还不能完全适合在北冰洋区域航行。因为在该区域航行会遇到极地特有的风险，因此船舶必须满足特殊的建造规范。此外，我国的航运企业普遍存在规模偏小、竞争力较低、缺乏相关航行经验等软肋，不仅缺乏能在北冰洋航行的船只，在生产大吨位、高科技极地船舶等方面也面临技术瓶颈，此外，目前国际海事组织正在加紧制定北冰洋区域的航行操作规则，目标是使全球商船能充分利用大自然赋予的地理条件，实现海上运输的安全、快捷、可靠、经济和环保，对此，我们应密切跟进，在船舶技术上、轮机技术人员身心素质上做好充分的准备。

除此之外，我们还需要建造自己的极地救助船，北极国家航道内搜救、

---

① Regulations Concerning the Control of Ships Carrying Passengers in Waters near Svalbard 29. 6. 1984 No. 1319.
② Regulations Relating to Safe Practice in Exploration and Exploration Drilling for Petroleum Deposits on Svalbard 25. 3. 1988 No. 250.
③ Regulations Concerning the Application of the Act Relating to Child Welfare Services in Svalbard 1. 9. 1995 No. 772.
④ 2012 年 7 月 22 日至 8 月 2 日，"雪龙"号先后穿越楚科奇海、东西伯利亚海、拉普捷夫海、喀拉海和巴伦支海这 5 个北冰洋边缘海域，航行 2894 海里（1 海里等于 1.852 公里）后抵达冰岛进行正式访问，由此成为中国航海史上第一艘沿"东北航线"穿越北冰洋边缘海域的船舶。

援助能力较为薄弱,救助体系尚不完善,北极区域之间的搜索和营救设施非常不均衡,仅依靠北极国家的力量可能无法满足救助的要求。面对这一风险,我国需要建造极地救助船,以保障我国商船通航北极航道的安全。

北极作为"全球变化的指示器"和全球发展的新亮点,受到国际社会越来越多的关注。中国是北极的重要利益攸关方,在参与北极事务方面,中国一贯秉承三大政策理念,即尊重、合作与共赢。中国尊重北极国家在北极的主权、主权权利和管辖权,包括挪威对斯瓦尔巴群岛的主权,尊重北极原住居民的传统和文化。中国同时也认为,北极域外国家在北极的合理关切和依据国际法所享有的权利、国际社会在北极的整体利益也应得到尊重。中国愿同北极国家、北极域外国家以及其他北极利益攸关方增进交流、加强合作,在气候变化、科研、环保、航运、可持续发展、人文交流等广泛领域取得务实成果。这些基本的态度立场也是我国依据《斯约》拓展北极权益的基本立场。

中国不是环北极国家,但是中国一直以来都对北极局势的发展保持高度的关注,参与北极事务符合中国的国家利益,但是只有依法进行才能获得世界其他国家的认可。《斯约》是我国介入北极事务重要的国际法依据,作为国际条约,《斯约》本身就是一个多维的国际法规制,它不但涉及缔约国在渔业、资源、环境、科研等诸多领域的冲突与协调,也涉及不同国际条约在调整对象上重叠冲突的处理。作为《斯约》缔约国,我们必须考虑以下几个基本问题。其一,在斯瓦尔巴地区何种利益应当被视为是最值得保护的利益。其二,对利益予以保障的范围和限度。其三,各种权利应当赋予何种相应的等级和位序。我们应及早地从中找出我们的利益所在,并平衡各方的关系与立场。依《斯约》平等、无歧视、和平利用三原则,《斯约》最应保护的利益是各缔约国在斯岛及其水域和平、平等利用开发区域资源的权利,这是《斯约》立法宗旨的集中体现,在这一判断下,《斯约》赋予挪威在斯岛的主权是一种次级权利,对这一权利的保护是在确保各国对斯岛开发利用的基础上派生的一种服务性质的权利。反言之,挪威对斯岛的主权行使不能干扰缔约国在斯岛及其领水平等的开发利用、航行、科研等基本权利的行使,这也是《斯约》的应有之义。

作为一个负责任的大国,如何以《斯约》为基础实现我国的北极权益是极其重要的现实问题。目前，我国依《斯约》在斯岛上建立了科考站并开展科考活动，但对于《斯约》赋予缔约国的其他权利我们还没有行使，对此，我们应对斯岛行使采矿权、捕鱼权、航行权等基本权利的可行性和可能性展开全方位的评估，在对各种权利的履行规则、权益分配、监督保障科学评估基础上，进一步拓展我国在斯岛的各项权益。为此，我们应做好以下三方面的准备。其一，在政策层面，我们还应在《斯约》赋予权利基础上制定统一的北极战略，使我国在北极范围内的科学考察、能源开发、远洋捕捞、生态旅游等极地活动在国家战略层面有一个综合性、全面性、长期性的规划和管理。其二，在技术层面上，在船舶、人员、信息等层面为可能的渔业活动、开发活动做好技术储备和人员储备，这是我们全方位利用《斯约》的物质基础。其三，在科研领域，加大科考力度，为斯岛乃至北极的权益拓展提供自然、地理、地质等领域的信息做好全方位预案。可以预见的是，随着全球气候变暖，北极油气、航道、渔业等资源的争夺将愈演愈烈，我国应重视《斯约》赋予的各项权利，加强对《斯约》以及挪威国内法及北极环境、科考、渔业等领域法律的研究，在尊重国际法、国际规则和国际习惯法基础上实现北极合法权益的拓展。

附 录

附录1 斯匹次卑尔根群岛条约

美利坚合众国总统,大不列颠、爱尔兰及海外领地国王兼印度皇帝陛下,丹麦国王陛下,法兰西共和国总统,意大利国王陛下,日本天皇陛下,挪威国王陛下,荷兰女王陛下,瑞典国王陛下:

希望在承认挪威对斯匹次卑尔根群岛,包括熊岛拥有主权的同时,在该地区建立一种公平制度,以保证对该地区的开发与和平利用。

指派下列代表为各自的全权代表,以便缔结一项条约;其互阅全权证书,发现均属妥善,兹协议如下:

第一条 缔约国保证根据本条约的规定承认挪威对斯匹次卑尔根群岛和熊岛拥有充分和完全的主权,其中包括位于东经10度至35度之间、北纬74度至81度之间的所有岛屿,特别是西斯匹次卑尔根群岛、东北地岛、巴伦支岛、埃季岛、希望岛和查理王岛以及所有附属的大小岛屿和暗礁。

第二条 缔约国的船舶和国民应平等地享有在第一条所指的地域及其领水内捕鱼和狩猎的权利。挪威应自由地维护、采取或颁布适当措施,以便确保保护并于必要时重新恢复该地域及其领水内的动植物;并应明确此种措施均应平等地适用于各缔约国的国民,不应直接或间接地使任何一国的国民享有任何豁免、特权和优惠。

土地占有者,如果其权利根据第六条和第七条的规定已得到承认,将在其下列所有地上享有狩猎专有权:(一)依照当地警察条例的规定为发展其产业而建造的住所、房屋、店铺、工厂及设施所在的邻近地区;(二)经营或工作场所总部所在地周围 10 公里范围内地区；在上述两种情形下均须遵守挪威政府根据本条的规定而制定的法规。

第三条 缔约国国民，不论出于什么原因或目的，均应享有平等自由进出第一条所指地域的水域、峡湾和港口的权利；在遵守当地法律和规章的情况下，他们可毫无阻碍、完全平等地在此类水域、峡湾和港口从事一切海洋、工业、矿业和商业活动。

缔约国国民应在相同平等的条件下允许在陆上和领水内开展和从事一切海洋、工业、矿业或商业活动，但不得以任何理由或出于任何计划而建立垄断。

尽管挪威可能实施任何有关沿海贸易的法规，驶往或驶离第一条所指地域的缔约国船舶在去程或返程中均有权停靠挪威港口，以便送往前往或离开该地区的旅客或货物或者办理其他事宜。

缔约国的国民、船舶和货物在各方面，特别是在出口、进口和过境运输方面，均不得承担或受到在挪威享有最惠国待遇的国民、船舶或货物不负担的任何费用或不附加的任何限制；为此目的，挪威国民、船舶或货物与其他缔约国的国民、船舶或货物应同样办理，不得在任何方面享有更优惠的待遇。

对出口到任何缔约国领土的任何货物所征收的费用或附加的限制条件不得不同于或超过对出口到任何其他缔约国（包括挪威）领土或者任何其他目的地的相同货物所征收的费用或附加的限制条件。

第四条 在第一条所指的地域内由挪威政府建立或将要建立或得到其允许建立的一切公共无线电报台应根据 1912 年 7 月 5 日《无线电报公约》或此后为替代该公约而可能缔结的国际公约的规定，永远在完全平等的基础上对悬挂各国国旗的船舶和各缔约国国民的通讯开放使用。

在不违背战争状态所产生的国际义务的情况下，地产所有者应永远享有为私人目的设立和使用无线电设备的权利，此类设备以及固定或流动无线台，包括船舶和飞机上的无线台，应自由地就私人事务进行联系。

第五条 缔约国认识到在第一条所指的地域设立一个国际气象站的益处，其组织方式应由此后缔结的一项公约规定之。

还应缔结公约，规定在第一条所指的地域可以开展科学调查活动的条件。

第六条 在不违反本条规定的情况下，缔约国国民已获取的权利应得到承认。

在本条约签署前因取得或占有土地而产生的权利主张应依照与本条约具有同等效力的附件予以处理。

第七条 关于在第一条所指的地域的财产所有权，包括矿产权的获得、享有和行使方式，挪威保证赋予缔约国的所有国民完全平等并符合本条约规定的待遇。

此种权利不得剥夺，除非出于公益理由并支付适当赔偿金额。

第八条 挪威保证为第一条所指的地域制定《斯瓦尔巴采矿法典》。《斯瓦尔巴采矿法典》不得给予包括挪威在内的任何缔约国或其国民特权、垄断或优惠，特别是在进口、各种税收或费用以及普通或特殊的劳工条件方面，并应保证各种雇佣工人得到报酬及其身心方面所必需的保护。

所征赋税应只用于第一条所指的地域且不得超过目的所需的数额。

关于矿产品的出口，挪威政府应有权征收出口税。出口矿产品如在10万吨以下，所征税率不得超过其最大价值的1%；如超过10万吨，所征税率应按比例递减。矿产品的价值应在通航期结束时通过计算所得到的平均船上交货价予以确定。

在《斯瓦尔巴采矿法典》草案所确定的生效之日前3个月，挪威政府应将草案转交其他缔约国。在此期间，如果一个或一个以上缔约国建议在实施《斯瓦尔巴采矿法典》前修改《斯瓦尔巴采矿法典》，此类建议应由挪威政府转交其他缔约国，以便提交由缔约国各派一名代表组成的委员会进行审查并作出决定。该委员会应应挪威政府的邀请举行会议，并应在其首次会议举行之日起的3个月内作出决定。委员会的决定应由多数作出。

第九条 在不损害挪威加入国际联盟所产生的权利和义务的情况下，挪威保证在第一条所指的地域不建立也不允许建立任何海军基地，并保证不在该地域建立任何防御工事。该地域决不能用于军事目的。

第十条 在缔约国承认俄罗斯政府并允许其加入本条约之前，俄罗斯国民和公司应享有与缔约国国民相同的权利。

俄罗斯国民和公司可能提出的在第一条所指的地域的权利的请求应根

据本条约（第六条和附件）的规定通过丹麦政府提出。丹麦政府将宣布愿意为此提供斡旋。

本条约应经批准，其法文和英文文本均为作准文本。

批准书应尽快在巴黎交存。

政府所在地在欧洲之外的国家可采取行动，通过其驻巴黎的外交代表将其批准条约的情况通知法兰西共和国政府；在此情况下，此类国家应尽快递交批准书。

本条约就第八条规定而言，将自所有签署国批准之日起生效，就其他方面而言将与第八条规定的《斯瓦尔巴采矿法典》同日生效。

法兰西共和国政府将在本条约得到批准之后邀请其他国家加入本条约。此种加入应通过致函通知法国政府的方式完成，法国政府将保证通知其他缔约国。

上述全权代表签署本条约，以昭信守。

1920年2月9日订于巴黎，一式两份，一份转交挪威国王陛下政府，另一份交存于法兰西共和国的档案库。经核实无误的副本将转交其他签署国。

附　件

一（一）自本条约生效之日起3个月内，已在本条约签署前向任何政府提出的领土权属主张之通知，均应由该主张者之政府向承担审查此类主张职责的专员提出。专员应是符合条件的丹麦籍法官或法学家，并由丹麦政府予以任命。

（二）此项通过须说明所主张之土地的界限并附有一幅明确标明所主张之土地且比例不小于1∶1000000的地图。

（三）提出此项通知应按每主张一英亩（合40公亩）土地缴1便士的比例缴款，作为该项土地主张的审查费用。

（四）专员认为必要时，有权要求哦主张人提交进一步的文件和资料。

（五）专员将对上述通知的主张进行审查。为此，专员有权得到必要的专家协助，并可在需要时进行现场调查。

（六）专员的报酬应由丹麦政府和其他有关国家政府协议确定。专员认为有必要雇佣助手时，应确定助手的报酬。

（七）在对主张进行审查后，专员应提出报告，准确说明其认为应该立即予以承认之主张和由于存在争议或其他原因而应提交上述规定的仲裁予以解决的主张。专员应将报告副本送交有关国家政府。

（八）如果上述第（三）项规定的缴存款项不足以支付对主张的审查费用，专员若认为该项主张应被承认，则其可立即说明要求主张者支持的差额数。此差额数应根据主张者被承认的土地面积确定。

如果本款第（三）项规定的缴存款项超过审查一项主张所需的费用，则其余款应转归下述仲裁之用。

（九）在依据本款第（七）项提出报告之日起3个月内，挪威政府应根据本条约第一条所指的地域上已生效或将实施的法律法规及本条约第八条所提及的产矿条例的规定，采取必要措施，授予其主张被专员认可的主张者一份有效的地契，以确保其对所主张土地的所有权。

但是，在依据本款第（八）项要求支付差额款前，只可授予临时地契；一旦在挪威政府确定的合理期限内支付了该差额款，则临时地契即转为正式地契。

二　主张因任何原因而未被上列第一款第（一）项所述的专员确认为有效的，则应依照以下规定予以解决：

（一）在上列第一款第（七）项所述报告提出之日起3个月内，主张被否定者的政府应指定一名仲裁员。

专员应是为此而建立的仲裁庭庭长。在仲裁员观点相左且无一方胜出时，专员有决定权。专员应指定一书记官负责接收本款第（二）项所述文件及为仲裁庭会议做出必要安排。

（二）在第（一）项所指书记官被任命后1个月内，有关主张人将通过其政府向书记官递交准确载明其主张的声明和其认为能支持其主张的文件和论据。

（三）在第（一）项所指书记官被任命后的2个月内，仲裁庭应在哥本哈根开庭审理所受理的主张。

（四）仲裁庭的工作语言为英文。有关各方可用其本国语言提交文件或论据，但应附有英文译文。

（五）主张人若愿意，应有权亲自或由其律师出庭；仲裁庭认为必要时，应有权要求主张人提供其认为必要的补充解释、文件或证据。

（六）仲裁庭在开庭审理案件之前，应要求当事方缴纳一笔其认为必要的保证金，以支付各方承担的仲裁庭审案费用。仲裁庭应主要依据涉案主张土地的面积确定审案费用。若出现特殊开支，仲裁庭亦有权要求当事方增加缴费。

（七）仲裁员的酬金应按月计算，并由有关政府确定。书记官和仲裁庭其他雇员的薪金应由仲裁庭庭长确定。

（八）根据本附件的规定，仲裁庭应全权确定其工作程序。

（九）在审理主张时，仲裁庭应考虑：

a）任何可适用的国际法规则；

b）公正与平等的普遍原则；

c）下列情形：

（i.）被主张之土地为主张人或其拥有所有权的初始主张人最先占有的日期；

（ii.）主张人或拥有所有权的初始主张人对被主张之土地进行开发和利用的程度。在这方面，仲裁庭应考虑由于1914年至1919年战争所造成的条件限制而妨碍主张人对土地实施开发和利用活动的程度。

（十）仲裁庭的所有开支应由主张者分担，其分担份额由仲裁庭决定。如果依据本款第（六）项所支付的费用大于仲裁庭的实际开支，余款应按仲裁庭认为适当的比例退还其主张被认可的当事方。

（十一）仲裁庭的裁决应由仲裁庭通知有关国家政府，且每一案件的裁决均应通知挪威政府。

挪威政府在收到裁决通知后3个月内，根据本条约第一条所指的地域上已生效或将实施的法律法规以及本条约第八条所述《斯瓦尔巴采矿法典》的规定，采取必要措施，授予其主张被仲裁庭裁决认可的主张人一份相关土地的有效地契。但是，只有主张人在挪威政府确定的合理期限内支付了其应分担的仲裁庭审案开支后，其被授予的地契方可转为正式地契。

三　没有依据第一款第（一）项规定通知专员的主张，或不被专员认可且亦未依据第二款规定提请仲裁庭裁决的主张，即为完全无效。

延长斯匹次卑尔根群岛条约签署时间的议定书

暂时不在巴黎而未能于今天签署斯匹次卑尔根群岛条约的全权代表，在 1920 年 4 月 8 日前，均应允许签署之。

1920 年 2 月 9 日订于巴黎。

（本译文由外交部翻译。）

附录2 《斯匹次卑尔根群岛条约》的缔约国及批准生效时间

序号	缔约国	批准时间	生效时间
1	荷兰	1920年7月30日（R） 1920年2月9日（S）	1925年8月14日
	荷属阿鲁巴岛（Aruba）		1986年1月1日
	荷兰属博内尔岛（Bonaire）、Sint Eustatius、萨巴（Saba）、库拉索岛（Curaçao）、圣马丁（Sint Maarten）、		2010年10月10日
2	英国	1923年5月31日（R） 1920年2月9日（S）	1925年8月14日
3	澳大利亚	1923年5月31日（R） 1920年2月9日（S）	1925年8月14日
4	南非	1923年5月31日（R） 1920年2月9日（S）	1925年8月14日
5	加拿大	1925年5月31日（R） 1920年2月9日（S）	1925年8月14日
6	新西兰	1923年5月31日（R） 1920年2月9日（S）	1925年8月14日
7	丹麦	1923年12月24日（R）	1925年8月14日
	丹麦法罗群岛、格陵兰岛		1925年8月14日
8	美国	1924年3月4日（R） 1920年2月9日（S）	1925年8月14日
9	意大利	1924年6月19日（R） 1920年2月9日（S）	1925年8月14日
10	瑞典	1924年6月27日（R） 1920年2月9日（S）	1925年8月14日
11	挪威	1924年8月8日（R） 1920年2月9日（S）	1925年8月14日
12	法国	1924年9月6日（R） 1920年2月9日（S）	1925年8月14日
13	日本	1924年12月16日（R） 1920年2月9日（S）	1925年8月14日

续表

序号	缔约国	批准时间	生效时间
14	印度	1923 年 5 月 31 日（R）	1925 年 8 月 14 日
15	比利时	1925 年 5 月 27 日（A）	1925 年 8 月 14 日
16	摩纳哥	1925 年 6 月 22 日（A）	1925 年 8 月 14 日
17	瑞士	1925 年 6 月 30 日（A）	1925 年 8 月 14 日
18	中国	1925 年 7 月 1 日（A）	1925 年 8 月 14 日
19	南斯拉夫（1991.6.25）	1925 年 7 月 6 日（A）	1925 年 8 月 14 日
20	罗马尼亚	1925 年 7 月 10 日（A）	1925 年 8 月 14 日
21	芬兰	1925 年 8 月 12 日（A）	1925 年 8 月 14 日
22	沙特	1925 年 9 月 2 日（A）	1925 年 9 月 2 日
23	埃及	1925 年 9 月 13 日（A）	1925 年 9 月 13 日
24	保加利亚	1925 年 10 月 20 日（A）	1925 年 10 月 20 日
25	希腊	1925 年 10 月 21 日（A）	1925 年 10 月 21 日
26	西班牙	1925 年 11 月 12 日（A）	1925 年 11 月 12 日
27	德国	1925 年 11 月 16 日（A）	1925 年 11 月 16 日
28	阿富汗	1925 年 11 月 23 日（A）	1925 年 11 月 23 日
29	多米尼加共和国	1927 年 2 月 3 日（A）	1927 年 2 月 3 日
30	阿根廷	1927 年 5 月 6 日（A）	1927 年 5 月 6 日
31	葡萄牙	1927 年 10 月 24 日（A）	1927 年 10 月 24 日
32	匈牙利	1927 年 10 月 29 日（A）	1927 年 10 月 29 日
33	委内瑞拉	1928 年 2 月 8 日（A）	1928 年 2 月 8 日
34	智利	1928 年 12 月 17 日（A）	1928 年 12 月 17 日
35	爱沙尼亚	1930 年 4 月 7 日（A）	1930 年 4 月 7 日
36	奥地利	1930 年 1 月 13 日（A）	1927 年 1 月 13 日
37	阿尔巴尼亚	1930 年 4 月 29 日（A）	1930 年 4 月 29 日
38	波兰	1931 年 9 月 2 日（A）	1931 年 9 月 2 日
39	俄罗斯（苏联）	1935 年 6 月 7 日（A）	1935 年 6 月 7 日
40	拉脱维亚	2016 年 6 月 13 日（A）	2016 年 6 月 13 日
41	立陶宛	2012 年 12 月 21 日（A）	2012 年 12 月 21 日
42	前捷克斯洛伐克	1930 年 7 月 9 日（A）	1930 年 7 月 9 日
43	捷克共和国	2006 年 6 月 20 日（Su）	1993 年 1 月 1 日
44	爱尔兰	1976 年 4 月 15 日（A）	1976 年 4 月 15 日

续表

序号	缔约国	批准时间	生效时间
45	冰岛	1994年5月6日（A）	1994年5月6日
46	韩国	2012年9月7日（A）	2012年9月7日
47	朝鲜	2016年3月16日（A）	2016年3月16日

注：资料来源：http：https://verdragenbank.overheid.nl/en/Verdrag/Details/004293（2016年7月24日），R代表"条约批准"（ratification），A代表"加入"（accession）表示同意受条约拘束，Su代表succession（继承），S代表Signature（签署）。

附录3 斯瓦尔巴采矿法典

（1925年8月7日由皇家法令制定，1975年6月11日由皇家法令修订）

第一章 介绍性条款

第一条

本《采矿法典》适用于整个斯匹次卑尔根（斯瓦尔巴群岛）群岛，包括熊岛以及经度10度至35度、北纬74度至81度之间的所有岛屿，特别是西斯匹次卑尔根、东北地、巴伦支岛、埃季岛、维奇群岛（查尔斯国王地）、希望岛、查尔斯王子海岬、以及附属的大小岛屿和暗礁。

第二条

（1）探查、取得和开采煤、矿物油以及其它矿物和岩石的权利，对它们的开采和挖掘须遵守本《采矿法典》以及有关税收和其它同等的规定，除属于挪威国以外，还属于：

（A）批准或遵守《关于斯瓦尔巴群岛的条约》国家的所有国民。

（B）在上述任何国家注册和合法成立的公司。只有董事会设在该国，才能确认为该公司在该国注册。

（2）个人或公司是否满足上述规定的条件，应矿区专员的正式请求（要求），须出具其所在国主管部门的正式宣誓书来予以核实；若该主管部门不是挪威部门的话，需通过挪威驻该国的公使馆或领事馆，或者该国驻挪威公使馆或领事馆予以证明。

（3）关于第一款所述的开采对象是矿物还是岩石的任何争议，都由挪威司法部根据矿区专员的报告最终裁决。

第三条

（1）未在挪威定居或在挪威或斯瓦尔巴群岛没有永久住所的个人，和董事会未设在挪威或斯瓦尔巴群岛的公司，为了获得或行使第二条所述的权利，必须由挪威或斯瓦尔巴群岛的永久居民担任代理人，其姓名、职务和住址也已经呈报矿区专员，该代理人必须受权代表他们出庭和处理他们在斯瓦尔巴群岛与采矿有关的事宜。

（2）在不符合条件的情况下，矿区专员办公室所在的初审法院的法官，应任何有关一方的要求，都可以指定一名代理人。在有关方报告已委任另一名代理人之前，这位代理人拥有第一款所述的权力。

第四条

（1）根据本《采矿法典》向挪威有关部门提出的任何具有一定限期的申请，都必须在期限到期之前提交有关部门。

（2）如果一项申请不是用挪威文写成，挪威有关部门可以要求在一定限期内提交一份附有正式审定过的译文。如果申请人不能遵守这些要求，有关部门可拒绝受理该项申请。

第五条

（1）根据《斯瓦尔巴采矿法典》赋予矿区专员的权力，可由司法部依据实际需要来授下属的采矿服务官员。

（2）如果关于采矿服务官员的决定在使用第十三条程序的情况下的勘查期间尚未宣布，可提交给矿区专员再次审议；同样地，关于矿区专员的决定也可提交给司法部再行审议。

（3）关于其它下属管理部门的决定，参照本《采矿法典》也可提交上级部门再行审议。

第六条

在斯瓦尔巴供职的公共官员不得宣告任何发现，获得任何所有权，或者成为任何所有权要求的业主或伙伴，也不得在其所在地区成为出售发现权或所有权要求的代理人。

第二章　关于探矿和发现

第七条

（1）对于第二条所述矿物和岩石天然矿藏的探寻活动，既可以在自己所有的地产上进行，也可以在其他方的地产上和国有土地上进行。

（2）希望在其他人地产上或国有土地上进行探矿的任何人，须持有矿区专员或警察总长颁发的许可证。需要时，他必须出示许可证。

（3）许可证自颁发之日起有效期为两年，授予探矿者在探寻第二条所述的矿物或岩石时进行必要和便利工作的权利，或是授予其为检测已发现矿藏，也包括检测工作在内，就储量进行初步评估以确定是否值得继续探寻的权利。

（4）除非得到批准，不得在其他任何一方提出所有权要求的范围内找矿。

（5）除非得到业主和工厂或楼房住户的同意，不得在距离正在施工或经营的任何工厂或工业设施、任何交通线、码头或房屋500米以内的范围内探矿，此规定不包括为狩猎、捕鱼或鲸鱼考察而临时搭建使用的小屋。也不得在距离任何公共设施、科学研究设施、教堂或墓地500米以内的地方探矿。

第八条

（1）探矿者必须对因找矿而对地产业主或其他任何一方造成的损坏予以赔偿。

（2）任何人阻挠合法探矿活动，应该对探矿者因徒劳奔波或其它方面而遭受的任何可以证明的损失予以赔偿。

第九条

（1）任何人通过合法探矿活动发现第二条所述的含有或认为含有矿物或岩石的天然矿床，在愿意进行进一步勘探的情况下，需要有2名见证人在场，在坚固的岩石上做标记或以其它能持久性保存和妥当的方式清楚地标识发现位置，此外，还需在确定发现位置后的十个月内以书面形式通知矿区专员，由此取得发现权。在期限到期之前，还可将发现呈报连同全面法律效用送交警察总长备案，在这种情况下，警察总长应尽快将其转呈矿区专员。

（2）关于发现呈报必须由申报者签署，内容包括：

（A）申报者和见证人的姓名、住所和国籍；在涉及第三条内容的情况下，还要有所指定的代理人的姓名和地址。

（B）对发现地点和所做标记进行准确描述，并附一张比例尺不小于1：100000的示意图，并在上面标明所发现矿藏的位置。

（C）准确真实地说明发现所标明矿藏的时间和情形。

（D）附上所发现矿物或岩石的标本，同时参照这些标本说明所发现矿藏的性质。

（E）随附一份见证人的声明，说明在发现所标记地点时他们都在现场以及标记是怎样做的。

（3）任何人，如果要申报几个矿藏发现地点，必须逐个申报，单独备案。

（4）如果一份发现矿藏的通知已经按期备案，但其内容不符合第二款和第三款的规定，如果所缺失的部分在矿区专员给予的限期内得以补齐，则发现权可以保留。

（5）当任何一方要取得一个已经转为国家土地上的矿藏时，不论是否已经生效，第一款至第四款的规定可相应地适用。

第十条

1. 发现者根据第九条所取得的发现权，除了拥有第七条第三款所规定的在矿藏发现地的经营权利外，如果愿意进一步勘探，还可赋予他对矿藏发现地提出所有权的权利。

2. 如果在做出发现标记后五年内未将所有权调查的申请上报矿区专员，或者如果任何其他一方在所属期限到期前取得了对这块发现地点的所有权（见第十二条第二款 D 项），则丧失发现权。

3. 已经备案的发现权可以转让。在通知矿区专员之前转让无效。

第三章　关于矿区专属权的申报

第十一条

（1）如果自然条件或任何其它情况都允许，矿区专员应在收到申请最迟两年内对所申报的矿区所有权进行调查。

（2）关于开始所有权调查的时间，应在所有权调查将要开始的该年该月月底在指定用于此目的的官方公报上予以公布。通告的内容为：

（A）申请人的姓名、住址和国籍。

（B）含有矿藏发现地点情况的资料和所报告标记发现地点的时间。

（C）要求调查的时间和地点。

（D）召集了所有要求拥有该所有权的人，在调查中考虑他们的利益。

此外，矿区专员应将通告的副本发给被认为与调查有关的人。但是，如果这种资料未转发或者有关方未收到，这并不意味着需要再进行一次调查。

（3）每一项申报所有权的申请应交付 4500 挪威克朗的办理费用。如果一个申请人在同一地区同时提出几项申报，或几个申请人在同一个地区同时共同提出多项申报，则其它的每一项所有权申请需交付 1800 挪威克朗的办理费用。如果发现矿藏的地点相距不超过 30 公里时，多项申报则被认为属于同一地区。

交付用于所有权调查的费用应随同申请材料一起呈交矿区专员。

第十二条

（1）在进行所有权调查时，矿区专员首先要判断申请人是否有权申报。

（2）如果申请人有权申报，矿区专员依据下述规定开展调查：

（A）矿藏发现地点必须在所有权申报的范围以内。

（B）如果所申请的多个发现地点相互之间距离非常近，以至于取得其中一个发现地点的所有权有赖于另一个发现地点所有权的调查方式，则首先标记发现地点的人可以选择用哪种方式进行调查。如果他没有参加所有权调查，但如果他提出了所有权要求，矿区专员则随后应决定对他的发现地所有权要求采取什么样的调查方式。

（C）所有权应根据申请人的要求和矿床的特点，按平面面积最多 1000 公顷给予。通常，给予所有权的矿区应是成直角的平行四边形形状，其长度和宽度由申请人自己决定，但限定其长度不得大于宽度的四倍。如果该形状受到海岸线地形或自然边界的影响，且所有权要求的范围没有一个方向超过 7 公里，那么直角各边的分配应按照申请人的要求决定。边界是由表面的边界线及其无限向下的投影构成的垂直平面。

（D）如果所有权要求已经包含了多个发现地点，则取得其余几个发现地点的权利就会丧失。

（3）申报调查的情况应记录在法定的工作簿里。如有人提出要求时，矿区专员应提供已经核实的该工作簿摘录信息，按每页或每一部分 10 挪威克朗收取费用。

（4）所有权申请被批准后，矿区专员应根据所有权调查情况，就每一项申请分别向申报人寄发专属权证书。

关于这种专属权的发布通告应在专用于此目的的公共报纸上刊登出来。

第十三条

1. 如果任何一方对矿区专员就所有权调查作出的决定持有异议，必须在专属权通告在公共报纸上刊登后六个月内，或在所有权调查遭到拒绝后的六个月内开始采取诉讼行动。

2. 如果在有效的限期内未采取这种诉讼行动，或在正当的时间内采取的诉讼行动里被正当地裁定、撤回或驳回，则该所有权为最终结果。

第十四条

（1）当所有权要求得到最终批准后，在所有权人遵守第十五条对其规定的工作要求情况下，他就取得了在所有权范围内通过采矿作业规定开采第二条所述的一切矿物和岩石的独家权利。

（2）所有权人有权根据采矿作业的实际需要和便利，部分开采和保留其它矿物和岩石。在按照这种方式已经开采但尚未使用的矿物或岩石，可由地产业主处理。

（3）任何自愿或强制性地转让所有权，和任何自愿或强制性建立所有权关系或转让抵押权或其它与所有权相关的权利时，都必须在一切法律手续完备的情况下按照不动产的规定进行。

（4）根据所有权人的申请，矿区专员可将所有权进行权利分割，把每一部分分割成特殊的所有权。分割所有权可以在不进行一次所有权调查的情况下进行。在其它方面相应地适用第十二条第3款、第4款和第十三条之规定。

从原始所有权中分割出来的所有权中，每项需交纳1800挪威克朗的费用。

第十五条

（1）从所有权成为最终结果的那年10月1日算起，申报者必须在四年后在所有权范围内开始采矿作业。在此后的每五年中，必须在所有权范围内至少完成1500人/日的工作量。

（2）对于不超过25个所有权的区域，由所有权人向矿区专员指定的各固定点的距离不超过15公里成为一个整体，如果所有权人在这些所有权区域的一个或一个以上的区域合计已经完成了第1款强制性规定的工作天数的话，就可以被认为已经完成了其所有的强制性工作。

（3）关于每个工作年内所完成的工作量的报告，从工作年当年的10月1日计算至下一年的9月30日，并应在第二年的12月31日以前呈报矿区专员。

（4）在一个采矿期限内或者至少不迟于采矿期限开始后一个工作年的 12 月 31 日前，所有权人可以向矿区专员提交一份减少义务的请求书，司法部可根据矿区专员的报告，按照第 1 款和第 2 款的规定免除异议中期限，包括豁免工作义务或减少履行这种义务的工作日数。豁免的条件是：

（A）所有权人证明存在一些所有权人无法克服的重大障碍，或者这些障碍已经或正在影响其作业，例如与经营、产品的利用或销售有关的特殊情况的变化；

（B）一个所有权人证明在计算工作日时不包括一个或几个所有权，而对于他正在施行的所有权时是有必要保留的。

第十六条

（1）如果矿区所有权人未能遵守第十五条第 1 款和第 2 款的工作要求，未按时申请和取得豁免权，且除了完成一年的新阶段的平均工作量外，未能在同一期间内补足工作量，其矿区所有权则在下一年的年底终止。

（2）如果对保持一个或几个所有权矿区但并不是对所有的所有权矿区做了足够的工作，矿区专员应考虑决定终止哪些矿区的所有权，如果矿区所有权人未做出选择或在第 1 款所提该年度限期内未向矿区专员作出同样声明的话。

（3）当一个所有权根据上述规定终止后，一旦另一个注册发现权的拥有者在五年期限内申请该区域的所有权，则该所有权或该所有权的一部分，既不能再分配给原所有权人，也不能再分配给他占有大部分股份的公司。

第十七条

（1）在矿区所有权最后确定后，该所有权人每年要为每一项所有权交纳最多不超过 4500 挪威克朗的费用。对此项费用，国家应对有关的所有权拥有第一优先抵押权，此项费用可以按收取不动产税的规定收取。

（2）如果出售矿区所有权，而相关费用没有交清，所有权则终止。该矿区所有权既不能再分配给原所有权人，也不能再分配给其占有大部分股份的公司，除非他首先付清未交款项、诉讼费以及包括产生的利息在内的费用。

第十八条

除第十六条和第十七条规定的情况外，当所有权人付清了应交纳的费用，并通过给矿区专员的书面声明放弃其所有权时，该项矿区所有权即终止。在这种情况下，第十六条第3款的规定相应适用。

第四章　关于同地产业主的关系

第十九条

（1）任何地产业主，如果其地产已经赋予了矿区所有权，则有权参与比例不超过四分之一的经营活动。如果他想使用这项权利，他必须在给予矿区所有权的公告在公共报纸上公布后一年之内将他所要求份额通知矿区所有权人。然后，他还可以要求将已经开采的相应部分保留在现场，直到就有关参与方式签署协议为止。

如果已经赋予矿区所有权的地产属于几个业主，业主们有权共同参与比例不超过四分之一的经营活动，相关费用和收入由他们平等分摊。如果上述任一业主不愿意参与，其利益应该成为其他人的财产。

（2）当某地产业主或其将权利转让给的任何一方声明愿意参与经营活动时，自经营开始时，地产业主和矿区所有权人应按照地产业主要求的比例份额签订有关分摊经营和设施成本、分享产品使用和利润分配权的书面合同。

如果有关方不能达成协议，不论是那一方，可以在第1款所述期限到期之前六个月内要求矿区专员确定合同条款。如果地产业主不接受矿区专员的决定，在他接到通知后的六个月内，要么将其权利转让给接受这些条款的人，要么撤回对经营活动的任何参与。

第二十条

（1）矿区所有权人有权要求矿区专员划出人行道、行车道、铁路、有轨电车道、空中索道、垃圾场、商店、码头及其它矿区工作相关设施所需的土地。

（2）在第七条第5款所规定的区域内，除了任一矿区所有权人经营都需要的人行道、行车道、铁路、有轨电车道、空中索道、垃圾场、商店、码头等所需土地以外，不得提出其它割让土地的要求。要取得对这些地方的土地的控制，在没有任何协议的情况下，须经矿区专员许可。矿区专员在做出任何决定之前，应给予地产业主及其它权利人发表意见的机会。矿区专员不得给予许可,除非他发现其他各方的利益并没有因此受到实质上的损害,同时必要时为了安全起见应制定防止这种损害的条款。

(3)依照第一条和第二条规定进行所有权割让所造成的任何损害和不便,地产业主和任何其他权利人都可以要求赔偿。如果未达成协议,则应按规定执行。

(4)地产业主根据第1款和第2款割让的土地,在使用权最后被放弃或者所有权丧失后,应作为完整的财产归属主体土地。

在经营结束后,矿区所有权人有三年的时间按其要求的程度清理土地。之后未被清理掉的东西应归属地产业主。但是,如果在上述时间内任何一方取得了被放弃矿区的新的所有权,前一个所有权人有权将其设施、房舍和机器转让给他。

第五章 关于采矿

第二十一条

本章关于矿井的条款,只要适当,应相应地适用于地面作业。

第二十二条

(1)一个矿区的作业应使用开矿机进行。

(2)在现场技术管理负责人,须具备必要的专业知识和经验。

(3)除得到地产业主或土地使用者的允许外,在第七条第5款规定禁止探矿的地方不得进行采矿作业,也不得从事地下作业,除非矿区专员判断该项工作本身或以这样的方式进行,不会因此造成地面厂房或房屋下沉或其它损害。但是,如果厂房或房屋是在所有权要求最终确定之后建造的,则不需要上述批准。

如果要在第七条第5款规定所述的距离公共设施、科学设施、教堂和墓地范围内开始或进行地下作业,须经国王批准。

(4)在任何企业内,如果雇用的工人不是挪威人,则必须要至少指定一名能听懂挪威语并会说挪威语言的官员,必要时,他还应会说矿上普遍使用的外语。

第二十三条

(1)如果矿区专员认为有必要,则每个矿区都应保存一份记录,记载每月作业情况的报告以及所发生的与矿井和矿床状况有关的所有事情。

每年要在12月31日以前呈交矿区专员一份按照其要求的格式所作的摘要纪录。

（2）每个在地面上不能看到其整体情况的矿区，都应绘制一张地图（矿区图），并按照作业进展情况，及时予以补充。一份地图应留在矿上使用，另一份报送矿区专员。

（3）矿区专员根据本条规定所收到的资料和地图，应只用于官方目的，不得提供给他人。

第二十四条

如果没有特别的困难和费用，在作业过程中应尽力避免破坏地层和矿层、或者任何自然奇观或可能具有科学或历史意义的地方。

第二十五条

（1）如果已规定需要调查的矿井其拥有人希望暂时或永久停止作业，他应尽快将其影响通知矿区专员。

（2）未经矿区专员批准，不得损坏或移动用于保护矿井安全的木料或任何支撑物。

（3）矿井井口应封填或建造适当的围栏。

第六章 关于工人的保护

第二十六条

（1）在挪威任何时间生效的关于保护工人的法律规定，应适用于斯瓦尔巴群岛的采矿作业。根据当地实际情况，可以经国王批准予以修改和实施。

（2）第二十七条至第三十三条关于工人的规定，也应适用于这里为采矿作业而雇用的其他任何人。

第二十七条

（1）雇主必须为其工人提供健康和适当的住所，在条件允许的情况下，要提供卫生设施。关于建筑形式和房屋装修的进一步要求将由司法部颁布。司法部还应责成雇主提供一间会议室和一定数量的工人能看懂的书籍。

（2）雇主必须在厂房准备所需的药品、外科器材和包扎物品。关于这方面的更具体的要求将由司法部颁布。

（3）司法部应责成雇主设立一所医院，配备隔离设施、必要的设备和护理人员，以及尽可能按照司法部决定的数量设置病床。当司法部发现必要时，还可要求雇主提供现场护理。

第二十八条

（1）在可能因结冰而导致与外界联系中断的季节，雇主必须注意在其厂房中储备足够的供工人至少一年所需的粮食、衣物和其它生活必需品。

储备物资应分散存放于安全的仓库内，关于执行这些规定的更具体条例将由司法部颁发。

（2）在紧急情况下，如果警察总长认为有必要，他应命令或亲自将尽可能多的工人遣送回家，以便有足够的给养供应留下的工人。即使有人不满，也不能延缓遣送行动。

第二十九条

武器、弹药和爆炸物品以及酒精饮料和麻醉药品等，只有按照国王颁布的条例才能运入斯瓦尔巴群岛，而费用按各公司的实际需要来支付。

第三十条

（1）在相关的地方由雇主本人或通过他人与工人一起进行的或与之有关的贸易净收益，应在年度审计结算后用于工人的一般福利。利润的用项应由雇主会同由工人指定的委员会决定。在有争议时，该委员会可要求由警察总长裁定。在计算这种贸易的净收益时，雇主有权扣除合理的部分用于设施的基建投资。

（2）如果雇主在斯瓦尔巴群岛从工人的生活支出上获利，则第1款的规定也相应适用。

第三十一条

（1）雇主应该注意，当工人患病时应及时就医，直到他们痊愈或恢复到一定程度遣送回家。在这种情况下，遣送的费用应由雇主承担。

（2）而且雇主必须对工人患病期间的工作收入损失给予补偿。

（3）关于工人患病期间雇主提供护理的义务以及关于患病期间工作收入损失的补偿条件和数额，国王应颁布更加具体的条例。

第三十二条

任何工人在工作中因事故受伤，如果是并非受害者故意造成的事故，则除第三十一条规定的义务外，雇主还必须遵照国王颁布的条例，向受害者赔偿；如果受害者已死亡，则应赔偿其家属。

第三十三条

（1）雇主应通过银行担保、保险或其它方式，就工人所提出的安全要求应向司法部作出令人满意的保证。担保金的额度应该是固定的，提供的安全保障应得到司法部的批准。

（2）如果提供的安全要求标准得不到遵守，司法部可罚收违约金，直到问题解决为止。罚金可以按照扣押的方式收取。该罚金应根据第三十条的规定使用。

第七章　过渡性条款

第三十四条

（1）依据在《关于斯瓦尔巴群岛的条约》签订之前所发生的私用或占领行为而提出领地要求的个人和公司，如果已按该条约附件第一条第1款的规定通告其权利要求，只要其所有权要求没有终止或依据该附件的规定未被驳回，则有权继续在其提出所有权要求的区域进行勘探和采矿经营，而不受本《采矿法典》规定的限制，但这并不意味着承认所有权要求。在此期间，其他人无权在该区域内进行勘探或采矿。

（2）自本《采矿法典》生效之后的当年9月1日开始，第五章和第六章的条款也适用于依据第一款所规定的采矿作业。

第三十五条

（1）依据《关于斯瓦尔巴群岛的条约》附件的规定被承认是某块领地业主的个人和公司，按其要求尽可能多地在其地产边界以内赋予其矿区所有权，应符合的条件为：

（A）基于私用或占领行为而被承认的所有权的目的是利用这块领地采矿或为此目的而进行的开发或利用；

（B）矿区所有权调查的申请，包括按照临时提交的相关矿物或岩石的发现标本所确定的矿床资料和按规定应交纳的费用，在依据《关于斯瓦尔巴群岛的条约》附件第一条第9款或第二条第11款的规定已经发给矿区所有权人这些地产的地契后十年内报送矿区专员。

对第一项矿区所有权的申请应收取 500 挪威克朗的费用，以后在给同一地产边界以内的每项申请收取 200 挪威克朗的费用。

在这些情况下，第十一条第 1 款和第 3 款最后一段、第十二条第 1 款和第 2 款 C 项、以及第 3 款和第 4 款的规定，在做必要修改后适用，而第九条至第十二条的其它规定则不适用。

（2）至第 1 款 B 项所规定的期限到期为止，且只有矿区所有权的申请提交的时间得当，直到申请的所有权最终确定，则被承认的所有权人具有在其领地上勘探和采矿的专属权利。在此期间，第五章和第六章的规定适用。

（3）第 1 款所涉及个人和公司依据第一款规定取得矿区所有权免交第十七条所规定的申请费用。此规定同样适用于第 1 款 B 项所述的已经在十年内提出申请的申请人。在其它方面，本《采矿法典》适用于矿区所有权的申请者。

最后条款

第三十六条

本《采矿法典》生效时间通过法令来予以公布。

（转引自极地软科学网：http://softscience.chinare.org.cn/achieveDetail/?id=626）

附录 4 关于收取前往斯瓦尔巴游客环境费的条例

2007 年 4 月 1 日生效

本条例由挪威环境部提交，依据《关于斯瓦尔巴环境保护的法案》（2001 年 6 月 15 日第 79 号）第 78 条规定于 2006 年 12 月 22 日作为皇家法令颁布。

第 1 条　环境费及其征收目的

来访斯瓦尔巴的游客应支付环境费。

征收环境费的目的是保护斯瓦尔巴独特野生环境与文化遗产，对于给环境带来压力的游客，为相应的管理和维护工作、保护性措施、信息服务措施等进行捐助。环境费将纳入斯瓦尔巴环境保护基金。

第 2 条　地理范围

本条例适用于斯瓦尔巴陆地及内水区域的游客。

第 3 条　支付环境费的义务

旅游经营者应为每张赴斯瓦尔巴旅游的门票支付金额为 150 挪威克朗的环境费。

乘飞机前往斯瓦尔巴的每位游客其所购的机票应包含金额为 150 挪威克朗的环境费。依照本条例，《航空法》第 1 条第 4 款、第 3 条第 1-6 款、第 7 条第 26 款规定的关于国家航空设施与服务收费免征范围内的航空乘客也有支付环境费的义务。

依照《旅游条例》第 7 条之规定，对于使用自备船只、有义务向总督报告其旅程的个人旅行者，在向总督报告旅程的同时必须支付金额为 150 挪威克朗的环境费。

第 4 条　退款

参照《斯瓦尔巴群岛环境保护法案》第 3 条第一段 i 款，斯瓦尔巴永久居民免于支付依照本条例规定收取的环境费，他们可以向斯瓦尔巴环境保护基金申请退还缴纳的环境费。

第 5 条 豁免

在有特别正当理由的情形下,环境部可以予以豁免。

第 6 条 强制性罚款

为确保本条例之条款或依照本条例所作的决定得到遵守,总督可以依照《斯瓦尔巴环境保护法案》第 96 条之规定采取强制性罚款。

第 7 条 罚款

故意违反或因疏忽而违反本条例或依照本条例制订的相关规定的行为,应以罚款形式予以惩罚。

第 8 条 生效与修订

本条例自 2007 年 4 月 1 日生效。挪威环境部有权对本条例进行修订。

(同济大学国际政治研究所,张连祥、郭学堂译,转引自:极地软科学研究网 http://softscience.chinare.org.cn/achieveDetail/? id = 627)

附录 5　斯瓦尔巴环境保护法案

2001 年 6 月 15 日
挪威环境部第 79 号

第一章　介绍性条款

第 1 条　本法案之目的

本法案旨在保护斯瓦尔巴群岛事实上未被人类涉足的环境，包括成片荒野、景观元素、植物、动物和文化遗产。

在此框架下，本法案允许有利于环境的定居、科研及商业活动。

第 2 条　范围

在国际法限制范围内，本法案适用于整个斯瓦尔巴群岛陆地区域及其领土限制范围内的水域。

第 3 条　相关定义

从本法案目的出发，以下定义适用：

a. 污染：向大气、水域和陆地排放固体、液体或气体物质；制造噪音和振动；以及斯瓦尔巴总督认定会破坏或损害环境的光源或其它放射性物质。

b. 废弃物：抛弃的个人财产和物品；服务业、制造业和废水处理厂等产生的也被认为是废料的多余物品和材料，但废水、废气除外。

c. 捕捞：狩猎，捕捉，捕鱼。

d. 植物：斯瓦尔巴群岛自然界中进行光合作用的单细胞有机体、海藻、青苔、菌类、苔藓、蕨类和维管植物。

e. 动物：斯瓦尔巴群岛自然界中的单细胞动物、脊椎和无脊椎动物。

f. 文化遗产：过去人类活动的踪迹，包括存在于地表与地下、海洋中、海床上及河道中的各种构造和遗址。

g. 构造和遗址：任何陆上所遗存的有形的或与某具体场所相关的文化遗产元素。

h. 可移动历史物品：任何不能确定为构造或遗址的文化遗产元素。

i. 永久居民：其名字在斯瓦尔巴进行了有效人口登记的人。

j. 游客：永久居住者以外的任何人。

k. 机动车辆：道路上或非道路上行驶的由发动机驱动的运输工具。

l. 机动艇筏：由发动机驱动的飞机、气垫船、轮船、小艇和其它艇筏

m. 机动交通：机动车辆或机动艇筏的使用

n. 活动：具有商业或非商业性质的单一、重复或持续进行的工作

o. 工作负责人：指挥工作或自行负责或为其利益而运作的人

第 4 条　斯瓦尔巴群岛的环保机构

斯瓦尔巴群岛的环保机构为：

a. 国王

b. 环境部

c. 由环境部决定的管理局

d. 斯瓦尔巴总督

在必要时，本法案授予下级机构的权利可以由上级环保机构行使。

第二章　行使职权应负责任与原则

第 5 条　应负责任与提供信息义务

在斯瓦尔巴群岛逗留或从事企业工作的人应表现充分的考虑与谨慎，以免对自然环境或文化遗产造成损坏或侵扰。

企业负责人应保证每位从事工作或参加由企业负责的活动的人知晓本法案中制定的关于保护斯瓦尔巴植物、动物、文化遗产及其它自然环境的条款并遵守这些条款。

第 6 条　本法案下行使职权的原则

第 7 条至第 10 条规定的指导方针构成了本法案下行使职权的基础。特别是相关权力机构应该在保证行使职权时遵循本法案和每个具体规定，从总体上看来应与这些指导方针保持一致。

第 7 条　预防性原则

当管理机构缺乏关于一个企业对自然环境或文化遗产所产生影响的足够信息时，按照本法案，应该以一定的方式行使自己的权力，以避免可能对环境造成的损害。

第 8 条　综合环境压力

任何在斯瓦尔巴开展的活动，应以对自然环境与文化遗产可能造成的综合环境压力为基础进行评估。

第 9 条　为环境压力负有责任的人应当赔偿

避免或减少对环境或文化遗产造成破坏的成本应由造成或将要造成此种破坏的人承担。同样地，避免或减少污染和废物问题的成本应由造成或将要造成这种问题的人承担。

第 10 条　合乎环境要求的技术和要素的投入

在斯瓦尔巴的活动应该使用对环境造成最小可能压力的技术，除非关于已经存在的活动进行的重要经济考察表明，该活动应该采取完全不同的技术，而且从总体环境评估来看也是可取的。

在斯瓦尔巴群岛的活动中，可能对环境造成破坏或危害的化工产品或生物产品应该基于综合环境评估由那些对环境具有较少风险的产品代替，不过，基于重要经济考虑对已存在活动进行说明的情况除外。

第三章　保护区

第 11 条　根本原则

斯瓦尔巴应该保护的地区：

a. 包括所有的自然环境和景观类型的不同范围，

b. 有助于维护专门保护区域或具有历史价值的区域，

c. 保护陆地与海洋生态系统，

d. 促进荒野与人类未涉足的自然环境的保护。

第 12 条　关于保护区的条例

个人保护区将由国王参照第 16 条至第 19 条的内容进行规定。

规定应该指明保护区的边界及其目的，并包括管理保护区用途的条款。在规定中，国王可以按照规定禁止或控制任何活动、进入或通过保护区，无论是单种活动形式还是综合使用的形式，都应服从不破坏保护区之目的。

第 13 条　行政程序

依照第 12 条之规定，在条例准备初期，关于保护区的建立或扩建，或者关于保护区地位的撤销，或者关于保护区保护条款的重要修订，总督应确保在决策中与那些涉及特殊利益的公共机构和组织等进行合作。总督应至少在斯瓦尔巴广泛发行的一份报纸上发布关于计划实施的保护措施的通告；在草拟保护措施建议之前，并尽早以书面形式通知地产业主与权利持有人，并给予他们合理的期限陈述自己的意见。在建议准备阶段，该区域内相关活动造成的影响应当予以说明。

依照《公共管理法案》（*the Public Administration Act*）第37条相关条款，条例草案应予发布以征求意见。对地产业主与权利持有人的通知应依照《公共管理法案》第16条相关条款执行。建议案应该在《挪威人报》（*Norwegian Gazette*）和至少一份在斯瓦尔巴广泛发行的报纸上予以公布，还应至少在一处容易获取的地方存放以供公共监督。征求意见的期限至少为两个月。

第14条　临时性保护

为了防止对自然环境中的有价值区域造成破坏，在最终决定尚未做出之前，环境部可以决定采取临时性保护措施。第13条的内容不适用于这样的决定。按照《公共管理法案》之相关条款规定，有起诉权的一方可以对此决定提出申诉。

第15条　保护决议的公布

依照第12条和第14条之规定做出的决定应按照《公共管理法案》第38条之条款应至少在斯瓦尔巴广泛发行的一份报纸上予以公布。按照《公共管理法案》第27条之相关规定，保护区内的地产业主和权利持有人应得到通告。

第16条　国家公园

如果自然栖息地内大面积未被人类或根本上未被人类涉足的区域具有研究价值或能够体现斯瓦尔巴自然或文化遗产，那么这些区域就可以被认定为国家公园予以保护。

国家公园内一律禁止对自然环境或文化遗产造成长期影响的活动。地形、适于动植物生存的海床以及地址结构应该受到保护，以防止开发、建设、污染及其它活动——包括进入或通过国家公园可能对自然环境造成的影响或侵扰。

第 17 条　自然保护区

未经人类涉足或大部分未经人类涉足的区域应作为自然保留地予以保护，如果它们：

a. 拥有特殊的或脆弱的生态系统，

b. 由特殊形式的栖息地或特殊地质构造组成，

c. 不然，要么对植物和动物具有特殊的重要性，要么

d. 具有特殊的科研价值。

自然保护区可以予以绝对的保护。条例可以包含关于保护区内文化遗产保护的规定。

第 18 条　生物保护区与地质保护区

对于植物或动物具有特殊重要性，或者包含有重要或独特地质构造的区域应给予生物保护区或地质保护区地位并予以保护。

在此区域内，任何与保护措施之目的相悖、可能影响或侵扰植物或动物或者破坏地质构造的活动应予以避免。条例可以包含关于保护区内文化遗产保护的条款。

第 19 条　文化环境

在文化历史方面具有特殊价值的区域可以作为文化环境予以保护。在文化环境中，可能降低该区域历史价值的活动应予以避免。

第 20 条　保护区的国际地位

国王可以依照关于保护自然环境和文化遗产的国际公约按照规定授予保护区特别地位。该公约下特殊地位的效力同样适用为挪威法律。

第 21 条　保护区的管理

在依照本章规定而建立的保护区内，总督可以就保护措施目标进行任何必要的管理，可以在保护措施目标框架下安排人们进入保护区并让其感受自然环境和文化遗产。

如果管理措施或进入保护区的安排会影响到私有财产或权益，则必须在此之前尽早通知财产所有者或权利持有人。

第 22 条　保护决定的撤销

如果因为科学或其它特殊目的，环保部门可以批准撤销保护决定，前提是此举与保护决定目标并无冲突，而且不会对保护区的保护价值产生显

著影响。

对于第一段中涉及的撤销权,依据应该包括环保部门就撤销决定对环境可能产生的影响及其重要性进行的评估。

第四章 植物与动物

i. 范围

第23条 本章范围

本章条款适用于斯瓦尔巴陆上和海中各类动植物,但在斯瓦尔巴长期栖息的咸水鱼、甲壳类及海洋哺乳动物除外。

ii. 总体原则与条款

第24条 根本原则

对于斯瓦尔巴陆上和海中各类动植物的管理,应以维护生物自然繁殖、生物多样性及其栖息地、以及为后代保护斯瓦尔巴野生环境为目标。

在本框架下实行控制或限制收割和捕捞。

第25条 一般保护原则

所有种类的动植物,包括其蛋卵、鸟巢或兽穴,都应予以保护,除非本法案另有规定。

第26条 动植物等的进口

只有获得环境部的许可证或遵守第二段所做规定时才能在斯瓦尔巴野外进口活体野生动植物。此条款同样适用于这些物种的蛋卵的进口。

国王可以依照第一段之规定颁布指导动植物的进口的相关条例,也可以颁布指导各类动植物活体或尸体标本以及相关产品出口的条例。

第27条 生物的引进与传播

在没有得到环保部门许可证的情况下,任何人不得:

a. 引进原先不在斯瓦尔巴自然存在的动植物品种,

b. 在斯瓦尔巴各地区之间运输原生动植物品种,或者

c. 采取增加北极鲑储量措施,包括在河道、海湾及海洋中放生鱼类、鱼苗或鱼卵或在河道中放生其他生物体。

iii. 植物

第28条 植物保护内容

任何人不得破坏或铲除植物。

第一段条款规定不包括因合法进入和通过或获得批准的活动造成的损害。

第29条 科学或私人用途的采集

允许用于私人用途的菌类和海藻采集。只要采集不会对当地该植物总量构成重大影响，也允许用于研究或教学目的的植物采集。

iv. 动物

第30条 动物保护内容

除非经本章有关条款授权，任何人不得猎取、捕捉、伤害、杀害动物或损害其蛋卵、巢穴或窝。

第一段条款规定不包括因合法进入和通过或获得批准的活动对单细胞生物和无脊椎动物造成的损害或死亡、以及通过合法捕鱼活动获得的捕捞物。

每年4月1日至8月31日期间，任何人不得在海鸟栖息地一海里范围以内鸣响轮船汽笛、开枪或制造其它噪音。

禁止诱捕、追踪或采取其它方法搜寻北极熊，以免对北极熊的造成侵扰，或者给北极熊或人类带来危险。

没有总督许可，任何人不得对动物使用麻醉剂或制动剂。

禁止使用有毒或化学物质杀害动物。特殊情况下，总督可以授权解除禁令。

第31条 关于收获的一般条款

只允许收获和采集环境部在条例中规定的动物蛋和皮毛。

只允许按照条例规定在管理局的指挥下在规定期间和数量范围内收获某种特殊物种。得到许可的捕捞期不应该在某物种的繁殖或筑巢期。不过，总督有权允许蛋类和皮毛采集。

收获过程中不应对目标物种造成不必要的破坏，不应给人类的生活带来危险或对财产造成任何损坏。关于狩猎、捕捉、在淡水中捕鱼，包括捕捞方法和器材，管理局应该颁布相关条例。

依据本条规定做出决定时，应对保证收获不会明显改变原种的构成与进化给予充分考虑。

第32条 捕捉动物的权利

依照31条之条款，任何人都有权捕捉动物和采集蛋和毛皮，除非与本条或者《关于斯瓦尔巴群岛的法案》第 26 条之规定有矛盾。

只有许可证（狩猎证、捕鱼证）持有者才能进行捕捉活动。不得向不满 16 周岁者颁发许可证。环境部可以就许可证、许可证和每只被猎杀动物的应收费用、与授予许可证相关的培训和考试条件、为培训目的而参加狩猎和捕捉的权利、以及关于捕捉权利的其它条件颁布进一步的条例。

环境部可以针对特殊物种颁布条例，以达到只允许永久居民或只有经总督许可进行捕捉的目的。在第 31 条与 32 条规定的框架内，总督可以就当地捕捉做出进一步规定。许可证应说明条件，包括许可证适用的区域和时间、可能捕捉的数量、捕捉方法类型或者使用的工具。

总督可以授予捕兽人在规定地区和时期内在捕兽人小屋内过冬的专属权利。在授予此项专属权之前，总督应就规定期限内提出专属权申请进行公告。授予专属权利的决定应该说明此项权利涉及到的物种。此项权利可以附加条件，包括巡查与控制任务的条件（参照第八章）以及训练要求。总督可以就专属捕捉权中设陷捕捉的位置颁布规定。

第 33 条　为保护人身与财产而杀害动物的权利

在为了消除给人身带来伤害的直接风险或者防止重大物资损失的必要情况下，可以杀死动物。杀死或试图杀死动物都应该尽快报告总督。

可以杀死造成破坏或麻烦的无脊椎生物、单细胞生物以及小型的啮齿动物。第 30 条最后一段的禁令不适用于杀死小型啮齿动物。

第 34 条　杀死动物的特殊许可证

总督可以许可杀害潜伏在永久或临时居所、显然会造成人身伤害或重大物资损失风险的动物。只有在采取了其它适当的避免伤害或损失的措施失效后，才可以按照此许可规定杀死动物。

第 35 条　狗

在对一般进入和通过开放的区域内，当没有给狗系上皮带时，应以适当方式加以控制。总督或经环境部授权的部门可以发布规定要求必须给狗系上皮带。

第 36 条　制作动物标本等

环境部可以就制作动物标本、剥制师及其活动制订条例。

第 37 条　撤销

即使依照本章规定不能许可的某些特别行动，然而因为科学目的或其它陈述的特别理由，总督可以撤销本章某些条款的规定。

第五章　文化遗产

第 38 条　基本原则

斯瓦尔巴的建筑物、遗址以及可移动历史物品皆应作为斯瓦尔巴文化遗产和历史的一部分和环境管理整体统一的要素加以保护。

第 39 条　文化遗产保护对象

以下对象应加以保护：

a. 1945 年或者更早时期的建筑物和遗址；

b. 1945 年或者更早时期的因偶然机会或经过考察、发掘或者其它方法被发现的可移动历史物品；

c. 1945 年以后具有特殊历史或文化价值的文化遗产应依照管理局的决定加以保护。

所有人类墓穴遗迹，包括十字架与其它墓穴标记、在地面或地下发现的骨骼或骨骼碎片；海象与鲸鱼屠宰地以及用于捕杀北极熊的弹簧枪有关的骸骨遗存，无论其年代，都应认定为建筑物或遗址，并予以保护。

第一段 a 款或第二段中所述的予以自动保护的建筑物与遗址周围，应在可见或可知的 100 米周边范围设立安全区，除非总督规定应该另划界。

若有疑问，管理局将裁定受保护的建筑物、遗址及历史物品；它也可以取消对文化遗产中具体对象的保护。

第 40 条　临时性保护决定

在有特殊原因时，总督可以决定授权对第 39 条第一段 c 款所述的建筑物、遗址或可移动历史物品实施临时性保护，直到保护问题最终裁定为止。

第 41 条　保护决定的管理程序

按照《公共管理法案》，依照第 39 条和第 40 条做出的决定是个别决定，当总督认为合适时，这些决定应进行司法登记并予以公布。

第 42 条　保护内容

任何人不得在包括安全区在内的区域破坏、开挖、移动、移走、改变、覆盖、隐蔽或涂染受保护的结构、遗址或者可移动的历史物品，也不得采取可能导致发生这种风险的措施。

在安全区内，不得搭建帐篷、生火或进行其它类似的活动。

如果进入或通过安全区本身或一段时间后可能破坏保护之目的，总督可以管制或禁止这样的进入或通过。

第43条　受保护可移动历史物品的所有权

当明显不存在所有权或不可能追溯所有者的可能时，受到保护的可移动历史物品就是国有财产。管理局可以将全部或部分发现物移交给发现者。

第44条　文化遗产保护活动负责人的特殊责任

在计划一项活动时，不管这些活动是否如第42条所述的对建筑物和遗址产生影响，负责人应该自费进行调查。如果发现活动会对建筑物和遗址产生影响，第57条与58条就将适用。管理局将尽快裁定活动能否进行以及以何种方式进行。

如果在工作开始后发现其违反第42条并对建筑物或遗址产生影响，总督应依照第62条第二段规定予以通知并暂停此工作。管理局将尽快裁定此工作是否继续以及在什么条件下继续进行。

活动负责人应该就调查或发掘或者在活动过程中的发现物自费登记造册和保存，除非依照第98条另作决定。发现物应于一年内予以交付，除非总督同意延期。

第45条　调查、管理与维护

管理局有权探寻、发掘、检测和登记文化遗产保护对象。在上述措施完成后，应该恢复建筑物和遗址的原貌，除非管理局另作决定。总督可以收集可移动的历史物品，并采取必要措施予以保护。

总督可以整理或封存受保护的建筑物和遗址，或采取措施予以看管或展示，包括清理周围区域，例如要避免对人畜造成伤害。上述措施也可以在安全区内执行。超出正常维护范围的措施需要管理局核准，诸如复原、重建或移址。

依照第16条和《公共管理法案》之相关规定，在对建筑物和遗址采取措施前，应通知所有者或权利持有人并给予其发表意见的机会。对于正在使用的建筑物或遗址采取措施，只有在征得所有者或使用者同意后才能执行，除非有必要防止腐朽情况出现。

如果存在腐朽危险，管理局可以勒令所有者或使用者采取措施消除这些危险。

第46条　可移动历史物品的出口与返回

任何人不得从斯瓦尔巴出口发现的或起源于斯瓦尔巴的可移动历史物品。

当已经决定或按照条例应该将发现物永久或临时存放于斯瓦尔巴以外时，第一段的禁令将不适用。

在特殊情况下，管理局可以颁布出口许可证。

1978年6月9日颁布的有关文化遗产的第50号法案中第23条 a–f 款之规定，只要与返回非法出口文物有关，应该适当地适用于斯瓦尔巴。

第六章　土地使用规划区

第47条　本章范围与目的

本章条款适用于国王在条例中规定的区域（土地使用规划区）。

依照本章规定之规划应该促进协调与在土地使用规划区内土地使用和建筑设计有关的各方利益。规划将形成关于资源使用和保护及开发决定的基础，并有助于推动审美观念。

第48条　土地使用规划准备的责任

土地所有者或经环境部授权的相关方应为每块土地使用规划区的规划负责，应该确保土地使用规划区内的使用规划与土地保护在可持续的基础上进行。

第49条　土地使用规划内容

每块规划区应有一个土地使用规划并附有整体规划区的当前或未来土地使用的补充说明条款。详细程度可以依照土地使用管理的具体需要而定。该规划的详细程度应该足以达到本章条款规定的目的。

土地使用规划或部分规划应该按照实际情况变化进行修改。土地使用规划责任方应该至少每四年评估规划是否需要修改。

只要有必要，规划应指出：

1. 建筑区域，必要时应提供建筑类型进一步信息

2. 小屋区

3. 单独或者混合的文化遗产区、自然环境区和户外休闲区

4. 原材料提取区

5. 研究区

6. 公路、机场、港口、缆车、高压电线及其它重要通讯系统设备

7. 特别区，包括危险区

8. 特别用途区或者海洋或河道保护区，其中包括交通区、垂钓区、自然环境区或户外休闲区，不管是单独的或联合的

9. 依照本法案第三章规定的保护区

同一区域内可以建立多种土地使用类型。

土地规划应包括对环境考虑（包括对自然环境、文化遗产以及美学）和当地社区利益考虑（包括儿童的安全与需要）方面的说明。如果规划会对土地使用规划区以外的环境产生影响，也必须加以说明。

以下与规划相关内容应加以说明：

关于使用、进入或通过、和关于区域和建筑设计的合法条件进行补充条款规定，以达到该规划的目的；

补充原则应该指出该规划如何实施，并在依照本章、第 57 条和第 57 条之规定做出决定时必须将其考虑在内。

第 50 条　土地使用规划的准备

规划责任方应确保准备工作符合每块土地使用规划区的实际情况。每块土地使用规划区应该成立一个永久的规划工作咨询委员会，就提出的规划发表意见。

在土地使用规划区内负有资源利用、保护措施、开发或者社会和文化发展义务的土地所有者和机构有权参加规划工作。这些机构应该按照规划责任方的要求参加规划工作咨询委员会的工作。

在规划过程开始时，规划责任方应向公众通告规划即将开始，或通过其它适当的方式让公众知晓规划过程。在整体土地使用规划准备或修改时期，规划责任方应起草规划项目书以说明将在规划中处理的问题。在规划过程中受到影响或有特殊利益的机构和组织等应该就规划项目书给予发表意见的机会。最终的规划项目书应由规划责任方公布，以便就该规划的框

架和根据展开公开讨论。

规划草案应予以存放供公众查阅，并抄送规划工作中涉及或拥有特殊利益的机构和组织等征求意见。提交评论意见的时间可以设定期限，但不得少于30天。如果问题涉及其职责范围，中央政府机构可以就规划草案提出异议。环境部可以决定提出反对的机构。

第51条 私人规划提案

土地业主、权利持有人或其它利益方可以向规划责任方提交规划建议。规划责任方应该尽快受理这些建议。如果规划责任方发现没有理由继续受理这些建议，应该书面通知建议人。建议人可以要求将问题提交规划工作永久委员会，如果在争议地区存在这样一个委员会的话。

第52条 规划的批准

在依照第50条规定进行公众咨询后，规划责任方应将最终规划提案提交总督或环境部指定机构。

如果没有人再提出异议或者这种异议已经得到考虑，总督或者由环境部指定的其它机构可以决定采纳该规划。除非特殊情况，否则，采纳规划的决定应在收到全部规划文件后一个月内做出。在这种情况下，应该在时间到达期限前就做出决定的时间用书面形式通知规划责任方。得到批准的规划应报送环境部备案。

如果在规划中存在异议或异议没有被考虑，总督可以从中调停。如果这种调停没有找到解决方案，总督应该将案件上报环境部。环境部在必要时可以对规划做出修订。

依照《公共管理法案》第24条和第25条之规定，本条中所作决定应有充足的理由。依照《公共管理法案》第六章之相关条款，可以就决定提出上诉。不过，如果环境部依照第三段规定就某一问题做出决定，该决定不得被上诉。

规划责任方应确保在当地社区适当公布被批准的规划。

第53条 土地使用规划之影响

新的活动，包括施工、建造、操作、拆迁、挖掘、铲土、提物和资源的其它利用以及为此目的所进行的财产分配，应该遵守被批准规划中的土地使用规定以及其它条款。

依照第三章至第五章的保护措施要优先于规划。

依据第 58 条之规定，可以豁免该规划中的补充条款。

第 54 条　关于活动和财产分配的临时禁令

如果总督或环境部指定的机构发现部分区域尚需要修订规划或更加具体的规划，上述机构可以决定诸如第 53 条所述的活动或财产分配不得在规划获批准前启动。禁令期限可以不超过一年。特殊情况下，环境部可以将延长禁令期限。

第 55 条　中央政府土地使用规划

在实施重要开发、建设工程或保护措施有必要时，或者需要对公众利益进行其它考虑时，环境部自己可以依照本章条款准备和通过土地使用规划。

第七章　对环境造成影响的活动

i. 一般条款

第 56 条　定居和商业活动用地

定居和商业活动通常在土地使用规划区内参照第 47 条进行安排，以便对环境产生的破坏性影响最小化。

第 57 条　在没有被批准的土地使用规划时，土地使用规划区内外的许可证要求

在没有被批准的土地使用规划时，下列在土地使用规划区内外进行的工作应得到斯瓦尔巴环保机构的许可证：

a. 改变地形；

b. 可能产生污染的活动；

c. 宾馆、宾馆或其它向公众提供住宿服务的场所；

d. 违反第 42 条规定可能对受保护的建筑物或遗址产生影响的活动；

e. 按照环境部其它已经颁布的条例，可能对斯瓦尔巴环境造成压力的其它活动；

f. 改变现有设置或其用途，而此举改变了设置的性质或对自然环境产生影响。

依照本条之规定，在活动开始前必须得到批准。申请书应该说明该活

动可能对环境产生的影响。环境部可以就要求申请征求意见或存放以供公众查阅颁布相关条例。

任何提供了已规划活动的进一步信息的人可以要求总督依照本条规定决定该活动是否需要许可证。总督将就做出这种决定规定提供何种信息。

第 58 条　在被批准土地使用规划时，土地使用规划区内的活动

在被批准规划的土地使用规划区内开始活动或进行财产分配前，活动负责人应该通知规划责任方和总督或者环境部指定的其它机构。通知应提供足够信息以说明活动或分配是否依照规划进行。

活动可以在收到通知三周后开始，除非

a. 活动与土地使用规划条款冲突，

b. 总督依照第 54 条已经颁布了临时禁令，或者

c. 依照第三段规定需要得到许可证。

即使活动遵守了批准的土地使用规划，活动开始前仍需要获得总督许可，条件是

a. 规划未附有关于活动规模或设计的补充条款，或者活动超出了此限制，

b. 活动不美观或造成超出规划中补充条款所规定的对于私宅、休闲屋或商业污染程度的污染，

c. 活动可能影响到土地利用规划区外的文化遗产或自然环境，或者

d. 活动可能对环境造成严重或长期的影响。

如果活动与规划的条款有冲突，除非修改规划，否则活动不得启动。不过，总督仍可以授权与规划中补充条款相冲突的活动。

第 59 条　单个环境影响评估

活动负责人应该对以下活动进行环境影响评估，即按照本法案需要许可证的活动：

a. 对土地使用规划区外的自然环境不止造成轻微的影响，或

b. 对土地使用规划区内环境造成严重和长期影响。

环境影响评估应该将企业对环境的影响的说明作为评估或就申请做出决定的基础。总督可以决定环境影响评估也应包括活动对当地居民和其它合法活动的影响的考察。环境影响评估应在总督批准的研究项目基础上进行。

任何计划实施第一段所述类型活动的人应该提前尽快向总督提交通知书，包括研究计划建议。如果在没有事先通知的情况下依照第57条和第58条提出申请，总督可以予以驳回。

环境部可以发布关于环境影响评估的条例，包括环境影响评估强制要求的活动类型。总督将决定第一段条款是否适用于某项活动，并可以决定某一特殊企业无必要进行环境影响评估。

第60条　单个环境影响评估的使用

活动负责人的申请应同环境影响说明书一起准备，并指明申请是以说明书为基础。总督将公布申请书与环境影响说明以征求评论意见。

如果环境影响评估或其它方法发现与活动对环境的影响明显相关的新情况，总督可以就此要求进一步评估。在总督确认进行环境影响评估的义务已履行之前，不得批准许可证。如果活动在拿到许可证后五年内尚未开始，依照第59条之规定必须进行新的环境影响评估，除非总督豁免此项要求。

第61条　关于申请的决定

做出决定的理由应指明依照第59条已经对单个环境影响说明和所收到的意见及涉及决定的重要性进行了评估

许可证应包括旨在满足本法案条款要求的条件，参照第64条，可以包括与清理费用担保条款相关的条件。如果环境影响评估依照第59条执行，通常情况下应符合第62条规定的条件。

依照《公共管理法案》第27条之规定，就通知提交意见书申请或环境影响说明的任何人。

第62条　对无法预见的影响的监控和措施

依照许可证决定中规定的条件，活动负责人应对环境进行定期和有效的监控，以便：

a. 评估当前活动对环境的影响，包括确认预期影响，并

b. 采取措施推动对不可预见环境影响的早期监测。

如果探测到某项活动对环境会造成不可预见的影响，应立刻通知总督。

第63条　许可证变更、撤回或失效

总督可以依照本法案相关条款或许可证颁发条件变更或撤销已颁发的

许可证，条件是：

a. 有必要防止对环境造成不可预见的破坏性影响；

b. 活动对环境的破坏性影响明显降低而又不会大量增加活动负责人的成本；

c. 有必要履行挪威应承担的与斯瓦尔巴群岛有关的国际责任；

d. 新技术可能明显降低对环境的破坏性影响；

e. 活动负责人未遵守本法案或违反本法案中的相关规定，而且违规行为严重、重复或者持续发生。

f. 监督部门官员被拒绝进入活动进行的区域；

g. 未依照第 61 条或第 64 条规定的要求提供清理费用担保。

如果决定超过 10 年，那么无论何种情况，都可以撤销许可证。如果经验证明该活动不会对环境产生重大破坏性影响，总督可以放宽许可证中设定的限制和条件。

如果许可证颁发 5 年后尚未使用，该许可证即失效。

第 64 条　清理行动

如果活动停止或中断，活动负责人应采取必要措施防止造成环境破坏。如果活动在停止或中断后可能造成环境破坏，总督应在破坏发生之前得到通知。

当活动全部或部分中断后，按照第五章之规定，活动负责人应该自费移除区域内所有的地面设施、所有废弃物以及其它未被保护起来的建筑物或遗址等。总督可以规定采取何种措施，包括是否需要处理受到污染的土地。总督可以要求活动责任人为任何必要的清理行动提供担保。

如果土地使用规划区内的某一地方社区将要关闭或大部分废弃，规划责任方应尽快通知总督。责任方应依照总督的进一步决定起草关于需要清理行动和可能保存的计划。

依照第 57 条、58 条规定已获得许可证的活动在暂停超过一年后，任何人想要恢复该活动就必须通知总督。总督将决定在活动恢复前是否必须提交新许可证的申请。

废弃的车辆、轮船、航空器等必须由所有人移除。

总督有权撤销本条规定的清理义务。

ii. 污染与废弃物

第65条　关于污染的一般条款

任何人不得拥有、从事或者引入可能导致污染风险的任何物品或事件，依照本法案规定的合法行为除外。

如果存在与本法案或其它相关决议相悖的污染风险，活动负责人应该确保采取措施防止污染发生。环保部门可以发布关于这些措施的命令。如果污染已经发生，责任人应该依照第93条之条款采取措施。

第66条　对环境有害的物质

任何人不得向环境中释放对环境有害的物质。

家庭活动、服务行业正常排放的微量有害物质或者产生同等排放的其它活动不受上述禁令限制。

环境部可以根据进一步情况撤销第一段条款对现有商业机构的禁令。如果禁令对新建立的商业机构造成了不可预见的结果，经查证该企业对于斯瓦尔巴的环境是可以接受的，如果有必要，环境部也可撤销对该企业的禁令。

环境部可以决定在斯瓦尔巴不得进口或使用含有有毒物质的某种产品。

第67条　轮船排放

任何人不得从轮船或其它船只向海中排放废弃物。不过，允许小型船只在远海中排放未被污染的废弃食品或生活废水。

第68条　废弃物或其它物料的倾倒与焚烧

禁止从轮船或其它船只上倾倒或焚烧废弃物或其它物料。环境部可以颁布关于禁止倾倒例外情况的条例。

第69条　与废水处理厂有关的义务和操作责任

总督或经环境部授权的人可以下令要求土地使用规划区内建筑要与废水处理厂相连接。环境部可以决定谁有义务运营废水处理厂以及相关的排污系统。

第70条　严重污染——紧急反应系统与通告

任何涉及可能导致严重污染的活动的人应提供必要的紧急反应系统，以防止、检测、停止、消除或限制这种污染所造成的影响。环境部可以勒令活动负责人提交需要获得批准的偶发性事件应对计划。环境部可以就批准偶发性事件应对计划提出进一步的条件。

环境部可以就提供紧急反应系统的责任程度颁布条例，也可以就公共紧急反应体系的义务颁布规定。

当发生严重污染或存在发生严重污染的风险时，责任人应该立刻报告总督。其他人也有报告的义务，除非显然不必要报告。

严重污染是指突然发生或违反本法案的重大污染。

第71条 废弃物

任何人不得在土地使用规划区外丢弃废弃物。特殊情况下，总督可以撤销此禁令。在土地使用规划区内，只能将废弃物放在或遗留在专用场所。废弃物必须按照这种方式储存以免扩散。

任何人不得向斯瓦尔巴群岛进口废弃物。

环境部可以颁布下列规定：

a. 关于减少废弃物数量的措施，

b. 关于废弃物的输送、收集、接收、运输、分离及处理，

c. 要求回收某种类型的废弃物或者运往异地回收，

d. 要求废弃物运往异地处理。

依照第三段规定所采取措施的成本应由废弃物所有人或制造者承担。

总督可以勒令起草一份由环境部批准的土地使用规划区内管理和减少废弃物的计划。环境部可以指定在土地使用规划区内联合收集和处理废弃物的负责人。

第72条 废水及废弃物处理费用

环境部或相关部门可以颁布与排污系统、废弃物收集与处理相关的费用和年度收费的条例。费用应该固定，以便覆盖全部成本，但总额不得超过建立污水处理系统（分别包括排污系统和废弃物处理系统）的投资额与运行成本之和。

环境部可以颁布关于对在斯瓦尔巴出售的货物征收废物税或在退回货物包装时返还全部或部分税收的条例。

iii. 进入和通过

一般条款

第73条 关于进入或通过自然环境的一般条款

进入和通过自然环境的公共权利在斯瓦尔巴同样适用，但应服从本法

案所设的限制。

所有通过和进入斯瓦尔巴的行为皆不应对自然环境或文化遗产造成伤害、污染或其它方面的破坏、或者应对人畜造成不必要的侵扰。

第 74 条　关于对环境造成特殊压力的进入或通过行为的禁令

总督可以禁止对自然环境造成特殊压力的各自进入和通过或者交通方式。下面的第 79 条适用于机动交通。

第 75 条　对于进入或通过特殊区域的限制

在保护区外，总督可以在全年或一年中的必要时间内禁止或管制进入或通过划定区域，以保护自然环境、文化遗产、饮用水供应或科学调查。

第 76 条　露营

总督可以颁布关于露营活动管理的条例。条例可以规定，如果逗留时间超过一定期限或露营规模超过一定限制，需取得总督许可。

第 77 条　紧急服务与巡视服务

不管本法案规定如何，在必要时，可以依照本法案采取消防、警务行动，或者急救服务或巡视服务。

第 78 条　游客缴费

国王可以规定游客在斯瓦尔巴的缴费标准。永久居民可以不用缴费。所收费用收入投入到斯瓦尔巴环境保护基金（the Svalbard Environmental Protection Fund）。

机动交通

第 79 条　与机动交通有关的一般条款

关于机动交通的规定应基于公共利益的总体考虑和着眼于保护斯瓦尔巴的自然环境。

除了公路或为此目的建设的场所外，一律禁止机动交通，除非本法案或另有其它规定。

第 80 条　无雪地面上的越野机动交通

在无雪或解冻地面上，只允许符合以下情形的越野机动交通：

a. 沿着总督依照条例指定的特定线路或因为特别目的；

b. 当有特殊考虑且总督已经予以许可时。

第 81 条　有雪且冰冻地面上的越野机动交通

在有雪且冰冻的地面上或者冰封的河道或海面上，可以允许符合下列情形的越野机动交通：

a. 由环境部依照条例指定的区域和沿着指定的线路；

b. 为了总督按照条例中指定的特殊目的；

c. 在有特别原因而且申请已经得到总督批准时。

依照第一段 a 款的规定第一种情形应该确保永久居民使用机动交通时拥有比游客更加广泛的权利。对于永久居民使用机动交通的限制必须根据斯瓦尔巴的环境考虑或分开机动和非机动交通的必要性提供充分的法律依据。

第 82 条　河道与海上的机动交通

河道中的机动交通只有经总督许可才属合法。

海面上的机动交通应遵守第 73 条规定，本法案另有规定的除外。

不得使用喷射滑雪板。环境部可以颁布关于禁止使用特殊种类工具的条例。

总督可以颁布关于海面上的机动交通的条例，例如规定海洋航道、禁止船只进入的区域、速度限制及、以及与抛锚和登陆有关的条款。条例内容可以因不同目的的交通而不同。

第 83 条　飞机的使用

空中机动交通可以依照第 73 条规定实行，本法案另有规定的除外。

依照《空中交通法案》规定，飞机不得在已经许可或批准的飞机起落跑道外的船只、陆地或水面降落，当可以向总督申请豁免上述禁令。

任何人不得驾驶飞机靠近已知的大规模哺乳动物和鸟的聚集区一海里以内。

总督可以颁布关于飞机最低飞行高度和禁止因旅游目的而使用飞机的条例。

第 84 条　个别机动交通许可证

当总督审核机动交通许可证的申请时，应综合考虑申请目的、所涉及的交通对环境的破坏风险以及在斯瓦尔巴限制机动交通的目标。批准许可证申请时，应指出是如何评估上述因素的。

许可证应限制时间与地点，在某些特殊情况下可以没有限制。许可证应有附件条件。如果处于环境需要，可以变更或撤销许可证。

第 85 条　拥有或租赁小屋的权利

休闲小屋只能由以下人群拥有或租赁：

a. 是或曾经是斯瓦尔巴的永久居民；

b. 总部设在斯瓦尔巴且其大部分雇员或成员是斯瓦尔巴永久居民的协会。

任何人不得拥有或租赁超过两套休闲小屋。

特殊情形时，总督可以撤销本条禁令。

第 86 条　小屋的维护

休闲小屋及其周围环境应予以维护，以免其破坏景观和对人畜造成危险。

第八章　巡查和控制措施

第 87 条　环保机构的巡视与控制

环保机构将依照本法案的条款对环境状态进行检查并控制规定的执行情况。重要的是，根据环境要求要确保控制和监控的有效性以及这些措施对环境造成的压力最小化。总督应通过建议、指导和提供信息等方式推动本法案目标的实现。

第 88 条　内部控制

为了确保本法案中的要求得到执行或者促进实现更高的环境标准，环境部应该颁布下列条例：

关于内部控制和内部控制系统；

关于参加国际认证、环境管理与环境审计安排。

第 89 条　提供信息的义务

总督可以勒令，尽管出于任何隐私责任，但任何人只要带有的物品或从事的行为可能会对斯瓦尔巴的环境造成压力，就有义务向总督提供必要信息的义务，以便其能够依照本法案完成自己的工作。如果说明有特殊原因，对于依照上述规定有义务提供信息的人，总督可以要求为他工作的人提供信息。

第 90 条　检查

对于可能影响环境或被认为可能影响环境的活动，为了在必要时依照本法案履行其职责，总督可以不受阻碍地进入活动场所。总督还可以要求活动方提供可能对其依照本法案履行职责重要的文件、电子储存材料或其它材料，以供检查之用。

在检查开始前，总督应首先联系管理方的代表，除非这样会妨碍检查或使得检查的目标复杂化。

第91条　执行调查的命令

对于正在影响环境或有理由相信会对环境产生影响的活动，总督可以自行勒令活动负责人为调查或其它措施做好安排或支付费用，以便：

a. 确定活动是否已经影响到环境或者在多大程度上影响到环境
b. 查明因活动引起的环境变化的原因及其影响
c. 确定如何恢复环境。

第92条　检查费用

环境部可以颁布关于环保部门依照本章规定执行检查措施收取费用的规定。收费总额不应超过检查活动的开支。按照执行程序，收费是强制性的。

第九章　强制与制裁

第93条　复原

任何人因违反本法案相关条款而对斯瓦尔巴的环境造成影响，应该采取必要的补救措施以防止发生进一步的环境影响；如果可能，应采取适当行动恢复环境原貌，诸如采取收集、清理、移除、投放微生物或平整土地等。如果措施本身会对环境造成严重影响，只有得到总督同意或依照其命令才能执行。

考虑到补救措施的成本和影响、破坏造成的环境影响、以及破坏者的责任及其财务状况，如果措施不可取，那么采取补救措施和恢复环境的义务将不适用。

在本条框架下，总督可以颁布关于即将采取补救和恢复措施的命令，包括关于破坏造成的微生物的死亡、微生物的返回或者将文物移至原处的命令。

第94条　违反本法案而得到动植物物品的所有权

在违反本法案情况下而收集、诱捕或杀死的动植物或者按照第33条第一段或第 34 条而杀死的动植物，皆属于斯瓦尔巴环境保护基金的财产。上述规定同样适用于发现已死亡的野生物、发现已死亡的野生物的部分、以及基于动物福利考虑而杀死的动物。依照《刑事程序法案》中关于没收充公的条款，斯瓦尔巴环境保护基金的所有权可以通过罚款或法院判决强制执行。

斯瓦尔巴环境保护基金将决定如何处置这些动植物物品。如果斯瓦尔巴环境保护基金依照本段规定没有得到上述物品，总督可以要求向斯瓦尔巴环境保护基金支付同等价值的赔偿金。

第 95 条　赔偿

因违反本法案相关规定而造成环境破坏的任何人都应承担赔偿责任，但不考虑因环境破坏对其造成的经济损失。然而，间接造成环境破坏（通过提供物品或服务、采取检查或控制措施或其它方式）的人只应根据其意图或疏忽程度承担赔偿责任。

依照第一段规定的赔偿责任也适用于：

a. 因为环境破坏而阻止或阻碍与商业活动有关的公共进入和通过权利的行使而导致的经济损失，

b. 与用以减少或减轻环境破坏或恢复环境状态的合理措施有关的费用或损失。

c. 任何人为清除因违反第 71 条规定留下的废弃物的费用。

总督可以勒令任何因违反本法案相关条款而造成可以可查环境破坏的人向斯瓦尔巴环境保护基金支付环境赔偿。环境赔偿总额的设定应基于被破坏情况的价值、环境破坏的程度和影响持续时间、损害者的过失、对破坏者的其它制裁措施及其个人一般情况。

总督依照第三段规定所做的关于环境赔偿的决定可由执行程序强制执行。支付赔偿的赔偿责任也是刑事程序的主体。如果赔偿要求在执行程序中与刑事、民事或指控案件发生抵触，法庭可以对赔偿要求进行全面审理。依照《公共管理法案》相关规定，总督的决定不得受到起诉。决定公告应提供关于本段条款的信息。

只要挪威作为一方且适用于斯瓦尔巴的国际协议没有另外规定，本条就将适用。

第96条　强制罚款

为了确保本法案条款或依照本法案所做决定的施行，总督可以采取强制性罚款方式赔偿斯瓦尔巴环境保护基金。

违反条款行为一经发现就可以处以强制性罚款。如果责任人未能在总督规定的期限内采取补救措施，罚款即生效。如果有特殊的理由，也可以提前处以强制性罚款，在此情况下，罚款自违反行为发生之日起生效。只要非法情况持续存在，就可以决定强制性罚款持续有效或每当违反行为发生时就应支付强制性罚款。然而，如果由于责任人不应受到指责而不能履行者，强制罚款将停止支付。

如果代表公司、其它协会、基金会或公共机构而发生违反行为，通常应就相关实体处以强制性罚款。如果强制性罚款对象为集团公司，其中增加的金额可以向其母公司收取。环境部可以撤销增加强制罚款金额的要求。

第97条　直接施行

若未能履行本法案规定的或依照其它规定所做决定的义务时，总督可以采取必要措施以确保履行上述义务。采取措施前，总督应该发出通知要求责任人在短时间内采取改正措施。当根据环境利益需要采取紧急措施或责任人尚未确定时，上述通知可以免除。

当依照第一段规定采取措施时，总督可以使用责任人的财产，必要时可以破坏其财产。必要时，总督可以决定允许使用或和平他人的财产并给予赔偿。国家将作为这种赔偿的担保人。

总督执行措施的费用可以要求责任人承担。此要求由执行程序强制实施。

第98条　斯瓦尔巴环境保护基金

斯瓦尔巴环境保护基金由依照第32条第二段、第78条、第94条、第95条第三段和第96条相关规定募集的款项组成。

募集到的基金只能被用于实施保护斯瓦尔巴环境为目的的措施。可以用于：

a. 用于调查和监控环境状况、造成环境压力的原因以及活动产生的环境影响的审查和评估

b. 恢复环境

c. 依照第21条、第44条第三段和第45条相关规定，如果责任人不能

负担管理、维护和审查费用，可以划拨用于这些方面

d. 提供信息、培训措施和改善进入的措施

环境部将任命基金董事会成员和颁布关于基金会管理的规则。依照《公共管理法案》相关规定，关于基金会经费配置的决议不应被认定为个人决定。

第 99 条 惩罚

任何人故意或因疏忽违反本法案相关条款应处以罚款或不超过一年的监禁。如果已产生或导致重大环境损害风险，或者情节特别严重者，可以处以不超过三年的监禁。

从犯应承担相同的惩罚。

第十章 最终条款

第 100 条 补充条例

国王可以颁布关于实施本法案的补充条例。

第 101 条 生效

本法案生效日期由国王决定。国王可以决定不同的条款在不同日期生效。

第 102 条 过渡条款

根据 1925 年 7 月 17 日第 11 号法案制订的与斯瓦尔巴相关的条例将得到本法案的核准并一直保持效力，直到国王另有规定。

第 103 条 对其它法案的修订

1. 《公民通用刑法典》（1902 年 5 月 22 日第 10 号）第 152 条 b 款第二段（2）修订为：

（2）对依照《自然保护法案》（the Nature Conservation Act）第三章、《野生动物法案》（the Wildlife Act）第 7 条、《斯瓦尔巴群岛环境保护法令案》第三章、《关于扬马延的法案》（the Act relating to Jan Mayen）第 2 条、《关于布维岛、彼得一世岛和毛德皇后地的法案》（the Act relating to Bouvet Island, Peter I's Island and Dronning Maud's Land）第 2 条等之相关规定决定保护的区域造成严重破坏，或者

2. 在 1903 年 6 月 9 日制订的关于对适航性船只等实行国家控制的第 7 号法案中，第 1 条第四段第二句应修订为：

当外国船只和设备处于挪威领海、挪威大陆架部分、斯瓦尔巴内海、

领海或挪威专署经济区内时，除非国际法承认的规定或与外国签订的条约中另有规定外，国王也可以规定本法案——不管是全部还是部分——适用于上述外国船只和设备。

3. 以下为对《关于斯瓦尔巴群岛的法案》（1925 年 7 月 17 日第 11 号）的修订：

第 4 条第一段如下：

国王可以颁布关于教堂、学校和济贫服务、关于公共秩序、关于驱逐、关于医疗健康服务、关于建筑和消防服务、关于易燃物品、关于航运、航空和其它交通、关于旅游、关于专利、关于采矿、咸水捕鱼、没有固定栖息地的海洋哺乳动物狩猎和其它产业以及关于向中央统计办公室报告的一般规定。

废除第 26 条第二段。依照这条规定批准的许可证，自本法案生效时失效。

4.《关于扬马延的法案》（1930 年 2 月 27 日第 2 号）第 2 条第三段应修订为：

国王可以颁布关于扬马延环境保护的条例。

5. 在《关于北极熊狩猎的法案》（1957 年 3 月 22 日第 4 号）中，修订如下：

法案标题改为：《关于北极熊保护和狩猎的法案》。

第 1 条为：

本法案适用于在挪威领土和领海上发生的北极熊狩猎和登陆行为、由挪威公民和挪威王国居民或者挪威公司和挪威领土外的其它协会或基金会进行的北极熊狩猎行为，或者是支援这种狩猎的行为。

对于斯瓦尔巴群岛地区，由《斯瓦尔巴环境保护法案》取代本法案适用。

第 3 条为：

北极熊应予以保护，禁止第一条所述的各种形式的狩猎行为。

国王可以依照规定或个个案解除第一段的保护禁令，前提是不与挪威承认的国际公约发生抵触，国王也可以制订关于狩猎技术的条例。

只有经国王同意才可以将活的北极熊带进挪威陆地。

第 3 条为：

任何人故意或因疏忽违反第二条或者协从者应被处以罚款或不超过一

年的监禁，除非《公民通用刑法典》第152条b款第二段（1）适用。

6.《污染控制法案》（1981年3月13日第6号）第3条第三段修订如下：

本法案不适用于斯瓦尔巴群岛。对于扬马延和挪威属地，由国王决定法案的适用程度。对于这些地方，污染控制机构可以根据当地情况需要对本法案进行任何修订。

7.《关于海岸巡逻的法案》（1997年6月13日第42号）第11条第二段修订如下：

同样适用于关于斯瓦尔巴环境保护的法案（《斯瓦尔巴环境保护法案》）制订的和按照该法案制订的条款。

（同济大学国际政治研究所，张连祥译、郭学堂校，转引自：极地软科学研究网 http://softscience.chinare.org.cn/achieveDetail/? id = 623）

附录6 挪威关于斯瓦尔巴群岛的法案

(1925年7月17日)

第一章 斯瓦尔巴群岛同挪威的关系

第1条 斯瓦尔巴群岛是挪威王国的一部分。熊岛、西斯匹次卑尔根、东北地、巴伦支岛、埃季岛、查尔斯国王地、希望岛、查尔斯王子海岬、以及位于格林威治以东经度10度和35度之间、北纬74度和81度之间的所有大小岛屿和附属礁石,都属于斯瓦尔巴群岛。

第2条 挪威民法和刑法以及挪威关于司法行政的立法适用于斯瓦尔巴群岛,该地不得有与此相违背的法律。其他法律规定不适用于斯瓦尔巴群岛,除非有专门规定。

第3条 与公共官员、为公共行为的付款、钱币、度量衡、邮政电信服务、劳动保护和劳动纠纷等有关的法令都将在国王考虑到当地情况进行修订后适用于斯瓦尔巴群岛。

第4条 国王可以颁布有关教堂、学校和济贫服务、有关公共秩序、有关驱逐、有关医疗健康服务、有关建筑和消防服务、有关易燃物品、有关航运、航空和其它交通方式、有关专利等、有关采矿、狩猎、捕捞、渔业及其它产业、有关保护动物、植物、自然构造、土地、文物以及有关向中央统计局进行报告的一般规定。

第二章 政府和司法行政

第5条 在斯瓦尔巴群岛,应有一位由国王委任的总督。该总督应拥有一位行政区总督同样的权力。在迄今专职官员尚未有任命的情况下,总督同时兼任警察总长以及初审法院的公证人和助理法官。

第6条 斯瓦尔巴群岛的陪审法官应该是由国王决定的巡回审判的陪审法官。

第7条 初审法院、遗嘱检验法庭法官和司法记录员的职责应由国王决定的初审法院来决定。

第 8 条　作为助理法官的总督应该处理：

（1）在涉及本法案的刑事案件中与司法程序有关的案件或者涉及其它法令的已经委派初审法院审理的案件；

（2）初审法院的法官认为在斯瓦尔巴群岛最能找到解释的渊源案件；

（3）涉及到私人服务或其它私人雇佣关系的案件；

（4）其它涉及到有争议的标的价值不超过 2000 挪威克朗或者当事双方要求判决而且总督愿意审理的资本所有权案件。总督还可以进行取证和登记。

第 9 条　如果对当事双方的调停是一种义务，法院应在这种案件中进行调停。法院规定开庭的日期和地点，并通知当事方和证人。关于法院休庭的法律条款不适用于斯瓦尔巴群岛。在传唤时，如果法庭距离证人和专家的住所或逗留处超过 10 公里，他们就无需一定到庭，除非法庭专门命令他们出庭。涉及到交通和食宿的补贴问题，应由国王颁布规定。

第 10 条　对剥夺财产所有权的案件的评估，应由 3 名检察官进行。在对评估结果不服而上诉时，应由 5 名检察官参加听证，并由总督担任主席。如果案件特别重要，应当事一方请求，国王可以决定由总督和 2 名检察官完成评估。在这种情况下，对于评估结果的上诉，应由 5 名检察官参加听证，并由国王任命 1 名鉴定法官担任主席。

第 11 条　参加在挪威开庭的法庭证人、检察官、陪审法官和陪审员，应从该法庭所组成的陪审团中选出。在斯瓦尔巴群岛，总督应指定法庭证人、检察官和陪审法官。他们必须是挪威国民，适龄，并且在公共事务中未被判决剥夺了选举权。被指定的人必须接受此项任务。交通和食宿补贴参照国王制定的规定执行。程序员应由总督指定。

第 12 条　关于在斯瓦尔巴群岛的不动产和采矿权的查封、没收、扣押或强制出售，应在挪威由初审法院的法官执行。其它强制行动应由总督处理。不动产和采矿权的强迫出售，应至少提前三个月在《挪威人报》上发布一次通告，并在法院办公室张贴一份布告。动产的强制出售应用通告或其它适当的方式宣布。

第 13 条　在斯瓦尔巴群岛的抵押登记，针对每一项不动产所有权、每一项采矿权的要求和每一块出租的国有土地都应单独编号。对于抵押登记中的所有权和采矿权要求的名称和抵押登记材料的保存，国王应制定更具体的规定。

第三章 关于个人法律关系的特别规定

第 14 条 未成年人或被宣布为丧失自理能力的人的监护人应由总督指定。总督应尽快地发出这种指定通知,并发布关于被监护人的资产状况的声明。就如何管理被监护人的财产和如何对监护人进行监督的问题,国王应制定更具体的规定。

第 15 条 当一个人因精神疾病而不能自理时,在出示有关疾病的医学证明后,可以临时由总督宣布。

第 16 条 市政式婚礼和基督教式婚礼都可以进行,无需发布结婚预告。

第 17 条 在履行婚约时,主持婚礼的人要在婚约上署名,并署上签字日期,如果在一年内进行登记的话,自婚礼举行之日起,婚约对第三方也生效。

第 18 条 根据《婚姻法》规定,配偶之间的调解工作可由总督或主持他们婚礼的人执行。

第 19 条 总督还应按照规定就离婚后父母和孩子的赡养费事宜担当起执行工作。

第 20 条 儿童福利委员会应由总督及其任命的 2 名成员组成,其中至少有 1 名为妇女。

第 21 条 关于自主地产所有权和长子继承权的法令不适用于斯瓦尔巴群岛。

第四章 关于财产的特别规定

第 22 条 根据《关于斯瓦尔巴群岛的条约》的规定,所有未分配给个人作为其财产的土地均为国有土地,并受国家所有权的支配。任何人不得获有国有土地的时效权或使用国有土地。国家对已出售的国有土地所有权不得因时效权而丧失。

第 23 条 根据《关于斯瓦尔巴群岛的条约》规定已经分配给私人业主的土地,作为条约各方的国民不需要特别的许可证即可获得所有权和使用权。这一规定同样适用于合法组成的、其董事会设在这些国家的公司。抵押登记的保管人可以向本国有关部门要求出示根据证明某外国人或外国公司满足这些条件。

第24条 如果斯瓦尔巴群岛的不动产业主或使用者不是挪威或斯瓦尔巴群岛的居民或没有永久住所,他必须委托一位挪威王国居民作为其代理人,代表他处理与此财产有关的各项事务。当业主或使用者为董事会设在外国的公司时,这一规定同样适用。代理委托书连同代理人的姓名和身份必须登记在案。如果没有提交这种代理委托书或没有登记在案,初审法院的法官可根据任何有关方的要求委任一名代理人。委任应登记在案,在所有者或使用者本人登记代理委托书之前,这一委任都有效。

第25条 国王应就如何标记私有土地的边界颁布规定。当分割不动产时,总督应委任两人起草注明被分割部分具体情况的分割证明。在分割证明出具之前,所有权契据不得登记。

第26条 地产业主在其财产上拥有狩猎和捕捞的独家权利:

(a)在寓所、房屋、仓库、作坊及其它建筑物等以使用为目的的财产附近;

(b)活动的主要场所或财产使用的10公里范围以内。

地产业主拥有在国王颁发的许可证保护下的狩猎、捕鱼、采集蛋类和羽毛的唯一权利。这种保护应在《挪威人报》上发布通告并以国王命令的方式标示出位置。

第27条 在第二十六条指明的区域以外,在不给地产业主带来任何不方便的情况下,狩猎者、捕鱼者、蛋类和羽毛采集者有权建造他们临时居住和工作所需要的小屋和其它建筑物。任何希望进行科学考察的人,在第二十六条第一款所指明的范围以外都享有同样的权利。关于适用这些规定的争议应由总督最终裁决。

第28条 除《采矿法典》所授权的情况以外,强制废除不动产所有权和使用权的,在下述情况下可得到国王许可:

(1)在国家或私人希望建设港口、码头、船坞、道路、交通设施、输水管道、电线、电报和电话设施时。

(2)当国家在其它方面需要这块土地用于公共用途或科学用途时。在国王批准之前,应给予业主及其他权利拥有者陈述的机会。

第五章 其他

第 29 条 对于非《关于斯瓦尔巴群岛的条约》缔约国的个人或公司，国王可以按照缔约国国民或公司同样需要遵守的全部或部分条件，就他们在斯瓦尔巴群岛取得采矿权、不动产的所有权和使用权的要求作出决定。

第 30 条 本法案自国王决定的日期起生效。

（转引自极地软科学网：http://softscience.chinare.org.cn/achieveDetail/?id=625）

参考文献

1. A. H. Hoel, "Jurisdictional issues in the arctic: an overview", *Oslo Files* (2008).
2. Agustín Blanco-Bazán, "Specific Regulations for Shipping and Environmental Protection in the Arctic: The Work of the International Maritime Organization", *the International Journal of Marine and Coastal Law*. Volume 24. No. 2, 2009.
3. Alf HØkon, "Do We Need a New Legal Regime for the Arctic Ocean?", *The International Journal of Marine and Coastal Law*. Volume 24. No. 2.
4. Arthur Grantz, "*Treatment of Ridges and Borderlands under Article 76 of the United Nations Convention on Law of the Sea: the Example of the Arctic Ocean. Legal and Scientific Aspects of Continental Shelf Limits*", Edited by Myron H. Nordquist. John Norton Moore and Tomas H. Heidar, Martinus Nijhoff, 2004.
5. Brian Beary, "Race for the Arctic", *Global Researcher*. August 2008. Volume 2. No. 8.
6. C. C. Lingard, "Arctic Survey," *The Canadian Journal of Economics and Political Science 1946* (1), http://www.jstor.org/pss/137331.
7. David Anderson, *Modern law of the sea: Selected essays*, Martinus Nijhoff Publishers, 2008.
8. Donat Pharand, *Canada's Arctic Waters in International Law*, Cambridge University Press, 1988.
9. Torbjørn Pedersen, *Conflict and Order in Svalbard Waters*, University I Tromsø, 2008.
10. Svalbard's Maritime Zones, "Their Status under International Law and Current

and Future Disputes Scenarios", *Working Paper* FG 2, 2013/Nr. 02, January 2013.

11. Act on Submarine Resources, Act of 21 June 1963 Relating to Exploration and Exploitation of Submarine Natural Resources, https://www.un.org/depts/los/LEGISLATIONANDTREATIES/PDFFILES/NOR_1963_Act.pdf.

12. Act of 27 June 2003 No. 57 on Norway's Territorial Waters and Contiguous Zone, Available at *The Law of the Sea Bulletin* No. 54 2004, http://www.un.org/Depts/los/doalos_publications/LOSBulletins/bulletinpdf/bulletin54e.pdf.

13. Anderson, D. H. (2009) "The Status Under International Law of the Maritime Areas Around Svalbard," *Ocean Development & International Law*. 40 (4).

14. Barents Sea Treaty, Treaty between the Kingdom of Norway and the Russian Federation concerning Maritime Delimitation and Cooperation in the Barents Sea and Arctic Ocean, Murmansk, 15 September 2010, http://www.un.org/depts/los/LEGISLATIONANDTREATIES/PDFFILES/TREATIES/NOR-RUS 2010.PDF.

15. *Black Sea*, Maritime Delimitation in the Black Sea (*Romania v Ukraine*), ICJ Judgement of 3 February 2009.

16. Caracciolo, Ida, "Unresolved Controversy: The Legal Situation of the Svalbard Islands Maritime Areas; An Interpretation of the Paris Treaty in Light of UNCLOS 1982", Paper presented at Durham University Conference on The State of Sovereignty, April 2007, https://www.dur.ac.uk/resources/ibru/conferences/sos/ida_caracciolo_paper.pdf.

17. Churchill, Robin R., "The Maritime Zones of Spitsbergen" in Butler, William E. (ed.), *The Law of the Sea and International Shipping*: Anglo-Soviet Post-UNCLOS Perspectives, Oceana Publications, Inc. 1985.

18. Churchill, Robin R. and Geir Ulfstein, *Marine Management in Disputed Areas*: *The Case of the Barents Sea*, Routledge, 1992.

19. Churchill, Robin R. and Geir Ulfstein, "The Disputed Maritime Zones Around Svalbard" in Nordquist, Myron et. al. (eds.), *Changes in the Arctic Environ-*

ment and the Law of the Sea, Martinus Nijhoff, 2010.
20. Circum-Arctic Resource Appraisal, "Estimates of Undiscovered Oil and Gas North of the Arctic Circle", U. S. Geological Survey Fact Sheet, 3049. Available at: http://pubs. usgs. gov/fs/2008/3049/fs2008 - 3049. pdf, 2008.
21. Collier, John G. (1985) "The Regime of Islands and the Moderen Law of the Sea" in Butler, W. E. (ed.) The Law of the Sea and International Shipping: Anglo-Soviet Post-UNCLOS Perspectives. London, New York, Rome: Oceana Publications, Inc.
22. Corfu Channel (United Kingdom v Albania) [1949] ICJ Rep 4.
23. Elferink, Alex G. Oude (2007) "Maritime Delimitation Between Denmark/ Greenland and Norway", Ocean Development & International Law. 38 (4).
24. Executive Summary, Continental Shelf Submission in respect of areas in the Arctic Ocean, the Barents Sea and the Norwegian Sea: Executive Summary, December 2006. Available at the Web site of the Commission on the Limits of the Continental Shelf at www. un. org/Depts/los/clcsnew/clcshome. htm.
25. External trade in goods "Final figures", Statistics Norway, http://www. ssb. no/en/utenriksokonomi/statistikker/muh/aar-endelige.
26. Fisheries (United Kingdom v Norway) [1951] ICJ Rep 116.
27. Fleischer, Carl A. , "The New International Law of the Sea and Svalbard", Paper presented at The Norwegian Academy of Science and Letters 150th Anniversary Symposium, January 2007. Available at: http://www. dnva. no/ binfil/download. php? tid = 27095.
28. Geneva Convention, Convention on the Continental Shelf, Geneva 29 April 1958. 499 UNTS 311.
29. Galloway, Gloria and Alan Freeman, "Ottawa Assails Moscow's Arctic Ambition", The Globe and Mail, Aug. 3, 2007.
30. Greenland/Jan Mayen, Maritime Delimitation in the Area between Greenland and Jan Mayen (Denmark v Norway) [1993] ICJ Rep 38.
31. Henriksen, Tore and Geir Ulfstein (2011) "Maritime Delimitation in the Arctic: The Barents Sea Treaty", Ocean Development & International Law. 42

(1).

32. Hreinsson, Hjalti Tór "Svalbard for petroleum activities?", *Arctic Portal*, http://arcticportal.org/news/23-energy-news/907-svalbard-for-petroleumactivities, 2012.

33. Ilulissat Declaration signed at the Arctic Ocean Conference, Ilulissat, Greenland, 27 – 29 May 2008. Available at: http://www.oceanlaw.org/downloads/arctic/Ilulissat_Declaration.pdf.

34. Joint Statement, Joint Statement on Maritime Delimitation and Cooperation in the Barents Sea and the Arctic Ocean, 27 April 2010, http://www.regjeringen.no/upload/UD/Vedlegg/Folkerett/100427 – FellesuutalelseEngelsk.pdf.

35. Kolb, Robert (2003) *Case Law on Equitable Maritime Delimitation: Digest and Commentaries*, Martinus Nijhoff, 2003.

36. LOSC, United Nations Convention on the Law of the Sea, 10 December 1982. 1833 UNTS 397.

37. Malanczuk, Peter, *Akehurst's Modern Introduction to International Law*. 7th, Routledge, 1997.

38. *North Sea Continental Shelf (Federal Republic of Germany v Denmark; Federal Republic of Germany v The Netherlands)* [1969] ICJ Rep 3.

39. McDorman, Ted L., "The Continental Shelf Beyond 200 NM: Law and Politics in the Arctic Ocean", *Journal of Transnational Law and Policy*. 18 (2008).

40. Mining Code (Mining Regulations) for Svalbard laid down by Royal Decree of 7 August 1925 as amended by Royal Decree 11 June 1975, http://www.ub.uio.no/ujur/ulovdata/for – 19250807 – 3767 – eng.pdf.

41. O'Connell, Daniel P. (1983) *The International Law of the Sea*, vol 1, Shearer, I. A. (ed.) Oxford: Oxford University Press.

42. Pedersen, Torbjørn, "The Svalbard Continental Shelf Controversy: Legal Disputes and Political Rivalries", *Ocean Development & International Law*. 37 (2006).

43. Pedersen, Torbjørn (2008) "The Dynamics of Svalbard Diplomacy", *Diplo-*

macy &Statecraft. 19（2）.

44. Pedersen, Torbjørn and Tore Henriksen（2009）"Svalbard's Maritime Zones: The End of Legal Uncertainty?", *The International Journal of Marine and Coastal Law*. 24.

45. Recommendations Summary, Summary of the Recommendations of the Commission on the Limits of the Continental Shelf in Regards to the Submission Made By Norway in Respect of Areas in the Arctic Ocean, The Barents Sea and the Norwegian Sea, 27 November 2006, http://www. un. org/Depts/los/clcs_new/submissions_files/nor06/nor_rec_summ. pdf.

46. Regulation on Baselines for Svalbard, Regulation on Baselines for the Territorial Waters of Svalbard, 1 June 200 No. 556. Available at *The Law of the Sea Bulletin* No. 46 2001, http://www. un. org/Depts/los/doalos_publications/LOSBulletins/bulletinpdf/.

47. Report to the Storting No. 17（1955）on Norway's Participation in the 9th UNGA in 1954.

48. Report to the Storting No. 51（1957）on Norway's Participation in the 11th UNGA and in the 1st and 2nd Extraordinary Assembly in 1956.

49. Report to the Storting No. 42（1959）on Norway's participation in the United Nations Conference on the Law of the Sea in Geneva from 24 February – 27 April 1958.

50. Report to the Storting No. 95（1969 – 1970）on the Exploration and Exploitation of Submarine Natural Resources on the Continental Shelf.

51. Report to the Storting No. 30（1973 – 1974）on Activity on the Norwegian Continental Shelf etc.

52. Report to the Storting No. 39（1974 – 1975）on Svalbard.

53. Report to the Storting No. 40（1985 – 1985）on Svalbard.

54. Report to the Storting No. 40（1988 – 1989）on Opening of the Barents Sea South for Exploratory Activity.

55. Report to the Storting No. 26（1993 – 1994）on Challenges and Perspectives for the Petroleum Activity on the Norwegian Continental Shelf.

56. Report to the Storting No. 22 (1994 – 1995) on Environmental Protection on Svalbard.
57. Report to the Storting No. 9 (1999 – 2000) on Svalbard.
58. Report to the Storting No. 30 (2004 – 2005) on Opportunities and Challenges in the North.
59. Report to the Storting No. 8 (2005 – 2006) Integrated Management of the Marine Environment of the Barents Sea and the Sea Areas off the Lofoten Islands.
60. Report to the Storting No. 22 (2008 – 2009) on Svalbard.
61. Report to the Storting No. 28 (2010 – 2011) An industry for the future-Norway's Petroleum Activities.
62. Rothwell, Donald R and Tim Stephens (2010) *The International Law of the Sea*. Oxford: Hart Publishing Ltd.
63. Royal Decree of 31 May 1963 No. 1 Relating to the Sovereignty of Norway over the Sea-Bed and Subsoil outside the Norwegian Coast. Available at: http://www.un.org/Depts/los/LEGISLATIONANDTREATIES/PDFFILES/NOR_1963_Decree.pdf.
64. Royal Decree of 9 April 1965 relating to Exploration for and Exploitation of Petroleum Deposits in the Sea-Bed and its Subsoil on the Norwegian Continental Shelf. Available at: http://www.un.org/depts/los/LEGISLATIONANDTREATIES/PDFFILES/NOR_1965_Decree.pdf.
65. Rudmose-Brown, Robert N., "Spitsbergen, Terra Nullius", *Geographical Review*. 7 (1919).
66. Sale, Richard and Eugene Potapov (2010) *The Scramble for the Arctic: Ownership, Exploitation and Conflict in the Far North*, Francis Lincoln Ltd, 2010.
67. Steinberger, H., "Sovereignty", *Encyclopedia of Public International Law*, Vol. 10, North Holland Publishing Company, p. 397 1987.
68. Svalbard Act, Act of 17 July 1925 No. 11 on Svalbard. Available in Norwegian at: http://www.lovdata.no/all/hl – 19250717 – 011.html.
69. Svalbard Environmental Protection Act, Act of 15 June 2001 No. 79 Relating to the Protection of the Environment in Svalbard, http://www.regjeringen.no/

en/doc/laws/Acts/svalbard-environmental-protectionact. html? id = 173945.
70. Svalbard-Greenland Delimitation Agreement, Agreement Between Norway and Denmark Together with the Home Rule Government of Greenland Concerning the Delimitation of the Continental Shelf and Fisheries Zones in the Area Between Greenland and Svalbard, 20 February 2006. Reprinted in Elferink, Alex G. Oude, "Maritime Delimitation Between Denmark/Greenland and Norway", *Ocean Development & International Law.* 38 (4), Appendix 1, 2007.
71. Truman Proclamation, US Presidential Proclamation No 2667 *Policy of the United States with Respect to the Natural Resources of the Subsoil and Sea Bed of the Continental Shelf*, Washington 28 September 1945.
72. Ulfstein, Geir (1995) *The Svalbard Treaty-From Terra Nullius to Norwegian Sovereignty*, Universitetsforlaget.
73. Ulfstein, Geir, "The Oil Interests May Trigger the Svalbard Dispute", Available at: http://ulfstein. net/2013/01/10/the-oil-interests-may-trigger-the-svalbard-dispute/.
74. Varangerfjord Treaty, "Agreement between the Russian Federation and the Kingdom of Norway on the Maritime Delimitation in the Varangerfjord Area", 11 July 2007. Available at *The Law of the Sea Bulletin* No. 67 2007: http://www. un. org/Depts/los/doalos _ publications/LOSBulletins/bulletinpdf/bulletin68e. pdf.
75. Vienna Convention on The Law of the Treaties, 23 May 1969. 1155 UNTS 331.
76. Vylegzhanin, A. N. and V. K. Zilanov, *Spitsbergen: Legal Regime of Adjacent Marine Areas*, Eleven International Publishing, 2007.
77. Young, Richard "Recent Developments with Respect to the Continental Shelf", *American Journal of International.* 42 (1948).
78. Abbott, Kenneth W., Robert O. Keohane, Andrew Moravcsik, Anne-Marie Slaughter, and Duncan Snidal, "The Concept of Legalization", *International Organization* 53, no. 3 (2000).
79. Abbott, Kenneth W., and Duncan Snidal, "Hand and Soft Law in International Governance", *International Organization* 54, no. 3 (2000).

80. Andrade, Lydia, and Garry Young, "Presidential Agenda Setting: Influences on the Emphasis of Foreign Policy", *Political Research Quarterly* 49, no. 3 (1996).
81. Brierly, James Leslie, *The Outlook for International Law*. Vol. Scientia Verlag Aalen, 1977, Reprint, 1945.
82. Carlsnaes, Walter, "The Agency-Structure Problem in Foreign Policy Analysis." *International Studies Quarterly* 36, no. 3 (1992).
83. Downs, George W., David M. Rocke, and Peter N. Barsoom, "Is the Good News About Compliance Good News About Cooperation", *International Organization* 50, no. 3 (1996).
84. Elster, Jon, *The Cement of Society: A Study of Social Order*. Cambridge: Cambridge University Press, 1989, Reprint, 1994.
85. Gilpin, Robert G, "The Richness of the Tradition of Political Realism", In *Neorealism and Its Critics*, edited by Robert O. Keohane, Columbia University Press, 1986.
86. Goldstein, Judith, Miles Kahler, Robert O. Keohane, and Anne-Marie Slaughter. "Introduction: Legalization and World Politics", *International Organization* 54, no. 3 (2000).
87. Goldstein, Judith, and Robert O. Keohane, "Ideas and Foreign Policy: An Analytical Framework", In *Ideas and Foreign Policy: Beliefs, Institutions, and Political Change*, edited by Judith Goldstein and Robert O. Keohane, Cornell University Press, 1993.
88. Hill, Christopher, *The Changing Politics of Foreign Policy*, Palgrave Macmillan, 2003.
89. Holsti, K. J, *International Politics, A Framework for Analysis*. 6 ed. Englewood Cliffs, Prentice-Hall International, 1992.
90. Kissinger, Henry A, *The White House Years*, Weidenfeld and Nicolson, 1979.
91. Krasner, Stephen D, "Structural Causes and Regime Consequences: Regimes as Intervening Variables", *International Regimes*, edited by Stephen D. Krasner, Cornell University Press, 1983.

92. Kratochwil, Friedrich V, *Rules, Norms and Decisions: On the Conditions of Practical and Legal Reasoning in International Relations and Domestic Affairs*, Cambridge University Press, 1989, Reprint, 1990.

93. Martin, Lisa L., and Beth A. Simmons, "Theories and Empirical Studies of International Institutions", *International Organization* 52, no. 4 (1998).

94. McDorman, Ted L, "The Role of the Commission on the Limits of the Continental Shelf: A Technical Body in a Political World." *International Journal of Marine and Coastal Law* 17, no. 3 (2002).

95. Mearsheimer, John J, "The False Promise of International Institutions", *International Security* 19, no. 3 (1994 – 1995).

96. Morgenthau, Hans J, *Politics among Nations: The Struggle for Power and Peace.* 7 ed., McGraw Hill, 2006.

97. Peake, Jeffrey S, "Presidential Agenda Setting in Foreign Policy", *Political Research Quarterly* 54, no. 1 (2001).

98. Pedersen, Torbjørn. "The Constrained Politics of the Svalbard Offshore Area", *Marine Policy*, 2008.

99. Pedersen, Torbjørn, "The Dynamics of Svalbard Diplomacy", *Diplomacy & Statecraft* 19, No. 2 (2008).

100. Pedersen, Torbjørn. "The Svalbard Continental Shelf-Legal Disputes and Political Rivalries", *Ocean Development and International Law*, No. 3 – 4 (2006).

101. Pedersen, Torbjørn, and Tore Henriksen, "Svalbard's Maritime Zones: The End of Legal Uncertainty?" submitted.

102. Shaw, Malcolm N, *International Law.* 3 ed, Cambridge University Press, 1991. Reprint, 1995.

103. Simon, Herbert A, *Administrative Behavior. A Study of Decision-Making Processes in Administrative Organization.* 3 ed, The Free Press, 1976.

104. Waltz, Kenneth N, *Theory of International Politics*, Random House, 1979.

105. Wendt, Alexander, "Anarchy Is What States Make of It: The Social Construction of Power Politics", *International Organization* 46, No. 2 (1992):

391 – 425.

106. Wendt, Alexander, "Constructing International Politics", *International Security* 20, No. 1 (1995): 71 – 81.

107. Wendt, Alexander, "The Agent-Structure Problem in International Relations Theory", *International Organization* 41, No. 3 (1987): 335 – 70.

108. Wood, B. Dan, and Jeffrey S. Peake, "The Dynamics of Foreign Policy Agenda Setting", *The American Political Science Review* 92, No. 1 (1998): 173 – 84.

109. Elen C. SINGH, *The Spitsbergen (Svalbard) Question: United States Foreign Policy*, Oslo, Universitetsforlaget, 1980.

110. Geir Ulfstein, *Svalbard Treaty: From Terra Nullius to Norwegian Sovereignty*, Scandinavian University Press, 1995.

111. Geir. Stokke. Olav Schram, "International Cooperation and Arctic Governance: Regime Effectiveness and Northern Region Building", Routledge, 2007.

112. Hoel. Alf Hkon, "Do We Need a new legal regime for the Arctic Ocean?", *The International Journal of Marine and Coastal Law*. Volume 24. Number 2. 2009.

113. Holmes, Stephanie, "Breaking the Ice: Emerging Legal Issues in Arctic Sovereignty", *Chicago Journal of International Law*, 2008.

114. Hønneland, Geir, Stokke, Olav Schram. *International Cooperation and Arctic Governance: Regime Effectiveness and Northern Region Building*, Routledge, 2007.

115. Ida Caracciolo, "Unresolved Controversy: the Legal Situation of the Svalbard Islands Maritime Areas", An Interpretation of the Paris Treaty in Light of UNCLOS, 1982, http://www. dur. ac. uk/resources/ibru/conferences/sos/ida_caracciolo_paper. pdf.

116. John Honderich, *Arctic Imperative: Is Cananda Losing the North?* Tronto University Press, 1987.

117. Kim Mclaughlin, "Arctic claimants urged to obey UN. Rules", http://files. explore. org/files/Arctic%20claimants%20urged%20to%20obey%20U. N. %

20rules. pdf.
118. L. A. de La Fayette, "Oceans Governance in the Arctic", *International Journal of Marine and Coastal Law* 23 (2008).
119. Lenoid Timtchenko, "The Russian Arctic Sectoral Concept: Past and Present", *ARCTIC.* 1997 (1), http://www.jstor.org/pss/40512039.
120. Lincoln P. Bloomfield. "The Arctic: Last Unmanaged Frontier", 60 Foreign Aff. 87 – 105 (1981); Donald R. Rothwell, "International Law and the Protection of the Arctic Environment", 44 Int'l&Comp. L. Q. 255. 280 – 312 (1995).
121. Matin Rajabov, "Melting Ice and Heated Conflicts: a Multilateral Treaty as a Preferable Settlement for the Arctic Territorial Dispute", *Southwestern Journal of International Law*, 2009.
122. Michael Byers, Suzanne Lalonde, "Mounting Tension and Melting Ice: Exploring The Legal and Political Future of the Arctic: Who Controls the Northwest Passage?", *Vanderbilt Journal of Transnational Law*, October 2009.
123. Molly Watson, "Arctic Treaty: A Solution to the International Dispute over the Polar Region", 14 *Ocean & Coastal*,
124. Natalia Loukacheva, "Legal Challenges in the Arctic", A Position Paper Presented for the 4th NRF Open Meeting in Oulu. Finland and Lule. Sweden, October, 2006.
125. Øystein Jensen. Arctic shipping guidelines, "Towards a Legal Regime for Navigation Safety and Environmental Protection?", *Polar Record* 44 (229): 107 – 114 (2008).
126. Øystein Jensen, "The IMO Guidelines for Ships Operating in Arctic Ice – Covered Waters: From Voluntary to Mandatory Tool for Navigation Safety and Environmental Protection?", *FNI Report*, 2007.
127. Raphael Vartanov, Alexei Roginko, Vladimir Kolossov, "Russian Security Policy 1945 – 96: The Role of the Arctic", Willy Østreng (Editor), *National Security and International Environmental Cooperation in the Arctic-the Case of the Northern Sea Route*, Kluwer, 1999.

128. Rebecca M. Bratsp. , "Human rights and Arctic resources", *Southwestern Journal of International*, 2009.
129. Rob Huebert. , "The Coming Arctic Maritime Sovereignty Crisis", *Arctic Bulletin* No. 2, 2004.
130. Rothwell. Donald R. , "The Arctic in International Law: Time for a New Regime?", ANU College of Law Research Paper No. 08 - 37, 2008.
131. T Koivurova, "Alternatives for an Arctic Treaty-Evaluation and a New Proposal", *Review of European Community & International*, Volume 17. Issue 1. April 2008.
132. T. Potts, C. Schofield, "Current legal development in the Arctic", *The International Journal of Marine and Coastal Law* (2008) 23.
133. Timo Koivurova, "Governance of protected areas in the Arctic", *Utrecht law review*, Volume 5. Issue 1 (June), 2009.
134. Torbjørn Pedersen, Henriksen. Tore, "Svalbard's Maritime Zones: The End of Legal Uncertainty?", *the International Journal of Marine and Coastal Law*, Volume 24. Number 1, 2009.
135. Torbjørn Pedersen, "International Law and Politics in U. S. Policymaking: The United States and the Svalbard Dispute", *Ocean Development & International Law*, Volume 42. Issue 1 - 2, 2011.
136. Torbjørn Pedersen, "The Dynamics of Svalbard Diplomacy", *Diplomacy & Statecraft*, Volume 19. Issue 2, 2008.
137. Torbjørn Pedersena, "Denmark's Policies toward the Svalbard Area", *Ocean Development & International Law*, Volume 40. Issue 4, 2009.
138. Torbjørn Pedersena, "Norway's rule on Svalbard: tightening the grip on the Arctic islands", *Cambridge Journals*, 2009, Volume 45. Issue 02.
139. Torbjørn Pedersen, "The Constrained Politics of the Svalbard offshore Area", *Marine Policy*. Volume 32. Issue 6. November, 2008.
140. Tore Henriksena, Geir Ulfsteinb, "Maritime Delimitation in the Arctic: The Barents Sea Treaty", *Ocean Development & International Law*, Volume 42. Issue 1 - 2, 2011.

141. Ulfstein. Geir, *The Svalbard Treaty*: *From terra nullius to Norwegian sovereignty* (Scandinavian University Press, Oslo and Boston), 1995.

142. W. Lakhtine, "Rights over the Arctic", *The American Journal of International Law*. 1930 (4), http://www.jstor.org/pss/2190058.

143. William Mandel, "Some Notes on The Soviet Arctic During The Past Decade", http://pubs.aina.ucalgary.ca/arctic/Arctic3-1-55.pdf.

144. Willy Ostreng, "Politics in High Latitudes, The Svalbard Archipelago (McGill-Queen's University Press, 1978).

145. 〔美〕马汉、萧伟中:《海权论》,梅然译,中国言实出版社,1997。

146. 王铁崖:《国际法》,法律出版社,1995。

147. 陆儒德:《海洋·国家·海权》,海潮出版社,2000。

148. 邵津:《国际法》,北京大学出版社/高等教育出版社,2000。

149. 刘颖、吕国民:《国际法资料选编》(中英文对照),中信出版社,2004。

150. 傅崐成:《海洋法专题研究》,厦门大学出版社,2004。

151. 李明春:《海权论衡》,海洋出版社,2004。

152. 李金荣:《国际法》,法律出版社,2005。

153. 陈奕彤:《国际环境法视野下的北极环境法律遵守研究》,中国政法大学出版社,2014。

154. 王立东:《国家海上利益论》,国防大学出版社,2007。

155. 王泽林、傅崐成:《北极航道法律地位研究》,上海交通大学出版社,2014。

156. 北极问题研究编写组:《北极问题研究》,海洋出版社,2011。

157. 陆俊元:《北极地缘政治与中国应对》,时事出版社,2010。

158. 奥拉夫·施拉姆·斯托克、盖尔·荷内兰德、王传兴:《国际合作与北极治理:北极治理机制与北极区域建设》,海洋出版社,2014。

159. 刘惠荣、杨凡:《北极生态保护法律问题研究》,知识产权出版社,2010。

160. 潘敏:《北极原住民研究》,时事出版社,2012。

161. 余兴光:《中国第四次北极科学考察报告》,海洋出版社,2011。

162. 马德毅:《中国第五次北极科学考察报告:首次北极五大区域准同步观测》,海洋出版社,2013。

163. 刘惠荣、董跃:《海洋法视角下的北极法律问题研究》,中国政法大学出版社，2012。

164. 吴慧：《"北极争夺战"的国际法分析》，《国际关系学院学报》2007年第5期。

165. 董跃：《论海洋法视角下的北极争端及其解决路径》，《中国海洋大学学报》2009年第3期。

166. 曾望：《北极争端的历史、现状及前景》，《国际资料信息》2007年第10期。

167. 李振福：《北极航线的中国战略分析》，《中国软科学》2009年第1期。

168. 刘惠荣、杨凡：《国际法视野下的北极环境法律问题研究》，《中国海洋大学学报》2009年第3期。

169. 王秀英：《国际法视阈中的北极争端》，《海洋开发与管理》2007年第6期。

170. 梅宏、王增振：《北极海域法律地位争端及其解决》，《中国海洋大学学报》2010年第1期。

171. 赵颖：《浅析北极所面临的法律挑战及其对我国的影响》，《海洋开发与管理》2009年第3期。

172. 黄志雄：《北极问题的国际法分析和思考》，《国际论坛》2009年第6期。

173. 董跃、宋欣：《有关北极科学考察的国际海洋法制度研究》，《中国海洋大学学报》2009年第4期。

174. 李振福：《中国参与北极航线国际机制的障碍及对策》，《中国航海》2009年第2期。

175. 刘惠荣、林晖：《论俄罗斯对北部海航道的法律管制——兼论其与〈联合国海洋法公约〉的冲突》，《中国海洋大学学报》2009年第4期。

176. 蔡高强：《大国崛起与国际法的发展——兼谈中国和平崛起的国际法环境》，《湘潭大学学报》2009年第4期。

177. 郭培清、管清蕾：《北方海航道政治与法律问题探析》，《中国海洋大学学报》2009年第4期。

178. 郭培清、田栋：《摩尔曼斯克讲话与北极合作——北极进入合作时代》，《海洋世界》2008年第5期。

179. 严双伍、李默：《北极争端的症结及其解决路径——公共物品的视角》，《武汉大学学报》2009年第5期。

180. 董跃：《海洋法视角下的北极争夺及其解决路径》，《中国海洋大学学报》（社会科学版）2009 年第 3 期。

181. 刘惠荣、刘秀：《西北航道的法律地位研究》，《中国海洋大学学报》（社会科学版）2009 年第 5 期。

182. 刘惠荣、林晖：《论俄罗斯对北部海航道的法律管制》，《中国海洋大学学报》（社会科学版）2009 年第 4 期。

183. 陈连增：《中国极地科学考察回顾与展望》，《极地研究》2008 年第 4 期。

184. 陈立奇：《南极和北极地区在全球变化中的作用研究》，《地学前缘》2002 年第 2 期。

185. 王骊久：《北冰洋主权之争的趋势》，《现代国际关系》2007 年第 10 期。

186. 于沄：《国家主权权利浅析》，《辽宁师范大学学报》（社会科学版）2008 年第 2 期。

187. 贾宇：《北极地区领土主权和海洋权益争端探析》，《中国海洋大学学报》（社会科学版）2010 年第 1 期。

188. 储昭根：《北极争夺凸现法律缺陷》，《检察风云》2007 年第 19 期。

189. 李东：《俄北极"插旗"引燃"冰地热战"》，《世界知识》2007 年第 17 期。

190. 叶晓：《国际海洋资源产权问题探讨——以北极为例》，《中国海洋大学学报》（社会科学版）2009 年第 1 期。

191. 杜安·史密斯：《北极的气候变化——因纽特人的现实》，《联合国纪事》2007 年第 5 期。

192. 王秀梅：《试论国际法之不成体系问题——兼及国际法规则的冲突与协调》，《西南政法大学学报》2006 年第 1 期。

193. 廖诗评：《条约解释方法在解决条约冲突中的运用》，《外交评论》2008 年第 5 期。

194. 刘中民：《〈联合国海洋法公约〉生效的负面效应分析》，《外交评论》2008 年第 3 期。

195. 尹丹阳：《解决北极争端的法律机制分析》，《海洋开发与管理》2009 年第 9 期。

196. 曾望：《北极争端的历史、现状及前景》，《国际资料信息》2007 年第 10 期。

197. 刘惠荣，张馨元：《斯瓦尔巴群岛海域的法律适用问题研究——以〈联合国海洋法公约〉为视角》，《中国海洋大学学报》（社会科学版）2009 年第 6 期。
198. 李尧：《北约与北极——兼论相关国家对北约介入北极的立场》，《太平洋学报》2014 年第 3 期。
199. 肖洋：《北极理事会"域内自理化"与中国参与北极事务路径探析》，《现代国际关系》2014 年第 1 期。
200. 王丹、张浩：《北极通航对中国北方港口的影响及其应对策略研究》，《中国软科学》2014 年第 3 期。
201. 杨剑：《北极航运与中国北极政策定位》，《国际观察》2014 年第 3 期。
202. 杨剑：《域外因素的嵌入与北极治理机制》，《社会科学》2014 年第 1 期。

图书在版编目(CIP)数据

斯瓦尔巴地区法律制度研究/卢芳华著.--北京：
社会科学文献出版社，2017.12
（极地法律制度研究丛书）
ISBN 978-7-5201-2115-6

Ⅰ.①斯… Ⅱ.①卢… Ⅲ.①法律-研究-挪威
Ⅳ.①D953.3

中国版本图书馆 CIP 数据核字（2017）第 324936 号

·极地法律制度研究丛书·
斯瓦尔巴地区法律制度研究

著　　者 / 卢芳华

出 版 人 / 谢寿光
项目统筹 / 刘骁军
责任编辑 / 关晶焱　王雯雯

出　　版 / 社会科学文献出版社（010）59367161
　　　　　地址：北京市北三环中路甲29号院华龙大厦　邮编：100029
　　　　　网址：www.ssap.com.cn
发　　行 / 市场营销中心（010）59367081　59367018
印　　装 / 三河市东方印刷有限公司
规　　格 / 开　本：787mm×1092mm　1/16
　　　　　印　张：22.75　字　数：362千字
版　　次 / 2017年12月第1版　2017年12月第1次印刷
书　　号 / ISBN 978-7-5201-2115-6
定　　价 / 98.00元

本书如有印装质量问题，请与读者服务中心（010-59367028）联系

▲ 版权所有 翻印必究